MINERVA
TEXT
LIBRARY
4

現代の国際政治［第4版］

変容するグローバル化と新たなパワーの台頭

長谷川雄一・金子芳樹 編著

ミネルヴァ書房

本書は，今日までつづき，そして，
さらに続いていく物語のなかの長い一章なのである
　　　トーマス・クーン『コペルニクス革命』

第 4 版 はしがき

　冷戦終結から30年が経過した。本書『現代の国際政治』の初版は冷戦が終わってほぼ10年が経った1998年に刊行され，冷戦崩壊前後の国際社会の変化を描いた。当時は，冷戦後の混乱やグローバル化が生み出す新たな現象による不安定さはあったものの，政治・経済システムについては民主主義と資本主義への収斂が進み，国家の繁栄と国際社会の統合・安定は国際協調によってこそもたらされるといった認識やその進展を必然視する見方が広く共有されていた。

　しかし実際には，ポスト冷戦期の展開はそれほど単純でも単線的でもなかった。冷戦期のイデオロギー対立は幕を閉じ，核戦争の脅威は遠のいたが，経済が牽引するグローバル化，非国家主体を含めたアクターの多元化，国際アジェンダの多様化などが交錯し，国際関係は複雑さと不安定さを増した。その結果，解決はおろか把握や管理さえ困難な事象が増え，新たなタイプの対立や紛争も頻発した。

　冷戦後に急加速するグローバル化は，各分野で認識や対応の変更を迫った。2001年のアメリカ同時多発テロ（9.11事件）は，従来の国家安全保障の概念を覆し，国際テロ組織が国の安全を脅かす主体に位置づけられるようになった。同様に活発化する越境犯罪，移民・難民，感染症なども非伝統的安全保障の問題として国際政治学の射程に入ってきた。また9.11事件を契機に，イスラムが現代の国際関係に影響を与えているとの認識が広まり，実際にも宗教や民族をめぐる古い対立の再燃や新たな文脈での再生産といった出来事が数多く起こった。

　経済発展の様相も変わった。グローバル化と情報通信技術の飛躍的発展により世界市場の形成やヒト・モノ・カネ・情報のボーダレス化が促進され，開発途上国にも発展のチャンスが広がった。特に開発資源を豊富に持つBRICSなどの新興国は，中国を筆頭にその波に乗って急成長を遂げ，国際経済への影響力を格段に強めた。他方，グローバル化は国内や国家間の貧富の格差を拡大し，種々の社会問題をも発生させた。また，冷戦後に主要な国際アジェンダとして浮上した地球環境保護や「持続可能な開発」は，従来の開発政策との間で不調和をもたらすことも少なくない。

本書の第2版（新版，2002年），第3版（2014年）では，上記のようなグローバル化や9.11事件の影響とその後の変化を捉えて改訂を行ってきた。そして，第4版となる今回の改訂版では，従来の国際秩序を根本から揺るがす事態が次々と起こり，まさに予期せぬ展開をみせた過去5年間の国際政治の動向を新たに盛り込んだ。

　いま世界では，冷戦後に共有するはずであった資本主義と民主主義の価値や目的，および国際協調主義のいずれもが重大な危機に瀕している。中国はアメリカに急迫する勢いで経済力と科学技術力を伸ばし，さらに習近平政権下で軍事力を増強させて新たな勢力圏の構築を目指すなど，あからさまに大国化の道を突き進んでいる。アメリカでは従来の軌道から大きく外れたトランプ大統領が2017年に就任し，国内では政治・社会的分断を煽り，対外的には「アメリカ第一主義」の下で単独行動を推し進めるようになった。米中間では戦後にはなかった貿易戦争さえ勃発した。ロシアでもプーチン長期政権の下，強権的な政治・外交手法が目立つ。欧州では，発展に取り残された層の不満やインターネットの副作用などがポピュリズムの蔓延や反知性主義の趨勢を促し，一つの帰結としてイギリスのEU離脱が現実のものとなった。そしてこういった動向は開発途上国にも波及し，いまや民主化の逆行現象が多くの国で進んでいる。

　本書は，冷戦終焉から四半世紀にわたり目まぐるしく移り変わってきた国際政治の展開に加え，一気に混迷の度を深める直近数年の国際社会の諸相をも考察・解明し，日本外交の将来に対する視座を提供することを目的とする。

　本書『現代の国際政治』は，大学や大学院における「国際政治学」や「国際関係論」のテキストとして刊行された。また，執筆者である国際関係や地域研究の専門家がそれぞれの研究成果を盛り込み，各分野を専門とする研究者にも高度な概説書として読まれることを目指してきた。

　この第4版では，執筆者の一部交代，ほぼ全章にわたる改訂，「日米安保と『沖縄問題』」の章の追加などの変更を施した。不確実かつ激動の国際社会の中で，日本が今後どのような道に進むべきかをより主体的に考える材料にしてもらいたいとの願いを込めた改訂である。

　本書の刊行に当たり，執筆者各位と編集作業に辛抱強く当たってくださったミネルヴァ書房の梶谷修氏および柿山真紀氏に心から感謝申し上げたい。

　2019年1月

編　者

現代の国際政治［第 4 版］
——変容するグローバル化と新たなパワーの台頭——

目　　次

第4版 はしがき

第Ⅰ部 戦後国際政治の構造と変動

第1章 冷　戦 …………………………………………広瀬佳一…3
　　　　　——その起源から終焉まで——
　　第1節　冷戦の起源 ……………………………………………… 3
　　第2節　冷戦の激化 ……………………………………………… 11
　　第3節　ユーロ・デタントと新冷戦 …………………………… 16
　　第4節　冷戦の終焉 ……………………………………………… 21

第2章　軍備管理・軍縮・不拡散問題の展開 ………宮坂直史…31
　　第1節　国家と軍拡 ……………………………………………… 31
　　第2節　冷戦時代以降使われていない核兵器 ………………… 32
　　第3節　使われてきた兵器 ……………………………………… 39
　　第4節　グローバル化時代の軍拡と軍縮 ……………………… 44

第3章　アメリカ外交の変容 …………………………宮田智之…51
　　　　　——岐路に立つ超大国——
　　第1節　ジョージ・W・ブッシュ政権の外交 ………………… 51
　　第2節　オバマ政権の外交 ……………………………………… 54
　　第3節　2期目のオバマ外交 …………………………………… 57
　　第4節　2016年大統領選挙とトランプ現象 …………………… 61
　　第5節　トランプ政権の外交 …………………………………… 63
　　第6節　トランプ外交のゆくえ ………………………………… 65

第4章　民族問題 ………………………………………臼井実稲子…71
　　第1節　民族問題の発生 ………………………………………… 71
　　第2節　冷戦後の民族問題 ……………………………………… 75
　　第3節　民族問題の解決 ………………………………………… 87

第5章　環境と開発をめぐる国際政治……………………………太田　宏…93
　　　　──人類社会の持続可能な発展をめざして──
　　第1節　国際政治課題としての環境保護と開発……………………………93
　　第2節　環境保護に関する国際的な課題設定に向けて（1968年以前）……94
　　第3節　国連人間環境会議とその前後の時期（1968～87年）……………96
　　第4節　国連環境開発会議とその前後の時期（1987年～現在）…………100
　　第5節　国際政治課題としての持続可能な発展……………………………105

第Ⅱ部　地域におけるイッシュー

第6章　転換期の中国……………………………………………三船恵美…121
　　　　──パクス・シニカへの国際秩序再編を目指して──
　　第1節　「習近平新時代」と「百年に一度とない大きな変革期の世界」…121
　　第2節　冷戦期の中国外交……………………………………………………122
　　第3節　冷戦後の世界と中国…………………………………………………125
　　第4節　習近平時代の中国の世界戦略………………………………………131

第7章　冷戦後の朝鮮半島………………………………………崔　慶原…140
　　　　──北朝鮮の非核化と平和体制構築──
　　第1節　朝鮮半島冷戦は持続しているのか…………………………………140
　　第2節　北朝鮮の核兵器開発と国際社会の対応……………………………141
　　第3節　北朝鮮の核武力完成宣言と米朝首脳会談…………………………145
　　第4節　文在寅政権の仲介外交………………………………………………147
　　第5節　朝鮮半島の新しい地域秩序…………………………………………151

第8章　東南アジアの地域秩序形成……………………………金子芳樹…159
　　　　──グローバル化と米中対峙がもたらす試練──
　　第1節　東南アジアの地域的特性と国際環境………………………………159
　　第2節　1990年代における地域統合の進展…………………………………162
　　第3節　グローバル化がもたらす遠心力と求心力…………………………164
　　第4節　米中対峙下における地域秩序の模索………………………………168
　　第5節　「一帯一路」と「アメリカ第一主義」のインパクト……………172

第9章　中東諸国の同盟関係 ……………………江﨑智絵… *180*
　　　　──その変遷と地域的パワー・バランスへの影響──
　　第1節　中東の国家にみる特徴 …………………………………… *180*
　　第2節　地域的な同盟関係の変遷 ………………………………… *181*
　　第3節　中東和平プロセスのはじまりとその展開 ……………… *187*
　　第4節　イラク戦争後の中東のパワー・バランス ……………… *189*
　　第5節　イラン包囲網と中東の秩序 ……………………………… *194*

第10章　欧州統合 …………………………………小久保康之… *200*
　　　　──危機に直面するEU──
　　第1節　ノーベル平和賞を受賞したEU …………………………… *200*
　　第2節　欧州統合の原点 …………………………………………… *202*
　　第3節　EC（欧州共同体）の時代 ………………………………… *203*
　　第4節　冷戦の終焉とEUの誕生 …………………………………… *206*
　　第5節　冷戦後のEU統合の進展 …………………………………… *207*
　　第6節　EUの諸機構と共通政策 …………………………………… *211*
　　第7節　危機に直面するEU ………………………………………… *214*

第11章　再び大国を目指すロシア ………………井手康仁… *220*
　　　　──その可能性と限界──
　　第1節　外交における伝統的な特徴 ……………………………… *220*
　　第2節　ソ連崩壊から新生ロシアへ ……………………………… *221*
　　第3節　大西洋主義外交からユーラシア主義外交へ …………… *226*
　　第4節　強い指導者への憧れ ……………………………………… *229*
　　第5節　旧ソ連勢力圏回復への野心 ……………………………… *233*
　　第6節　ロシアの大国意識と新たな大国間関係 ………………… *235*

第12章　変動期のラテンアメリカ ………………澤田眞治… *241*
　　　　──国際関係の展開と開発戦略の探求──
　　第1節　米州関係の氷河期？ ……………………………………… *241*
　　第2節　冷戦時代のラテンアメリカ ……………………………… *242*
　　第3節　冷戦後の大転換と米州協調 ……………………………… *246*

第4節　「アメリカ離れ」と南米主導の地域主義……………………252
　第5節　民主主義への問いかけ……………………………………256
　第6節　将来への展望………………………………………………258

第13章　アフリカのグローバル化とローカルノリッジ…坂本邦彦…265
　第1節　アフリカ世界を考える視点…………………………………265
　第2節　アフリカの歴史………………………………………………268
　第3節　アフリカの政治体制：独立から冷戦終結を経て現在まで………272
　第4節　21世紀のアフリカ：伝統と文化に対する誇り………………279

第Ⅲ部　現代日本外交のアイデンティティー

第14章　日米安保と「沖縄問題」……………………野添文彬…289
　　　　──日本の安全保障の矛盾──
　第1節　「沖縄問題」とは何か………………………………………289
　第2節　沖縄米軍基地の起源と日米安保の形成……………………291
　第3節　沖縄への米軍基地の集中……………………………………294
　第4節　沖縄返還と基地の固定化……………………………………296
　第5節　冷戦後の日米安保と普天間・辺野古問題をめぐる迷走………299
　第6節　「沖縄問題」の展望…………………………………………303

第15章　日本外交のアイデンティティーと心理…………加藤　朗…308
　　　　──東西と大小の交錯──
　第1節　東西のアイデンティティーと大小の国民心理………………308
　第2節　西と大の時代…………………………………………………311
　第3節　東と大の時代…………………………………………………314
　第4節　西と小の時代…………………………………………………317
　第5節　東西と大小の混乱……………………………………………321

第16章　日米関係の思想史……………………………長谷川雄一…328
　　　　──「対立・自立」と「協調・従属」のアポリア──
　第1節　日本外交思想史における「米国」…………………………328

第2節	ペリーによる開国と日本の反応	329
第3節	米国の太平洋進出とオレンジ・プラン	331
第4節	日本人移民問題をめぐる軋轢	333
第5節	敗戦と国際社会への復帰	336
第6節	経済摩擦と日米構造協議，年次改革要望書	338
第7節	TPPによる「第三の開国」	340
第8節	3・11後の視点から	345

人名索引……353

事項索引……357

第Ⅰ部

戦後国際政治の構造と変動

第1章

冷　戦
──その起源から終焉まで──

Introduction

　冷戦は，パワーとイデオロギーの2つを主な対立軸に，第二次世界大戦後の約45年間続いた時代であった。この時代には，米ソ間のぎりぎりの政治的・外交的せめぎ合いと，第三世界における代理戦争とが継続的に発生した。本章ではヨーロッパを主な舞台に，冷戦の起源，展開，終焉のプロセスを概観する。

第1節　冷戦の起源

（1）　冷戦とはなんだったのか

　第二次世界大戦が終了した1945年から90年前後までの約45年間は「冷戦（Cold War）」と呼ばれる。この時代は，アメリカを中心とする西側諸国とソ連を中心とする東側諸国とによる恒常的な対立の時代であった。もっとも「平和は不可能であるのに，戦争も起こりえない状況」（R・アロン）と言われたこの時代には，米ソ間でこそ戦争は起きなかったものの，朝鮮半島，ベトナム，中東，アフガニスタンなど，少なくとも20以上の激しい戦闘が世界中で勃発した。

　冷戦の対立軸は，軍事力，経済力，技術力などのパワーの面だけではなかった。そこには共産主義対資本主義という経済システムをめぐるイデオロギーの対立があった。冷戦はこのパワーとイデオロギーという2つの次元の対立が同時に生起したところに大きな特徴があった。とりわけ軍事的なパワーの対立において50年代半ば以降，桁外れの破壊力をもった核戦力が主役となったことで，米ソ間では戦争は凍結され「長い平和」（J・ギャディス）とも言われる冷戦が続くこととなった。

　ところで冷戦はいつ，どのようにはじまったのか。冷戦の起源をめぐる議論は，冷戦期から盛んに行われていた。しかし当時，ソ連・東欧圏の史料はほとんどみ

ることができなかった上に、まさに冷戦の対立が国際社会を支配していたことを反映して、2つの正反対の見方があった。アメリカの外交を一貫して擁護する人々（正統主義）は、冷戦をソ連共産主義による膨張主義の結果とみなした。「世界革命」を狙っていたソ連に対して、アメリカはやむをえず対峙したのであり、対立の原因はソ連共産主義の性格にあったというものである。一方、マルクス主義的な考え方にたつ人々（修正主義）は、アメリカの資本主義の膨張にこそ冷戦の原因があるとみた。アメリカがさらなる拡大をするためには市場が必要だったのであり、資本主義の論理がソ連との対立を引き起こしたというものである。

しかし冷戦が終わると東側を含め各国の一次史料が開かれるようになり、イデオロギー的側面のみを重視した研究に対して疑問が呈されるようになった。従来の米ソ中心的な研究に対して、それぞれの同盟内政治の視点が提起され、あるいは第三世界での冷戦を背景とした歴史にも関心が向くようになるなど、冷戦起源論は米ソのイデオロギーやパワーのみならず、各国の指導者の認識や社会の動向、さらには文化的側面にも広がりをみせた。(1)

今日、冷戦の起源を特定の国や指導者、特定のイデオロギー、特定の事件のみに求める見方は過去のものとなっている。第二次世界大戦中の米英ソ「大同盟(Grand Alliance)」は、1945年以降に戦後統治が課題として浮上する中で、まず政治的な対立を引き起こした。ついで戦後復興をはじめとする経済的な対立が発生し、49年までには明確な軍事的対立が出現した。こうした1945年から49年までの政治、経済、軍事という複合的な領域での米英とソ連の対立が、冷戦の起源ということになる。

（2） 政治・経済面での対立のはじまり

冷戦は「ヤルタ体制」とも呼ばれるように、1945年2月にクリミア半島のヤルタで開催された米英ソ首脳会談が、戦後の世界秩序を決めたというイメージがある。たしかにそれまでの米英ソの協調的関係から比べると、次第に冷たい関係へと移行しはじめた最初の会談という位置づけは間違いではない。

ヤルタでは、国際連合創設、ドイツ占領管理方式、解放されるヨーロッパ復興の方針などについて基本的合意がなされたほか、ソ連の対日戦参戦の確認とそれに関わる極東の領土（南樺太、千島列島の引き渡しなど）に関する取決めが行われた。しかし会期中、3大国の間で最も激しい論争が繰り広げられたのは、ポーラ

ンドの政権樹立をめぐる問題であった。ナチス・ドイツのポーランド侵攻によって宣戦布告をしたイギリスにとっては，自由で民主的なポーランドの独立回復は「名誉」の問題であった。一方，ローズベルトにとってポーランドのもつ意味は，解放される東欧において，いかに民主的に新しい政権を樹立するかという「原則」の問題にあった。これに対してスターリンにとっては，ポーランド問題は「安全保障」の問題であった。19世紀以来3度にわたってポーランドを越えて侵略されたロシアは，ポーランドに友好的な政権が樹立されることを求めた。

第二次世界大戦前半，ポーランドは亡命政府をロンドンに擁していた。ソ連もこのポーランド亡命政府を承認していたものの，1943年3月に発覚した「カチンの森」事件(2)を契機に両国関係は国交断絶に陥り，ソ連は共産主義者を中心とする行政機構をモスクワに設立させた。やがて1944年末に赤軍がポーランドの東半分を解放するとソ連はこの機構を「臨時政府」として承認し，ヤルタの直前にワルシャワに進出させていた。ヤルタではこの「臨時政府」を西側に承認させようとするソ連と，ロンドン亡命政府を基礎とする政権を樹立させようとするイギリスとの間で激しい論戦が繰り広げられた。このときに鍵となったのがアメリカの態度であった。しかしアメリカは，かねてより懸案の国際連合創設を最優先させており，ソ連が譲歩する形で国連創設支持を打ち出すと，ポーランドについては，ソ連の求める共産主義者中心の「臨時政府」を事実上容認した。

こうしてポーランドの共産化への道が開かれた。その上ソ連はこうしたポーランドのやり方を，ルーマニア，ブルガリア，ハンガリーなど，他の東欧諸国の先例とみなしていた。ポーランドは第二次世界大戦の結果，「領土を占領するものは誰であれ自国の社会体制を押しつける」（スターリン）というパターンの最初のケースとなったのである。(3)

(3) 大統領の交代とポツダム会談

アメリカが，ヤルタでの対ソ協調姿勢から対ソ強硬姿勢に転じて冷戦の一方の主役を演ずる契機となったのは，大統領の交代であった。ヤルタ会談直後に死去したローズベルトに代わって，4月にトルーマン副大統領が合衆国第33代大統領に就任した。ミズーリ州選出の上院議員を10年間つとめたトルーマンは，そもそも外交問題について素人であった上，ローズベルトが個人外交を得意としたこともあり副大統領としても重要な外交・安全保障問題の意思決定に関与していなか

った。そのためトルーマンは就任当初から外交については国務省に依存する傾向がみられたので，外交政策の立案・決定に国務省が復権を果たし，トルーマンに強い影響を及ぼすようになった。このことは，ローズベルト政権の親ソ的な外交政策が変化する重要な背景をなした。

　1945年7月中旬から8月はじめにかけて，敗戦後ベルリン近郊のポツダムに，トルーマンとチャーチル（途中から総選挙による政権交代のためアトリー），スターリンの3大国首脳が集い，ドイツ占領管理問題，中・東欧の秩序再建問題，対日戦後処理問題等を話し合った。ここでは戦後ドイツを，非軍事化，非ナチ化，民主化，経済の非集中化という統一方針のもとで分割占領することについて合意が形成され，日本に対しても無条件降伏を勧告するポツダム宣言が発出された。ポツダム会談の最大の特徴は，トルーマン大統領率いるアメリカ代表団が，ローズベルト時代とは異なり，個々の案件をめぐってソ連と対立したことであった。とりわけ東欧問題では，ソ連がポーランドの例をあげながらルーマニア，ブルガリアの共産主義者が参加する臨時政府承認を求めたのに対して，アメリカはイギリスとともに，自由選挙が実施されていないことを理由にはっきりこれを拒絶したため議論は紛糾した。こうしてヤルタ会談からポツダム会談の間に，戦後秩序構築に向けての協力体制には，はっきりと暗雲がただよいはじめた。

（4）　ケナンの「長文電報」

　1946年2月9日，スターリンは選挙演説の中で，資本主義諸国との共存は不可能であると唱え，将来の衝突が不可避であることを説いた。こうしたスターリンの姿勢は，単なるプロパガンダなのか，あるいは新たな西側への攻勢の予兆なのか。当時の米政府内においてもソ連評価をめぐって迷いがみられた。そうした矢先にワシントンに飛び込んだのが，駐ソ代理大使ジョージ・ケナンによる，「長文電報」と呼ばれる分析である。

　2月22日付けの8000語にもおよぶ「長文電報」でケナンは，ソ連の世界観の根底には「伝統的で本能的なロシアの安全保障上の不安感がある」とし，そうした安全保障上の不安や国内の独裁体制および暴力的統治手法を正当化するために，ソ連指導部はマルクス主義の教義を利用していると断じていた。同時にソ連は西側世界に対してはまだ弱体で国内も安定しているとは言えないと分析した上で，「力の論理には非常に敏感」であり，強力な抵抗に遭遇すればすぐに自制すると

指摘していた。

　この「長文電報」はもやもやしていたアメリカの対ソ政策の方向に大きな影響を与えた。フォレスタル海軍長官が「長文電報」をみて数百部のコピーを作成して政府部内に配布したのは，当時のトルーマン政権の反応を象徴していた。これ以降，アメリカは次第に対ソ強硬姿勢に傾いた。なおケナンは47年7月には『フォーリン・アフェアーズ』誌に「ソ連の行動の源泉」というタイトルの論考を寄稿した。この論考は「長文電報」の内容を踏まえ，より直接的に「ソ連の膨張的傾向に対する長期的な辛抱強い，しかも断固とした封じ込め」を求めていた。このケナン論文への批判的コメントをまとめた評論家W・リップマンの本のタイトルが『冷戦（*The Cold War*）』で，この言葉はこれ以降，人口に膾炙するようになった。[(4)]

（5）トルーマン・ドクトリンとマーシャル・プラン

　ケナンの「長文電報」により理論武装したトルーマン政権が最初に対応を迫られたのは，イギリスが提起したギリシャ問題であった。

　ギリシャは大戦末期の1945年3月に解放され，ロンドンから亡命政府が戻って46年3月の総選挙を経て新政権を樹立していた。しかし国内で抵抗運動を続けていた共産主義者はこれに反発し，武力闘争を開始したため国内は内戦状態となっていた。しかし経済的に疲弊したイギリスには長期にギリシャを支える余力はなかった。そこで47年2月，ついにアメリカに対して援助の肩代わりを要請した。ギリシャの喪失はトルコの喪失につながりかねず，やがては中東情勢にも影響を及ぼしかねないと判断したトルーマンは，イギリスに代わってギリシャとトルコを支援することを決定した。このとき，援助を議会に要請した際の演説が，「トルーマン・ドクトリン」と呼ばれるようになった。

　47年3月に行われたこの演説の中で，トルーマンは「今日世界は2つの生活様式のいずれかを選ぶよう迫られている」とした上で，「1つは，多数の意志に基づき自由選挙や代議政体，言論や宗教の自由をもち，圧制とは無縁のもの」，他方は「多数の意志に反して力により強制され，恐怖と圧制，形式的選挙，個人の自由の抑圧という特徴をもつもの」と規定し，「外部の圧力による征服に抵抗しようとしている自由な諸国民を援助することこそ，アメリカの政策でなくてはならない」と高らかに宣言した。議会がこれを承認した結果，アメリカは4億ドル

にのぼる支援を行い，ほぼ1年半でギリシャ情勢は安定した。

　もっとも，一見非常に好戦的な印象を与えるトルーマン・ドクトリンのレトリックは，もともと議会に根強い孤立主義者を説得するという意味合いが強かった。興味深いことに最近の研究では，ソ連側の反応も比較的控えめなものであったことが指摘されている。[5]

　47年6月に国務長官マーシャルは，ハーバード大学卒業式の演説で大規模なヨーロッパへの経済復興援助計画（マーシャル・プラン）を発表した。ここでマーシャルは，アメリカが援助を与えない限りヨーロッパは経済のみならず社会・政治情勢も悪化するとして，大規模な経済援助の必要性を唱えた。やがて明らかになった内容は，48年から4年間にわたり総額130億ドルの援助を実施するというものであった。この計画は当初，全ヨーロッパを対象としていたが，ソ連はスパイなどの情報からアメリカの経済力による東欧への事実上の巻き返しとみて警戒し，自ら参加を拒否したのみならず，チェコスロヴァキア，ポーランドなど参加に意欲を示していた東欧諸国にも圧力を加えて参加を断念させた。これによって東西ヨーロッパの分断傾向が助長された。この援助を受けた西欧18カ国は驚異的な経済復興を遂げ，GNPは約3割増大し，その後の繁栄と統合への基盤となった。

　一方，ソ連では戦争で疲弊した経済を建て直すため，ローズベルト時代からの米ソ協調を前提に，アメリカとの経済援助を求める動きがあった。しかしトルーマン政権の成立以後，次第にそうした期待はしぼんでいった。47年9月には駐米ソ連大使ノヴィコフがアメリカの対ソ政策について報告を送り，その中でアメリカを「独占資本主義の帝国主義的傾向を反映して，世界の覇権を目指している」と断じていた。9月にはソ連は東欧の6カ国やフランス，イタリアの共産党とコミンフォルム（欧州共産党情報機関）を結成した。コミンフォルム議長に就任したジダーノフは，世界がアメリカを中心とする帝国主義陣営とソ連を中心とする民主主義陣営に分かれたとして，トルーマン・ドクトリンのレトリックを逆さ映しにしたような激烈なイデオロギー色の強い演説を行った。これはいわばソ連からの冷戦開始宣言であった。[6]

（6）冷戦の軍事的次元の浮上

　1947年までに顕在化した米ソの政治的・経済的対立には，48年以降，次第に軍事的性格が加わった。

ソ連が軍事的に脅威であるかどうかについては、実はアメリカと西欧には受け止め方に差があった。アメリカは、ケナンも述べているように、ソ連の政治的野心については警戒を要するとしつつも、軍事的にはソ連を差し迫った脅威とはみていなかった。例えば46年7月から8月、米軍の情報機関は、ソ連がマンパワーの損失を補うには15年、技術者の不足を充足するには10年、戦略空軍を創設するには5年から10年、それぞれ要すると予測していた。そのため米軍は急速な動員解除を実施し、45年6月に1200万の兵力が、47年6月にはわずか150万まで減少していた。

しかしソ連と陸続きの西欧は、当然のことながらアメリカと同じ評価にはならなかった。西欧諸国はソ連によって数日にして席巻され、再びダンケルクから追い落とされるのではないかとのおそれを抱いていた。当時、「鉄のカーテン」の向こう側には175個師団のソ連軍が存在するとされていたのに対して、西欧側はわずか16個師団ほどを保有しているのみであった。

ドーバー海峡を挟んでいたとはいえ、イギリスにとっても、ソ連の軍事的脅威は切迫していた。しかしイギリスの防衛・安全保障政策は「大英帝国」の遺産を引きずっており、必ずしも西欧防衛に集中できなかった。この時期、イギリスで西欧防衛について積極的に構想を練っていたのは、ベヴィン外相であった。47年を通して、ソ連との協力に行き詰まりを感じていたベヴィンは、やがて戦時中の英米関係を軸にしつつ、英仏が西欧をまとめあげることでソ連に対抗する勢力を形成するということを考えはじめ、48年1月、「西方同盟（Western Union）」構想として発表した。西方同盟結成のための交渉がはじまると、フランスがドイツを脅威とみなすことを求めたため難航したが、同年2月に、チェコスロヴァキアで共産主義者による政権奪取（「2月クーデター」）が発生すると、一気に合意が形成された。「東と西の架け橋」として高い評価を得ていた小国に対する共産主義勢力のクーデターは、西欧諸国に大きな衝撃を与えたのである。48年3月、ベルギーの首都でイギリス、フランス、オランダ、ベルギー、ルクセンブルクはブラッセル条約に調印した。しかし西方同盟は、政治・経済的な協力推進に向けてモメンタムを与えたものの、肝心の集団防衛のための実行力をもたなかった。そのためアメリカの関与が焦眉の急となった。

ソ連に対する不信感を強めていたアメリカも、47年末以降、ブラッセル条約諸国とアメリカ、カナダを含む、より大きな枠組の検討を開始した。48年3月から

4月，アメリカ，イギリス，カナダの代表はワシントンで秘密会合をもち，西欧防衛に対してどのような形で貢献できるか，その方法の検討を開始した。その矢先，ドイツでは東西対立が一層深刻化していた。48年4月1日，ソ連軍は自国の占領地区に島のように浮かぶ西ベルリンへの陸上輸送への規制を大幅に強化した。47年末のドイツの経済再建をめぐる交渉決裂を受けて，当時，西側占領地区では経済統合が進んでおり，さらにアメリカのリーダーシップのもと西ベルリンも含めて通貨統合が行われようとしていた。ソ連の行動はこうした西側の動きに対するいらだちの反映とみられた。これがやがて6月に，西ベルリンへの全道路，鉄道，河川の封鎖，電力供給の停止という「ベルリン封鎖」（1949年5月まで）へとつながった。

ヨーロッパでこのように緊張の高まる中，48年6月11日，アメリカ上院は圧倒的多数で決議第239号，いわゆるヴァンデンバーグ決議を採択した。これはソ連の拒否権乱発（1946年のイラン問題での拒否権発動以来，20回以上行使）により国連安全保障理事会が麻痺状態のため国連が機能不全に陥っていることを踏まえ，国連憲章第51条の集団的自衛権に基づく安全保障条約を締結することで，平和維持と国連強化に役立たせるよう行政府に促すという趣旨のものであった。この決議は，西欧防衛にアメリカの関与を求めたいトルーマン政権の思惑と，国連をないがしろにするのではなく強化するという姿勢を打ち出したい議会の思惑を，ともに反映したものであった。これによって集団的自衛権に基づく北大西洋地域の安全保障条約への道が開かれた。

1949年4月4日，ワシントンにおいて北大西洋条約が調印された。加盟国は，ブラッセル条約加盟国とアメリカ，カナダ以外に，ノルウェー，デンマーク，ポルトガル，アイスランド，イタリアの12カ国となった。これらの加盟国のうちノルウェー，デンマーク，ポルトガルは，それぞれアメリカが対ソ戦略上重要な大西洋上の拠点とみなすスピッツベルゲン諸島，グリーンランド，アゾレス諸島を領有しており，アイスランドはそれ自体がヨーロッパへの中継地点であった。またイタリアについては，国内共産主義勢力の台頭を抑えるという政治的ねらいがこめられていた。(7)

こうして政治的，経済的な対立を深めた冷戦は，はっきりと軍事的次元をもつにいたった。

第2節　冷戦の激化

（1）　東西対立の激化と西ドイツ再軍備

　北大西洋条約が締結された1949年前後より，東西対立は一層激しくなっていた。ソ連は同年1月にソ連・東欧圏の経済協力を強化するため，経済相互援助会議（コメコン）を結成した。また9月にソ連は原爆実験を成功させ，アメリカによる核の独占が破られた。さらに10月に中国で共産党が内戦の勝利を収め中華人民共和国が成立すると，ソ連は翌50年に中ソ友好同盟相互援助条約を締結した。

　こうした中，1950年4月，アメリカの国家安全保障会議（NSC）は，NSC68文書（「国家安全保障のためのアメリカの目標と計画」）を作成した。「封じ込め」提唱者ケナンが水爆開発に反対して国務省政策企画室長を退いたあと，後任のニッツェを中心に立案されたこの文書は，通常兵力のみならず核戦力の増強による軍事的対ソ封じ込めを求め，そのために軍事費の大幅な増額を勧告していた。トルーマンは朝鮮戦争勃発後の9月になってNSC68文書を承認した。

　朝鮮半島は第二次世界大戦後，ドイツ同様，南北に分断されていた。しかし50年6月に北朝鮮の金日成が朝鮮半島統一を目指して南に侵攻した。北朝鮮にはソ連，中国が支援を行い，南の韓国には国連安保理決議のもとで米軍が支援を行ったので，朝鮮戦争は冷戦の最初の代理戦争という性格を帯びた（1953年に北緯38度線で休戦協定成立）。また，「熱戦」が勃発したという事実は，ヨーロッパにも大きなインパクトを与えた。北朝鮮の背後にソ連の意図を読みとっていた西側は，ヨーロッパ正面，とりわけベルリンでのソ連による軍事的挑発の危険に対処する必要に迫られた。そのため北大西洋条約のもとで同盟は強化が図られ，統合軍事機構が設置されるなど文字通り北大西洋条約機構（NATO）が成立したのであった。初代欧州連合軍最高司令官には第二次世界大戦の英雄，アメリカのアイゼンハワー将軍が就任した（1950年12月）。

　朝鮮戦争当時のNATOの最大の課題は，ソ連に対して圧倒的に劣勢であった通常戦力をどのように補うかであった。その意味で，西欧最大の人口と潜在的に強力な経済力をもつ西ドイツ再軍備は，軍事的には必要不可欠であった。しかしヒトラーの記憶が醒めやまぬ西欧諸国にとっては，政治的に困難な課題であった。

　フランスは当初，欧州統合を軍事面でも推進する「欧州防衛共同体（EDC）」

構想を掲げていた。ヨーロッパ各国の軍を統合して「欧州軍」に改編し，ソ連に備えるというものである。これにより，ドイツを再軍備させつつもドイツ軍や参謀本部の復活を回避できるとされた。しかし，経済統合の動きがようやくはじまったばかりの段階での安全保障・防衛面の統合は，あまりに早急であり反対も多かった。結局，1948年に締結されていたブラッセル条約に西ドイツを加えて軍備管理を実施するというイギリスの提案により西ドイツは再軍備を果たし，55年5月にNATOに加盟した。[8] こうして「アメリカを引き込み，ロシアを締め出し，ドイツを抑え込む」（NATO初代事務総長イズメイ卿）という冷戦期NATOの基本的性格が確立された。

ソ連は西ドイツ再軍備とNATO加盟に強く反発し，1955年5月，すでに2国間条約によって同盟関係にあった東欧7カ国との間に，集団的自衛権に基づくワルシャワ条約機構を発足させた。

（2） 50年代の西側の対ソ防衛態勢

1953年にアメリカではアイゼンハワーが大統領に就任し，久しぶりの共和党政権が成立した。アイゼンハワー政権ではダレス国務長官が，対ソ強硬路線を推進した。やがて打ち出された「ニュー・ルック戦略（NSC162）」は，ソ連との対立が長期化することを念頭に，地球規模での「封じ込め」の継続と可能なら東欧への「巻き返し」という目標を掲げつつも，その手段には合理的な範囲のコストを求めていた。その結果，アメリカは軍事的に核戦力への依存を強めた。当時，ソ連も核実験を成功させていたが保有する核弾頭はアメリカよりはるかに少なかった上，戦略爆撃機やミサイルなどの運搬手段を欠いていた。そのためソ連の強力な通常戦力による攻撃に対して，アメリカの大規模な核戦力による報復の脅し（「大量報復戦略」）は抑止効果があると考えられていたのである。核戦力への依存の結果，アメリカは1956年に戦後はじめて連邦政府財政が黒字化した。

このように，アメリカを中心とする西側の対ソ防衛態勢は一見すると盤石であるかのようにみえた。しかし50年代後半になると，米欧同盟関係には次第にきしみがみられるようになった。[9]

その第一の要因は，ソ連の核戦力の近代化であった。ソ連は50年代半ばから，核戦力およびその運搬手段を質量ともに増強させており，1955年には長距離爆撃機の配備を開始，57年にはアメリカとほぼ同時期に大陸間弾道ミサイル（ICBM）

打ち上げ実験に成功していた。さらに同年10月にはソ連は人類初の人工衛星スプートニクの打ち上げに成功し、翌11月には犬を乗せたスプートニク2号の打ち上げにも成功した。

このことはアメリカに「スプートニク・ショック」と呼ばれる衝撃を与えた。それまで科学技術のあらゆる分野でアメリカはソ連を凌駕していたのに、ミサイル技術についてはソ連に抜かされたのではないかとの論争が巻き起こったのである（「ミサイル・ギャップ」論争）。また、ソ連の核戦力の近代化は、アメリカがソ連のミサイルの射程に入ることを意味した。核戦争の恐怖がアメリカ本土に実感を伴って訪れた。

さらに、このことは西欧諸国の「大量報復戦略」に対する信頼性を大きく低下させた。「アメリカはヨーロッパのためにワシントンやニューヨークが攻撃されるリスクを冒すだろうか」という重大な疑問が生まれたのである。ここから西側は戦略の練り直しを求められるにいたる。

第二は、西欧諸国の通常戦力の低迷であった。NATOの戦略では東側との国境沿いの前線部隊は、アメリカの核戦力による報復を確実にするための「仕掛け線」という位置付けであった。ソ連の侵攻を通常戦力によって防ぎ、その間にアメリカの核戦力による報復を待つという態勢である。しかし西欧同盟国の通常戦力増強の進展は、ドイツ再軍備以降もはかばかしくなく、1957年段階でも動員可能な兵力は40年代末とほぼ同じ17個師団にすぎなかった。西欧諸国は経済復興を優先していたのである。そのため西欧の防衛態勢は圧倒的なソ連の攻撃に耐えられず、一撃で突破されてしまう「ガラスの窓」にすぎないのではないかとみられていた。もし一撃で突破されてしまえばパリを占拠するのに日数はたいしてかからず、そうなるとソ連の攻撃は抑止できないと考えられていた。他方、アメリカは西欧が同盟のフリーライダー（ただ乗り）になっているとの不満を募らせた。

この50年代半ばは、国際環境が一時的に好転した時期でもあった。1953年のスターリン死後、ソ連は集団指導体制となり、対立のリスクを回避するために一種の平和攻勢に出たのである。ソ連は在外基地の縮小を発表し、ユーゴスラビアにおけるチトーの独自の社会主義を容認する姿勢をみせ、オーストリアからは中立を条件に1955年にソ連軍が撤収した。その上で、55年7月、ジュネーヴにおいてポツダム会談以来となる久しぶりの米ソ英仏首脳会議が開かれた。こうした国際環境の変化もあって、西欧諸国は通常戦力増強の努力を怠っていたのである。

米欧関係に亀裂をもたらした第三の要因は，56年に発生したスエズ動乱をめぐる対応であった。スエズ運河はイギリスが1869年に建設し，英仏共同で管理していた。しかし戦後のイギリス支配から脱したエジプトでは，ナショナリズム高揚の中で1952年に自由将校団によるクーデターが発生し国王を打倒していた。クーデターの指導者ナセルはソ連の支援のもとで政権につくと，スエズ運河の国有化を宣言した。イギリス，フランスはこれに対してイスラエルとともに1956年10月にエジプトに侵攻した。しかし，ソ連のみならずアメリカはこれに反対し，国連特別総会にてエジプトからの撤収を求める決議が可決されたため，12月にイギリス，フランスは部隊を撤収させた。

　この事件は同盟関係に影響を与えた。スエズ運河の戦略的重要性に加えてソ連がエジプトを支援していたことから，反共封じ込めという同盟の論理に基づきイギリス，フランスはアメリカの支持を期待していた。それが裏切られたことで，アメリカへの不信感を抱いたのである。他方，アメリカにとってスエズ動乱は植民地主義そのものであり，とうてい支持し得ないものであった。

　この結果，フランスは独自核開発へと突き進み，1960年に核実験に成功した。さらにフランスはNATOが米英中心の運営であることに不満を募らせ，66年，NATOの統合軍事機構から脱退した（2009年復帰）。一方イギリスは対照的に，新型の核搭載ミサイルの国内生産を断念し，アメリカから供与されることを通して，より親密な関係構築を目指した。

（3）　ケネディ大統領と冷戦の行き詰まり

　米欧関係の動揺と戦略見直しの問題は，1961年に若きアメリカ大統領ケネディが登場したことによって，新たな展開をみせた。ケネディやその周辺の民主党エリートは，そもそも大量報復戦略に嫌悪感を抱いていた。彼らはヨーロッパでの偶発的な紛争が一気にアメリカを巻き込む全面核戦争となることを懸念したのである。そこで，エスカレーションを管理するという発想の新しい戦略として「柔軟反応」戦略が採用されるにいたった。これは通常戦力を強化した上で局地戦に備え，対立が激化した場合には戦術核を使用し，最終段階になるまで戦略核を使用しないというように，対立のエスカレーションを制御して全面核戦争を回避するものであった。

　全面核戦争にいたらない共産主義者の脅威に取り組んだケネディは，皮肉なこ

とにアメリカの裏庭で，その真価が試された。キューバ危機である。

　1959年に社会主義革命を達成したキューバのカストロに対して，アメリカは数度にわたり難民を使って反攻を企てていた。そこでソ連はキューバを守るために62年夏に中距離弾道ミサイル基地建設を決断した。このミサイルはアメリカの主要都市を射程に置くものであったが，ICBMにおいて劣勢であったソ連には，中距離弾道ミサイルをアメリカの目と鼻の先にあるキューバに設置することにより，核戦略上の劣勢を克服するというねらいもあった。同年10月にU2偵察機によりソ連の動きを察知したケネディは，核戦争のリスクを覚悟しながらも，まず海上封鎖を実施し，キューバにソ連船が近づくのを実力で阻止する構えをみせた。ケネディの強い姿勢をみたフルシチョフは，最終的にミサイル撤去を余儀なくされた。

　核戦争の恐怖を味わった米ソの指導者は，キューバ危機のあと，首脳間緊急直通電話（ホットライン）を設置した。また，米ソは核を独占することに共通の利益を見出すようになり，地下以外の核実験を禁止する「部分的核実験禁止条約」（1963年）を締結，ついで「核拡散防止条約」（1968年）にも調印した。

　米ソ間での直接対立の危機は去ったが，アメリカはやがて新たな代理戦争であるベトナム戦争に悩まされることになった。ベトナムでは，第二次世界大戦直後より宗主国フランスからの独立戦争がはじまっていた。1954年のフランス軍撤退後，中国，ソ連の支援をうけた北ベトナムに対して，共産主義が周辺地域に波及（ドミノ理論）するのを警戒したアメリカは，南部にサイゴン政府を樹立し支援をしたため戦争が再開された。その間，アメリカは65年には北爆を開始するとともに最大で54万の地上部隊を投入した。しかし一向に終息しない戦争に，アメリカ社会では反戦運動が巻き起こり社会の分裂をもたらした。また，財政的負担も大きくなるばかりであった。

　1969年に就任したニクソン大統領は，キッシンジャー補佐官とともに，北ベトナムへの支援を行っている中国への接近を通して戦争終結を急いだ。72年にはニクソンが電撃的訪中を果たし，米中関係は改善した。それを受けて73年1月，パリ和平協定が調印され，74年4月にはサイゴンが陥落してようやくベトナム戦争は終結した。ベトナム戦争は，アメリカにとって冷戦の行き詰まりを象徴していた。

　一方，キューバ危機で屈した形になったソ連では，フルシチョフ（1964年解任）

の後任ブレジネフが核戦力の増強を急ぎ，70年代前半までにICBMではソ連が上回り，SLBM（潜水艦発射弾道ミサイル）でほぼ同等になるなど，アメリカとの間で戦略核についてはほぼパリティ（均衡）とみなされるようになった。しかしそのソ連にも行き詰まりがあった。それは中ソ対立の激化であった。

1956年，フルシチョフが「スターリン批判」演説によって指導者として台頭すると，1950年以来の中ソ同盟には亀裂が生じた。フルシチョフの個人崇拝批判，西側との平和共存路線が，中国の激しい反発を招いたのである。その結果，中国は軍拡を推進し，独自の核武装を行った（64年に原爆実験成功，67年に水爆実験成功）。両国の対立はやがて69年3月，中ソ国境のウスリー川のダマンスキー（珍宝）島での武力衝突で頂点を迎えた。こうした展開から，ソ連は西側との対立を緩和する必要に迫られていた。

冷戦の行き詰まりは，ヨーロッパにおいても強く認識されていた。戦後のヨーロッパは分断され米ソ二極構造の中で埋没していた。56年のハンガリー動乱や68年のチェコスロヴァキアにおける民主化運動「プラハの春」において，ソ連が，社会主義の利益は国家主権に優先するという論理（後に「ブレジネフ・ドクトリン」と呼ばれる）を掲げて干渉した際，アメリカは実質的な介入を控えた。米ソ両国は，暗黙の内に相互の勢力圏を黙認していたのである。ヨーロッパは分断の閉塞感を打ち破ることを求めていた。

第3節　ユーロ・デタントと新冷戦

（1）　ユーロ・デタントのはじまり

東西対立の手詰まり状況を打開する動きが，1960年代終わり頃からヨーロッパ分断の象徴ドイツではじまった。1969年，西ドイツで戦後初めて社会民主党を中心とする連立政権が誕生し，党首ブラントが首相に任命された。ブラントは，ここから「東方政策」と呼ばれることになるソ連・東欧諸国との一連の和解政策を開始したのである。ブラントは，「接近による変化」と呼ばれたアプローチを採用して東ドイツとの関係改善につとめ，それと同時にソ連および他の東欧諸国との関係正常化を図った（1970年にソ連との武力不行使宣言，ポーランドとの国交樹立）。その上で1972年には東西ドイツ基本条約を締結し，相互に代表部を交換し，翌73年には東西両ドイツが国連に同時加盟を果たした。

ヨーロッパ分断の中核である東西ドイツの関係改善は、やがてヨーロッパ全体に影響を及ぼした。「ユーロ・デタント」と呼ばれる動きの頂点をなすのが、「全欧安全保障協力会議（CSCE）」であった。

1975年7月30日から8月1日にかけて、フィンランドの首都ヘルシンキで、アルバニアを除く全ヨーロッパ諸国とアメリカ、カナダを加えた35カ国首脳がCSCE首脳会議を行い、「ヘルシンキ最終議定書」を採択した。この議定書は「デタントのプロセスを拡げ、深め、永続させる」との決意を表明していた。内容は大別して、国境不可侵原則や紛争の平和的解決および信頼醸成措置に関する「ヨーロッパの安全保障に関する諸問題」「経済、科学技術、環境の分野における協力」、人的交流と情報の自由および人権に関する「人道的およびその他の領域における協力」という3つの部分からなっていた。

CSCEの重要な特徴は、これが1回だけの会議で終わるのではなく、合意事項の履行状況検証のための再検討会議や専門家会合などを含めた一連の協議が含まれているということであった。しかし東西和解を目指したヘルシンキ最終議定書について、当時ソ連と西側とは、それぞれ異なった意義を見出していた。

ソ連は、ヘルシンキ議定書を戦後ヨーロッパの東西間の平和共存を相互に認め合う国際的取決めとみなしていた。ソ連にとってこの議定書は、戦後東欧の領土と政権に国際的な正統性が賦与されたことになるのであり、ソ連外交の勝利にほかならなかった。

一方、西側、特にアメリカは、「ヨーロッパ分断の固定化」と「人権尊重」との取引きとも言われた議定書について、東側の人権問題についての履行可能性に対する悲観論から、割のあわない取引きとみなしていた。しかし西欧諸国は、もしCSCEの諸原則が忠実に履行され人権尊重に関わる条項が遵守されれば、社会主義体制は動揺をきたすとみていた。特にデタントを熱心に推進する中立・非同盟諸国は、この人権に関わる原則に着目し、戦後の現状を変革するための国際行動規範としてヘルシンキ最終議定書を評価したのである。[11]

その後「新冷戦」（後述）の展開により、CSCEプロセスは著しく停滞した。そうした中で思わぬ影響がみられたのが、東側諸国での人権を取り巻く状況であった。ヘルシンキ議定書の履行を促進するためにソ連・東欧諸国において市民団体が設立されはじめたのである。まず1976年、モスクワで「ヘルシンキ・ウォッチ」が設立され、ついでウクライナ、リトアニアなどで同様の団体が設立された。

また，ポーランドでは「労働者擁護運動」がはじまり，これがやがて自主労組「連帯」発足につながった。チェコスロヴァキアにおいてもロックバンドの不当逮捕に抗議する運動の中から人権を擁護する運動がはじまった。このようにユーロ・デタントは，東側社会において，いわば通奏低音のように鳴り響いていたのである。

（2） 新冷戦の展開

　ソ連は70年代から80年代にかけて，一方でCSCEの成果を宣伝しながら，第三世界では反資本主義を掲げる民族解放運動に対して熱心に支援を行った。1976年にソ連は，アフリカのアンゴラで独立を宣言したアンゴラ人民解放同盟（MPLA）の後押しをし，さらに77年にはエチオピア，78年には南イエメンなどに親ソ的な社会主義政権を成立させた。また同じ年にベトナムと友好協力条約を結び，同国のカムラン湾に海軍基地を建設した。このようにソ連は，ヨーロッパではCSCEにより一種の勢力均衡を図りながら，第三世界では西側との共存を拒否していた。

　1977年に発足したカーター政権が「人権外交」を唱えはじめたことは，アメリカによる第三世界でのソ連への反攻を意味した。とりわけ安全保障担当補佐官ブレジンスキーは対ソ強硬派で，人権問題をめぐりソ連を激しく非難したので，米ソ関係は急速に悪化の兆しをみせた。ただしソ連に対抗するという目的が先にあるだけに，アメリカは「人権外交」にもかかわらず，親米的な独裁政権や権威主義的政権への支援も継続した。特にイランについては，パーレヴィの圧政に対して1979年にホメイニを指導者とするイスラム原理主義による革命が成功すると，パーレヴィを支持してきたアメリカに対する反発も起こり，在イラン米大使館が占拠され人質をとられるという代償をカーターは支払わされた。

　しかし米ソ関係を決定的に悪化させたのは，1979年のソ連軍によるアフガニスタン侵攻であった。同年12月，アフガニスタンでクーデターが起こり，親ソ派のカルマル政権が発足した。ソ連は同政権の要請に応える形で10万人規模のソ連軍をアフガニスタンに進出させ，首都カブールほか主要都市・拠点を制圧した。カーター政権はソ連の行動に対して1980年1月，第二次戦略兵器削減協定（SALT II）批准延期，対ソ穀物輸出大幅削減，高度科学技術品目を含む輸出制限などの制裁措置を発表し，西側諸国に対して同調を促した。これが「新冷戦」と

呼ばれる時期のはじまりであった。

　ヨーロッパ大陸に目を転じてみても、この時期、東西関係を悪化させる事態が発生していた。それは1977年にソ連が中距離核戦力（INF）の柱として最新式ミサイルSS20を配備しはじめたことであった。INFとは、射程距離が500キロ以上5500キロ以下の地上発射による弾道ミサイルもしくは巡航ミサイルを指す。SS20の配備はヨーロッパ戦域での力のバランスを西欧に著しく不利なものとした。さらにSS20はヨーロッパ全域をほぼ射程圏内にとらえたが、アメリカは、アラスカを別にすると射程圏外であった。つまりSS20は、西欧諸国にはなんら対抗手段がないのに、アメリカにとってはまったく脅威とはならないという特性があった。このためSS20は米欧の利害を切り離し（デカプリング）かねず、専門家の間ではヨーロッパ戦域での限定核戦争の脅威が高まったと認識された。

　こうした状況を受けて、1979年12月2日ブリュッセルのNATO外相・国防相級理事会は、ソ連のSS20配備に対抗するためアメリカの最新型INFであるパーシングⅡと地上発射型巡航ミサイルBGM-109Gのヨーロッパへの配備を推進し、同時にINFの軍縮を実施するためアメリカがなるべく早期にソ連と交渉するよう求めるという、矛盾した内容をはらんだ「二重決定」を行った。これは、アメリカをヨーロッパ大陸につなぎとめ、INFに関して戦略的均衡を達成した上で、その均衡レベルを下げることで限定核戦争の可能性を低下させるという苦渋の選択であった。

　1981年に第40代大統領に就任したレーガンは、対ソ強硬の軍拡論者とみられていたが、まもなく「二重決定」を踏襲する姿勢を明らかにした上で、11月に「ゼロ・オプション」と呼ばれる提案をソ連に行った。これはソ連が配備中のすべてのINFを廃棄すれば、アメリカはパーシングⅡおよび地上発射型巡航ミサイルの配備計画を断念するというものであった。これこそ1987年に合意されることになるINF全廃条約の原型であった。

　しかしINFをめぐる米ソ交渉は、その後およそ2年にわたり難航した。争点は、ソ連が英仏のミサイルの存在を理由にSS20配備を正当化しアメリカによる新たなINF配備を阻止しようとしたこと、およびソ連がヨーロッパでのSS20の削減分を極東に廻そうとしたこと、の2点であった。1983年11月、アメリカはついにイギリスへINF配備を開始した。これに対してソ連はただちにINF交渉の一方的打ち切りを発表した。数週間後にはSTART（戦略兵器削減交渉）、MBFR

（中部欧州兵力削減交渉）も中断され，70年代のユーロ・デタントとは一転して，ヨーロッパ大陸には重苦しい冬が訪れたのであった。[12]

　レーガンは，70年代を軍事的に「失われた10年」と呼び，ソ連の膨張主義への対抗として軍事費の大幅な増大を求めた。また世界的にも反ソ勢力を積極的に支援し，中米ニカラグアにおける反革命勢力コントラへの支持を明確にするとともに，1983年10月には南米の小国グレナダの政権が左傾化したことを理由に軍事介入した。レーガンがソ連を「悪の帝国（evil empire）」と指弾したのもこの頃であった。さらに同年3月，レーガンは「戦略防衛構想（SDI：Strategic Defense Initiative）」を発表し，弾道ミサイル防衛システムの開発に着手した。この構想は，核弾頭搭載の弾道ミサイルを宇宙配備の兵器を含む多段階のシステムで完全に無力化するという軍事的ねらいとともに，このシステムに対抗しようとするソ連に技術的・経済的に厖大な負担を強いることで打撃を与え破綻させるという政治的ねらいを有しているとみられていた。

　もっともレーガンは，一貫して対ソ強硬路線というわけではなかった。特に1985年からの2期目のレーガンは，「悪の帝国」「冒険主義」といった表現を控え，1期目よりはるかに柔軟な対ソ姿勢を打ち出すようになり，それがソ連の改革の動きと連動してやがて冷戦を動かすことになる。[13]

（3）　ソ連ブロックの動揺

　デタントを利用して軍拡を行い「新冷戦」に直面したソ連であったが，ソ連ブロックは経済問題を中心に内側から腐食がはじまっていた。そのことを象徴的に示したのが1980年のポーランドにおける「連帯」運動の勃発であった。

　70年代前半にポーランドは，ユーロ・デタントの波に乗って経済成長を果たした。しかしもっぱら西側の資金頼りであったため，2度のオイルショックにより西側経済が不況に陥ると，たちまち対外債務が膨らんだ。財政健全化のためにポーランド政府が1980年に食肉の値上げを発表すると，労働者は反発し自由労組「連帯」を結成して各地でデモやストライキを実施した。やがて「連帯」は80年8月に政府との間で「グダインスク合意」を成立させた。しかしこの合意には食肉値上げの撤回や賃上げなどの経済的要求のほか，ストライキ権承認，検閲の緩和，経済政策への発言権確保など，政治的要求も掲げられていた。こうした動きに危機感を強めた首相兼国防相ヤルゼルスキ将軍は，81年12月13日，非常事態宣

言（戒厳令）を布告して事態を沈静化させた。

　ヤルゼルスキはのちに回想録でこの措置が，ソ連の直接介入を防ぐために必要だったとして正当化したが，今日明らかになっているところでは，アフガニスタンに侵攻して泥沼に陥っていたソ連には，もはやポーランドに介入する余裕はなかった。これはソ連ブロックの弱さの表れであり，56年のハンガリー動乱や68年の「プラハの春」のときとは明らかに異なっていた。ソ連ブロックは確実に蝕まれていた。[14]

　さらにソ連ブロックの遠心力に拍車をかける要因となったのがエネルギー問題であった。そもそもソ連ブロックの結束は，ソ連による国際市場価格より低額な石油や天然ガスなどのエネルギー供給に支えられていた面があった。しかし，ソ連は自らの経済不振のため1975年以降，割安に設定していたソ連産原油の東欧向け価格を引き上げ，1982年には東欧への原油供給量そのものを削減した。これは東欧各国経済を圧迫するとともに，ソ連との経済的つながりを一層弱めた。[15] ソ連が東欧諸国のブロック離れをもたらすリスクを冒してまで援助を削減した背景には，ソ連自身の深刻な経済危機があった。ソ連は「新冷戦」を戦い抜くための軍事的コストを次第に支えきれなくなっていたのである。

第4節　冷戦の終焉

（1）　ゴルバチョフ登場

　80年代の米ソ「新冷戦」は国際関係に新たな緊張をもたらしていたが，ソ連の経済成長は50年代に10％前後を記録したのをピークに一貫して下がり続け，80年代には2％強にまで落ち込んだ。生産と需要の乖離による物不足と潜在的インフレの激化，対外債務の増加など，ソ連は深刻な経済危機を抱えていた。こうした経済的状況を，1979年のアフガニスタン介入による経済的負担が痛撃した。80年代初頭において，財政支出に占める軍事費の割合は23％にまで達していた。

　この間，政治指導部は高齢化した。1982年にブレジネフが死去（75歳）すると，改革志向を有していたもののすでに病魔に蝕まれていたアンドロポフ（就任当時69歳）政権を経て，1984年にはチェルネンコ（就任当時73歳）というブレジネフ世代の老齢政治家への政権交代が行われていた。こうした状況の中で1985年に登場したのが，54歳の若き指導者ゴルバチョフであった。[16]

ソ連の現状に強い危機感を有していたゴルバチョフは，計画経済の改編と企業活動の大幅な自由化，科学技術革命の推進，労働規律の強化などを含む本格的な改革として「ペレストロイカ（建て直し）」を提唱しはじめた。さらにゴルバチョフは，経済システムの改革のためには政治行政的な改革も不可欠であるとして，「グラスノスチ（情報公開）」を打ち出した。これはマスメディアなどを中心とした下からの監視と批判により，腐敗しきった無能な中堅幹部層や特権的な地位を築いて改革に非協力的な指導層と闘うため，一般市民を味方に付けようというものであった。

しかしグラスノスチはいったん開始されると，体制を建て直すための単なる道具では終わらず，独り歩きをはじめた。たしかにグラスノスチによってマスメディアは辛辣に党を批判し，幹部職員らは世論に耳を貸さないわけにはいかなくなったので，党の浄化と活性化という意味では一定の役割を果たした。しかし同時にグラスノスチは，一般大衆の党に対する不信感をも生み出した。また不信の矢面はやがて「社会主義体制の現状」から「社会主義そのもの」に移り，スターリン批判のみならずレーニンに対する批判にまで及んだので，社会主義の体制内改革を目指していたゴルバチョフにとっては大きな誤算となった。

また，ゴルバチョフは1987年2月，「核のない世界と人類の生存のために」と題する演説を国際フォーラムにおいて行った。ここでゴルバチョフは，核戦争の阻止という全人類的利益の方が社会主義的な労働者階級の利益より重要である，との公式見解を示した。この全人類的利益の強調に基づく西側との相互依存・経済協力の推進こそ，対外政策面での改革である「新思考外交」の本質であった。「新思考外交」のもと，新冷戦の主要な争点の1つであったINFをめぐる米ソの交渉においてゴルバチョフはほぼ全面的な対米譲歩を行い，1987年12月にワシントンでINF全廃協定が締結された。さらに翌88年5月，ゴルバチョフはソ連にとって重荷となっていたアフガニスタンからのソ連軍撤退を決定した。

冷戦的対立の緩和には，ソ連の軍事指導者の認識の変化も影響を与えていた。ソ連軍指導者の認識にもっとも大きなインパクトを与えたのが，レーガン政権による軍拡路線，とりわけミサイル防衛システムとしてのSDIの発表であったと言われている。ソ連軍が対米優位に立つICBMを無力化しうるアメリカのSDIは，厖大なコストと高度な技術を要するものであり，その実現性はアメリカにおいても疑問視する声があったにせよ，ITをはじめとした技術革新が遅れ経済が

疲弊したソ連にとっては，ほとんど対抗手段の考えられない構想であった。⁽¹⁷⁾

アメリカのSDIは，まさしくソ連の力の象徴であった軍指導層においても，西側との協調の必要性，根本的な経済改革の必要性を痛感させたのであった。ソ連ブロックの結束を背後で支えていたソ連軍部がこうした認識に傾いたことが，最終的に，ゴルバチョフを後押ししたとさえ言えるのかもしれない。

（2） 東欧の自由化とドイツ統一

ゴルバチョフの改革は，東欧において波紋を広げた。ポーランドのヤルゼルスキ以外の東欧の指導者はすべて25年以上もの間，権力の座にいたため，ゴルバチョフの改革がそれまでの各国の社会主義による「成果」を否定することになるのを懸念した。

東ドイツにとって改革は経済に限定すべきであった。たしかに東ドイツは70年代のユーロ・デタントの中で，ソ連に警戒されるほど西ドイツとの貿易を増やし経済的な依存を強めていた。しかし東ドイツという国家の唯一の存在意義はイデオロギーにあった。したがって社会主義イデオロギーを覆すような改革に，東ドイツはもっとも激しく抵抗した。チェコスロヴァキアもソ連の改革には当惑させられていた。そもそもチェコスロヴァキアのフサーク政権は，ゴルバチョフ改革とよく似た体制内改革であった「プラハの春」（1968年）を否定した「正常化」プロセスの中で誕生していた。そのため，「プラハの春」的な改革を認めることは，自らの権力基盤を突き崩すおそれがあった。

これらに比べるとハンガリーやポーランドは，ゴルバチョフ改革をむしろ追い風として利用した。ハンガリーのカーダール政権も，1956年の動乱を踏み台にして誕生した政権であった。しかしハンガリーは1956年を教訓に経済改革に専念することで一定の成果を収めてきた。その意味ではゴルバチョフの新しい路線は，ハンガリーにとって受け入れやすかった。ポーランドでは戒厳令が1983年7月に解除された。やがて明らかになったヤルゼルスキの政策は経済改革の重視であり，閣僚にも党内の改革派を多く登用した。さらにヤルゼルスキは1987年11月に「連帯」の再合法化に踏み切り，翌88年には体制の抜本的改革を目指した「円卓会議」を「連帯」指導者との間で開催した。

1989年の「東欧革命」は，改革の先鞭を付けたポーランドとハンガリーでの2つの出来事が導火線となって勃発した。

1つは同年6月に実施されたポーランドの総選挙だった。この選挙は新設の上院では完全自由選挙だったものの，下院は65％が共産党の候補者リストに基づく信任投票の形で実施された。しかし選挙結果は政府・野党双方の予想を超えて，上院では事実上「連帯」が全議席を制圧し，下院でも共産党が議席の3分の2を確保できなくなった。最終的に大統領を共産党が，首相を「連帯」が出すという形で妥協が成立し，東欧で戦後初の非共産党主導政権が誕生した。

　もう1つの出来事は，ハンガリーとオーストリアの国境で起こった。1989年5月下旬，両国の外相は共同で国境の鉄条網を切断する作業を行った。これにより両国国民の自由往来が可能となった。この行事が「鉄のカーテンのオープニング」と報道された直後より，東ドイツの人々が大量にハンガリーに向かって移動を開始した。ハンガリー国境が完全に開放されたと誤解した東ドイツ市民は西ドイツに向かうことができると信じ，大挙してハンガリーに向かったのである。1989年9月に入りハンガリー政府は，事態打開のため東ドイツとのビザ免除協定の効力停止を発表し，一方でCSCEヘルシンキ議定書の精神に沿って，国内に滞在していた東ドイツの人々の自由出国を認めた。このとき西側へ流出した2万人以上とされる人々の主力は，20代から30代にかけての労働力の中心となる世代であったので，東ドイツ社会に深刻な影響を及ぼした。

　1989年11月に突然のように起こった「ベルリンの壁」崩壊は，まさにこうした東ドイツの置かれた状況の反映にほかならなかった。長年にわたり冷戦の象徴とされていた「ベルリンの壁」の崩壊は国家そのものの崩壊を予示していた。翌年3月の東ドイツにおける最後の選挙では統一を支持する勢力が圧勝した。その結果，ドイツ統一を話し合うため，西ドイツ・東ドイツと戦勝大国である英米仏ソによる「2＋4」協議が開始された。同協議では，内的側面として統一の法的位置づけや通貨の交換比率が話し合われ，外的側面についてはNATOとの関係や，ポーランドとの国境の最終確定問題が議論となった。最終的に10月に東ドイツが西ドイツに吸収される形で統一が達成された（通貨比率は1対1）。また統一ドイツはNATOに残るものの，東ドイツ地域にはNATOの部隊は配置しないということが合意された。その翌月にはドイツ・ポーランド最終国境画定条約が締結された。

　ソ連は，こうした中・東欧における事態の急激な変化を静観した。ゴルバチョフは1988年12月の国連総会演説でも，国民が自由に政治社会システムを選ぶ権利

があることを明言しており，ブレジネフ・ドクトリンは事実上，放棄されていたのだった。

(3) ソ連邦解体

　当初，ゴルバチョフが促した東欧の自由化・民主化は，1990年になってみると，もはやソ連の改革を飛び越してしまった。中・東欧諸国が軒並み議会制民主主義，市場主義経済システムへと移行したあとも，ゴルバチョフはソ連の社会主義体制再生に努力を傾けていた。しかし経済状況は悪化の一途をたどったのに加え，東欧にとって以上に「パンドラの箱」であったソ連内の民族問題が爆発の兆しをみせていた。最初の余震はバルト海沿岸地域で発生した。

　1991年1月，独立の動きを強めていたリトアニアの首都ヴィルニュスにソ連軍空挺部隊が展開し，主要な施設を占拠するという事件が起きた。ゴルバチョフが強硬な姿勢に出た背景に共産党保守派の圧力があったのは想像に難くない。ゴルバチョフとともに民主化・自由化を推進してきたシュワルナゼ外相が，前年12月に「軍事独裁」の危険への警告を残して辞任したのは暗示的であった。しかしこの問題に際してのバルト諸国側の強硬な姿勢と西側の断固とした姿勢，それになによりもエリツィン率いるロシア共和国の猛烈な反発をみたゴルバチョフは，ここに至って再び自由化・民主化路線に立ち戻り，最終的に社会主義そのものの改革へと踏み出した。民族問題の打開案としてゴルバチョフが持ち出したのは連邦制改編であった。それはソ連の国家枠組としての「連邦」を放棄し，各共和国の主権を前提とした「国家連合」への移行を決意したものであった。

　1991年8月19日，新連邦条約調印予定日の前日，ついにソ連の共産党保守派はクーデターを敢行，首都モスクワの制圧に乗り出した。しかしエリツィンが即座にロシアを守る断固とした姿勢を明らかにし，市民を指揮した。軍部も必ずしも一枚岩ではなかった。結局，クーデターはわずか数日で破綻した。これは単に保守派の敗退のみならず，クーデターに際して何ら力を示すことができなかったゴルバチョフとソ連政府の権威失墜を意味し，同時にエリツィンの指導力とロシア共和国政府の台頭を明らかにした。こうしてエリツィンの新しいリーダーシップのもと12月にソ連は解体され，議会制民主主義と市場主義経済に基づく新しいロシア連邦が誕生した。

（4） 冷戦はなぜ終わったのか

　冷戦のはじまりがそうであったように，冷戦の終わりも，突然やってきたわけではない。ベルリンの壁が崩壊し，東欧の共産党政権が軒並み倒れた1989年半ばから90年半ばまでに，冷戦終結の最初の局面があった。米ソ協調の最後の試みであったヤルタ会談で約束された自由選挙が，44年たってようやく実施されたのである。1989年5月，ブッシュ大統領はテキサスでの演説において，ソ連に対する封じ込め政策は成果を挙げたとした上で，「いまや，封じ込めを越えて，90年代の新しい政策に向けて踏み出すときである」と高らかに宣言した。

　ヨーロッパ分断の象徴というべきドイツ問題も，その解決は1990年10月まで待たねばならなかった。冷戦期に主戦場となることが予想されたドイツの平和的統一こそが，冷戦終結のシンボルであった。さらにドイツの独り歩きを許さないためにも，統一ドイツは引き続きNATOに残留する必要があった。その意味では1990年10月のドイツ統一は冷戦終結の重要な局面であった。

　しかし，いかに東欧各国に非共産党政権が成立し，いかに東ドイツが消滅しようとも，ソ連の存在は，民主化・自由化にとっての不気味な制約要因であった。その意味では，1991年7月のワルシャワ条約機構解体，12月のソ連解体と新しいロシア連邦の誕生によって，ようやく冷戦終結の最終局面が訪れたということができる。冷戦は，1945年から49年にかけて徐々に姿を現したように，1989年から91年にかけて徐々にしかし確実に終結にいたったのである。

　では，冷戦はなぜ終わったのだろうか。冷戦が開始されてまもなく冷戦起源論争がはじまったように，冷戦終焉をめぐる論争も，すでに活発に行われている。

　まずアメリカ外交の勝利だったと捉える見方がある。それによればソ連の崩壊は，アメリカによる封じ込め政策の勝利であり，かつてケナンが予測したように，断固とした封じ込めを継続したことで，ソ連は自壊したとみる。よりイデオロギーに着目すると，冷戦は最終的には2つの異なる生産様式の競争だったのであり，そこで資本主義の生産力が共産主義を上回ったと考える見方もある。また個人の役割に注意を向け，ちょうど冷戦起源論の正統主義がトルーマンを冷戦の勇士と称えたように，レーガンの役割を重視する考え方もある。レーガンの「力による平和」政策こそが，ソ連を限界にまで追い詰め，アメリカに最終的な勝利をもたらしたというのである。

　こうした見方に真っ向から対立するのが，ゴルバチョフの役割を高く評価する

考え方である。それによると、ゴルバチョフが着手した大胆な改革によりソ連が変化したことこそが、冷戦の恐怖と緊張の悪循環を終わらせたという。米ソ交渉においても、もっぱらソ連側の新思考とそれに基づく一連の譲歩が、冷戦的対立に終止符を打ったのであり、アメリカは良くてそれを傍観したにすぎず、悪くするとその硬直化した冷戦思考により、冷戦終結を遅らせたと見る。この見方の問題点は、冷戦終結にゴルバチョフがいかに貢献をしたにせよ、肝心のゴルバチョフ改革は失敗に終わり、ソ連が解体してしまったという事実にある。ゴルバチョフがソ連を解体するという青写真をもって改革に着手したとみる人はいないので、冷戦終結に功績があったとしても、ゴルバチョフ評価は簡単ではない。結局、ソ連の経済的破綻はゴルバチョフ以前からの構造的問題に起因しているので、西側が冷戦に勝ったというよりはソ連が負けを認めたのであって、その際、ゴルバチョフが「負け」を潔く認める歴史的な勇気を発揮したことにより、冷戦が延々ともつれるのを救ったというのが妥当だろう。

　さらに米ソ以外のアクターとして、CSCE プロセスに注目する見方もある。それによると、70年代にはじまったユーロ・デタントが、80年代はじめの米ソ「新冷戦」にもかかわらず底流として脈々と続き、反体制運動を支え、市民運動の活性化を促した。やがてゴルバチョフが登場すると、それと連動しつつ東西ヨーロッパの交流を一層深め、東側市民の自立を促し、それが1989年以降の動きを「下から」押し上げたというのである。

　最近ではこれと反対に「上からの革命」であったという見方もでてきている。それによると、若手・中堅の改革派共産党幹部は、共産主義の信奉者というよりは単なる出世主義者、機会主義者であったので、80年代後半の国際環境の変化の中で、巧みに自分たちの利益を守るように行動し、結果的にある時点から、共産主義者の崩壊に積極的に手を貸したとみる。

　冷戦起源論が、第二次世界大戦終了後50年以上経ってもまだ決着をみていないように、冷戦終焉論も簡単に結論がでる問題ではない。今後、時代が移り、史料が出てくるにつれて、こうした研究は、論争を通して分裂や収斂を繰り返しながら、より実りある成果を生み出していくだろう。[18]

冷戦の主な展開

1945・2	ヤルタ会談開催，「解放ヨーロッパ宣言」発表。
5	ドイツ降伏，欧州での世界大戦終結。
7	ポツダム会談。
8	日本降伏，第二次世界大戦終結。
1947・3	トルーマン・ドクトリン発表。
6	マーシャル・プラン発表。
9	コミンフォルム結成。
1948・2	チェコスロバキアで共産主義クーデター。
1949・1	コメコン(経済相互援助会議)創設。
4	北大西洋条約調印。
10	中華人民共和国成立。
1950・6	朝鮮戦争勃発。
1953・3	スターリン死去。
1955・5	ワルシャワ条約機構成立。
1956・2	ソ連第20回共産党大会においてフルシチョフがスターリン批判。
10	ハンガリー動乱。
	スエズ動乱。
1960・4	中ソ対立表面化。
1961・8	東ドイツで「ベルリンの壁」構築。
1962・10	キューバ危機。
1965・2	ベトナム戦争，米軍の北爆開始。
1968・8	ワルシャワ条約機構軍がチェコスロヴァキアへ侵攻し「プラハの春」弾圧。
1975・4	ベトナム戦争終結。
8	CSCE(全欧安全保障協力会議)開催，ヘルシンキ最終議定書を採択。
1979・12	ソ連，アフガニスタン侵攻。
1981・12	ポーランドで戒厳令布告(〜83.7解除)。
1985・3	ソ連でゴルバチョフが党記長就任。
1988・5	ソ連，アフガニスタンからの撤退開始(89.2完了)。
1989・8	ポーランド，非共産党政権成立。
11	「ベルリンの壁」崩壊。
1990・10	ドイツ統一成立。
1991・6	ロシア共和国大統領にエリツィン就任。
	コメコン解体。
7	ワルシャワ条約機構解体。
12	ソ連邦解体。

(出所)　筆者作成。

注

(1) 新しい研究動向については以下を参照。益田実「新しい冷戦認識を求めて」益田実・池田亮・青野利彦・斉藤嘉臣編著『冷戦史を問い直す』ミネルヴァ書房，2015年，1-17頁。

(2) スモレンスク付近の森で行方不明であったポーランド人将校などの虐殺死体が発見された事件。今日，ソ連のNKVD(内務人民委員部)の仕業であったことが判明している。渡辺克義『カチンの森とワルシャワ蜂起』岩波書店，1991年。

第1章　冷　戦

(3)　広瀬佳一『ポーランドをめぐる政治力学』勁草書房，1993年，175-184頁。
(4)　ケナンについては以下を参照。鈴木健人『「封じ込め」構想と米国世界戦略——ジョージ・F. ケナンの思想と行動，1931年-1952年』渓水社，2002年。
(5)　V・マストニー『冷戦とは何だったのか』（秋野豊・広瀬佳一訳）柏書房，39頁。
(6)　同上書，41-52頁。
(7)　NATO成立とその意味については以下を参照。佐瀬昌盛『NATO——21世紀からの世界戦略』文春新書（文藝春秋），1999年。
(8)　ドイツ再軍備については以下を参照。岩間陽子『ドイツ再軍備』中央公論社，1993年，229-265頁。
(9)　50年代後半の同盟の亀裂については以下を参照。Richard L. Kugler, *Commitment to Purpose: How Alliance Partnership Won the Cold War*, Rand Publishing, 1995, pp. 77-96.
(10)　西ドイツの東方政策については以下を参照。妹尾哲志『戦後西ドイツ外交の分水嶺——東方政策と分断克服の戦略，1963~1975年』晃洋書房，2011年。
(11)　CSCEの人権条項が果たした役割については以下を参照。Daniel C. Thomas, "Human Rights Ideas, the Demise of Communism, and the End of the Cold War", *Journal of Cold War Studies*, Vol. 7, No. 2, Spring 2005, pp. 110-141. 吉川元『ヨーロッパ安全保障協力会議（CSCE）——人権の国際化から民主化支援への発展過程の考察』三嶺書房，1994年。
(12)　INF問題については以下を参照。Kugler, *Commitment to Purpose: How Alliance Partnership Won the Cold War*, pp. 403-422.
(13)　冷戦終結に向けてのレーガンの役割に対する評価については以下を参照。Beth Fischer, *The Reagan Reversal: Foreign Policy and the End of the Cold War*, University of Missouri Press, 1997.
(14)　ヴォイチェフ・ヤルゼルスキ『ポーランドを生きる——ヤルゼルスキ回想録』（工藤幸雄監訳）河出書房新社，1994年，237頁。ソ連のアフガン侵攻をめぐる意思決定については以下を参照。金成浩『アフガン戦争の真実——米ソ冷戦下の小国の悲劇』日本放送出版協会，2002年。
(15)　吉川元『ソ連ブロックの崩壊——国際主義，民族主義，そして人権』有信堂，1992年，165-167頁。
(16)　ゴルバチョフ改革とその評価については以下を参照。アーチー・ブラウン『ゴルバチョフファクター』（小泉直美・角田安正訳）藤原書店，2008年。
(17)　ソ連軍指導部がSDI構想に対していかに深刻なショックを受けたかは，冷戦後にオガルコフ元参謀長，アフロメーエフ元参謀長らによって証言されている。Dimitri K. Simes, *After the Collapse: Russia Seeks Its Place as a Great Power*, Simon & Schuster, 1999.
(18)　冷戦終焉をめぐる論争については以下を参照。Vladislav M. Zubok, Why Did the Cold War End in 1989？: Explanations of 'The Turn', Odd Arne Westad (ed.), *Reviewing the Cold War*, Frank Cass, 2000, pp. 343-367.

参考基本文献

益田実・池田亮・青野利彦・斉藤嘉臣編著『冷戦史を問い直す』ミネルヴァ書房，2015年。冷戦史の新しい研究動向を踏まえ，同盟内政治，グローバル・ヒストリー，社会史・文化史の側面にまでを視野に入れた意欲的な論文集。

マストニー，ヴォイチェフ『冷戦とは何だったのか——戦後政治史とスターリン』(秋野豊・広瀬佳一訳) 柏書房，2000年。アメリカ，イギリス，ドイツ，フランスのほか，ソ連や東欧の史料をも駆使して冷戦の起源を問い直した著作。

ギャディス，ジョン・ルイス『歴史としての冷戦』(赤木完爾・齊藤祐介訳) 慶應義塾大学出版会，2004年。冷戦を「長い平和」と捉え，そのメカニズムを解明した概説書。

永井陽之助『冷戦の起源』(Ⅰ)(Ⅱ) 中央公論新社，2013年。戦後アジアを舞台に冷戦起源のメカニズムを明らかにした古典的名著。1978年原著の復刊。

吉川元『ソ連ブロックの崩壊——国際主義，民族主義，そして人権』有信堂，1992年。ソ連ブロック崩壊にいたる国際関係の変動を，人権運動など「下から」の民主化の動きに注目して分析したもの。

レオンハルト，ヴォルフガング『大国ロシアの漂流——ゴルバチョフとエリツィンの10年』(村上紀子訳) 日本放送協会出版，1996年。ゴルバチョフとエリツィンを対照させながらソ連崩壊とロシア連邦誕生までの政治史を生き生きと描いた好著。

コッツ，デーヴィッド・M／ウィア，フレッド『上からの革命——ソ連体制の終焉』(角田安正訳) 新評論，2000年。ソ連体制の終焉が，実は共産主義エリートによる「上からの革命」であったという見方を提示してその解明を試みたもの。

日本国際政治学会編「冷戦の終焉とヨーロッパ」『国際政治』第157号，2010年。冷戦の終焉過程を米ソのみならずヨーロッパの視点から分析した論文集。

(広瀬佳一)

第2章

軍備管理・軍縮・不拡散問題の展開

---Introduction---

　冷戦時代の軍備管理と言えば，米ソの核問題に焦点があてられていた。しかし冷戦後，米ロは核軍縮を進め，その代わりに核拡散の阻止が非常に重要な問題となった。さらには，生物兵器や化学兵器の脅威，小火器類の拡散も深刻である。そもそも国家が兵器を管理できない状況が世界各地でみられ，非国家アクターの武装をはじめ，グローバル化時代の軍縮や不拡散は新たな要因に攪乱され，複合的な対策を求められている。

第1節　国家と軍拡

　国際政治には予測できない危険なことがたくさんある。どの国も自らを守る権利をもつ。とはいっても，誰からも制約されずに，あらゆる武器を溜め込んでいれば，その国は，戦争を始めるのではないかと疑惑をもたれても仕方ない。軍備管理と軍縮は，お互いに疑惑や不信を取り除き，国家間の戦争発生の可能性を低くするための取決めである。

　そもそも，なぜ国家は軍事力を保有するのだろうか。ドイツの傑出した社会学者，マックス・ウェーバーによれば，「国家とはある一定領域の内部で正当な物理的暴力行使の独占を要求する人間共同体である」（『職業としての政治』より）。国家は，警察や軍隊などの正当な支配装置を使って，一定領域の中で秩序を保つことが期待されている。国家機関以外の組織，例えば暴力団や過激派が武器を大量にもてば，秩序は保たれない。

　もう1つ，国家は，無政府状態にある国際社会の中で，生き残らなければならない。軍事力は，他国からの圧力に屈しないための，あるいは他国に意思を強制する1つの手段である。こうして，ほとんどすべての国が軍事力を保有してきた。第二次世界大戦後に独立したアジア，アフリカの新興諸国の多くは，民生部門の発展を犠牲にしてまで，国内的，国際的に権力を固めるために，まず軍事力を整

備した。人口10万人たらずのマイクロ・ステートでも，例えば，カリブ海のアンチグア・バーブーダが陸海軍180名，インド洋のセーシェル共和国の陸軍が200名(1)というように，きわめて小規模であっても一応保有している。もっとも，有名な例ではアイスランドやコスタリカのように実質的に常備軍をもたない国もある。ただしアイスランドはNATO加盟国で，コスタリカにも重火器を有する警備隊はある。

　それでは，なぜ国家はしばしば軍備拡張（軍拡）に走るのだろうか。他国から脅威を感じていれば防衛力を増強し，あるいは世界的，地域的に覇権争いをしていれば，互いに敵の軍事力を上回りたく軍拡を行う。いわゆる軍備競争（arms race）である。このような軍拡は，外交によって，ある程度抑えることはできる。だが軍拡の要因はそれだけではない。一国内で軍備をめぐる巨大な利益関係が立ち現れると，政治の常で，その利権をめぐる争いが生じる。1961年，アイゼンハワー米大統領が告別演説で，軍部と軍需産業が結託した軍産複合体（military-industrial complex）の形成に警告を発したのは有名なエピソードである。組織間の政治も見逃せない。例えば，陸軍と海軍がより以上の予算を獲得するために奔走する。その場合，敵国の脅威を過大評価し，危機をあおり，どのような軍備が必要かを説く。その結果として，軍拡が促進される。

　近代国家の確立以降，大国，強国が軍備の増強に走れば，国際システムが不安定化し，戦争の可能性が高まった。特に，次節でみるアメリカとソ連の核軍拡ほど，特定国家に強大な軍備が集中した例は歴史上なかった。

第2節　冷戦時代以降使われていない核兵器

（1）　都市住民を人質に

　冷戦期，米ソ両国は，核兵器（nuclear weapons）を中心に大軍拡を行った。この破壊力をあわせると，全人類を何度も殺せるので，過剰殺戮（overkill）の状態と形容されてきた。なにしろ1980年代半ばに米ソ両国で6万8000発程度を保有していた。なぜ，これほど大量の核兵器が生産，配備されてきたのであろうか。

　1945年7月，アメリカは，原爆開発計画＝マンハッタン計画を成功させ，史上はじめて原子爆弾を保有した。自由と民主主義の擁護という壮大な大義を掲げて参戦したアメリカにとって，ドイツのファシズムとともに日本の軍国主義は邪悪

表 2-1　冷戦初期の米ソの核軍備競争

1945・7	米・原爆実験成功。
8	原爆投下。
1949・8	ソ・原爆実験成功。
1952・11	米・初の水爆実験。
1953・8	ソ・初の水爆実験。
1955～	米はB52，ソ連はベアなどの長距離爆撃機配備。
1957・10	ソ・スプートニクの打ち上げ成功。
12	米・ICBM アトラスの試射成功。
1960・7	米・SLBM ポラリスの試射成功。
9	ソ・ズール型潜水艦から SLBM 試射成功。
1961・2	米・ICBM ミニットマンの試射成功。

(出所)　筆者作成。

な体制であった。アメリカにおいては，もし原爆を投下しないで狂信的な日本を降伏させるには，連合軍の日本上陸しかなく，そうすれば米兵に莫大な犠牲者が出たであろうと信じられてきた。しかも45年3月の東京大空襲をはじめ，すでに市民を大量，無差別に殺傷していた。こうして最初の原爆は，大量殺戮の後ろめたさを払拭する状況の中で，45年8月に広島と長崎に投下された。戦争が終わると，ドイツ，日本に代わる新たな敵，ソ連・共産主義勢力が台頭した。40年代後半にアメリカが核戦力を維持することは，ソ連の西欧侵略を抑止するという名目で正当化された。

　アメリカに追いつきたい一心のソ連も，49年に最初の原爆実験に成功した。世界は本格的な核時代に突入した。ソ連は，核をより遠くまで運搬するために爆撃機やミサイルの開発に邁進した。アイゼンハワー政権（1953～61）は，もしソ連が西欧を侵略すれば，ただちに核兵器で報復するという大量報復戦略（Massive Retaliation Strategy）を打ち出した。かくして50年代の核軍備競争は，表 2-1 のように，シーソーゲームのごとく続いた。

　60年代に米ソの核戦力は，ハイレベルな状態で均衡する。もはや安易に戦争は起こせないことが明確になった。さりとて米ソは超大国（Superpowers）として，すでに手中にした核兵器を手放したくなかった。この手詰まり状況を半ば正当化する戦略が，相互確証破壊（Mutual Assured Destruction），通称 MAD である。MAD とは言い得て妙であるが，万一，ソ連から先制の核攻撃を受けても，ソ連の都市や産業の中枢に対する報復の核戦力を温存することで，先制攻撃を思い止まらせるものである。単純に言えば，相手がやろうとしている行為をやらせない

ことを指し，これを，抑止（deterrence）という。その実態は，核兵器の照準を常に敵国の都市に合わせておいて，互いに住民を「人質」にとることである。MADによれば，核攻撃を開始した側も，核の報復によって壊滅する。したがって，核戦争には勝者も敗者もない。そもそも核戦争は不可能になる。しかしMADは，もしやられたら本気でやり返すことを相手に信じ込ませなければならない。やり返す姿勢が見せ掛けだけならば，相手は何も怖がらない。核兵器を保有したまま核戦争を不可能にするには，攻撃されれば確実に報復する，つまり核戦争を行う覚悟を明示していなければならない。MADは核軍拡に歯止めをかける論理ではなかった。

（2） ミサイルの生存

　MADはさらに非現実的であるという批判が根強かった。なにしろ，MADでは，もし本当に相手が核攻撃を仕掛けてくれば，敵国住民の大量無差別殺戮という狂気の選択肢しか残っていない。それでは軍事技術の進歩によって，これ以外の対応をとることが想定できたのだろうか。

　核兵器は，核爆発を起こす核弾頭（nuclear warhead）とそれを運搬するもの，例えばミサイル本体の部分から構成される。当初は，1つのミサイルに1つの核弾頭が装着されたが，その後，1つのミサイルに複数の弾頭の搭載が可能になった。さらに，1つのミサイルに運ばれた複数の弾頭が，別々の目標を同時に狙えるようになった。これをMIRV（Multiple Independently Targetable Re-entry Vehicles）<rb>マーヴ</rb>という。

　核技術者は，ミサイルの命中精度を上げることにも取り組んだ。MIRVや命中精度の向上をもって，都市のような広域に照準を合わせるのではなくて，相手のミサイル発射場所などの軍事基地をピンポイントで狙う「対兵力攻撃」の計画を描けるようになった。これで核攻撃されたときのオプションが，相手都市への報復核攻撃だけという呪縛からは逃れられる。

　しかし，ミサイル技術の向上は，軍拡の誘い水となり，相手国の技術も進歩する。相手が奇襲の核攻撃すなわち先制第一撃（first strike）を始めれば，こちらのミサイルはほぼ全滅し，核戦争で一方的に敗北するのではないか。そこで，相手の攻撃に対して，報復用のミサイルを温存させるために，ミサイルを分散して配備する必要があると考えられた。

米ソの戦略核戦力は，すでに1960年代初頭には，陸上に配備される大陸間弾道ミサイル（ICBM：Intercontinental Ballistic Missiles），爆撃機に搭載する小型の核爆弾，そして潜水艦から発射するSLBM（Submarine Launched Ballistic Missiles）という3本柱から構成されていた。特に潜水艦は，その機動力や捕捉の困難さから，生き残れる可能性が高い。SLBMは，米ソだけでなく，イギリス，フランス，中国も配備している。

また実現こそしなかったが，70年代後半のカーター政権は，ICBMを収納庫に固定して配備しないで，地下に敷いたレール上を常に移動させる方式まで検討していた。これも相手の攻撃からミサイルを生存させる構想であった。

ミサイルを生存させる別の方法は，迎撃ミサイルを配備して，飛来してくる相手のミサイルを打ち落とすことである。ICBMなどは発射された後，いったん大気圏外に出て，それから目標を目掛けて再突入する。83年にレーガン政権の発表した戦略防衛構想（SDI：Strategic Defense Initiative）は，迎撃システムを宇宙空間に大規模に広げた研究計画であった。冷戦終結後，ソ連による全面核攻撃というシナリオに現実味が薄れたが，ブッシュ政権はSDIより規模を縮小して，相手を特定せずに，限定的，偶発的な攻撃を迎撃するGPALS（Global Protection Against Limited Strike）構想を掲げた。続くクリントン政権期以降，ミサイル防衛が安全保障の中心的な課題となり，G・W・ブッシュ（息子）政権ではそれを日本など同盟国とともに拡大していった。

（3） 核戦争を防いだ方法

専門家たちは核兵器をどのように配備して，どのように行使するかという核戦略理論を生み出した。だが専門家の戦略理論は，机上のゲーム感覚であり，結局は核軍拡を追認するものが多かった。[3]それでも，核兵器は，冷戦時代に実戦では一度も使われなかった。1962年のキューバ・ミサイル危機（第1章参照）で核戦争の瀬戸際を経験した米ソは，戦争の可能性を極力削減することが互いの利益にかなうと考えるようになった。といっても，ただちに大幅な核軍縮を望める東西関係ではなかった。そこで，現実的な措置として着手されるようになったのが，軍備管理（arms control）にほかならない。

軍備管理には，①特定の兵器の生産，配備を凍結，制限，削減，廃棄，②特定の軍事活動の禁止，③軍隊の配備の規制，④偶発戦争勃発の削減，⑤軍事的に重

要な物資・部品の移転を規制，⑥特定の武器の使用禁止，⑦公開制を通じた国家間の信頼醸成措置など，さまざまな形態がある。このうち，①の兵器の削減や廃棄，あるいは兵員の削減をもって軍縮（disarmament）という。この定義では軍縮も軍備管理の一部に入れているが，慣例的には2つの概念を分けておくほうが，20世紀半ば以降の国際政治を理解しやすい。

1960年代末，米ソの戦略核兵器保有の上限を設定するために，戦略兵器制限交渉（SALT：Strategic Arms Limitation Talks）が開始された。射程距離が5500キロメートル以上に及ぶものを戦略核兵器という。72年のSALT Ⅰ暫定協定とともに調印されたABM（Anti-ballistic Missiles：弾道弾迎撃ミサイル）制限条約は，迎撃ミサイルの配備を制限したものである。迎撃ミサイルによる防衛網が充実すればするほど，都市を無防備にさらすことで戦争を抑止するMADを，より一層不安定化すると考えられたからである。

米ソは，核兵器の数量制限以外にもさまざまな軍備管理を行ってきた。キューバ・ミサイル危機を契機に63年，米ソ間のホット・ラインが設定された。これは緊急時に最高首脳の直接対話を可能にする通信回線である。**表2-2**に示したように，70年代前半のデタント期，そして80年代後半の冷戦終焉期に多くの戦争防止措置がとられた。米ソは，世界中で利害を衝突させながらも，核戦争だけは回避する努力を着々と重ねてきた。

超大国の米ソといえども，軍備競争は両国の財政を圧迫した。80年代になるとレーガン政権は，軍備増強を看板にする一方で，ソ連との軍縮交渉を始めた。特に，70年代後半に配備されたソ連の中距離核戦力（INF：Intermediate-range Nuclear Forces），SS20は，西欧の中枢を短時間で攻撃できるため，大変な脅威となった。その後，83年からアメリカも対抗して，西欧同盟にパーシングⅡと巡航ミサイルを配備した。軍縮交渉は，関係悪化で一時的に中断するが，ゴルバチョフ政権との間で，87年12月，通称INF全廃条約として結実した。INF全廃条約は，それまでのSALTのような数量制限をする軍備管理条約ではなく，すべての中距離および短距離ミサイルとその発射台，補助構造の廃棄が規定された画期的な軍縮条約となった。

さらに，82年から開始された戦略兵器削減交渉（START：Strategic Arms Reduction Talks）は，91年にSTART Ⅰとして，93年にSTART Ⅱとして米ソ（ロシア連邦）間で締結された。START Ⅱは結局批准されなかったが，2002年に戦

表 2-2　米ソ（米ロ）の軍備管理・軍縮の軌跡

調印年月	条約・協定名	発効年月
1963・6	ホット・ライン協定。	即日発効
1971・9	偶発核戦争防止協定。	即日発効
1972・5	公海衝突防止協定。	即日発効
	米ソ関係基本原則。	即日発効
	ABM制限条約，SALT I 暫定協定。	1972・10
1973・6	核戦争防止協定。	即日発効
1974・7	地下核実験制限条約（TTBT）。	1990・12
1976・5	平和目的地下核爆発条約（PNET）。	1990・12
(1976〜79)	通常兵器移転交渉（CAT）。	—
1979・6	SALT II 条約。	未発効
1987・9	核危機削減センター創設協定（同センターは88年4月開設）。	既日発効
12	INF 全廃条約。	1988・6
1988・6	ICBM, SLBM 発射通知協定。	即日発効
1989・6	危険な軍事活動防止協定。	1990・1
9	戦略演習相互事前通知協定。	1990・1
1991・7	START I 。	1994・12
1993・1	START II 。	未発効
2001・12	アメリカがロシアにABM条約廃棄を通告（2002年脱退）。	—
2002・5	戦略攻撃力削減条約（SORT）。	2003・6
2010・4	新START。	2011・2

(注)　2018年10月，米大統領はINF全廃条約からの離脱を表明した。
(出所)　筆者作成。

略攻撃力削減条約の締結によって，2012年までに実戦配備の戦略核弾頭を1700〜2200発に抑えることを約束した。

2010年4月に調印された新START（戦略攻撃兵器のさらなる削減と制限の方法についての米ロ条約）では，戦略核弾頭数の配備を1550発までにするという上限が規定され，2018年に両国とも削減目標の達成を発表した。ただし両国とも備蓄している弾頭数を含めると6000発台になる（18年の推計）。2010年代に米ロ関係は悪化しており，両国とも核の新規開発，近代化を掲げているので，新STARTの後継条約がどうなるのかは18年時点では見通せない。

(4)　核兵器への執着

さて，話を少し昔に戻すが，米ソに遅れて，イギリスが1952年10月，フランスが60年2月，中国が64年10月にそれぞれはじめての核実験を成功させ核保有国になった。これら先発5カ国以外の国が核兵器を保有する事態を「核拡散」という。

核保有を寡占することに一種の共通利益を見出した米ソおよびイギリスは，核拡散をおそれて，イニシアティブをとった。それが，68年に締結された核拡散防止条約（NPT：Non-Proliferation Treaty）である。同条約によると，核保有国は，あらゆる核兵器その他の核起爆装置をいかなる者にも譲渡しないこと，非核国に対して核の製造や獲得をいかなる形でも支援，鼓舞，勧誘しないこと，非核国はこれらを受けとらないことなどが義務付けられた。

NPTは，第6条で全面的かつ完全な核軍縮条約の交渉を行うことを定めており，核保有国にとっては軍縮を迫られるものである。しかし，NPT発足以降の核軍縮の遅々たる歩みから，NPTは核保有国の特権を守る不平等体制であると批判もされてきた。96年9月に調印された包括的核実験禁止条約（CTBT：Comprehensive Test Ban Treaty）も核軍縮と同時に核拡散防止を狙ったものである。核の開発に核実験は不可欠だからである。

また，NPTに調印していながら，イラン，リビア，イラク，北朝鮮は核開発の疑惑をもたれていたので，米クリントン政権から「ならず者国家（rogue states）」と呼ばれた。このうち，リビアは2003年に核兵器開発を放棄し，西側諸国との関係改善に乗り出したが，内戦と欧米の軍事介入でカダフィ政権は崩壊した。北朝鮮はNPTから脱退し，2006年以降核実験を繰り返し，事実上の核保有国になった。イランの核開発については，特にイスラエルが死活的問題とみなしており，ナタンズの核燃料施設にあるウラン濃縮用の遠心分離機をサイバー攻撃で破壊したように（2010年），将来もあらゆる手段で阻止するであろう。なお，イスラエルはイラク（1981年）とシリア（2007年）の核施設を電撃的に空爆するなど，周辺国の核開発にきわめて敏感で特異な対抗措置をとってきた。

NPTに加盟していない国の中には，すでに核実験とミサイル発射実験を成功させたインド，インドと対立するパキスタン（98年に初の核実験），核兵器の保有を確実視されているイスラエルなどがある。

なぜ一部の国は核兵器に執着するのだろうか。最も合理的に説明するならば外部脅威の存在であろう。例えばインドが60年代から核開発したのは中国の脅威，パキスタンはインドの核武装が，イスラエルは周囲をアラブ諸国に囲まれていること，また，今後中東の国が核武装するならば，イスラエルの核武装を意識したものだと説明できる。外部脅威が原因となる場合もあるが，大国の証として核兵器を開発したようなソ連，イギリス，フランスのようなケースもある。

では，核兵器を保有していれば攻撃されないのであろうか。戦争に勝てるのであろうか。たしかに，米ソ間の戦争は，互いにどの程度まで戦争の覚悟があったのかは別として，結果的に抑止された。だが米ソは，非核国との戦争で核兵器を使えず，ベトナムとアフガニスタンでそれぞれ実質的に敗北した。50年に始まった朝鮮戦争においては，当時まだ非核国であった中国が，アメリカ相手の戦争に介入してきた。82年のフォークランド紛争は，核保有国イギリスの領土（南半球のフォークランド諸島）が非保有国アルゼンチンに奇襲されたことで始まった。69年，中ソ国境地区のダマンスキー島（珍宝島）事件のように，核戦争には発展しなかったが，中ソという核保有国間でも軍事衝突は生じた。こういった例から，核兵器をもっていても，武力紛争から免れることはできない。そして核兵器をもっていても，必ずしも戦争に勝てるわけではない。

　その一方で，核兵器による恫喝は，第二次世界大戦後に40例を数え，そのいくつかは成功している。あるいは，1994年，北朝鮮は自らの核開発疑惑を材料に，（もちろんこの時点ではまだ核兵器は保有していない），アメリカとの交渉で軽水炉供与という見返りを得たこともある。同国は，その後核兵器を保有してからもそれを明示的，暗示的に恫喝に使ってきた。核兵器への執着は，その物理的破壊力以上に，政治的威力が依然あるからとも言えよう。

第3節　使われてきた兵器

（1）　化学・生物兵器

　戦場で実際に使われてきた兵器に対する軍備管理，軍縮はいかなる措置がなされているのだろうか。

　まず，化学兵器（Chemical Weapons）と生物兵器（Biological Weapons）は，核兵器とともに大量破壊兵器（Weapons of Mass Destruction）として括られる。大量破壊といっても，化学，生物兵器は，建物もろとも破壊することはできないが，人体や生態系を広範囲に破壊する能力を秘めている。化学兵器は，窒息剤の塩素やホスゲン，血液剤の青酸や塩化シアン，糜爛剤のマスタードやルイサイト，そして神経剤のサリン，ソマン，タブン，VXなどに分類することができる。それらを吸引させることで，窒息剤は肺を損傷させ，血液剤は呼吸障害を起こし，糜爛剤は皮膚の内部組織を破壊し，神経剤は神経伝達機能を破壊し窒息死に至らしめ

表 2-3 主要な多国間の軍備管理・軍縮・不拡散条約（またはレジーム）

調印年月	条約略称（英文略称または別称）	発効年月
1868・11	サンクト・ペテルブルク宣言。	1868・11
1899・7	ハーグ宣言（特にダムダム弾，毒ガス禁止）。	1900・9
1907・10	ハーグ陸戦法規慣例条約（特に第23条）。	1910・1
1925・6	ジュネーヴ議定書（Geneva Protocol）。	1928・2
1959・12	南極条約（Antarctic Treaty）。	1961・6
1963・8	部分的核実験停止条約（PTBT）。	1963・10
1967・1	宇宙条約（Outer Space Treaty）。	1967・10
2	トラテロルコ条約（ラテンアメリカおよびカリブ地域における核兵器の禁止に関する条約）。	1968・4
1968・7	核拡散防止条約（NPT）。	1970・3
1971・2	海底非核化条約（Seabed Treaty）。	1972・5
1972・4	生物毒素兵器禁止条約（BWCまたはBTWC）。	1975・3
1975・11	原子力供給国グループ（NSG）初会合。	──
1977・5	環境改変技術軍事利用禁止条約（ENMOD）。	1978・10
1979・12	月協定。	1984・7
1981・4	特定通常兵器使用禁止制限条約（CCW）。	1983・12
1985・6	オーストラリア・グループ（AG）発足。	──
8	ラロトンガ条約（南太平洋非核兵器地帯条約）。	1986・12
1987・4	ミサイル技術管理レジーム（MTCR）。	1987
1990・11	欧州通常戦力条約（CFE Treaty）。	1992・11
1993・1	化学兵器禁止条約（CWC）。	1997・4
1995・12	バンコク条約（東南アジア非核兵器地帯条約）。	1997・3
1996・4	ペリンダバ条約（アフリカ非核兵器地帯条約）。	2009・7
9	包括的核実験禁止条約（CTBT）。	未発効
1997・12	対人地雷禁止条約。	1999・3
2002・6	G8グローバル・パートナーシップ合意。	──
2006・9	セメイ条約（中央アジア非核兵器地帯条約）。	2009・3
2008・12	クラスター弾に関する禁止条約。	2010・8
2013・4	武器貿易条約（ATT）。	2014・12

（出所）　筆者作成。

る。神経剤は最も強力な化学兵器であり，サリンやソマンはドイツで開発されたためにG（＝ジャーマン）ガスとも言われ，VXは米英で開発された。

　一方，生物兵器は，培養したウイルス，細菌，リケッチアなどを散布し，感染症を引き起こすものである。暴露と同時に発症するわけではないので即効性という点では化学兵器よりも劣るが，致死性の高い，ヒトからヒトへ感染する病原体を大量に効果的に散布することができれば，その被害は核兵器にも匹敵すると言われている。

化学，生物兵器は，製造，維持コストが核兵器に比べて安く，第三世界諸国でも製造が可能であり，保有疑惑国が多いので，「貧者の核兵器」とも言われる。核兵器は保有していても，実戦にはまず使わないだろうと普通は考える。しかし，化学，生物兵器は，戦場でしばしば使われてきた歴史があるだけに，保有していれば戦争で使うのではないか，という不安をもたらし身構えさせる。1991年の湾岸戦争時のイラクに対する懸念がそうであった。

第一次世界大戦では，10万トン以上の化学剤が使用され，死者10万人以上を含む100万人以上がその毒ガスをあびた。比較的最近では，1980年代のイラン・イラク戦争でイラクがイランに対して，その戦争の最中にイラクはさらに自国民のクルド人に対しても化学兵器を使用した。日本も第二次世界大戦で敗北するまで，通称731部隊を中心に細菌兵器（当時の名称）の開発に取り組み，中国で人体実験を繰り返していた。テロの場合，94年6月の松本市，95年3月の東京地下鉄におけるオウム真理教によるサリン事件がある。事件直後，アメリカの上院公聴会で，オウム事件が大量破壊兵器の拡散防止という観点で取り上げられ，国際的な関心の高さが示された。2001年秋にはアメリカで炭疽菌を郵便物に入れて送りつけるテロによって5人の死者が出た。

これら兵器を禁止しようとする動きは古く，1899年のハーグ宣言にまで遡ることができる（**表2-3**）。1925年のジュネーヴ議定書はこれら兵器の戦争での使用を禁止した。72年に調印された生物毒素兵器禁止条約（BWC：Biological and Toxin Weapons Convention）は，特定兵器の開発，生産，備蓄，獲得，保有の一切を禁じたはじめての多国間条約となった。しかし，その査察方法・手続きは規定されておらず，今日まで再検討会議で交渉されている最大の問題となっている。一方，化学兵器禁止条約（CWC：Chemical Weapons Convention）は93年1月に調印され，97年4月に発効した。CWCは10年以内の化学兵器全廃を締結国に課している。CWCはほぼすべての国連加盟国が締約しているが，数少ない未締約国の中でも大量の化学兵器を保有し，内戦においてそれが使用されたことで国際的に非難されたシリアも2013年9月に加盟している。

（2）　最も使用される小火器類

大量破壊兵器（核，化学，生物兵器）以外を総称して通常兵器（conventional weapons）と言う。一口に通常兵器といっても，戦車から手榴弾まで多種多様で

ある。通常兵器の生産，配備，使用，移転に関する地球規模での規制の歩みは，大量破壊兵器規制の取組に比べると出遅れた。

地域規模で最大のものは，90年に発効した欧州通常戦力条約（CFE：Treaty on Conventional Armed Forces in Europe）である。CFE条約は，NATOと旧ワルシャワ条約軍の間で均衡を保つ軍備管理条約である。兵員，戦車，装甲車，火砲，攻撃ヘリ，戦闘機それぞれにつき各国別に保有の上限を設定し，オーバー分は削減しなければならない。90年代前半に激しい武力紛争の生じたクロアチア，ボスニアなど旧ユーゴは，皮肉にも冷戦時には非同盟路線により，旧ワルシャワ条約に加盟しておらず，CFEの枠外にあった。

世界の武力紛争の多くは，通常兵器の中でも特に，小火器（small arms）そして軽武器（light weapons）と称される武器が行使される（日本では2つ合わせて「小型武器」と称されている）。前者は兵士が個人で携帯し使用できるように設計された武器で，軍用拳銃，自動小銃，短機関銃などである。後者は個人では携帯できない重量で，複数で操作するように設計されているもので，重機関銃，対空・対戦車ミサイル，迫撃砲などがあてはまる。[7] 戦車や装甲車両は，国軍が保有しており，「数えられる」ために規制の対象になりうる。だが，小火器類は，国軍以外の組織，個人ももち，携帯サイズであるだけに武器の移動が容易である。非合法製造や非合法移転も絶えない。世界的には，数量や製造，移転の実態を正確につかむことはとてもできない。「数えられない」のである。さらに言えば，大量破壊兵器とは違い小火器類の保有は治安にも防衛にも必要であり，保有することが国際的な規範に反するものでもない。そのような点が，小火器類が軍備管理の対象になりにくかった一因である。

小火器類の中でも対人地雷は，その「非人道性」が比較的早くから認識されていた。81年，対人地雷，仕掛け爆弾など「過度に有害あるいは無差別的な効果を有するとみなされる特定通常兵器の使用禁止，制限条約（CCW）」が締結された。地雷は，兵器としての効力寿命が長く，一度敷設されると探索が困難である。紛争が終わった後も，致死的兵器として放置される。それは難民の帰還を妨害したり，耕地に近づけなくしたり，人道援助活動を困難にする。これが「非人道兵器」と言われる所以である。冷戦後，PKO活動が活性化し，対人地雷は今まで以上に国際的な関心を喚起した。97年12月にオタワで「対人地雷禁止条約」が制定されたが，それに至るまでに，概算で60カ国以上に最大1億1000万個が敷設さ

れ，犠牲者の大部分は民間人で年間2万6000人にのぼっていた。[8]

　紛争後に回収されずに現地の住民が犠牲になるという点では，クラスター爆弾も同じである。クラスター爆弾は1つの親爆弾から，数個から数百個の子爆弾が散布するように設計されたもので主として上空から投下される。面を制圧し対戦車や対人用の効果が期待されているが，不発弾として残留するものが多い。対人地雷禁止条約の策定プロセスと同様に，特定の国家とNGOが主導して「非人道的」というレッテルを貼り，禁止条約の策定に乗り出した。そして，2008年にクラスター弾に関する禁止条約が完成し，各国の署名が開始され，2010年8月に要件を満たし発効に至った。

　軍縮条約は，ジュネーヴの「軍縮会議」で討議されるのが通常の方式であるが，そこでは全会一致方式のために，各国の利害が錯綜するとコンセンサスをつくるのが困難になる。対人地雷の「オタワ・プロセス」や，クラスター爆弾の「オスロ・プロセス」は，いわば有志連合が中心になって賛同国を増やしていく新たな方式である。

(3)　移転の問題

　すでにみたように大量破壊兵器に関する不拡散体制，そして，その運搬手段についてもミサイル関連技術輸出規制（MTCR：Missile Technology Control Regime）という輸出管理体制がつくられるなど，国際的な関心は高い。それに比べて，通常兵器の移転（transfer）を規制する国際的なレジームをつくることは難しかった。通常兵器をどれだけ輸入するか，どこへ輸出するかは，国連安保理が決定した制裁対象国でない限り，基本的には個別国家の裁量とみなされるからである。武器の供給は，友好勢力や同盟国に対する影響力の拡大になり，経済的な利益も大きい。武器への需要は，自衛のためであれば国家の権利である。武器移転は対外政策の1つの手段なのである。では，まったく自由に，秘密に，武器の売買を認めてよいのだろうか。

　たとえ対外政策の手段とはいえ，不安定な地域に武器を受け渡しすることは，武力紛争を発生させたり，継続させたりする1つの要因とみなされている。その中でまず，国連通常兵器登録制度（UN Register of Conventional Arms）が，EUと日本のイニシアティブで開始された。すべての国連加盟国は，毎年4月末までに国連事務総長宛てに，主要通常兵器7分野の輸出入数量を記したデータを提出す

ることが求められている。7つの分野とは，戦車，装甲戦闘車両，大口径砲，戦闘機，攻撃ヘリ，軍艦，ミサイルおよび発射台である。データの提出国は，例年80～120カ国程度の間を推移しており，国連加盟国の約半数前後にすぎなかった。主要な国はおおよそ登録しているが，輸入側と輸出側の数字が合わないことも散見されていた。

　この制度の意義は，武器移転を公開することで信頼醸成（confidence-building）をつくることにある。信頼醸成とは，相手の意図，行動をはっきり読めないがために生じる誤解や不信を減らし，安定的な関係をつくる軍備管理措置である。この制度は登録を強制することはできず，その効果を高めるには多くの改良が必要とされる。小火器類のデータを登録することも望まれてきたが，近年になって，そのうちの携帯型地対空ミサイル発射装置（MANPADS：Man-Portable Air-Defense Systems）が新たに追加された。テロリストへの拡散が懸念されているからである。

　この問題は，長年の協議と交渉を経て，2013年には進展があった。国連総会でついに武器貿易条約（ATT：Arms Trade Treaty）が賛成156カ国のもとで採択された。これは，戦車等の大型の通常兵器と小火器類に関する国際的な移譲の管理強化を目指すものである。

第4節　グローバル化時代の軍拡と軍縮

(1)　多様な武装組織

　軍事力を構成する武器は，本来は，国家の軍隊の専有物のはずである。国家の軍隊が有することで武器は，「兵器」となり，「軍備」となる。

　しかし，広く世界をみれば，国家の軍隊が有しているものと同様の武器を大小さまざまな組織が保有している現実にも直面する。現代の武力紛争の多くは，国家と国家の戦いというよりも，国軍以外の武装組織を当事者とする場合が多い。このことが軍備管理と軍縮をより一層困難にしている。国軍以外の武装組織は次の3つに分類できるであろう。

　第一に，準軍事（paramilitary）組織である。これは通常，国家機関の一部とみなされ，治安，公安など国内向けに組織されている。しかし，準軍事組織の中には，腐敗した体制下において政治的に中立な公安機関ではなく，特定の政治指導者や政党の「私兵」となり，政府に批判的な市民や政治家などを襲撃する暴力的

な「自警団」にもなる。その場合，組織の犯罪は闇に葬られることが多い。

　第二に，反政府武装勢力，テロ集団である。反政府軍は，ときに政府軍に匹敵する力を保有することもある。1983年以降断続的に内戦に見舞われていたスリランカでは，国軍約15万人に対して，反政府軍「タミール・イーラム解放の虎」は8000〜1万1000の兵力で劣るものの効果的な攻撃を繰り広げてきた。政府は「解放の虎」を軍事的に敗北させるまで四半世紀もかかった。アフガニスタンの「タリバーン」は，アメリカなどが2001年に開始した「対テロ戦争」で政権の座から引きずり降ろされ，反乱鎮圧の対象となりながらも，勢力を維持し支配地域を確保している。

　第三に，麻薬組織，マフィア，海賊などの犯罪集団である。これら組織の活動は一国内にとどまらず，複数国家を股にかけることが多く，国際（越境）犯罪組織（TCO：Transnational Criminal Organizations）とも称されている。TCOへの対応には，国際刑事警察機構，通称インターポール（Interpol）などの国際機関や，各国の情報機関，司法機関の協力が必要である。犯罪組織だから保有するのは小銃のたぐいだろうという観念があるとすれば，現実からかけ離れている。コロンビアやメキシコの麻薬カルテルは自動小銃から大型の通常兵器まで保有し当局と戦ってきたし，日本の暴力団でさえも軍用武器の密輸で摘発されてきた。

（2）　武装化阻止の難しさ

　なぜ国軍以外の武装組織が存在するのであろうか。それはいくつかの観点から説明できるであろう。

　第一に，民主的な統治能力の欠如である。民主主義的ルール，特に法の支配，公正な手続きと決定，少数派の政治参加と自由が保証されているのであれば，暴力的な運動は発生したとしても正当性を失う。逆に，政治の私物化で，権力者が前述のように「私兵」を組織することもあるし，汚職体質から警察や軍が市民の味方にならず，本来は当局が抑え込むべき反社会的な暴力集団と共存することもある。また，反乱を放置したり，対策を誤ったりすれば，小集団を強大な武装勢力に成長させてしまう。

　第二に，統治能力の欠如の究極的な形として「破綻国家」の存在である。破綻国家とは単に国家財政の破綻にとどまるものではなく，統治の基本構造がないか機能しないような国である。1991年に独裁政権が倒れた後，ソマリアは暫定政府

があるものの，長年にわたって実質的な破綻国家と化した。ソマリア国内では武装勢力間の争いが絶えず，沖合では海賊行為が横行した。他方で，政府が存在し，軍隊，警察，裁判所などが機能している国でも，その権力が及ばない地域を抱えている場合もある。例えばパキスタンで，その北西部の部族地域はテロ集団の温床となっている。現在，イエメンも同様の問題を抱えている。

　第三に，国家が，対外政策の手段として他国の反政府武装勢力やテロリスト組織を支援するからである。武器を受け取った組織がそれを管理できればよいが，長期の紛争期間を通じて，それらがさらに売買されたり，個人の所有となったりする。また，対外政策ではなく，意図的な譲渡でもなく，ただ武器の管理体制が弱く盗難や密売で横流しされ，ブラック・マーケットなどで非合法に売買されることもある。ロシアでは，特に90年代半ばに核関連物質の密輸事件が絶えなかった。核関連施設から，放射性物質や兵器転用可能な高濃縮ウラン，プルトニウム239などが流出した。しかも摘発されるのは氷山の一角と言われていた。[10]

　第四に，国内で常態として合法的に武器が普及しているか，紛争後の社会で武器が回収されていない状況もある。銃に限らず，爆発物であれば，容易に自家製造できるという背景もある。爆発物の原材料は民生品でもあり，それを売買すること自体は一般に合法的である。

　このように，武装組織が台頭する環境や要因は多様である。これは現代のグローバル化の時代にあって一層深刻な問題である。ヒト，モノ，情報は国境を越えて大量に移動し，国家よりも民族や宗派に，そればかりではなく狂信的な団体や過激主義にアイデンティティーを見出す人々も数多い。グローバル化の現象は，武器に限って言えば，不確定要素を生み，好ましいことではない。国家間の軍備管理，軍縮は，誰（機関）が，いかなる武器を，どこに，どれだけ保有しているのかを国として正確に把握できずに進めることはできない。しかも現在は，国家間の軍備管理や軍縮だけでは安定した環境をつくれなくなっている。

（3）　査察と兵器の解体の難しさ

　軍縮は，条約を締結して一件落着ではない。2国間の軍縮条約が締結された後にも，多国間協定に加入してからも，本当に条約を遵守しているのかを，効果的に査察（verification）をしなければならない。査察の実施にはまた別に細部の取決めが必要になり，そこで政治的な駆け引きが行われたり，技術的にも高度に専

門化され時間がかかったりすることもある。当局に案内されて兵器や施設を爆破解体するのを視察して完了，というような単純な話ではない。

1990年代にイラクは国連査察の対象国であった。なぜなら，突如クウェートに侵攻して湾岸危機を引き起こし，湾岸戦争にまで至らせたイラクは，その停戦の条件として大量破壊兵器の廃棄に応じたからである。イラクは各種の生物兵器（生物剤）の申告こそ行ったが，何年にもわたって露骨な査察妨害をした。それが大量破壊兵器をまだ隠しているのではないかと広く思われ，その疑惑が，イラクに対する開戦（2003年）に賛成しない人たちにさえも，底流にはあった。

北朝鮮に対しては，国際社会が「非核化」を目標としている。それが「完全かつ検証可能で不可逆的な非核化（CVID：complete, verifiable, irreversible denuclearization)」を実現するということであれば難事業になる。イラクや，核開発を放棄して査察に応じたリビアと違って，北朝鮮は核兵器を保有し実戦配備している。ウラン濃縮もプルトニウムの抽出も行っている。仮に査察に応じたとしても，数百カ所の調査で収まるかどうか。ましてや「不可逆的」は，兵器や施設という箱物の解体では終わらず，核燃料の数量管理から搬出と廃棄，開発記録や実験データの提出，そして根本的には技術力の封印さえも求められるのではないだろうか。

一般論として，兵器を解体する段階においても事は単純ではない。特に問題は，核兵器や化学兵器をどのように，身体や環境にとって安全に，しかも経済的にも無理なく解体するかにある。経済的とは，1990年代にロシアの核軍縮で直面した問題であった。つまり，START条約で核軍縮に合意していても，ソ連崩壊後の経済社会的な大混乱で，ウクライナやカザフスタンなどの核兵器をロシアに安全に鉄道移送して，一時保管し，解体してから核分裂物質を取り出し，それを保管，処分するまでをロシアが自力でできないということが判明した。そこで，クリントン政権下のアメリカは，ロシアの核管理と解体を資金，技術的に支援する協調的脅威削減（CTR：Cooperative Threat Reduction）プログラムによって対応を始めた。ちなみに，高濃縮ウランは天然ウランで希釈して濃度を下げることで民生利用ができるが，プルトニウムは希釈できないので，ガラス固化後にキャニスターに封入するか，原子炉で燃焼させ使用済み燃料として，いずれも地層処分する。通常兵器を解体するのとは安全確保の手間ひま，コストが違うのである。

化学兵器についても毒性ゆえ専用の施設で処分するのが望ましいのだが，60年代末まで，海中投棄，野外焼却，陸上投棄などがなされてきた。旧日本軍は，中

国大陸に大量の未使用化学兵器砲弾を放置したまま撤退した。1997年に発効したCWCによって，日本は旧日本軍による70万発もの中国遺棄化学兵器を安全に処理する義務を負うことになった。一般に化学兵器の処理には，つくる費用の10倍はかかると言われている。最大の保有国ロシアは資金不足を理由にCWCの批准を遅らせたが，2017年に廃棄完了を宣言した。

　ソ連の崩壊と軍縮は失業者を急増させた面もある。特に，特殊な技術をもち，高給を得ている者ほど，その転職条件は難しくなる。旧ソ連で大量破壊兵器に関する研究に従事していた者が，それら兵器を新たに開発しようとする国や組織に国外流出（頭脳流出とも言われる）することを防ぐために，日本，アメリカ，EUなどは「国際科学技術センター（ISTC）」を94年にモスクワに設置した。日本や欧米の企業が研究プロジェクトを提案し，旧ソ連の研究者，技術者を雇用する仕組みである。将来，他の国での軍縮にも参考になるかもしれない。

（4）　日本外交の観点から

　最後に日本外交の軍備管理，軍縮そして不拡散への役割を考えてみたい。冷戦時代には，米ソの核兵器が軍縮の第一のテーマであった。そのような特定の国の特定の兵器を，日本が削減させることは不可能であった。しかし，冷戦後には，国家による兵器管理，解体などが重要になり，武器の拡散を防ぐ武器移転規制のような多国間の枠組が求められる。そこでは，日本外交がイニシアティブをとる機会も増える。日本政府は，軍備管理や軍縮の促進，および不拡散体制の強化を外交の1つの柱として据えている。それが国際的，地域的な平和と安定に直結するからであり，拡散防止，兵器解体，さらにはそれを実施する前提となる紛争解決は，当事国だけではできないことが多いからである。

　そして日本自身も国際の平和と安定を損なうこともありうる。例えば日本にある企業が大量破壊兵器関連の物質や機材，技術を不正に輸出することもある。政府はそれを防ぐために「キャッチオール規制」という輸出管理体制をとっているが，不正輸出事件やそれが疑われる事案は少なくない。日本の製品が，大量破壊兵器開発を疑われた国で査察の結果，発見されたこともある。

　他方で，日本社会への不安もある。軍用武器が密輸入される事件が複数発生した。また，他国による兵器の不適切な廃棄や放射能漏れなどで環境災害を被るおそれもある。平時から国際的な情報交換が機能していれば，密輸の防止や追跡の

助けになるであろうし，環境災害への対処にもタイムリーな情報共有ができる。

　国際的な軍備管理，軍縮そして不拡散に積極的に取り組むのは，「平和国家」「唯一の戦争被爆国」という使命からだけではない。国家安全保障と市民の安全を確保することに直結し，かつ自国の信用や評価を高めることができ，それがソフト・パワーに転化できるという点でまさに「国益」にかなっているからである。

注

(1) *The Military Balance 2017*, (The International Institute for Strategic Studies, London, 2013), p. 432, 538.
(2) 原爆投下の道義的疑問は，一部の宗教家，平和主義者から提起されるにとどまった（油井大三郎『日米戦争観の相剋』岩波書店，1995年，95-106頁）。
(3) ハーマン・カーン『考えられないことを考える』（桃井真・松本要訳）ぺりかん社，1968年。これは究極の最悪事態まで想定した戦略論の1つである。また，カーンへの最も雄弁な批判はハンス・モーゲンソー『人間にとって科学とは何か』（神谷不二監訳）講談社現代新書390，1975年，168-198頁。
(4) Jozef Goldblat, *Arms Control: A Guide to Negotiations and Agreements*, Sage Publications, 1994, p. 3.
(5) Jasjit Singh, "Nuclear Weapon Threat," Singh and Thomas Bernauer (eds.), *Security of Third World Countries*, United Nations Institute for Disarmament Research, 1993, pp. 64-66.
(6) Staff Statement, U.S. Senate Permanent Subcommittee on Investigations, "Hearing on Global Proliferation of Weapon of Mass Destruction: A Case Study on the AUM SHINRI-KYO," October, 31, 1995, pp. 1-94, Appendix A-Dがその記録である。
(7) 宮坂直史「小火器問題と日本の安全保障」『新防衛論集』第27巻第2号，1999年9月。国連の政府専門家パネル（The panel of Governmental Experts on Small Arms）の報告書"United Nations General Assembly, General and Complete Disarmament: Small Arms, A/52/298, August 27, 1997"において，小火器と軽武器の定義，種類が明記され，その報告書の内容が，97年12月の国連総会で承認された。日本の外務省は，2000年より小火器と軽武器を合わせて「小型武器」と呼びはじめた。
(8) Office of International Security and Peacekeeping Operations, "Bureau of Political-Military Affairs, U.S. Department of State, Hidden Killers 1994: The Global Landmine Crisis," January 27, 1995, pp. 1-61 and App. A-C.
(9) 提出状況は国連のウェブサイト（http://www.un.org/disarmament/convarms/Register/）で調べられる。
(10) 宮坂直史「核テロリズム——その背景，類型，対策」浅田正彦・戸崎洋史編『核軍縮不拡散の法と政治』信山社，2008年，512頁。

参考基本文献

浅田正彦編著『輸出管理——制度と実践』有信堂高文社，2012年。大量破壊兵器やその技術拡散防止について，輸出管理の枠組と取組の現状を分析している。

アリベック，ケン『バイオハザード』（山本光伸訳）二見書房，1999年。著者は旧ソ連の生物兵器開発の責任者で，アメリカに亡命後，ソ連の内情を暴露した。

井上尚英『生物兵器と化学兵器——種類・威力・防御法』中公新書，2003年。中毒学の専門家によるベーシックな入門書。

山本武彦・庄司真理子編『軍縮・軍備管理』志學社，2017年。核，化学，生物，通常兵器，テロ，宇宙まで専門家が課題を掘り下げた論文集。

黒澤満『核軍縮入門』信山社，2011年。平易でわかりやすくコンパクトな体裁。

黒澤満編著『軍縮問題入門　第4版』東信堂，2012年。タイトル通りの最適の入門書。核，生物，化学，通常兵器から非核地帯までバランスよい構成。

日本軍縮学会編『軍縮辞典』信山社，2015年。820項目を網羅する本格的辞典。

松本仁一『カラシニコフ』『カラシニコフⅡ』朝日新聞社，2004年，2006年。自動小銃の代名詞である旧ソ連のカラシニコフ銃にまつわるルポルタージュ。

森本正崇『武器輸出三原則入門——「神話」と実像』信山社，2012年。1967年に佐藤内閣下で宣言された武器輸出3原則に関する解説。

吉田文彦編・朝日新聞特別取材班『核を追う——テロと闇市場に揺れる世界』朝日新聞社，2005年。核の闇市場のように重大な問題でも当該国の説明が足りず，ジャーナリストの取材が貴重な情報源である。類書の，ゴードン・コレラ『核を売り捌いた男』（鈴木南日子訳）ビジネス社，2007年，およびダグラス・フランツ／キャスリン・コリンズ『核のジハード——カーン博士と核の国際闇市場』（早良哲夫訳）作品社，2009年，会川晴之『核に魅入られた国家——知られざる拡散の実態』毎日新聞出版，2016年などもあわせて参照。

外務省軍縮不拡散・科学部編『日本の軍縮・不拡散外交』（各年版）。日本外交としての取組を紹介した資料集である。全文は外務省ホームページよりダウンロード可。冊子もあるが非売品。

（宮坂直史）

第3章

アメリカ外交の変容
──岐路に立つ超大国──

Introduction

　近年のアメリカ外交は政権ごとに大きく変化する。ジョージ・W・ブッシュ（以下G・W・ブッシュ）政権の外交は単独行動主義と呼ばれたが、その後のバラク・オバマ政権は多国間協調を重視した。しかし、2016年大統領選において当選を果たしたのは「アメリカ第一主義」を掲げるドナルド・トランプであった。本章では、変化の激しい今日のアメリカ外交について考察する。

第1節　ジョージ・W・ブッシュ政権の外交

（1）　単独行動主義

　冷戦終結後、長く国際政治を規定した米ソ二極構造に代わり、アメリカを頂点とする単極秩序が出現した。アメリカは、安全保障、経済、文化などあらゆる分野で圧倒的パワーを有し、唯一の超大国として君臨した。フランスの外務大臣はそうしたアメリカを「ハイパー・パワー」と呼んだ[1]。

　このような環境のもとで、2001年1月に始動したG・W・ブッシュ政権には、共和党内の保守強硬派や新保守主義者（ネオコン）が数多く集結した。前者はレーガンが実践した「力による外交（Peace through Strength）」を支持し、チェイニー副大統領やラムズフェルド国防長官に代表された。後者は、力の外交を、道徳性重視の外交、なかでも民主化や体制転換の論理と結び付ける特徴があり、ウォルフォウィッツ国防副長官らに象徴された。以上のほかに、国際主義的で多国間枠組を重視する穏健派も存在しパウエル国務長官に代表されたものの、少数派であった。このように、保守強硬派や新保守主義者の力が強く、そのことがブッシュ政権がイラク戦争に突き進んでいった背景の1つであった[2]。

　ただし、発足当初注目されたのはむしろその国益重視の外交であった。G・W・ブッシュは、2000年大統領選の時点からアメリカは限定的に定義された自国の国

益に準じて行動すべきだと主張し，こうした考えのもと，京都議定書からの離脱やミサイル防衛の断固推進を表明，国連分担金の支払いも拒否した。このような単独行動主義を基調とするブッシュ外交に対して，国際社会からは多くの懸念が寄せられるようになった。[3]

このように，国際社会から距離を置き独自の外交路線を展開しようとしていたブッシュ政権にとって，2001年9月11日の同時多発テロ事件（以下9.11事件）は，大きな転機となった。これ以降，ブッシュ外交に介入主義的な性格が色濃くみられるようになっていく。また，テロとの戦いを遂行する必要から，ブッシュ外交は単独行動主義が一時影を潜め国際協調を重視するようになったかにみえた。国際世論も，未曾有のテロ被害にあったアメリカに対して深い同情を寄せ，国連では「一国に対するテロ攻撃は全人類への攻撃」との決議が採択され，北大西洋条約機構（NATO）では北大西洋条約第5条に基づく集団的自衛権の発動が決定された。[4]

しかし，国際協調路線は長くは続かなかった。9.11事件から1カ月後に開始したアフガニスタン戦争が短期の圧勝に終わると，単独行動主義が復活してくる。2001年12月に弾道弾迎撃ミサイル（ABM）条約からの一方的離脱を表明し，翌年5月には国際刑事裁判所への署名撤回を宣言する。[5]そして，何よりも単独行動主義を象徴したのが強引なイラク攻撃であった。

（2）　イラク戦争

もともと，政権内部ではラムズフェルドやウォルフォウィッツを中心にサダム・フセイン打倒を唱える声が存在していた。彼らはクリントン政権時代に「新しいアメリカの世紀プロジェクト」というシンクタンクを拠点に，湾岸戦争後も体制が存続したフセイン政権の「排除」を要求していた。したがって，当初からブッシュ政権ではイラクは主要な問題であり，ラムズフェルドに至っては9.11事件直後に事件とイラクのつながりを疑い，イラク攻撃を示唆するほどであった。もっとも，その時点ではブッシュがアフガニスタンに専念したため，イラク攻撃論はいったん退けられた。しかし，アフガニスタン戦争の圧勝を受けて，ブッシュも開戦論に傾いていき，2001年11月末，国防総省に対してイラク戦争計画の立案を命じた。[6]これ以降，ブッシュ政権の動きは加速していく。

2002年1月にブッシュは北朝鮮，イラン，イラクを「悪の枢軸」と非難し，と

りわけイラクが大きな脅威であると訴えた。また，同年6月の演説では旧来の抑止と封じ込めの戦略は「影のようなテロリスト網」や「精神の均衡を失した独裁者」には効果がないとし，先制攻撃の必要性を主張し，同年9月の「国家安全保障戦略」ではこの「ブッシュ・ドクトリン」をより明確に打ち出した(7)。

以上のように，ブッシュ政権はイラク攻撃に向けた準備を着々と進め，国際社会からの支持を得ることなく，2003年3月に米英軍はついに攻撃を開始する。予想通り，戦闘は米英側が圧倒的優位で進んだ。わずか1カ月足らずでイラクを制圧し，5月1日にブッシュは戦闘終結を宣言する。

なぜブッシュ政権はイラク戦争に踏み切ったのか。1つの理由は，大量破壊兵器の問題であった。ブッシュによると，イラクは大量破壊兵器の開発を秘密裏に進めており，それを実際に使用する危険性があっただけでなく，アルカイーダなどテロリストに譲りわたす危険性があった。このような脅威を考えれば，アメリカは先んじて攻撃しなければならないと，ブッシュは主張したのである。もう1つは，イラクや中東全域を民主化する必要性であった。しばしば「体制転換」という言葉も用いられたが，ウォルフォウィッツらネオコンは，軍事力を行使してでもイラクや中東の民主化を達成することが，アメリカの義務であると論じたのである(8)。

しかし，唯一の超大国といえども他国を根本からつくり変えることは容易なことではなかった。その上，ブッシュ政権の占領計画は杜撰であった。そのため，戦闘終結宣言からまもなくイラク情勢は混迷を深めていく。反米テロが頻発し，戦費も膨れ上がりイラクはアメリカにとって財政的にも大きな負担になっていく。しかし，ブッシュが開戦の根拠としていた大量破壊兵器はイラク国内で発見されなかった。また，この戦争は対米感情を著しく悪化させ，世界の主要都市では開戦前から反戦・反米デモが行われた。グアンタナモ収容所の実態とともに，2004年春に明るみになったイラク・アブグレイブ刑務所での米兵による虐待行為は，反米感情をさらに拡大させた(9)。アメリカ国内でも，ブッシュ政権に対する風当たりは厳しさを徐々に増していき，大統領退任時には支持率は史上最低レベルの20％前半まで低下した。無論，その要因には2005年夏のハリケーン・カトリーナへの対応の不手際や，2008年秋の金融危機の影響も指摘できるが，イラク戦争に対する国民の反感が大きな要因ではあったことは明らかである。出口の見えない「ブッシュの戦争」への嫌悪感・厭戦気分がアメリカ国民の間で蔓延したのであ

る。

（3） 2期目のブッシュ外交

　イラク情勢の悪化を受けて，2期目に入りブッシュは政権の陣容を変えざるをえなかった。ウォルフォウィッツらが退任し，民主党が大勝した2006年中間選挙後にはラムズフェルドも事実上更迭された。後任にはG・H・W・ブッシュ政権でCIA長官を務めたゲイツが任命された。こうして，G・W・ブッシュ政権においてイラク戦争を主導した人物は副大統領のチェイニーを除いてほぼいなくなった。その一方で，2007年1月にブッシュは高まる撤退論をはね除け，3万人の増派を決断しイラクの治安回復を優先させた。ただし，イラク戦争に忙殺された結果，北朝鮮やイランの核開発問題といった他の外交課題では実質的な進展はほとんどみられなかった。

　ブッシュ政権の8年の間に，大国関係も変わった。中国に対して，当初ブッシュ政権は「戦略的ライバル」と呼び厳しい姿勢で臨んだが，9.11事件以降，関係改善に乗り出した。国際テロの問題や北朝鮮問題などで中国の協力は不可欠であり，急成長を続ける中国経済も無視できなかった。中国の軍拡や対中貿易赤字の拡大に対しては警戒心をもち続けたものの，ブッシュ政権の力点は明らかに安定した米中関係に置かれていた。これに対して，米ロ関係は，ウクライナやジョージアのNATO加盟の動きや東欧へのミサイル防衛設置計画，そして南オセチア自治州をめぐるジョージアとロシアの武力衝突によって，ブッシュ政権末期に極度に悪化してしまった。

　ブッシュ政権は，アメリカが圧倒的な力をもつ中で発足したが，唯一の超大国の驕りからイラク戦争に突入し国力を消耗させた。これに2008年秋に発生した金融危機が追い打ちをかけた。こうした中で，ブッシュ政権の末期には専門家の間で一種のアメリカ衰退論が流行するようになり，「アメリカ後の世界の到来」や「アメリカの地政学的衰退」が注目されるようになった。

第2節　オバマ政権の外交

（1）　オバマと国際社会

　アメリカの対外的威信が低下し，アメリカ衰退論まで主張される中で，2008年

大統領選で当選したのはバラク・オバマであった。黒人初の大統領であるとともに，アジア太平洋と深いつながりをもつ大統領という意味でも歴史的な現象であった。オバマは，ハワイに生まれ，インドネシアで一時期を過ごし，大学の最初の２年間はカリフォルニアで学んだという人生経験をもっていた。(14) すなわち，オバマは自然にアジアに向かう感覚を身に付けていたのであり，2009年11月に訪日した際もアメリカについて「太平洋国家」であると強調したのであった。(15)

(2) オバマの理想主義的側面・現実主義的側面

大統領選で「変化」を掲げ多くの期待を集めたオバマは，外交の分野でもブッシュ外交からの「変化」を広く印象づけていく。まず，就任直後にグアンタナモ収容所の１年以内の閉鎖と，同じく国際社会からの批判が強かった過酷な尋問の禁止を宣言した。(16) また，同年４月にはプラハにおいて「核なき世界」演説を行い，その２カ月後にカイロでイスラム世界に向けて対話と協調を訴えた。さらに，冷却化していた米ロ関係の改善やイランへの対話の呼び掛けを行った。国際社会も，こうした国際協調や理想主義を掲げるオバマ外交の姿勢に高い評価を与えた。(17)

ただし，オバマ外交は理想主義的な側面だけではなかった。現実主義的側面は，ノーベル平和賞の受賞演説などでもみられたほか，何よりも政権人事に反映されていた。オバマはイラク戦争反対を唱え頭角を現したが，典型的な反戦主義者ではなかった。民主党左派はほとんど抜擢されず，むしろ国務長官に大統領選でのライバルであったヒラリー・クリントンを任命し，前政権の国防長官のゲイツを留任させたように，多くの民主党穏健派に共和党穏健派の一部を加えた超党派的な色彩の強い布陣を敷いた。(18) これに，サマンサ・パワーらに代表される，人道目的での武力行使を肯定するリベラル・ホーク（民主党タカ派）も参加した。リベラル・ホークは後のリビア内戦への対応において政権内で介入論を先導したものの，シリア内戦では影響力を発揮することはできなかった。(19)

(3) ２つの戦争

言うまでもなく，オバマ外交の最優先課題は前政権から引き継いだ２つの戦争であった。まず，オバマは「愚かな戦争」「不必要な戦争」と主張したイラク戦争について，前政権が2008年末にイラクとの間で締結した地位協定に従い，2011年末までに米軍をイラクから完全撤退させる方針を確認した。そして，この方針

通り,同年末までにオバマは残っていた治安維持部隊も撤収させ,イラク戦争終結を宣言した。[20]

これに対して,オバマにとってアフガニスタンは「必要な戦争」であり,「テロとの戦いの主戦場」であったが,前政権がイラクに軍事力を過剰投入している間に,アフガニスタン情勢の悪化を招いてしまったと考えていた。実際,アフガニスタンではタリバーンが勢力を回復させパキスタン北西部にも勢力を伸長させていた。このようなアフガニスタン情勢に対処するため,オバマ政権は1年目に2度にわたり増派を実施する。ただし,終わりのない介入を避けるため「出口戦略」をあわせて発表し,2011年7月に米軍の撤退を開始する方針を提示した。[21]

オバマ政権は,イラクやアフガニスタンでのテロリストの掃討にも積極的であり,特殊部隊や無人機(ドローン)を用いた作戦を頻繁に実施した。無人機による攻撃は,ブッシュ政権をはるかに上回る頻度で行われ,その対象地域は中東やアフリカまで拡大していった。2011年9月にはイエメンでアメリカ国籍をもつイスラム原理主義指導者に対する標的殺害作戦が実行されたが,これはアメリカ国内でも多くの批判を呼んだ。[22]このように,オバマ政権はテロ対策においてはタカ派的とも言えたが,2011年5月のウサマ・ビン・ラディンの殺害は積極的なテロ対策を象徴するものであった。

(4) オバマ外交の特徴

オバマ外交の基本的前提は,「アメリカの力は世界にとって不可欠であるが,アメリカだけで問題を解決することは不可能である」というものであった。アメリカの世界における強い指導力と関与を肯定しつつ,ブッシュ流の単独行動主義を否定し,多国間協調主義を前面に押し出した。また,前政権が特にその1期目において軍事偏重であったのに対し,オバマ政権は外交的手段を強調し,とりわけ対話や交渉を重視した。[23]

発足直後から,オバマ政権は世界に向けて対話外交を積極的に展開した。カイロ演説はその最たるものであったし,イランに対しても直接メッセージを送り核開発問題の外交的解決を模索した。ただし,イラン側の強硬な姿勢を受けて,オバマ政権は2009年末頃から経済制裁を軸とした圧力路線に軸足を移していった。[24]

また,オバマ政権は米ロ関係の改善にも意欲を示した。先に述べた通り,前政権の末期に米ロ関係は極度に悪化してしまったが,オバマ政権は核軍縮,イラン,

北朝鮮などさまざまな課題でロシアの協力が不可欠であると考え、米ロ関係の「リセット」を試みた。その一環として、東欧へのミサイル防衛設置計画を撤回するなど、ロシアに対して譲歩の姿勢を示した。2010年4月には米ロ間で新戦略兵器削減条約（新START）が調印され、オバマ政権の対ロ政策は大きな成果を上げつつあるかにみえた。[25]

第3節　2期目のオバマ外交

（1）アラブの春

　1期目のオバマ外交は、新STARTの成立やイラクからの撤退、そしてビン・ラディンの殺害といった大きな成果を上げ、おおむね高い評価を受けていた。しかし、2期目に入ると一転して、批判的な声が高まっていく。転機となったのは「アラブの春」であった。

　2011年1月のチュニジアの政変に端を発する反政府・民主化運動は瞬く間に中東諸国に広がり、翌月にはエジプトのムバラク政権が崩壊する。かつてレーガンが「中東の狂犬」と呼んだリビアのカダフィもこの嵐に巻き込まれ、カダフィが反体制派への武力弾圧に乗り出したことからリビアの混乱は内戦へと発展する。この状況を受けて、最終的にオバマ政権は軍事介入を決断しNATOによる空爆が実施された。しかし、オバマ政権はアメリカが前面に出ることを嫌い、軍事上の主導権はイギリスやフランスに譲る方針を採用した。後にこの方針は「後方からの指導」であると揶揄された。[26]

　オバマ政権は、無人機等を使ったテロリストの掃討では積極的であったものの、2つの戦争の終結に執着するあまり、新たに大規模な軍事介入を行うことにはきわめて慎重であった。とりわけ、地上軍の投入については非常に早い段階で選択肢から除外する傾向があった。シリア内戦はそうした姿勢が端的に現れた事例であった。

　2012年夏、オバマ政権は反体制派への弾圧を続けるアサド政権に対して、化学兵器の使用は「越えてはならぬ一線（レッドライン）」と警告し、化学兵器を使用すればアメリカは軍事介入すると宣言した。レッドラインを設定しておけば、アサド政権がこれを乗り越えてくることはなく、軍事介入をせずにすむと予測したのかもしれない。しかし、1年後、アサド政権による化学兵器の使用が明白とな

る。これを受けて，オバマ政権は地上軍投入の可能性を否定しつつ，即座に軍事介入を計画する。しかし，その直後にオバマはまず議会の承認を得ると方針を転換させ，結局議会の承認もなければ，シリアへの空爆も行われなかった。予測の甘さや判断の揺れとともに，軍事力行使への強い躊躇は，オバマ外交の象徴として批判されることになった。

（2） 中国の台頭とリバランス

　対中強硬路線を掲げた初期のブッシュ政権とは対照的に，発足当初からオバマ政権は中国との関係において「協調と対話」を標榜した。米中関係を深化させ，両国がさまざまな課題に協力して取り込む体制を築こうとしたのである。しかし，その期待は長くは続かなかった。

　軍事力の近代化を進める中国は，A2/AD（接近阻止・領域拒否）能力を向上させ，海洋進出を活発化させた。2010年3月には南シナ海のほぼ全域を「核心的利益」と通告し，アメリカ側に大きな衝撃を与えた。こうした中国の動向に対して，同年7月にクリントン国務長官はASEAN地域フォーラム（ARF）の席上で「アメリカは南シナ海でのアジアの海洋公共財への自由なアクセス，航行の自由，国際法の遵守について国益を有している」と発言し，中国を牽制する。

　こうした状況下で，2011年末にオバマ政権はアメリカ外交の重心をアジア太平洋地域に移す「リバランス（Rebalance to Asia）」を公式に宣言する。その目的は，アジア太平洋地域において安全を供給し，自由で開かれた国際秩序を普及させることで，発展を続ける同地域の活力を取り込むことであった。具体的には，この地域への米軍の配置転換や同盟関係の強化が図られた。また，並行して，開かれた市場と自由貿易が促進され，2016年2月には日米をはじめ12カ国間で環太平洋パートナーシップ（TPP）協定が調印された。さらに，航行の自由や法の支配といった国際ルールや規範を定着させる取組も行われ，2015年秋には南シナ海において「航行の自由作戦」が実施された。

　しかし，やがてリバランスに対しても厳しい批判が突きつけられていく。中身が乏しいといった声や，中東など他の地域に引きずり戻されてしまったといった声が高まるようになった。さらに，中国による既成事実化を通じた現状変更を許してしまったとの批判も高まった。中国は，南シナ海で領有権を主張する低潮高地や岩を埋め立てて要塞化し，自らの管轄権を一方的に主張する海域で石油掘削

を進め，さらに尖閣諸島では日本の領海への威嚇的な侵入を繰り返した。しかし，オバマ政権は，このような中国の行動に対して直接的な対抗措置を積極的にとろうとはしなかった。それは，オバマ政権がグローバル経済や気候変動などの問題で中国の協力を重視していたからであった(31)。しかしその分，中国による現状変更の試みに対して，アメリカは厳しさを欠いてしまった。

（3） 米ロ関係

米ロ関係でも，オバマ政権は批判を浴びた。2014年3月，ロシアは軍事力によってウクライナからクリミアを奪取し，その後もウクライナ東部への介入を続けた。このウクライナ危機を受けて，オバマ政権はロシアを主要国首脳会議からの追放と経済制裁を科すとともに，NATOの結束強化を進めバルト3国や東欧諸国の不安解消に努め，さらにウクライナへの支援を実施した。ウクライナへの支援は，民生面でのものに加えて，ウクライナ軍兵士の訓練や装備品の提供などが行われたが，紛争をエスカレートさせる殺傷能力を備えた防衛兵器は支援対象から外された。しかし，ウクライナ危機は一向に収束しなかった。アメリカの議会では共和党タカ派を中心にオバマ政権の対応は不十分との批判が高まり，殺傷能力を備える防衛兵器もウクライナに供与すべきだとの声が増大した(32)。また，オバマ政権のロシア観も非難され，プーチンのロシアが重大な脅威となりつつあることを認識するのが遅れたのではないか，といった批判も生じた(33)。

なお，オバマは早い段階で軍事介入はしないと明言し，ウクライナ危機においても軍事力の行使に消極的な姿勢を示した(34)。

（4） その他の政策

2期目後半，オバマ政権は再び中東の問題への対応に追われた。2011年末までにイラクからの米軍撤退を実現させたものの，その後，イラクと隣国シリアにまたがる形でイスラム国（IS）が台頭した。この状況を受けて，オバマ政権は，地上軍の投入は行わない意向を何度も表明しつつ，2014年夏以降イラクやシリアでIS掃討を目的とした空爆の実施に踏み切った。共和党タカ派はこうした中東の混乱をオバマ外交の失敗の象徴とし，イラクからの撤退を急ぎ，米軍残留の道を模索せず，さらにはシリアの混乱を放置した結果だと非難した。アフガニスタンに関しては，オバマ政権は2014年に2016年末までの完全撤退を表明したが，安定

しない情勢を受けて2015年10月，任期中の撤退断念を余儀なくされ，同政権後も米軍が駐留することになった。

　無論，2期目のオバマ外交に見るべき成果がなかったわけではない。例えば，2013年にイランで保守穏健派のロウハニ政権が誕生すると対話路線を推進し，2015年7月にイランと米英独仏中ロ6カ国はイランの核開発を大幅に制限する「包括的共同作業計画（JCPOA）」に合意した。また，同じ時期にはキューバとの国交正常化を実現させ，2016年9月には気候変動対策のパリ協定に中国とともに批准した。ただし，これらの成果は2期目に入って強まったオバマ外交への批判を和らげるものとはならなかった。

(5)　オバマ外交の評価

　オバマ外交の8年間はいかに評価されるべきか。この点について，中山俊宏は以下のように述べている。

> オバマは，ファリード・ザカリアが『アメリカ後の世界』で論じたように，アメリカは依然として圧倒的な力を有するものの，その他の台頭が著しく，アメリカの地位は相対的に低下していると認識した。また，この出現しつつある世界は否応なしに繋がり，アメリカが単独でコントロールできない空間であると捉えた。そのため，問題解決のためのさまざまなアクターとの協力・協調を実現すること，すなわちマルチパートナー世界の実現こそが，アメリカの国益に繋がると考えた。しかし，このような世界観への確信とマルチパートナー世界の実現に執着するあまり，アメリカ外交をリセットすること自体が自己目的化してしまった。そして，9.11テロ事件に対するG. W. ブッシュ政権の過剰反応から過剰学習し，アメリカの力を行使することに慎重になりすぎてしまった。その結果，オバマ外交はアメリカの力を使って何かを実現することよりも無駄なことはしないという方向へと傾斜し，アメリカを実態以上に弱く見せてしまうという致命的な過ちを犯してしまった。

　こうして，オバマ政権末期には「リトレンチメント（世界におけるアメリカの役割縮小）」という言葉が頻繁に語られるようになったが，2016年大統領選では「アメリカ第一主義」のもと，リトレンチメントを露骨に推し進めるかのようなドナルド・トランプが当選を果たした。

第4節　2016年大統領選挙とトランプ現象

（1）　異端の候補者

　トランプは，政治経験のない実業界出身者であり，所属政党も民主党，共和党，第三政党と次々と変えた過去をもつ。ただし，政治経験こそなかったものの，実業家として，あるいは芸能人として高い知名度を有し，自らが司会を務めたテレビ番組は高い人気を誇っていた。

　トランプは，オバマについて生まれながらのアメリカ人ではなく，そのため大統領になる資格がないとの主張を執拗に行い，2016年大統領選の出馬表明演説ではメキシコ人を「犯罪や麻薬を持ち込み，強姦魔だ」と呼んだ。その後も通常の大統領候補であれば政治的信任を一気に失うかのような非常識で差別的な発言を何度も行ったが，既成の政治家にはないその率直さ，そしてスローガンとして掲げたアメリカ第一主義が評価され，最終的に民主党候補のヒラリー・クリントンを打ち破った。

（2）　アメリカ第一主義

　トランプが唱えたアメリカ第一主義は，3つの柱から成り立っていた。第一に，反不法移民である。不法移民の強制送還や，不法移民の流入を阻止するために米墨国境沿いに巨大な壁を建設することを訴えた。第二に，保護貿易主義・反自由貿易である。自由貿易によってアメリカ人労働者の職が奪われたとして，TPP離脱や北米自由貿易協定（NAFTA）の再交渉を主張した。共和党は自由貿易支持の傾向が強く，そのためトランプの保護貿易主義は明らかに異質であった。第三に，孤立主義である。伝統的な同盟関係を批判し，NATOを「時代遅れ」と決めつけ，同盟国に負担増を要求，応じなければ日本や韓国など同盟国を防衛することはできないと主張した。これらの政策は，アメリカ政治のエリートが推進してきた立場とは正反対であり，戦後アメリカ外交の国際主義に反するものであった。

　当然，トランプの主張に対しては所属する共和党内からも激しい反発が生じた。なかでも，共和党系外交専門家はトランプに反対する書簡を2度にわたって発表するほどで，賛同者には歴代共和党政権高官も多数名を連ねた。

しかし、エリートからは批判されたものの、トランプの主張は白人労働者層から熱狂的に支持された。その背景をめぐって、選挙戦中に注目されたのが中年白人の実態であった。医療の進歩などにより、通常は中年の死亡率は低下する。実際、他の先進国や、黒人やヒスパニック系などアメリカ国内の他の人種については中年の死亡率は低下している。しかし、白人の中年だけは逆に死亡率が上昇していた。死亡率の上昇は、自殺、薬物中毒、肝臓障害に起因していたが、このような「絶望による死」が多い地域ほど、「世界のことではなく、アメリカのことを最優先に考えるべきだ」と訴えるトランプに多くの票が集まった。経済のグローバル化などで製造業が衰退してしまったラストベルト（錆びた工業地帯）は、その典型であった。(41)

なお、アメリカ第一主義というとローズベルト政権の親英路線への反対と孤立主義を掲げ、1940年夏に結成された「アメリカ第一委員会」を想起させるが、最近のアメリカ政治では冷戦終結直後にパット・ブキャナンが唱えた主張として知られている。ブキャナンは、「1にも、2にも、3にもアメリカ」を唱え、保護貿易主義、移民排斥、日独の核武装容認、NATO不要論、日米同盟破棄などを訴えた。敗れはしたものの、1992年大統領の共和党予備選にも立候補し善戦している。トランプは、このブキャナンに少なからず影響を受けたと考えられる。かつて2人には接点があった。2000年にブキャナンは共和党を離れ、第三政党の改革党に移ったが、当時大統領選への出馬を検討していたトランプも、実業家ロス・ペローが立ち上げた同党に所属していた。したがって、トランプがブキャナンから多くを吸収したであろうことは容易に想像でき、アメリカ第一主義はトランプの世界観の初期状態と言ってもよい。(42)

（3）「力による平和」

しかし、外交・安全保障に関するトランプの主張が孤立主義一辺倒ではなかったことは留意すべきである。選挙戦が終盤に入った2016年9月の演説において、トランプは「力による平和」を表明している。力による平和とは、レーガン流の外交のことを意味し、軍拡と同盟国・友好国との連携を通じて脅威に立ち向かうという、保守強硬派の立場であり、共和党の伝統的路線である。無論、アメリカ第一主義とは対極にある概念であった。(43)

第 5 節　トランプ政権の外交

(1)　トランプ政権の陣容

　2017年 1 月に始動したトランプ政権の内部も主に 2 つのグループから構成された。1 つは，アメリカ第一主義を標榜するグループであり，バノン首席戦略官やミラー大統領上級顧問らに代表された。政権発足直後に発表された TPP 離脱や一部イスラム圏諸国からの入国制限などは，このグループが主導した。もう 1 つは，軍人や実業界出身者を中心とするグループである。保守強硬派が多く力による平和を支持し，ペンス副大統領，ケリー大統領首席補佐官，マクマスター国家安全保障問題担当大統領補佐官，マティス国防長官，ティラーソン国務長官らに代表された。一方で，同じ共和党政権でありながら，1 期目のブッシュ政権において大きな存在感を発揮したネオコンはほぼ皆無であった。

(2)　外交・安全保障

　アメリカ第一主義を掲げるトランプ政権の誕生によって，国内外では戦後アメリカの国際主義が動揺し，既存の国際秩序が崩壊してしまうのではないかといった懸念が広がった。就任演説でも「アメリカ・ファースト」を改めて訴え，その後も TPP 離脱や NAFTA 再交渉，パリ協定離脱（2017年 6 月）などを相次いで発表したことで，トランプ政権に対する懸念はさらに拡大していった。
　しかし，トランプ政権の 1 年目を振り返ると，少なくとも外交・安全保障の分野では孤立主義はほとんど現れなかった。どの政権も発足すると，統治モードに移り選挙公約を大幅に修正し，より現実的な政策を採用する傾向がある。トランプ政権に関しても，このような変化がみられた。すなわち，マティス，マクマスター，ケリー，ティラーソンといった，いわゆる「大人たち」が政策決定において多大な影響力を及ぼしたことで，トランプの孤立主義な衝動は抑え込まれたと言える。
　実際，トランプは2017年 4 月の NATO 事務総長との会談で NATO について「もはや時代遅れではない」と発言し，選挙戦での主張を覆した。同様に，その他の同盟関係も支持する姿勢を強調した。2 月の日米首脳会談では日米同盟を全面的に評価し，選挙戦中に回答を拒否していた尖閣諸島の問題についても，オバ

マ政権と同様に日米安全保障条約第5条が適用されることを明言した。[47]

　北朝鮮の問題に関しても，トランプ政権の政策は孤立主義ではなかった。前政権が対北朝鮮政策として採用した「戦略的忍耐」を否定し，トランプ政権は経済制裁と軍事的威嚇を通じた「最大限の圧力」を北朝鮮にかけ続けた。米朝間の激しい言葉の応酬とともに，先制攻撃の可能性まで取り沙汰されるなど朝鮮半島をめぐる緊張は一時極度に高まったが，トランプは2018年3月に突然対話路線に転換し，同年6月には歴史的な米朝首脳会談を実現させた。[48]ただし，現在トランプ政権は任期中の北朝鮮の非核化を目指しているものの，それに向けた明確な道筋が示されているとは言い難い。また，シリアでは2017年4月にアサド政権による化学兵器の使用が明らかになるとただちに空爆を敢行し，翌年春にも英仏と合同で空爆を実施した。アフガニスタンに対しては，2017年8月に期限を設定せずに約4000人の増派を決断している。[49]

　ロシアとの関係では，大統領本人はロシア寄りの発言を続けているものの，対ロ制裁強化法の成立（2017年8月）や，2016年大統領選への介入に関与した団体や個人への制裁（2018年3月）が示すように，トランプ政権の対ロ政策は基本的に強硬である。また，ウクライナ危機をめぐっても，2017年12月に前政権が支援対象から外した，殺傷能力を備える防衛兵器をウクライナに供与することを決断している。[50]さらに，2018年10月ロシアが条約違反を繰り返しているとして冷戦末期の1987年に米ソが調印した中距離核戦力（INF）全廃条約からの離脱を表明した。

　トランプ政権は，中国に対しても強硬な姿勢をとっている。すぐに撤回したものの，大統領選直後に，トランプは台湾の蔡英文総統と異例の電話会談を行い，「1つの中国」政策に縛られない意向を表明した。[51]また，海洋安全保障面では，2017年5月に南シナ海における航行の自由作戦を開始し，その回数はすでに前政権時を上回っている。[52]さらに，2018年6月にはマティス国防長官がシンガポールでの国際会議の場で南シナ海における中国の行動を強い言葉で非難している。[53]

　中国について，オバマ政権はグローバルな問題で協力を引き出すべき相手とみなしていたが，トランプ政権は北朝鮮の問題や貿易赤字などアメリカの国益を損なう問題で是正措置を引き出すべき相手と認識しており，圧力が有効であると考えている。実際，中国に対して北朝鮮への圧力強化を強く求め，2017年8月には北朝鮮と取引きのある中国企業に制裁を科す二次制裁を実施している。[54]

　2017年末に発表された「国家安全保障戦略」は，中ロに対するトランプ政権の

厳しい見方を端的に示しており，この文書では協力の可能性を残しつつも，中ロについてアメリカに挑戦する「修正主義国家」であると規定している。歴代政権には，中ロを既存の秩序に取り込んでいけば，やがて秩序の担い手になっていくであろうとの期待感があったが，トランプ政権はそのような見方を明確に否定しており，前記の文書でも「過去20年あまりの政策，すなわちライバル国を国際機関や世界貿易に取り込んで関与していけば，それらの国が無害な存在もしくは信頼できるパートナーへと変わるという前提に立った政策は見直されるべきである。そうした命題は，多かれ少なかれ誤っていたということが明らかとなったのである」と指摘している。[55]

(3) 通商

外交・安全保障とは対照的に，通商の分野ではアメリカ第一主義が鮮明に現れた。TPP離脱やNAFTA再交渉に続き，2018年2月の大型家庭用洗濯機および太陽電池輸入に対するセーフガード，同年3月の安全保障への脅威を理由とする鉄鋼・アルミニウムに対する追加関税，同年7月の知的財産権侵害等を理由とする対中制裁を相次いで発動した。米中関係は，対中制裁の発動とそれに対する中国の報復制裁により，「貿易戦争」の状態に突入している。

トランプ政権の通商政策の特徴は，同盟国であるかどうかに関係なく，強硬な政策を実施する。先の「国家安全保障戦略」でも，「公正で自由な市場経済の原則を尊重する国との経済的競争と，そうした原則をないがしろにする国との経済的競争を区別する」という文言がある。後者の代表格が中国であるのはほぼ明らかであるが，前者に同盟国が含まれるとは明言していない。[56]

第6節　トランプ外交のゆくえ

トランプ外交はどこへ向かうのか。2018年春に，マクマスターとティラーソンの2人が解任された。すでにその影響は生じつつあり，例えば，トランプは6月のG7サミットでは通商問題をめぐり完全に孤立し，その直後に開催された米朝首脳会談後には米韓合同軍事演習の中止を約束した。また，翌月のNATO首脳会議では加盟国に対して防衛費増額の従来目標を前倒しで実現するよう要求，実現できなければ「独自の道を行く」などと突然発言し衝撃を与えた。[57]

要するに、トランプの言動をみると、外交・安全保障においても選挙戦での主張が復活しつつあるようにみえる。もっとも、マクマスター、ティラーソンの後任にはそれぞれ、ポンペオとボルトンが任命された。2人はともに保守強硬派であり、トランプ政権が孤立主義に大きく傾斜していく状況は想像し難い。2018年5月のイラン核合意からの離脱は、基本的に保守強硬派の立場を反映するものである。しかし、先に述べた通り、トランプの世界観がアメリカ第一主義であることを考えれば、通商では引き続き保護貿易主義が推進され、外交・安全保障では保守強硬路線を基本としつつも、トランプの孤立主義的衝動が定期的に噴出し、今後も国際社会を混乱させることは十分ありえよう。いずれにせよ、異端の大統領のもとでアメリカ外交が大きな岐路に立っていることは間違いない。

現代のアメリカ外交・安全保障年表

2001	1	G・W・ブッシュ政権発足。
	9	9.11アメリカ同時多発テロ事件発生。
	10	アフガニスタンを軍事攻撃。
2002	1	G・W・ブッシュ、「悪の枢軸」演説。
	9	「国家安全保障戦略」を公表（ブッシュ・ドクトリン）。
2003	3	イラク戦争開戦。
	5	G・W・ブッシュ、イラクでの戦闘終結宣言。
2007	1	イラクへの増派を発表。
2009	1	オバマ政権発足。
	4	オバマ、プラハで「核なき世界」演説。
	12	アフガニスタンへの増派を発表。
2010	4	米ロ、新STARTに調印。
	7	クリントン国務長官、南シナ海での中国の行動を批判。
2011	5	ウサマ・ビン・ラディン殺害。
	12	オバマ、イラク戦争終結を宣言。
2012	11	オバマ、再選。
2013	9	シリア内戦への対応でオバマ政権が混乱。
2014	3	ロシアのクリミア併合を受けて、対ロ制裁を発表。
	8	IS掃討作戦を開始。
2015	7	キューバと国交正常化。イラン核合意。
2016	2	環太平洋パートナーシップ（TPP）協定の調印。
	9	パリ協定を批准。
2017	1	トランプ政権発足。NAFTA再交渉、TPP離脱を表明。一部イスラム圏諸国からの入国制限を発表。
	2	日米首脳会談、日米同盟を確認。
	4	シリア空爆。
	6	パリ協定離脱を発表。

	10	国連教育科学文化機関（ユネスコ）脱退を発表。
	12	「国家安全保障戦略」を公表。
2018・3		鉄鋼・アルミニウムに対する追加関税発動。
	4	2度目のシリア空爆。
	5	イラン核合意離脱を発表。在イスラエル・アメリカ大使館をエルサレムに移転。
	6	米朝首脳会談。
	7	知的財産権侵害等を理由とする対中制裁発動。
	10	中距離核戦力（INF）全廃条約からの離脱を表明。

（出所）　筆者作成。

注

(1) 中山俊宏『介入するアメリカ——理念国家の世界観』勁草書房，2013年，10-11頁。
(2) 久保文明「外交論の諸潮流とイデオロギー——イラク戦争後の状況を念頭に置いて」久保文明編『アメリカ外交の諸潮流——リベラルから保守まで』日本国際問題研究所，2007年，25-35頁。
(3) 西川賢「グローバルパワーとしてのアメリカと安全保障——「過去」と「未来」からの拘束」長谷川雄一・金子芳樹編『現代の国際政治　第3版——ポスト冷戦と9.11後の世界への視座』ミネルヴァ書房，2014年，58-59頁。
(4) 同上。
(5) 佐々木卓也編『戦後アメリカ外交史　第3版』有斐閣，2017年，248頁。
(6) 同上書，249頁。
(7) 村田晃嗣『現代アメリカ外交の変容——レーガン，ブッシュからオバマへ』有斐閣，2009年，155-156頁。
(8) 久保文明『アメリカ政治史』有斐閣，2018年，242-244頁。
(9) 佐々木編，前掲書，256頁，261-262頁。
(10) 西川，前掲書，62頁。
(11) 佐々木編，前掲書，267-274頁。
(12) 同上。
(13) 村田，前掲書，220-221頁。
(14) 西川，前掲書，63頁。
(15) 久保文明・中山俊宏・渡辺将人『オバマ・アメリカ・世界』NTT出版，2012年，9-10頁。
(16) ただし，収容者の移送の問題から，任期中の閉鎖は実現できなかった。
(17) 西川，前掲書，64頁。
(18) 久保文明「オバマ外交の分析——その1年4ヶ月の軌跡」『RIETI ディスカッション・ペーパー』2010年7月（https://www.rieti.go.jp/jp/publications/dp/10j044.pdf　2018年6月12日アクセス）。
(19) 中山，前掲書，70頁；Jeffrey Goldberg, "The Obama Doctrine," *The Atlantic*, April 16, 2016.
(20) 西川，前掲書，66-68頁。

⑴　同上。
⑵　同上。
⑶　久保，前掲書，2018年，259頁。
⑷　西川，前掲書，66-67頁。
⑸　同上。
⑹　佐々木編，前掲書，310-311頁。
⑺　久保，前掲書，2018年，260-261頁。
⑻　渡部恒雄「オバマ政権の対中政策の歴史的意味」久保文明・高畑昭男・東京財団「現代アメリカ」プロジェクト編『アジア回帰するアメリカ——外交安全保障政策の検証』NTT出版，2013年，21-22頁。
⑼　森聡「揺れる米国のアジア太平洋戦略」日本再建イニシアティブ『現代日本の地政学——13のリスクと地経学の時代』中公新書，2017年，17-19頁。
⑽　小浜祥子「外交・安全保障政策——思想，政策とその帰結」山岸敬和・西川賢編『ポスト・オバマのアメリカ』大学教育出版，2016年，182-183頁。
⑾　森，前掲書，19-22頁。
⑿　佐々木編，前掲書，303-304頁；西住祐亮「ウクライナ問題をめぐるアメリカの国内政治——2016年アメリカ大統領選挙との関係に注目して」『日本国際問題研究所・平成28年度研究プロジェクト　米国の対外政策に影響を与える国内的諸要因』2017年3月（http://www2.jiia.or.jp/pdf/research/H28_US/12_nishizumi.pdf　2018年7月15日アクセス）。
⒀　Anne Applebaum, "Obama and Europe: Missed Signals, Renewed Commitments," *Foreign Affairs*, September/October 2015, pp. 37-44.
⒁　Michael D. Fisher, "Obama Rules Out Military Force Over Ukraine," *The New York Times*, March 20, 2014.
⒂　久保，前掲書，2018年，259-261頁。
⒃　佐々木編，前掲書，317頁。
⒄　中山俊宏「オバマ外交とはなんだったのか」『国際安全保障』第45巻第1号，2017年6月，1-8頁。
⒅　佐々木卓也「トランプ革命とアメリカ外交へのインプリケーション」『国際問題』663号，2017年7・8月，8頁。
⒆　久保文明「「塹壕の中のアメリカ」トランプ大統領誕生の本質」朝日新聞アメリカ大統領選取材班『トランプのアメリカ——漂流する大国の行方』朝日新聞出版，2017年，314-318頁。
⒇　宮田智之「トランプ政権とシンクタンク」『UP』539号，2017年9月，8-9頁。
(41)　金成隆一『ルポ　トランプ王国——もう一つのアメリカを行く』岩波新書，2017年，74-76頁。
(42)　会田弘継『トランプ現象とアメリカ保守思想——崩れ落ちる理想国家』左右社，2016年，189-193頁；久保文明「トランプ大統領の対外政策と今後の日米関係——あるいはポピュリ

ズムに対する脆弱性をいかに克服するか？」『米国の対外政策に影響を与える国内的諸要因』（http://www2.jiia.or.jp/pdf/research/H28_US/16_summary_kubo.pdf 2018年7月5日アクセス）。

(43) 久保文明「トランプ政権の14ヶ月の軌跡」『日本国際問題研究所・平成29年度研究プロジェクト トランプ政権の対外政策と日米関係』2018年3月（http://www2.jiia.or.jp/pdf/research/H29_US/10_summary-kubo.pdf 2018年7月5日アクセス）。

(44) バノンは、2017年8月に退任した。

(45) 2017年2月に、マクマスターは政権発足早々に更迭されたフリン補佐官の後任として、任命された。ケリーはプリーバス首席補佐官の失脚に伴い、同年7月に国土安全保障長官から首席補佐官に転身した。

(46) 会田弘継「トランプ政権の外交思想を考える──「バノン」後の変化を見る」『トランプ政権の対外政策と日米関係』（http://www2.jiia.or.jp/pdf/research/H29_US/01_aida.pdf. 2018年7月5日アクセス）。

(47) 久保，前掲書，2018年，274頁。

(48) 選挙戦中も、トランプは金正恩と会う用意があることを示唆していた。

(49) 久保，前掲書，2018年，274頁。

(50) Josh Rogin, "Trump Administration approves lethal arms sales to Ukraine," *The Washington Post*, December 20, 2017.

(51) Mark Lander and Michael Forsythe, "Trump Tell Xi Jinping U.S. Will Honor 'One China' Policy," *The New York Times*, February 9, 2017.

(52) BBC News, "South China Sea: US warship sails close to disputed Mischief Reef," May 25, 2017.

(53) 佐橋亮「アメリカと中国（1）悪化するアメリカの対中認識」『東京財団・2020年アメリカ大統領選挙と日米関係』2018年8月1日（https://www.tkfd.or.jp/research/uync9f/0kl0z 2018年8月1日アクセス）。

(54) 森聡「トランプの対中アプローチはどこまで変わるか 前編」『SPFアメリカ現状モニター』2018年2月8日（https://www.spf.org/jpus-j/img/investigation/doc_spf_america_monitor_07.pdf 2018年7月1日アクセス）。

(55) 同上。

(56) 森聡「2017年国家安全保障戦略にみるトランプ政権の世界観」『トランプ政権の対外政策と日米関係』（http://www2.jiia.or.jp/pdf/research/H29_US/03_mori.pdf 2018年7月20日アクセス）。

(57) 中山俊宏「トランプ外交の一貫性──シャルルボワ，シンガポール，ブリュッセル，ヘルシンキから見えてきたもの」『SPFアメリカ現状モニター』2018年7月25日（https://www.spf.org/jpus-j/investigation/spf-america-monitor-document-detail_5.html 2018年7月25日アクセス）。

参考基本文献

会田弘継『破綻するアメリカ』岩波書店，2017年。トランプ現象について戦後アメリカの保守思想史の視点から考察を加えた研究書。

金成隆一『ルポ　トランプ王国——もう一つのアメリカを行く』岩波新書，2017年。無数のインタビューを通じてトランプ支持者の実態を克明に分析したリポート。

久保文明『アメリカ政治史』有斐閣，2018年。アメリカ政治外交史の代表的教科書。特に20世紀初頭から今日までの展開を詳述し，現トランプ政権の動向まで網羅。

久保文明編『アメリカ外交の諸潮流——リベラルから保守まで』日本国際問題研究所，2007年。民主党，共和党それぞれの内部にどのような集団が存在し，いかなる外交観を有しているかを分析した論文集。

久保文明編，日本国際問題研究所監修『アメリカにとって同盟とはなにか』中央公論新社，2013年。アメリカの同盟政策を理念・理論，歴史的伝統，そして対象国別に分析した専門書。

佐々木卓也編『第3版　戦後アメリカ外交史』有斐閣，2017年。第二次世界大戦後のアメリカ外交の展開を政権ごとにまとめた通史。

中山俊宏『介入するアメリカ——理念国家の世界観』勁草書房，2013年。冷戦後のアメリカ外交の展開について分析した論考集。

（宮田智之）

第4章

民族問題

> **Introduction**
>
> 「戦争の世紀」であった20世紀を振り返り,「21世紀を平和の世紀に」と願ったその年に9.11アメリカ同時多発テロ事件が起き,世界は異文化への寛容さを失った。排外主義の高まりの中で,民族,歴史,文化などの帰属意識が強まり,人々の間に摩擦が生まれ,地域紛争が勃発している。このような時代にあって,人類普遍のテーマとも言える「民族の共生は可能か」「民族問題の解決は可能か」を考える意味は大きい。

第1節　民族問題の発生

(1)　民族とはなにか

「民族とはなにか」を考えるとき,客観的に認められる共通性と当事者の主観的意識という側面から捉えることが一般的である。すなわち,民族を規定する要因として客観的基準と主観的基準が用いられる。客観的基準とは言語,文化,習慣,地域,宗教,出自起源,歴史的記憶,神話などの共通性である。そして,主観的基準とは「われわれは他者と違う」という「われわれ意識」をいう。ここで重要なことは,客観的基準はいずれが欠けても民族は成立するということである。言い換えれば,客観的基準は同一集団の中でも一様には共有されていないか,あるいは他の集団と共有されていることもある。さらに主観的基準に応じて客観的基準が決まる。つまり,民族の定義をめぐる客観的基準と主観的基準は互いに不可分に関連し合っている。また主観的基準について言えば,同一の集団や同一個人でも時期あるいは状況により,民族的帰属が変わる場合もある。つまり民族は固定的なものではなく,状況的なものなのである。

だが,このように民族を規定する要因を客観的基準と主観的基準からみるだけでは「民族とはなにか」を考えるには不十分である。さらに意識化のレベルからみる,つまり,同一の集団に属しているという感覚や意識がどのようにして生まれるのかということを分析する必要がある。

意識化の観点から民族を考えると以下のように分析される。個人は自らの意思で選択することのできない，すでに存在している集団の中に生まれ，風土，生活条件，社会・家族制度，人間関係のしきたり，言語，信仰，衣食住などの慣行から，同じ集団に属しているという「共属感覚」を抱く。つまり，この感覚は自生的・文化的力により生まれる。そして「共属感覚」を抱く集団の規模は小さい。一方で個人は幼児期のしつけや学校教育において，同じ集団に属すると教えられて政治的に統合されていく。そしてこれらのことにより「共属意識」を形成する。つまりこの意識は作為的・政治的力により形成される。もっとも，作為的・政治的力により形成された意識は，時間を経て自生的・文化的力に転化し，「共属感覚」を強めることもある。このように自生的・文化的力と作為的・政治的力が互いに拮抗し作用し合い，その中から民族意識が形成される[4]。

しかしながら，「民族とはなにか」という問いに対する答えを出すことは容易ではない[5]。民族は文化人類学や歴史学，社会学などさまざまな学問において代表的な分析概念であり，きわめて政治的で論争的な概念である[6]。民族の捉え方をめぐり，さまざまな分野の研究者が長年にわたり議論を重ねた結果，現在おおまかなコンセンサスとなっている観点が，民族は「つくられる」ものであり，近代社会固有の新しい現象である，というものである[7]。

（2） 国民国家の誕生と民族自決

国民国家（nation state）は西ヨーロッパにおいて，18世紀から19世紀初頭に成立した。それ以前，16世紀から18世紀にかけて，各々の国を統治する絶対君主は中央集権的な国家機構を有し，内外に対して絶対的な主権を獲得した。こうして成立した絶対王政国家は，一定の広がりをもった民族を基盤に，その領土内への外部勢力の干渉を排除した。絶対王政下での国民は，君主の国家における臣下，領土の上に生活する統治の対象であり，国民が国家の一員として自覚をもつ状況ではなかった。

やがて，資本主義の発展に伴い，成長した市民階級は労働者や農民とともに国民主権を主張し，絶対主義勢力に挑戦し，市民革命を成功させた。イギリスでは17世紀に，フランスでは18世紀末にこの動きがみられた。特にフランスにおいては，市民革命勢力に対して，旧体制下の絶対主義諸国が干渉を行い，国が危機的状況になったとき，国民意識が高揚した[8]。しかもこのような国民意識の形成は長

い時間をかけてなされたが，一定の地域に居住する人々に共通する意識の存在によって可能だったのである。すでに絶対王政下で領土内の人々の融合や同化が起こり，同質的な集団は生み出されてはいたが，このような意識は低かった。

　フランス革命以後，ヨーロッパでは人々の国民意識によって国民国家が政治社会の達成目標になっていった。19世紀後半には，国民国家の形成の遅れたドイツ，イタリアをはじめ，ヨーロッパにナショナリズムの潮流が渦巻いた[9]。19世紀末には，国民国家の概念とナショナリズムはヨーロッパとその隣接地域に広がり，19世紀末から20世紀初頭には非ヨーロッパ世界へと広がっていった。

　しかし，国民国家の概念が広まっていった地域の民族の状況は西ヨーロッパのそれとは異なっていた。すなわち，西ヨーロッパにおいては絶対王政の時代に君主が領土を同質化しており，民族が一定の広がりをもって分布し，文化的に等質な国民国家の成立が可能だったのである[10]。内部の紛争を比較的効果的に抑止し，長期間安定していた国家はほとんど西ヨーロッパに限られていた[11]。例えば，東ヨーロッパでは諸民族が複雑に入り組んで居住しており，1つの国家の中に複数の民族が存在するという状況であった。このような地域において諸民族が西ヨーロッパの国民国家を目指したとき，既存の国家を解体して，新たに国境線を引く必要があった。

　たしかに，民族が自らのあり方を決めるという民族自決の思考と国民国家の概念は1つのセットになっていた[12]。フランス革命の人権宣言に思想的淵源をもつ民族自決の思考は，第一次世界大戦の戦後処理の原則として，アメリカのウィルソン大統領により提唱された。しかし，それは決して普遍的原則ではなく，ヨーロッパの安定のためであり，独立は東ヨーロッパ諸国とバルト三国に限られた。戦勝国であるヨーロッパ列強はアジア，アフリカにおける自らの植民地で民族自決を認めなかった。また，ソ連は民族分離権を含む民族自決権を基礎として連邦国家を形成したが，いかなる条件で分離権が認められるのかを明示してはいなかった。

　民族自決の原則に基づき，旧植民地から多くの独立国家が誕生することになったのは第二次世界大戦後のことである。アジア・アフリカでは，ヨーロッパ列強による植民地化に対する抵抗が強まる過程で，民族としての差異にもかかわらず，第二次世界大戦後に独立国家が形成された。しかし，植民地支配下での他民族の移住や民族分布，言語，宗教などを考慮しない人為的な国境画定の結果，これら

の国々では民族問題や領土問題などの悩みを抱えることになった。

(3) 民族問題の発生

なぜ民族問題が起きるのか。単に，ある地域に異なる文化をもつ集団が2つ以上存在するために対立や緊張を招くわけではない。反対に，対立を引き起こす問題があるからこそ民族が意識化され，民族問題が発生するのである。さらに想起しなければならないことは，民族問題の発生は近代国民国家の成立以後であるということだ。国民国家の理念は民族と国民の一致を求めたが，国民国家のほとんどが多民族国家であったという現実は，民族問題の根底をなすものが「国民」と「民族」の緊張関係であることを示唆している。

民族問題とされる紛争の原因には，異文化集団に加えられる政治的・経済的・社会的不平等，文化的差別や偏見などが挙げられるが，これらはまさに「国民」と「民族」の2つの概念の間に起きる矛盾や摩擦の現れと考えられよう。主権国家の「国民」が1つの「民族」だけから成り立つ例はきわめて少なく，民族問題が生じるのは，無理な国家のつくり方，区切り方に原因がある。「国民」をつくり出すためには，上からの同化という形をとることがあり，そこに抵抗が生まれ，同化に失敗した場合に分離独立運動が生じることになる。

20世紀において，民族問題が国家の存在を揺るがすまでに発展するような大きな動きは3回あった。

第一は，第一次世界大戦後の中・東欧における独立国家の誕生である。チェコスロヴァキア，ハンガリー，ポーランド，ユーゴスラヴィア，アルメニア，フィンランド，エストニア，ラトヴィア，リトアニアの独立が認められた。民族問題が，オスマン帝国，オーストリア・ハンガリー帝国，ロシア帝国という帝国を揺るがし，その解体へと向かわせたのである。

第二は，第二次世界大戦後のアジア・アフリカ・アラブ地域での植民地の独立である。第二次世界大戦では日本，ドイツ，イタリアが敗北し，イギリス，フランスなどの戦勝国も国力を低下させた。このような状況のもとで民族解放運動が高揚し，帝国主義列強の植民地のほとんどが独立を果たした。このことは植民地帝国からの離脱であり，植民地体制は崩壊するに至った。

第三は，1980年代の社会主義諸国内における民族独立の動きである。旧ソ連では，バルト三国の連邦離脱を端緒とし，グルジア（現ジョージア），白ロシア，ウ

クライナなどの共和国へと広がり，バルト三国が独立し，さらにキルギスタン，タジキスタン，トルクメニスタン，アゼルバイジャン，カザフスタン，ウズベキスタン，モルドバ，アルメニアなどの15の共和国が独立した。またソ連以外の社会主義諸国でも民主化の波が押し寄せ，社会主義陣営を崩壊させた。

　しかし，民族問題が常に大きなうねりとなって国家からの分離独立を伴うものであるわけではない。民族問題は多くの場合，1つの国家の中のマイノリティー，より正確にはエスニック・マイノリティーの問題として捉えることもできる。実際，地球上には数多の民族が存在しているが，ウィルソン主義的な民族自決の原則に基づいてこれらの民族がすべて独立することはありえないことであろう。したがって，ほとんどすべての国家は多民族国家である。国民国家は理念上，同質的な国民を前提としているが，現実には複数のエスニック・グループの複合体である。また，理念的な前提とは異なり，エスニック・グループ間の格差は存在するのが常である。諸資源の不平等な配分がマイノリティーにとって是正すべきと意識され，政府あるいは多数派民族がこれに対応するとき，民族問題は顕在化し，政治化することになる。

第2節　冷戦後の民族問題

(1)　冷戦の終焉と民族問題

　冷戦の終結に伴い，世界各地で民族紛争が多発した。なぜ東西冷戦が終わって，民族問題が際立ってきたのか。冷戦の終焉と民族問題はどのような関係にあったのであろうか。この2つを結びつける議論は次のようなものである。冷戦中は米ソを頂点とする東西両陣営がそれぞれの勢力範囲を統制し，民族紛争の発生を抑えてきたが，その重石がとれたために諸民族が自決を主張しはじめたというものである。たしかに，冷戦期に1つの国家の国民として一体性を確立するため適応させられてきたナショナリズムは，強制的な同化政策をとってきた枠組が解かれると一気に噴出してきた。旧ソ連・東欧圏では，強圧的な統合力がゆるみはじめると独立の欲求が噴出した。

　社会主義体制では理論的には民族問題は存在しないことになっていたが，ソ連はロシア帝国が抱えていた民族問題をそのまま引き継いだ。レーニンは旧帝国領の各民族共和国を平等な立場でソ連邦を形成するとしたが，スターリン時代には

民族的抑圧政策が進められた。スターリンはバルト三国を併合するなどして異民族をさらに抱え込んだ上，少数民族の強制移住など他民族のロシア化を進めた。その後ソ連政府は，民族問題は基本的に解決済みであるとの立場をとり，民族的要求を抑圧した。また東欧の場合には民族分布が複雑で戦争が絶えず，第二次世界大戦中から連邦案などが出されていた。ところがスターリンが東欧諸国を東側の同盟にまとめあげるにあたって，一国一国をソ連に結びつけるというやり方をとったため，東欧諸国が伝統的対立を自らの手で克服していく機会は奪われた。

　このような状況で，東西同盟の対立がなくなり，ソ連の影響力が後退したため，民族問題が一挙に吹き上がった。ソ連邦ではバルト三国やグルジア，アルメニアなどで独立運動や民族紛争が活発化し，この動きはさらにエスカレートし，1991年にはソ連邦が消滅した。急激な変革で多くの混乱が生じたロシアでは，アゼルバイジャン，アルメニアなどの共和国で民族紛争が表面化した。なかでもチェチェン共和国はソ連末期の91年に独立を宣言したが，新生ロシアのエリツィン政権が独立阻止に動くと，独立闘争にイスラム武装勢力が入り込み，第一次，第二次チェチェン紛争を起こした。紛争後，ロシアはチェチェンに傀儡政権を打ち立て，武装独立勢力を掃討した。

　東欧諸国では，相次いで体制変動が起こる中，民族問題が先鋭化した。すでに民族間の亀裂が拡大していたユーゴスラヴィアにおいては，91年にスロヴェニア，クロアチア両共和国が独立を宣言すると，マケドニア，ボスニア・ヘルツェゴビナの共和国が相次いで連邦からの離脱を宣言し，一連のユーゴ危機が始まった。クロアチア人，セルビア人，モスレム人など民族が複雑に入り組んだボスニア・ヘルツェゴビナが92年に独立を宣言すると，民族間やユーゴ軍の介入により激しい内戦が続いた。92年にセルビアがモンテネグロとともに新たなユーゴ連邦を樹立したが，98年にはユーゴ連邦からの独立を目指すコソヴォ自治州でアルバニア系住民とセルビア人との対立が激化した。翌年，NATOがセルビアを空爆し，コソヴォは国連統治下に置かれたが，最終地位をめぐる協議で，コソヴォとセルビアの対立は続いた。このような中，2006年にはモンテネグロ共和国がセルビア共和国との国家連合解消を国民投票で決定し，ユーゴ連邦から独立することで旧ユーゴは解体した。2007年まで続いた国連，EU，米ロによる仲介が失敗に終わると，コソヴォは2008年に欧米の主要国の支援を受けてセルビアからの独立を宣言した（表4-1）。多数派のアルバニア系住民と少数派のセルビア系住民の対立は

表 4-1　旧ユーゴスラヴィアの動き

1991・6	クロアチアとスロヴェニアが独立宣言。ユーゴ軍が軍事介入。
11	マケドニア独立宣言。
1992・3	ボスニア・ヘルツェゴビナで独立を問う国民投票。ユーゴ軍が軍事介入。
4	EUがボスニアの独立承認。ボスニア内戦の開始。
	セルビア・モンテネグロ両共和国で新ユーゴ連邦発足。
1995・11	ボスニア独立と3民族共存を柱とするデイトン合意。ボスニア紛争終結。
1998・2	コソヴォ解放軍とセルビア治安部隊が衝突し、ユーゴ軍が軍事介入。
1999・3	NATO軍がユーゴ空爆開始。
6	ユーゴ軍、コソヴォ完全撤退でNATO軍と合意。
2006・6	モンテネグロ独立。
2008・2	コソヴォがセルビアからの独立を宣言。

(出所)　筆者作成。

現在も続いている。

　旧ユーゴスラヴィア内戦では、第二次世界大戦後のヨーロッパで最悪とされる、セルビア人勢力によるモスレム人の虐殺が確認された。一方、89年に流血なしに共産党政権を打倒し「ビロード革命」と称される民主化を実現したチェコスロヴァキアは、93年にチェコとスロヴァキアに分離した。このようにヨーロッパでは統一ドイツも含め、冷戦後に新たに誕生した国家は、民族自決の原則に則した国民国家であった。

　ソ連崩壊、中央アジア諸国の独立、モンゴルの民主化は、多民族国家である中国の少数民族の権利意識を大いに刺激した。改革開放政策の結果、80年代には少数民族が居住する辺境地域と豊かな沿海地域との経済格差が拡大し、少数民族の抵抗運動やデモが相次いでいた。2001年に、中国はロシアやキルギスなどの6カ国で上海協力機構を創設したが、設立目的の1つが反テロ協力と分離主義への対処であった。

　アメリカと覇を競った超大国ソ連の消滅は、国際秩序の再編を促した。90年代、旧社会主義圏は市場経済に加わり、世界は米ソ二極構造からアメリカの一極支配へと向かった。

（2）　9.11アメリカ同時多発テロ事件後の民族問題

　21世紀の幕開けの2001年、9.11アメリカ同時多発テロ事件（以下9.11事件）が発生した。当時のブッシュ大統領は、イスラム過激派の国際テロ組織アルカイーダの指導者ウサマ・ビン・ラディンを事件の首謀者として名指しし、潜伏先とさ

表 4-2 9.11事件後の主なテロ事件

年月	事件
2002・10	モスクワ劇場占拠事件。
10	バリ島で爆破テロ。
2004・3	マドリード列車爆破テロ。
9	北オセチア，ベスラン学校占拠事件。
2005・7	ロンドン同時多発テロ。
2006・7	ムンバイで列車テロ。
10	バリ島で爆弾テロ。
2010・3	モスクワ地下鉄爆弾テロ。
12	ストックホルムで自爆テロ。
2011・1	モスクワ空港爆弾テロ。
2013・4	ボストンマラソン爆弾テロ。
2015・1	シャルリ・エブド襲撃事件。
11	パリ同時多発テロ。
2016・3	ブリュッセル国際空港・地下鉄爆破テロ。

(出所) 筆者作成。

れたアフガニスタンのタリバーン政権が，アメリカの引き渡し要求を拒否すると，イギリスとともに同年10月アフガン攻撃に踏み切った。さらにアメリカは2003年3月には，イラクのフセイン政権とアルカイーダとの協力関係を主張し，「テロとの戦い」の名のもとにイラク攻撃を開始した。9.11事件後，イスラム過激派によるテロは後を絶たなかった。(**表4-2**) さらに，サダム・フセイン政権の崩壊，シリア内戦と対テロ戦争に伴う混乱の中で，新たにイラクとシリアの国境付近を中心として活動する過激派組織「イスラム国 (IS)」が出現した。ISはインターネットを駆使して戦闘員を募り，共鳴する若者がヨーロッパをはじめ世界から集まった。急速に勢力を拡大するISに対して，2014年8月にアメリカはイラク国内のISの拠点に対する空爆を開始し，その後フランスなどの有志連合が米軍主導の作戦に加わった。

　9.11事件は，アメリカと世界を大きく変えた。事件後，欧米では「イスラム嫌悪」と呼ばれる風潮や偏見が強まり，世界は異文化への寛容さを失った。アメリカでは，移民や外国人に開かれた自由な国のイメージは一掃され，特に中東系移民に対しては微罪逮捕やおとり捜査が容認されるなど，「テロとの戦い」という大義のもとに人権侵害が正当化された。

　1999年5月に発効したアムステルダム条約は，移民政策と難民庇護政策をEUの共通政策として定め，シェンゲン圏の安全を保証するための協力枠組を定めることとした。9.11事件と2004年3月のマドリード列車爆破テロ事件，その後ヨー

ロッパで多発するホームグロウン・テロがこの構築プロセスに少なからぬ影響を与えた。移民・難民問題と安全保障の問題が結びつけられ，移民の社会統合の必要性が一層強調されたのである。ヨーロッパが直面している移民・難民問題は国民統合の問題でもある。

　イスラム圏旧植民地からの移民が多いフランスは，移民とその子孫の社会統合に苦慮していたが，2003年に選択的移民制に転換する法律が成立，2004年には公立学校において宗教的帰属を誇示するアイテムの着用を禁じた法律を議会が可決，さらに2010年には公共の場で顔を覆い隠す服装を禁止する法律が成立した。前者は「反スカーフ法」，後者は「ブルカ禁止法」と称されるように，イスラム教徒の女性の装束を標的にしたものである。イスラム衣装の規制を法制化する動きは，その後，ベルギー，スペイン，オランダに広がり，またスイスではイスラム教のモスクの塔建設を禁じる憲法改正案が2009年に可決された。[19]

　フランスでは，2005年秋に都市近郊でマグレブ系移民二世・三世による暴動が連続して発生した。翌年フランスは「移民の選択と社会統合の強化を図る法律」を成立させた。その主な内容は，家族の呼び寄せ条件の厳格化，10年以上の滞在者に認められていた，正規滞在許可の自動的交付制度の廃止である。また新規の移民に対しては「受入れ・統合契約」の締結を義務づけた。新規移民は語学・市民教育を受けなくてはならない。さらに2007年には「移民の抑制，統合および庇護に関する法律」を成立させた。これにより，ビザ取得前のフランス語学習，共和国の価値の理解が義務化され，家族の呼び寄せにおいてDNA鑑定が導入された。[20]

　イラクとシリアの混乱に乗じてISが台頭すると，ISに共鳴した欧州諸国の移民二世等によるテロが相次いだが，フランスでは，2015年1月にシャルリ・エブド襲撃事件，11月にパリ同時多発テロが発生した。翌年3月には隣国ベルギーでブリュッセル国際空港・地下鉄爆破テロが発生した。両事件の実行犯の連携を可能にした国境を越えて広がるテロネットワークが明らかになると，反移民，排外主義，反EUを掲げる欧州諸国の極右勢力をさらに勢いづかせた。

　2015年は中東・アフリカから大量の難民が国境を越えてヨーロッパに到来した「欧州難民危機」の年でもあった。EUの移民・難民政策が後手に回る事態に陥ると，パリ同時テロ事件を機に，欧州に流入する難民・移民への視線はさらに厳しさを増した。2017年9月のドイツ総選挙では，「難民宰相」といわれ，難民受

入れに寛容だったメルケル首相率いるキリスト教民主同盟（CDU）が得票率を下げ，反イスラム・反移民を訴える右翼政党「ドイツのための選択肢党（AfD）」が躍進した。メルケル首相は，キリスト教社会同盟との連立政権の崩壊を回避するため，2018年7月に国境での管理強化へ方針転換した。イタリアでは，2018年3月の総選挙で躍進したポピュリスト政党「五つ星運動」と「同盟」の連立によるコンテ政権が6月に誕生したが，難民・移民の受入れの厳格化を打ち出した。

　9.11事件後，ヨーロッパにおいてイスラム嫌悪，排外主義は先鋭化したが，それは同事件発生以前から存在していた。1950年代のヨーロッパの経済成長は移民の労働力に負うところが多かった。それにもかかわらず，70年代に石油危機が起きると移民の抑制へと転じた。フランスを例にとれば，非ヨーロッパ系移民に対して社会への同化政策などより厳しい条件を課して移民の受入れを制限した。その一方で，人権への配慮から定住者の家族の呼び寄せを認めることにより，かつての少数派は「ヨーロッパのイスラム化」が懸念されるほどの規模になっていった。大都市郊外の劣悪な住環境，就職や教育における差別に対する鬱積した不満は，同化を強いてきた社会へと向かい，暴動そしてテロを引き起こしていった。ヨーロッパが目指してきた自由で開かれた社会は，同じ価値観を有する者だけが恩恵を享受できる閉ざされた空間へと向かいつつある。

（3）　民族問題の諸相

　民族問題が生じる原因には異文化集団に加えられる政治的あるいは経済的，社会的不平等，文化的差別や偏見などが挙げられる。さまざまな要因から生じる近年の民族問題を，山内昌之は以下のように分類している。[21]①分離独立問題，②国境および帰属変更問題，③少数民族問題と先住民問題，④国民形成問題と国民統合問題，そして⑤移民・難民問題である。

　①分離独立問題

　ある民族が自治や既存国家からの分離独立を目指す事例としては，中国のチベット自治区，新疆ウイグル自治区の住民による独立を目指す動き，トルコ，イラン，シリアなどにまたがって住むクルド人の運動，スペインのカタルーニャ州およびバスク州による分離独立運動，イギリスのスコットランド独立，ベルギーのフランドル地方の独立の動きなどが挙げられる。

中国の憲法では，民族の平等と少数民族の権利・利益の保障を明記している。しかし，1952年に公布された「民族区域自治実施要項」では，一定領域に集住する少数民族に限り自治を認めたものの，民族自決権は否定された。60年代に，中国政府は抑圧的な民族政策に傾斜し，最大多数の漢族を少数民族地域へ移住させる政策を進めた。80年代以降，沿海地域と辺境地域との経済格差が拡大し，辺境地域に居住するチベット，ウイグルの抵抗運動が相次いだ。

1959年のチベット動乱後，インドにチベット亡命政府を樹立したダライ・ラマ14世が，チベット独立を放棄して「高度の自治」を目指す提案を88年に行うと，独立を求める「チベット青年会議」が反発し，89年にチベット自治区に騒乱が起こり，戒厳令が施行された。2008年に中国政府に反発するチベット族が抗議活動を開始すると，チベット仏教僧による抗議の焼身自殺が繰り返された。2013年の全国人民代表大会で習近平国家主席はチベット自治区を「国家の安全を守る重要な砦」とし，同自治区の治安対策の強化を図った。2018年にはチベット族の地域への外国人の立ち入りを禁止した。

一方，新疆ウイグル自治区では，97年に独立派組織「東トルキスタン・イスラム運動」が設立され，襲撃や騒乱が多発した。2001年の9.11事件に際し，中国政府は，新疆ウイグル自治区のイスラム系ウイグル族の分離独立派を，ウサマ・ビン・ラディンから支援を受ける「テロ組織」とみなし，国際的反テロ戦の一環として位置づけた。さらに，イスラム教の宗教活動に対する制限を一挙に強化した。当局の強硬策に対抗して，亡命ウイグル人が中心となり2004年に「世界ウイグル会議」を発足した。2013年に北京・天安門前での車両突入事件，2014年に昆明での無差別殺傷事件が起きると，中国政府はウイグル族によるテロと断定し，ウイグル族の抵抗運動を封じ込める姿勢を鮮明にした。2018年にはウイグル族の大量拘束が報じられ，当局による弾圧が続いている。

独自の文化や言語をもちながら「国家をもたない最大の民族」とされるクルド人は，第一次世界大戦後のセーブル条約で領土を約束されながら，中東秩序を定めたローザンヌ条約でクルド人国家建設は認められなかった。クルド人はトルコ，イラン，イラク，シリアに分断され，各国で少数派として迫害や同化を迫られた。

最多のクルド人が居住するトルコは，1923年の建国以来単一民族主義を掲げ，クルド人に対してはクルド語の教育を禁じる同化政策を強制した。78年に結成されたクルディスタン労働者党（PKK）は，分離独立を求めて84年から武力闘争を

続けた。2012年にエルドアン政権との間で和平交渉を開始し，クルド語による公共放送や教育を解禁するなどの融和策が示され，13年にはPKKが停戦を宣言した。その後，15年に破綻，16年にかけてトルコ軍がPKK掃討作戦を行った。一方，非暴力を掲げPKKと一線を画す，クルド系政党の人民民主主義党（HDP）は15年6月の総選挙で躍進し，議席を獲得した。18年に再選されたエルドアン大統領は，クルドへの融和姿勢を示している。

イラクのクルド人は，フセイン政権下，弾圧され，1988年には，多数のクルド人が毒ガスにより虐殺された。湾岸戦争後の92年に，アメリカ，イギリス，フランスの保護下，クルド民主党（KDP）とクルド愛国同盟（PUK）が共同で選挙を実施し，クルディスタン地域政府（KRG）を発足させた。フセイン政権崩壊後，2005年のイラク新憲法で正式に自治が承認された。14年に過激派組織ISが台頭すると，KRGの軍事組織「ペシュメルガ」と米軍主導の有志連合，イラク軍が連携しIS掃討を進めイラク北部モスルを奪還した。17年にKRGが独立の賛否を問う住民投票を実施し，独立賛成が93％に達した。しかし，投票に法的根拠がないとしたイラク政府は，自治区内の空港の国際線発着を禁止し，さらにKRGの支配地域のキルクーク州を制圧した。

欧州では，複数の言語，文化を包摂して国民統合を進めてきた国々の歴史があり，分離，独立志向の地域が多い。スペインのカタルーニャ州は，1930年代のスペイン内戦で，フランコ将軍率いる右派に抵抗する人民戦線の拠点となり，独裁政治が始まると，自治権は奪われ，カタルーニャ語は禁じられた。75年のフランコ総統死去後，自治権を回復し，カタルーニャ語は州の公用語となった。しかし，2010年，徴税権など自治権の拡大を求めた自治憲章をスペイン憲法裁判所は違憲と判断，さらにラホイ政権が自治権を制約する中央集権化を進めようとすると，中央政府への不満が高まった。14年の非公式な住民投票に続き，17年に独立の賛否を問う住民投票を州政府が強行し，州議会は独立を宣言した。その後スペイン国会（上院）が自治権停止を承認し，プチデモン州首相を解任した。同年12月に行われた州議会の出直し選挙でも独立派が過半数を維持し，中央政府との摩擦が続いている。

一方，スペイン北部のバスク州もカタルーニャ州同様，フランコ政権時代にバスク語の使用が禁じられ，自治権が奪われた。スペインからの分離・独立を目指す武装組織「バスク祖国と自由（ETA）」は1960年代からテロ行為を繰り返した。

2011年，ETAが武装闘争の停止を宣言し，14年から武器放棄を開始，18年にはETA解散宣言が出された。バスク州には，カタルーニャ州と異なり，徴税権がすでに認められている。

イギリス北部のスコットランドでは，沖合の北海油田の開発による経済的自立の機運とサッチャー政権による炭鉱閉鎖による失業者の急増を背景に1980年代から独立を求める声が強まった。99年に議会と自治政府が設立され高度な自治が認められるようになったが，独立を党是とするスコットランド民族党（SNP）が，2011年のスコットランド議会選で単独過半数を獲得し，同党が公約に掲げたイギリスからの分離・独立を問う住民投票が14年に実施された。結果は独立反対派が55％を超え，イギリス残留が決まった。しかし，16年の国民投票でイギリスのEU離脱（BREXIT）が決定すると，SNPは住民投票の再実施を示唆した。

ベルギーは，1830年にオランダから独立を宣言して建国以来，人口の6割がオランダ語を主な言語としているにもかかわらず，フランス語圏の出身者が中心となり，国家を運営してきた。第二次世界大戦後，経済成長に成功した北部のオランダ語圏が発言力を強めるようになると，2つの言語圏は政治対立を繰り返した。[25] 2010年の総選挙でオランダ語圏の分離・独立を訴える政党「新フランドル同盟」が第一党になり，自治権の強化をめぐって総選挙後の連立交渉が難航し，およそ1年半にわたり内閣が発足できない政治的空白を生んだ。2014年の総選挙においても，「新フランドル同盟」が第一党となり，オランダ語圏の3党と仏語圏の政党「改革運動」の連立政権がおよそ5カ月後に発足した。

②国境問題および帰属変更問題

国境の変更，境界区分の見直しを求めて紛争が生じる場合がある。北アイルランドのカトリック教徒がアイルランドへの帰属を求める動き，インドのカシミール地方の領有をめぐる紛争が例として挙げられる。

北アイルランドは，1949年にアイルランドが英連邦から離脱した際，イギリス領に残された。60年代からはイギリスからの独立を目指すカトリック系のアイルランド共和軍（IRA）とプロテスタント系のアルスター義勇軍が互いを標的にテロを繰り返した。72年に，アイルランド統一を求めるカトリック系住民に英軍が発砲する「血の日曜日事件」が発生すると，イギリスは北アイルランドの直接統治に乗り出した。92年からイギリス政府と北アイルランドの当事者間で政治協議

が開始され、93年には北アイルランド住民自決の原則が確認された。96年からは和平交渉が始まり、IRAの政治組織であるシンフェイン党が交渉に参加した結果、98年にイギリス・アイルランド両政府が和平合意を交わし、99年12月に自治政府が発足した。

　だが、その後も双方の過激派による犯罪行為が続いたため、2002年10月にイギリスは自治政府を凍結、直轄統治を復活させた。2005年7月にIRA指導部が武装闘争放棄を宣言し、武装廃棄が完了すると、和平協議が進展し、2007年5月に自治政府が復活した。2011年にはエリザベス女王が国王として100年ぶりにアイルランド訪問を果たした。しかし、2012年にはイギリス国旗掲揚をめぐる衝突でプロテスタント系過激派の放火や暴動が相次いだ。2013年のサミットでイギリス政府は開催地に北アイルランドを選び、紛争解決をアピールした。また2016年のBREXITの決定で、シンフェイン党はアイルランドへの帰属を問う住民投票の実施を主張している。EU離脱でアイルランドとの間にEUの非加盟国と加盟国を隔てる境界が設けられると、社会が混乱し、武力紛争の再燃が懸念される。

　インドとパキスタンが領有権を争うカシミール地方の帰属問題は、1947年のインドとパキスタンのイギリスからの独立に遡る。イギリス統治下で支配権を認められていたヒンズー教のカシミール藩王に対して、住民の8割がイスラム教徒という「ねじれ」が原点である。藩王は独立を望んでいたが、同年パキスタンの武装勢力が侵入するとインドへの帰属を表明して派兵を要請し、第一次印パ戦争が起こった。「カシミールの帰属は住民投票で決定すべき」との48年の国連決議をパキスタンは支持したが、インドは国際機関の介入を認めず、65年と71年に両国間で戦争が起きた。インドは72年の和平協定で事実上の国境線「実効支配線」が確定したとの立場をとった。89年頃からパキスタンの軍事支援で分離独立派の武装闘争が激化すると、インドは徹底的に弾圧した。2001年のインド国会議事堂襲撃事件、2008年のムンバイでの同時多発テロ事件が起きるたびに、両国関係は悪化した。その後2010年頃から両国は経済協力促進を目指して関係改善を模索していたが、2016年7月にジャム・カシミール州でインド治安部隊が分離独立を目指す独立派幹部を殺害した事件を契機に、両国の対話は途絶えた。

③少数民族問題と先住民問題
　主権国家の中で、国民としての権利を無視された民族、先住民の権利擁護の動

きである。ミャンマーの少数派イスラム教徒ロヒンギャ，そしてオーストラリア先住民，ニュージーランドのマオリ，カナダのイヌイットが挙げられる。

　オーストラリア先住民は，18世紀のイギリス人の入植以来，入植者との衝突やもち込まれた病気で激減した。さらに1910年頃から70年代まで白豪主義のもと，先住民の子どもを白人家庭の養子にするなどの同化政策により，伝統的部族社会は崩壊の危機にさらされた。50年代には先住民が居住していた土地でイギリスは核実験を繰り返した。その後，政府の保護政策により，1965年に賃金の平等化，67年に完全な市民権の獲得が実現し，93年には入植以前からの先住民の土地所有権を認める法案が議会で可決された。しかし，先住民は他の国民に比べて教育や雇用の機会に恵まれず，平均寿命は10歳ほど低い状況にある。2018年から首都キャンベラの周辺地域では，先住民を国民として認めた1967年5月27日実施の国民投票を記念し，先住民との「和解の日」を休日とした。

　ニュージーランドにも18世紀末から欧州人が渡来し，先住民であるマオリは英女王と1840年にワイタンギ条約を締結した。条約では，マオリが主権を女王へ譲る代わりに英国市民と同等の保護と権利を得るとしたが，実際にはマオリは土地を奪われ，言語や文化も抑圧された。1980年代になりワイタンギ裁定委員会が設置され，マオリ語が公用語となり，土地返還などの権利回復が進められるようになった。

　カナダの先住民であるイヌイットは，政府によるケベック優遇政策を契機に，イヌイット独自の社会も認めるべきだという主張を展開し，1970年代半ばから政府と協議を開始した。82年，北部準州の東半分を分割してイヌイットが多数を占める準州の分割を問う国民投票を実施すると分割賛成派が多数を占めた。99年に政府はイヌイットによるヌナブット準州を発足させた。イヌイット語は公用語になっている。

④国民形成問題と国民統合問題

　国家の中で各民族の人口や力関係が拮抗しているために，公権力奪取のための紛争が生じる場合である。ウクライナにおけるウクライナ人とロシア系住民との権力奪取の動きは代表例であるが，旧ソ連圏諸国において同様の状況がみられる。

　ウクライナでは，ウクライナ人が多い西部と中部に対して，ロシアと隣接する東部と南部にはロシア系住民が多い。1991年の独立以来，国政選挙では親欧派と

親ロ派に分かれ，両者は拮抗していた。2004年の大統領選挙で親欧派のユーシェンコは，東部出身で親ロ派のヤヌコビッチを破り逆転勝利し，「オレンジ革命」を成し遂げた。2010年の大統領選ではヤヌコビッチが親欧派を破り勝利した。しかし，2013年11月ウクライナのEU加盟の前提となる協定の締結を見送ると大規模なデモを招き，翌年2月政権は崩壊，大統領はロシアに逃亡した。この政変を機に，人口の6割をロシア人が占めるクリミア半島情勢が緊迫すると，プーチン大統領はロシア系住民の保護を理由に軍事介入に踏み切り，同半島を実効支配した。翌月，クリミア議会はロシア連邦に加盟する方針を決定，ロシアへの編入の可否を問う住民投票を実施すると，96.8％が編入に賛成した。この結果を受けて，ロシアはクリミア半島のロシア編入条約に調印した。親ロ派住民が多いウクライナ東部でも自治権の拡大や連邦制への移行の是非を問う住民投票を求める運動が高まり，武装勢力とウクライナ政府軍との戦闘が開始した。翌年停戦合意が成立したが，その後も散発的な戦闘が続いている。

　ウクライナ国内に止まらず，ロシアによるクリミア編入は，旧ソ連圏諸国内の分離・独立運動を勢いづかせた。1990年にモルドバからの分離独立を宣言した「沿ドニエストル・モルドバ共和国」は，2006年に住民投票を実施したが，モルドバからの独立とロシアへの編入を97％が支持した。さらにモルドバ南部のガガウズ自治区は政府の親欧米路線に反発し2014年2月に住民投票を実施し，分離・独立の意思を示した。また1991年にアゼルバイジャン領内で一方的独立を宣言し，アゼルバイジャン政府軍と戦闘になった「ナゴルノカラバフ共和国」もクリミアの住民投票を評価し，独立に向けての基盤強化を目指す姿勢を示した。(28)

　民族の自決権を理由にクリミア併合を正当化したロシアであるが，ロシア国内でもカフカス地域，タタルスタン共和国などで民族自決を掲げてロシアからの分離・独立を目指す動きが広がる可能性もある。ロシアでは2002年にモスクワ劇場占拠事件，2004年にベスラン学校占拠事件，2010年にモスクワ地下鉄爆弾テロ，2011年にモスクワ空港爆弾テロとテロ事件が相次いだ。テロ事件の実行犯の多くは，イスラム教徒が多く居住し，貧困や失業が慢性化していた北カフカスの出身であった。

　これまでみたように，現状に不満をもつ民族の最終目標は，国家内での権利拡張の要求から国家からの分離・独立要求へとエスカレートすることもあれば，逆に，国家からの分離・独立，国境変更，帰属変更の要求が権利拡張要求にトーン

ダウンする場合もある。

⑤移民・難民問題

　経済的理由や紛争で自らの土地を離れざるをえない状況にある人々が，移住，避難した場所で受ける差別である。昨今のヨーロッパにおける反移民の動き，難民受入れ制限は代表例である。またアメリカのトランプ政権，オーストラリアのターンブル前政権の雇用における「豪州第一」主義などの自国第一主義など，移民・難民に対する不寛容が世界に広まりつつある。

　ヨーロッパにおいては，リーマンショックが失業の増加と排外主義の広がりを招き，さらに，2015年に混乱の中東・アフリカから逃れる難民が殺到するようになると，移民・難民を排斥する動きは欧州諸国で強まった。ヨーロッパにおいて，宗教や思想を異にする他者とどう向き合うのかは新しい問題ではない。18世紀のフランスにおいてはカトリックとプロテスタントの宗教対立が先鋭化していた。難民問題もまた，新しい問題ではない。20世紀のロシア革命，第二次世界大戦，東西冷戦などはヨーロッパ域内で起こった出来事であり，人々は移動を強いられた。

　2017年，アメリカではトランプ大統領が，メキシコ国境に通過不可能な障壁の建設，シリア難民と中東7カ国からの入国の一時的禁止，若年移民に対する国外強制退去の延期措置撤廃の大統領令に相次いで署名した。「アメリカ・ファースト」を掲げて，オバマ前政権の不法移民救済制度を撤廃し，厳しい移民政策を打ち出したのである。2018年，移民保護の初の国際協定「安全で秩序ある正規移住のためのグローバル・コンパクト」が国連総会で採択されたものの，交渉過程で離脱したアメリカに同調し，中・東欧諸国，イタリアなどが反対，棄権した。

第3節　民族問題の解決

（1）　国際政治の課題としての民族問題

　冷戦後の世界では米ソという大きな対立がなくなったかわりに，これまで抑圧されていたナショナリズムが台頭し，民族問題が頻発するようになった。9.11事件後の世界は異文化への寛容さを失い，特に西洋とイスラムとの摩擦が懸念される。

個々の民族問題を比較してみると，それらには普遍性がないことが明らかになる。なぜなら，民族問題は歴史と深く関わっており，個々の民族にはそれぞれの歴史があり，それらは一様ではない。民族問題に共通項がないということは，その問題解決にあたっての共通の解決策がなく，個別的な解決策しかないということである。このことはまた民族問題を解決することの難しさを示すものである。さらに，グローバリゼーションが進行する社会において，グローバルな経済競争の激化，国境を越える膨大な情報が民族問題の解決をより困難にしている。

　しかし，民族問題の解決が困難だからといって，実際に起きている民族紛争を，手を拱いて傍観するわけにもいかない。実際に武力行使を伴う民族紛争が起きた場合，暴力的手段を話し合いや交渉などの平和的手段へと向かわせる対処方法が必要になる。方法としては，仲裁，経済制裁，最終的には武力行使などが挙げられる。その場合，いずれの国，いずれの機関がこの方法をとるかということも問題である。特に武力行使を必要とする場合，現状では国連，NATO，EU などのような安全保障機構あるいは有志連合などが紛争に対処することになる。

　また，民族紛争の多くは，国内紛争であるため，介入にあたっては国際法上の制約があり，国際社会の合意により武力行使が正当化される必要がある。この際，基本的人権や人道援助という普遍的な理由を有していなければ，国際社会の理解を得ることは難しい。そして，実際にこのような理解を得て，民族紛争に介入したとしても，容易に解決には向かわない。さらに国連安全保障理事会の常任理事国が関係している民族紛争ではさらに困難が伴う。

（2）　分離と統合

　民族問題は国民国家の成立とともに生じたが，その後数世紀を経て，国民国家は形骸化した。しかし，統治の利便性などからその存在理由を失うことはなく，また国民国家に代わるものも登場していない。したがって，民族自決の要求が起こり，そこで目標とされるのも依然として新たな国民国家をつくることであり，あるいは国境や帰属を変更することで他の国民国家へ編入することである。しかし，新たな国民をつくり出すためには上からの同化がなされることもあり，ときには抵抗が生まれ，さらに新たな国家をつくることへと向かう。しかも，民族自決の原則は国際的に認められた原則である。多くの民族問題を抱えた国際社会では政治の基本的な単位，自決の単位がより細分化することになる。

その一方で、国際社会には国家を超えた動きもみられる。EUなどの統合の動きである。統合により国境の意味が薄れることは事実である。ただし、人の移動によって生じる多民族化、あるいはナショナルアイデンティティーの喪失感が外国人排斥という新たな民族問題を生じさせていることもまた事実である。

前述のように、EUは1999年のアムステルダム条約において、移民問題とともに難民庇護問題を政府間協力からEUの政策対象に移行し、シェンゲン協定を同条約に統合した。同協定には「庇護申請審査の責任」の章が設けられていたが、この章を独立させてダブリン規約（ダブリンⅠ）を1990年に制定していた。この規約では難民申請者は最初に入った国で申請手続きをしなければならず、その後他国に移動した場合は手続きをしたEU加盟国に送り返されることになる。しかし、このメカニズムは2015年の大規模な難民の流入という危機的状況に対応できず、緊急リロケーション（割り当て）を決定し、ギリシャとイタリアの庇護申請者を他のEU加盟国が引き受けることになった。しかし、加盟国の中にはリロケーションに反対を示す国もあった。EUはまたトルコとの間でジョイントアクションプログラムを作成し、トルコからEU域内に非正規に移動した移民をすべて同国に送還し、トルコへ送還された非正規移民の中にいたシリア人と同数のシリア人難民をトルコから第三国定住として受け入れることとした。2018年6月のEU首脳会議では、EU外の第三国に難民の流入を減らす施設を設置する方針で一致したが、施設を受け入れる国のあてはなく、実現までの道のりは険しい。

（3）　民族問題の解決に向けて

民族紛争の解決手段を見出すことは容易ではないが、解決の希望がないわけではない。1976年にインドネシアに併合された東ティモールは、二十有余年の独立闘争を経て、国際社会の支援を得、国民投票および制憲議会選挙を実施し、2002年に独立を果たした。同じくアチェ州では、「自由アチェ運動（GAM）」がインドネシア政府に対して独立を要求し長く内戦状態にあったが、両者は2005年に和平協定に調印し、アチェ州の自治権拡大などが認められた。民族自決の意思を領土の独立としてだけではなく、相互の平和協力や平和共存を前提とした高いレベルの自治の達成により示すことは可能である。民族紛争の解決は容易ではないと絶望することはない。しかし、民族紛争の解決の成功例を挙げることは、失敗例を挙げることよりも難しいことも確かである。

注

(1) 『現代政治学事典』では，民族を「言語・風俗・経済生活・信仰・領域といった特定の伝統的な個別文化の共通性を基礎として，ともに同一集団に所属しているという共通の帰属意識およびそうした共同所属関係を維持していこうという意志によって結合された，人類の下位集団」（矢野暢「民族」『現代政治学事典』ブレーン出版，1991年，991頁）と記されている。『国際政治経済辞典　改訂版』では，「伝統的な意味において民族という日本語は，血縁的・地縁的な特徴，特に出生，居住地域，言語，生活習慣などを長期間共有し，それによって培われた共通の宗教と文化などの社会的・歴史的特性を通じて形成された主観的な一体感つまり同一の帰属意識（アイデンティティ）で結ばれた人間集団」（大畠英樹「民族・国民」川田侃・大畠英樹編『国際政治経済辞典　改訂版』東京書籍，2003年，744-745頁）と記されている。

(2) 川田順造「民族」梅棹忠夫監修『世界民族問題事典』平凡社，1995年，1117頁。

(3) 民族を規定する要因の，客観的，主観的という区別は，あまりに素朴かつ機械的で，民族というものがもつ性格を明らかにする上で適切な切り口とは言えない（川田，同上）。

(4) 川田，前掲書，1117-1118頁。二宮宏之「ソシアビリテの歴史と民族」川田順造・福田勝義編『民族とは何か』岩波書店，1988年。

(5) 難題である理由の1つは，問題を取り上げる人によって概念規定の仕方がさまざまであり，その概念が歴史的にも融通無碍な面を有していることである（オリヴァー・ジマー『ヨーロッパ史入門　ナショナリズム　1890-1940』［福井憲彦訳］岩波書店，2009年，218-219頁）。

(6) 民族とはなにかを考えるアプローチとして，原初主義，近代主義，本質主義，構築主義，表出主義，道具主義などが挙げられる（塩川伸明『民族とネイション——ナショナリズムという難問』岩波新書，2008年，29頁）。

(7) 塩川，前掲書，28-29頁。

(8) フランス革命以前には，政治的単位としての国家と文化的単位としての民族との間に必然的な関係はなかった（A・コバン『民族国家と民族自決』［栄田卓弘訳］早稲田大学出版部，1976年，27頁）。フランスにおける，いわゆるナション（nation）は，政治的理念を共有する人々による契約共同体という性格が強く，人種や民族，血統は二義的な重要性しかもたない。自由な諸個人により共有される理念こそが国家を形成し，それゆえ先祖や血統ではなく，政治的理念や市民という普遍的概念が強調される（梶田孝道「ナション」梅棹監修，前掲書，818頁）。

(9) ナショナリズムが大衆的な現象へと転換し，ネーションという概念が政治的場面における重要な動員力となっていった（ジマー，前掲書，49頁）。

(10) ベネディクト・アンダーソンは，宗教的共同体が崩壊し，それに代わって，言語が重要な役割を演じ，ある一定の範囲の人々が特別の絆で相互に結びついていたネーションとして自覚するようになるという仮説を立てている。そしてネーションを構成する各メンバーは他の大多数のメンバーと直接の面接関係をもたないがゆえに，ネーションは想像された場合にのみ現実的であるような共同体であるとしている（ベネディクト・アンダーソン『増補　想像

の共同体——ナショナリズムの起源と流行』[白石さや・白石隆訳] NTT 出版, 1997年, 22-26頁)。
(11) 非ヨーロッパ世界において国民国家として成功した日本は稀な例である。島国である日本には文化的共通性があり，「われわれ意識」が増大する基盤があった。
(12) 柴宜弘「民族自決」梅棹監修, 前掲書, 1121-1122頁, 百瀬宏「民族自決」川田・大畠編, 前掲書, 745頁。
(13) 川田, 前掲書, 1118頁。
(14) 日本, 韓国がその例となる。
(15) エスニック・グループに関連するエスニシティー概念は,「民族」の用法と共通する部分が多いが，従来の民族概念が国民（nation）という意味合いで使われることが多く，国家への同化を促進するための政治用語になっていたのに対し，エスニシティーという概念は既存の国家と政府に対するサブナショナルなレベルでの異議申し立て集団を対象に使われることが多い（関根政美「エスニック・グループ」梅棹監修, 前掲書, 217頁)。
(16) A・M・シュレジンガー Jr.『アメリカの分裂』（都留重人監訳）岩波書店, 1992年, 1頁。
(17) 旧ソ連・東欧圏では，近代以来のロシア帝国，オーストリア・ハンガリー帝国，オスマン帝国などで未解決であった民族問題が冷戦の重石がとれたために噴出した。
(18) シェンゲン協定が適用される26カ国の領域。シェンゲン圏では原則，国境管理廃止，締約国国民と合法的に入域した第三国国民の移動の自由を規定している。
(19) 2017年3月には，EU 司法裁判所において，イスラム教徒の女性がかぶるスカーフの職場での着用をめぐり，社内の内規があれば，差別にあたらないとする判決が下された（『朝日新聞』2017年3月15日付〔朝刊〕)。
(20) 平出重保「フランスの移民政策の現状と課題」『立法と調査』No. 293（2009年6月）5-6頁。
(21) 山内昌之『民族問題入門』中公新書, 1994年, 28頁を参考。民族問題の根底には国民と民族の緊張関係がある。それゆえ，塩川伸明がナショナリズムを考える上で用いた民族の分布範囲と国家の領域に関する以下の4つの類型（塩川，前掲書, 22-24頁）は，民族問題の分類にも有用であろう。第1類型は，ある民族の分布範囲よりも既存の国家の方が小さく，複数国家分立状況である場合，第2類型は，ある民族の居住地域が他の民族を中心とする大きな国家の一部に包摂され，少数派となっている場合，第3類型は，ある民族の分布範囲と特定の国家がほぼ重なっている場合，第4類型は，ある民族が広い空間的範囲にわたってさまざまな国に分散居住しており，どの居住地でも少数派であるという場合である。
(22) 『朝日新聞』2018年3月14日付（朝刊)。
(23) シリアのクルド人勢力の中心である民主統一党（PYD）は，2014年にはISに進攻されたが，有志連合の支援を受け，イラク北部のISが首都としたラッカ奪還で，中心的役割を担った。
(24) 投票率43％で独立賛成90％。
(25) ベルギーの言語対立については，小島健「ベルギー連邦制の背景と課題」『東京経大会誌』

第265号，2010年，88-94頁．
(26) 『朝日新聞』2017年5月29日付（朝刊）．
(27) 2008年のグルジア紛争では，旧ソ連圏のジョージア（旧名グルジア）からの分離独立を要求した親ロシア地域の南オセチアをグルジア軍が攻撃すると，ロシア軍が介入し，さらに親ロシアのアブハジアにもロシア人保護の目的で介入し，グルジア軍を撤退させた．その後，フランスの調停でロシアとジョージアは和平案に合意したものの，ロシアが両地域の独立を承認すると，ジョージアはロシアとの外交関係を断絶した．欧米，日本はジョージアの領土保全を優先して独立を認めていない．ロシアとジョージアの対立は続き，紛争解決の道筋はみえていない．
(28) 『日本経済新聞』2014年3月20日付（朝刊）．
(29) 中坂恵美子「EUにおける難民受け入れの責任と負担の分担——ダブリン規則の改正とリロケーション」『広島平和科学』第38号（2016）．
(30) 『朝日新聞』2018年6月30日付（朝刊）．

参考基本文献

アンダーソン，ベネディクト『増補　想像の共同体——ナショナリズムの起源と流行』（白石さや・白石隆訳）NTT出版，1997年．ネーションがどのように形成されてきたのかという問題を扱う．ネーションを「想像の共同体」として捉え，ある一定の範囲の人々がネーションとして自覚するようになる過程を描き出している．

江口朴郎編『現代世界と民族』山川出版社，1987年．「民族の世界史」シリーズ全15巻の中の一冊．第一部の19世紀における民族問題に始まり，第一次・第二次世界大戦と民族問題を論じ，第二部ではその2つの世界大戦を通じて，それぞれの地域の民族問題を具体的に論じている．シリーズ第1巻である岡正雄・江上波夫・井上幸治編『民族とは何か』，あるいは他の地域別の巻も具体的民族問題を理解するのに役立つ．

塩川伸明『民族とネイション——ナショナリズムという難問』岩波新書，2008年．民族問題を考える際に，関連づけて論じられる「民族」「エスニシティ」「ナショナリズム」などの概念を理論と歴史から読み解く．ロシア・旧ソ連諸国の専門家である著者が「冒険的試みの産物」とするが，初学者にとって有用な一冊．

ジマー，オリヴァー『ナショナリズム——1890-1940』（ヨーロッパ史入門）（福井憲彦訳）岩波書店，2009年．ナショナリズムがもつ潜在的破壊力を完全に露わにした19世紀末から大戦間期におけるヨーロッパのナショナリズムの歴史について，先行研究の成果と問題点を明らかにしつつ，いかに理解すべきかを示す．訳者解説・文献案内も有用．

関根政美『エスニシティの政治社会学——民族紛争の制度化のために』名古屋大学出版会，1994年．人種・民族・エスニック集団に関する学説史の流れとそれらの特徴が整理されている．

（臼井実稲子）

第5章

環境と開発をめぐる国際政治
―― 人類社会の持続可能な発展をめざして ――

Introduction

　本章では，環境保護と開発の要請という2つの大きな国際課題を中心に，現代の複雑な国際政治状況の一側面にふれる。1970年代から80年代後半にかけて，環境問題が国際社会の政治課題になるとともに発展途上国における開発の必要性も再認識され，「持続可能な発展」("sustainable development")が国際社会の目標となった。換言すれば，自然環境の制約を無視した人類社会の繁栄は持続しえないということである。ところが，現実にはグローバル市場の拡大と国際的な開発のうねりに伴い，世界的な化石燃料消費の増大，食糧需給の逼迫，途上国での人口増加，環境の劣悪化が進行している。さらに，こうした問題は，互いの相互作用によってより複雑な問題になっている。はたして，国際社会はどのように環境保護と開発の要請に応えているのだろうか。

　この問いに答えるために，第1節において本章の基本的な考え方を紹介し，第2節で環境問題が国際的な関心事になる過程を概観する。第3節では国連人間環境会議，第4節では国連環境開発会議を中心に環境保護と開発に対する国際社会の取組を概観する。第5節では持続可能な発展概念について考察を加えた後，本章全体のまとめを行う。

第1節　国際政治課題としての環境保護と開発

　本章の根本的な問いは，世界政府が存在していない国際社会において，国際平和，国際経済秩序の安定，生物多様性の保全や地球気候の安定などの「国際公共財」の供給と維持のために，国際社会はどのように国際協力を形成しているのか，ということである。この問題を考える場合，自らは国際公共財の供給や維持管理には貢献せずにその利益を享受する「ただ乗りする者」（フリーライダー）の存在が問題となる。また，フリーライダーが増えれば，例えば，国際公共財である地球環境は悪化する。このような状況の中で，国際協力はどのように形成されるの

だろうか。

　国際社会は，以下のような過程を経て，環境保護と開発問題に取り組むための国際的協力関係を築いている。第一に，環境や開発問題などの専門的知識を要する問題は，科学者や専門家の問題認識を基礎として，関係各国や国際機関のイニシアティヴによって課題の設定が行われる（課題設定過程）。次に，国際会議の開催によって原則や行動規範を打ち立てる，あるいは，各国政府による国際条約交渉などを通して，特定の問題が国際政治課題として取り上げられる（政治課題化過程）。第三に，国際条約や議定書からなる国際レジームが形成されるなど，特定の問題に対する国際協力が制度化される（制度化の過程）。この過程において国際政治力学の影響を受けて問題認識の変容なども起こる。そして最後に，問題解決に向けて政策が実施される段階（政策実施過程）に大別できる。本章は，主に第一から第三段階までを扱い，環境問題がどのように国際政治課題として浮上してきたのか，そしてこの政治課題がどのように変容したのかという問いに答えつつ，国際社会の環境保護と開発の要請への対応を考察する。

　環境問題が国際政治課題となった後，持続可能な発展概念を軸に開発が重視されていく過程は，1972年にストックホルムで開催された国連人間環境会議（ストックホルム会議）と，その20年後にリオデジャネイロで開催された国連環境開発会議（リオ・サミット）への流れの中で明らかになる。以下，ストックホルム会議以前（68年以前），同会議の前後の時期（68〜87年），そしてリオ・サミットの前後の時期に分けて考察する。[2]

第2節　環境保護に関する国際的な課題設定に向けて（1968年以前）

　日本を含む工業国では，1960年代にはすでに環境破壊や公害問題が深刻な国内の社会・政治問題になっていたが，まだ，国際問題化していなかった。環境問題を専門に扱う国際機関も存在しないどころか，そもそも国連憲章は環境問題にまったく言及していない。とはいえ，国連システム内外の専門機関が主任務の付随的な業務として特定の環境問題に関わっていた。[3]例えば，国際連合食糧農業機関（FAO）は，食料生産と環境に関することに関わり，多くの海洋魚群の保全に関する委員会の設立を促進した。また，国際海事機構（IMO）は，船舶の海洋汚染，特に，石油タンカーからの原油の流出問題に関して一連の国際協定締結を後押し

した。世界保健機関（WHO）は，大気汚染や水質汚濁が人間の健康に与える影響について調査・研究する一方，国際労働機関（ILO）は環境汚染からの労働者の保護に努めてきた。さらに，国連教育科学文化機関（UNESCO）は，「人間と生物圏」（MAB）計画を通して，環境保全に取り組んできた。しかし，国際通貨基金（IMF），世界銀行，関税と貿易に関する一般協定（GATT）からなるブレトンウッズ体制による国際経済秩序の形成と維持に比べると，国際環境問題に対する対応は個別的で，国際的な統一性を欠いていた。

環境問題を専門的に扱う国際機関を中心とした取組はまだなかったが，環境問題自体は世界的な関心事になりつつあった。例えば，60年代はじめまで大気圏内で行われていた核実験により放出される放射性同位体ストロンチウム90（半減期が約29年で，カルシウムに化学的性質が似ている）という放射性降下物が，食物連鎖を通して，最終的に母乳から乳幼児に取り込まれ，骨や歯に残留する問題が挙げられる。この問題に関して，バリー・コモナーとセントルイス原子力情報委員会は，幅広い科学者たちの活動を組織して，大気圏内・宇宙空間・水中の核実験を禁止した63年の部分的核実験停止条約（PTBT）の締結に寄与した。生物学者であり社会学者でもあったコモナーは，『何が環境の危機を招いたか』（原題：*The Closing Circle*）において，「人間は自然の環を壊し，自然を征服して富を得ようとした。結果は環境の危機である。私たちは自然から借りた富をどうやって自然に返すか学ばねばならない」といっている。

この時期におけるもう1つの出来事は，レイチェル・カーソンの『沈黙の春』（62年刊行）の世界的反響である。この本は，人工合成化学物質が自然を改変していることに対する警告の書であった。どんな虫にも効いて分解しにくく効果が長持ちするDDTに着目し，この有害物質が，食物連鎖によって濃度を高め，長く野生生物の体内に蓄積して生物に異変をきたすことを指摘した。農地で散布されたDDTが川や湖に流れ込んだり，海に注がれたりし，その過程で魚の体内に取り入れられ，それを捕食する鳥の体内でさらに濃縮される，というわけである。かつてアメリカ魚類野生生物局に勤めていた生物学者のカーソンは，残留性の高い有害化学物質が自然そのものや生き物の本質を変えようとしていると，人類の将来を憂えた。『沈黙の春』は，アメリカのみならず全世界で非常な反響を呼び，国際的な環境主義の第一の波の到来を告げる嚆矢となった。

第3節　国連人間環境会議とその前後の時期（1968〜87年）

（1）環境問題に対する国際的認識の高まり

　1970年代初頭，多くの国際政治課題の1つとして環境問題が浮上してきた。その背景には，前節で紹介した科学者らの警告とともに，先進工業国内での産業公害と自然環境破壊の深刻化，汚染物質や有害化学物質による人間の健康被害の顕在化があった。67年3月，巨大石油タンカー「トレイ・キャニオン」がイギリス海峡で座礁し，大量の原油の流出とその対応の不十分さが招いた環境被害の一層の拡大は，世界的な出来事となった。また，水俣病，イタイイタイ病，四日市喘息などの日本の公害被害が世界的な関心事になっていた。さらに，ベトナム戦争において，ゲリラが潜んでいる南ベトナム領内のジャングルの草木を枯らすために，アメリカ軍が飛行機やヘリコプターで除草剤（ダイオキシン類）などを広範囲に散布した枯葉作戦（1961〜71年）は，自然環境破壊や人の健康への悪影響も含め，国際的な物議をかもした。[8]

　また，環境問題への国際的な関心の高まりは，現代社会のあり方に対する問いかけでもあった。60年代後半から70年代にかけて，無制約なエネルギー投入と拡大的生産・消費活動による環境破壊が先進工業国内で社会問題化した。やがて，「成長の限界論」に代表されるような議論は，環境主義という新たな社会運動を助長する一方，[9]既成概念，既成の価値や信条体系への挑戦という形で，現代文明のあり方をも問う国際的な政治・経済論争を巻き起こした。

　「成長の限界論」的議論は，人類の進歩に懐疑的であった『人口論』の著者トーマス・マルサスによって18〜19世紀にかけてすでに展開されていた。[10]マルサスは，際限のない人口増加が究極的に貧困，飢餓そして多くの死を招くと予測した。その論理的根拠は，人口は幾何級数的に増加するが，農業生産は算術級数的にしか増産されない，ということである。つまり，食糧生産量が人口増加に追いつかないのである。したがって，マルサスの数学的論理によれば，生態系の許容範囲を超えた人口は，大飢饉などによって「自然調整」される。[11]

　こうしたマルサスの論理をコンピューター・モデルで展開したのが，ローマ・クラブの第一レポートの『成長の限界』で，マサチューセッツ工科大学のシステム・モデルの専門家によって書かれた。[12]同書が扱った主要な変数は，人口，食糧

生産，工業化，資源，汚染，および再生不能な天然資源の消費である。そしてコンピューター・シミュレーションの結果，これらすべてが幾何級数的に増大して，100年以内に限界点に達し，工業社会は崩壊して世界人口も落ち込むと予測した。しかし，経済学者らは，技術革新と市場の役割を分析の枠組に十分に組み込んでいない点を指摘し，その予測の不確実性を強調した。すなわち，特定の希少資源が減少するとその市場価格は上がってそれに対する需要が減るか，代替資源の開発などの技術革新を促して危機回避を可能にする，という反論である。しかし，現在の気候変動問題の深刻化から判断すれば，成長の限界論の警告は，今や無視できないものとなったと言える。『成長の限界』は，経済学者らからの厳しい批判にさらされたが，環境問題に対する世界的な関心を高めるという意味ではセンセーショナルな「啓蒙書」であった。そして，「成長の限界」論者とともに，「人口爆発」論のポール・エーリックや「共有地の悲劇」論のギャレット・ハーディンらは，新マルサス主義者として，人口増加や人間の経済活動による生態系等への悪影響に対して警鐘を鳴らした。

　環境問題が国際社会の議題になるためには，国連の専門機関などの国際機関や政府間機関が環境問題を取り上げる必要がある。そういう意味で，国際科学会議（ICSU）が主催した1957～58年の国際地球観測年（IGY）は非常に重要で，南極，海洋，大気，そして宇宙の観測など，地球全体を1つのシステムとして全体的にみる科学的研究への国際的協力の必要性を喚起した。そして，61年にボストーク1号による世界初の有人宇宙飛行に成功したユーリ・ガガーリンは，「地球は青かった」という感想とともに，宇宙の暗闇に頼りなく浮かぶ地球のイメージを世界中に鮮烈に伝えた。そのイメージは，「宇宙船地球号」（Spaceship Earth）や「かけがえのない地球」（Only One Earth）という言葉とともに，人々に地球の有限性を認識させる一助となった。68年9月には，UNESCOが，「生物圏の合理的な利用と保護に関する専門家会議」（生物圏会議）をパリで開催した。地球上の動植物に対する人間活動の影響，例えば，大気汚染と水質汚濁，湿地や森林の破壊，その他の自然資源問題が議題となった。この生物圏会議を通して，自然界に起こっている変化は自然の対応の限界にきているという共通認識が参加者の間に生まれる一方，経済成長と環境破壊の関係も議論となった。この会議参加者は，生物圏の資源を利用している人間と生物圏との間の複雑な相互関係と，そうした関係から生じる諸問題を国際的に研究する必要性を認識し，「人間と生物圏」計画を

立ち上げた。[17]以上のような課題設定過程を経て，環境問題を国際政治課題化する時機が到来しつつあった。

（2） 国連人間環境会議

　国連人間環境会議（UNCHE，別名ストックホルム会議）の開催で世界をリードしたのはスウェーデンであった。イギリス，ドイツ，中欧諸国等の工場から排出された硫黄酸化物（SO_X）や窒素酸化物（NO_X）が，酸性降下物（酸性雨）としてスウェーデンとノルウェーに越境して，湖水の酸性化と木の立ち枯れ等の被害をもたらしていたからである。[18]スウェーデンのスヴェルケル・アストロム国連大使の国連での働きかけにより，1968年12月6日の国連総会で人間環境に関わる会議の開催が正式に認められ，[19]72年にストックホルムで開催されることになった。

　ストックホルム会議においてはじめて環境問題が国際政治課題となったが，自然環境破壊や公害問題に苦しむ先進工業国（「北」）と，低開発と貧困にあえぐ発展途上国（「南」）の間での政策の優先度の違いが明らかになった。70年代は，主要先進工業国を中心に，環境問題が重大な社会・政治課題として取り上げられた象徴的な時代だった。例えば，70年アメリカに環境保護庁とイギリスに環境省が，翌年フランスに環境省，日本に環境庁（現，環境省）が各々設置された。またアメリカでは，70年1月の一般教書において，当時のニクソン大統領は環境問題を70年代最大の課題として位置付ける一方，同年4月22日に第1回目の「アース・デイ（The Earth Day）」が開催された。[20]この時期「北」では，環境政策の優先度が高くなっており，国際的な環境破壊に対して何らかの取組が必要であるという意識が高まり，ストックホルム会議で国際環境基準設定を探ろうという動きがあった。他方，発展途上国の国々（「南」）は，こうした「北」の諸国の動きが「南」の諸国に対する開発抑制につながるのではないかと疑った。[21]インドのインディラ・ガンディ首相は，「貧困こそが最大の汚染源である」と主張し，環境保護政策より，まず，開発の必要を訴えた。また，開発か自然保護かの二者択一ではなく，双方の調和を図らねばならないことを力説して会議参加者から大いに賛同を得た。[22]

　72年6月開催のストックホルム会議は，最終的に，ストックホルム宣言，109項目からなる「行動計画」，そして財政的・制度的取決めに関する決議を採択した。ストックホルム宣言は，各国に対して環境保全と人間環境に対する責任ある

行動のための行動規範ならびに原則を謳っている。行動計画は，居住地の環境保全，自然資源の管理，公害の特定と処理，教育・社会・文化と環境問題，開発と環境問題，環境改善のための発展途上国への財政支援の勧告を含んでいる。そして，地球全体の環境問題に関するデータの収集や情報の交換と普及などのために基金を募った。さらに，具体的な成果として，同会議は，国連システム内のさまざまな国際機関の環境政策の調整を行う機関の設立を求めた。同年の第27回国連総会決議2997（12月15日採択）により国連環境計画（UNEP）の設立が決定し，翌年にUNEPは活動を開始した。

ストックホルム会議は，その後開催されたグローバル・イッシューに関するさまざまな国際会議の1つのモデルを提供した。例えば，74年ブカレストで開催された世界人口会議，同年ローマで開催の世界食糧会議，76年バンクーバーで開催された国連人間居住会議，77年アルゼンチンのマル・デル・プラタで開催された国連水会議，さらには同年ナイロビで開催された国連砂漠化防止会議などが挙げられる。こうした一連の国際会議は，ストックホルム会議同様，準備会合を開催して宣言案や行動計画案を起草し，ほとんどの政府の代表者が出席する本会議開催中に草案が修正・採択される，といった形式を踏襲している[23]。また，各国政府の代表者以外に，さまざまな国連機関や他の国際機関の代表者が特定の問題を扱う国際会議に参加している。さらに，特筆すべきことに，ストックホルム会議以降，国際NGOの会議への参加が慣例となった。ちなみに，ストックホルム会議には，113カ国の政府代表，21の国連機関の代表，16の他の国際機関の代表ならびに258のNGOのオブザーバーが参加した[24]。

国際社会の環境問題に対する関心の高まりの第一の波は，ストックホルム会議で頂点に達したが，73～74年と79～80年の2度にわたる石油危機や中東の政治状況の不安定化，人口問題，低開発と貧困問題という環境問題以外の問題へと国際社会の関心は移っていった。しかし，80年代を通して環境問題はますます深刻化していった。そして，後述するように，87年の環境と開発に関する世界委員会（WCED）の報告書によって世界的に普及した「持続可能な発展」概念が，環境と開発問題の相互作用を理解するための鍵概念ならびに国際社会の規範的目標になった。

第4節　国連環境開発会議とその前後の時期（1987年〜現在）

　1972年のストックホルム会議そして92年の国連環境開発会議（UNCED, リオ・サミット）を通して，環境問題が国際政治課題として取り上げられてきた。他方，石油などの天然資源に恵まれない多くの発展途上国の人々は，70年代の石油危機後の原油価格の高騰，80年代の「失われた10年」そして90年代に至って深刻化した重債務問題などに苦しめられていた。貧困問題1つをとってみても改善の余地が大きく，例えば98年の時点で，1日1ドル以下の生活者が世界に12億人，また，1日2ドル以下の生活者が16億人という推計があった。リオ・サミットの開催に向けて地球温暖化問題，森林問題，さらには生物の多様性喪失問題が国際的に注目されていた91年，世界人口の20％を占める先進工業諸国民が全世界の国民総生産（GNP）の約85％を創出する一方，世界の最下層に位置する20％の人口はわずか1.4％を生産するのみであった。ストックホルム会議以来，環境問題に関する国際会議において，国際社会は多くの途上国の開発要求に直面してきた。2002年の持続可能な開発に関する世界首脳会議（ヨハネスバーグ・サミット）も例外ではなく，むしろこの会議では開発問題に焦点があてられた。

　以下，まず，UNEPの活動状況から国際社会の環境問題への取組を検討する。次に，80年代から90年代初頭にかけての国際環境問題と南北の格差問題にふれる。そして本節の最後に，リオ・サミット，ヨハネスバーグ・サミットならびに国連持続可能な開発会議（リオ＋20）の主な成果にふれる。

（1）　UNEPをめぐる国際政治

　UNEPは，世界の環境政策を統合・推進する専門機関としての役割を果たすことを期待されたが，設立当初から国際政治と国際官僚組織の縄張り争いによって制約を受けた。先進工業国側が新しい機関設立への資金提供を渋ったのに対し，発展途上国側は開発に制約を求めるいかなる機関の設立にも慎重であった。また，既存の国連機関は自らの環境関連企画や資金を削られるのを警戒して既得権益を守ろうとした。これらの理由から，UNEPは，国連の専門機関ではなく，監視，調整そして触媒作用を及ぼす機関といった権限の不明瞭な「環境計画」として設立された。

しかし，UNEPは執行権を欠いた限定的な権限しかもたないにもかかわらず多くの成果を上げている。UNEPは，以下の主要な国際環境条約の交渉のイニシアティヴをとり，最終的な条約の締結に大いに貢献した。例えば，絶滅のおそれのある野生動植物の種の国際取引に関する条約（ワシントン条約：1973年採択，75年発効），オゾン層保護のためのウィーン条約（85年採択，88年発効），オゾン層を破壊する物質に関するモントリオール議定書（87年採択，89年発効），有害廃棄物の国境を越える移動及びその処分の規制に関するバーゼル条約（89年採択，92年発効），生物の多様性に関する条約（92年採択，93年発効），さらには特定有害化学物質と農薬の国際取引における事前通知・承認の手続き（PIC）に関するロッテルダム条約（PIC条約：98年採択，2004年発効）や残留性有機汚染物質に関するストックホルム条約（POPs条約：2001年採択，04年発効）などである。さらに，UNEPは世界気象機関（WMO）とともに，気候変動問題に関する政府間パネル（IPCC）を設立して気候変動問題の議論を進展させる一方，国際自然保護連合（IUCN）とともに世界保全戦略を策定した。

　UNEPは，また，地域海洋計画を通して世界各地の沿岸地域の環境保全の取組を促進した。特に，一連の地中海の汚染防止条約（76年）の締結は，UNEPの活動の中でも最も成功した例である。UNEPの発案ということもあり，イスラエルとシリア，エジプトとリビア，ギリシャとトルコといった歴史的に対立関係にあり，しかも各々経済発展段階の異なる国々が協力して，船舶ならびに陸地からの汚染物質の削減に成功した。この「青い地中海計画」は，他の地域海洋における環境保護計画の原型となった。例えば，黒海・紅海・カリブ海等の海域，ペルシャ湾海域，西および中央アフリカ海域，南太平洋海域，そして東アジア海域の環境保護計画の参考となった。

　UNEPは，さらに，地球監視プログラムを通して，地球環境の現状に関するデータや情報の収集・編集・普及の分野でもそれなりの役割を果たしている。その地球監視プログラムの1つに，地球環境モニタリングシステム（GEMS）があり，数多くの宇宙衛星・地球・海洋監視ネットワーク間の調整を行って，気候，地上表面の状態，大気や水の汚染などに関係するデータなどを集めている。また，国際環境情報源照会制度（INFOTERRA）が世界における環境問題への取組に関する情報を提供する一方，地球資源情報データベース（GRID）は地域レベルから地球レベルの地理的な単位の環境データを統合したものである。さらに，UNEP

は国際有害化学物質登録制度（IRPTC）を整備し，有害化学物質の環境上ならびに健康上の影響に関する情報源として非常に役に立っている。1997年には，地球環境の評価を行う『地球環境概況』(Global Environment Outlook: GEO 1) を報告しはじめ，現在アジア太平洋やアフリカなど世界各地域の環境評価を第六次報告書 (GEO 6) として発表している。

しかし，90年代に入ると，環境問題設定や国際環境条約交渉に関する UNEP の影響力は急速に低下していった。先進工業国のアジェンダである気候変動問題，オゾン層の破壊問題や生物多様性の喪失問題を重要視しすぎるとして，発展途上国は UNEP 事務局長モスタファ・トルバ（エジプト人の微生物学者）に対する信頼を失っていった。数に勝る途上国は，国連総会の一国一票制度を活用して，72年の国連人間環境会議（ストックホルム会議）の20周年記念会議の名称を，92年国連環境開発会議（リオ・サミット）として，「開発（development）」という言葉を加えるのに成功した。また，リオ・サミットの開催の責任を UNEP にではなく，国連総会に帰することにも成功した。同様に，途上国は国連総会を通して，気候変動枠組条約締結交渉の権限を UNEP と WMO から奪取し，その権限を国連総会に直接報告する義務のある暫定的な政府間交渉委員会（INC）に委ねた。さらに，国連総会はリオ・サミット後，同会議で採択された「アジェンダ21」の進捗状況の監視と実施の調整を託された持続可能な開発委員会（CSD）を設立した。UNEP 以外に CSD という環境関連の国連機関を設置するということは，UNEP の国際環境政策上の影響力をさらに低下させるものであった。

途上国の UNEP の活動に対する警戒は，途上国と工業国との間の環境と開発に関する政策の優先度の違いを反映しているが，70年代の２度にわたる石油危機なども重なって，80年代に至っても国際的な環境政策は後退傾向にあった。石油価格の高騰は，「南」の発展途上国にとっては二重あるいは三重の打撃であった。原油価格高騰そのものから受ける経済的打撃と，先進工業国経済の不況による発展途上国からのコーヒー，砂糖，その他の食品や繊維製品などの輸出の減少と価格の低迷によって，途上国における失業者は急増し国際収支も急速に悪化した。当然，国際開発銀行から受けた融資の利子の返済も滞るようになり，さらに融資を受けるということで，重債務に苦しむようになった。80年代に多くの発展途上国は，経済発展どころかマイナス成長に落ち込む「失われた10年」という停滞の時期を経験する。GNPにおける「南」の割合は，70年の15.9％から87年には

17.8％に増大したが,同期間の1人当たりのGNPは,490ドルから440ドルにまで下がってしまった(インフレ率を考慮した上での数値である)。こうした状況は,前述の世界的経済不況を反映するとともに,「南」の急激な人口増加も多分に影響している。70年から90年の間の世界総人口に占める「南」の人口比率は,71.6％から77.7％に増加した。したがって,リオ・サミット開催前年の91年,世界人口の20％を占める「北」が全世界のGNPの約85％を創出する一方,世界の最下層に位置する20％の人口はわずか1.4％を生産するのみ,という南北の貧富の格差は拡大傾向にあった。「南」の政府や人々にとっては,環境保護政策よりも開発政策を優先したいところである。

(2) 地球環境保護から「持続可能な開発」へ

しかし,環境問題は沈静化するどころか,いよいよその規模の拡大と深刻さを増していた。84年の暮れには,インドのボパール市のアメリカ企業であるユニオン・カーバイトの農薬工場で,非常に毒性の強いメチル・シアネートガスがタンクから大気中に大量に放出されるという事故が起こった。数千人の死者とともに20万人以上の人々が,失明,視力低下,呼吸器や神経障害をこうむるという大惨事となった。その2年後の86年には,スイス北部のバーゼル郊外の河畔の化学薬品倉庫が火事になり,水銀などの有害な重金属30トンがライン川に流入した。多くの川魚が死滅するのみならず,ドイツからオランダに及ぶ範囲で飲料水の供給不足に陥った。そして同年には,ウクライナのチェルノブイリ原発の爆発事故が発生した。ヨーロッパ全域に放射性降下物が拡散し,環境問題には国境がないこと,一国のみの対策では環境被害は防ぎきれないことを国際社会は改めて認識した。また,非常に利便性の高い現代技術文明社会は,潜在的な危険の多い「リスク社会」である一方,チェルノブイリ原発事故に象徴されるように,環境破壊の被害は国境も人々の社会的階級も関係なくすべての人々に等しく危険が及ぶ点を強調して,リスク社会では人々や国際社会の連帯が生まれる,といった主張もなされている。

乱開発や収奪農業なども環境破壊を促進した。アラル海では,スターリンの時代から始まる計画経済政策のため,流入するアムダリヤ川とシルダリヤ川からの流入量が綿花農場への灌漑のため激減し,その結果,海の水量が減少している。60年の約6万7500km^{2}から88年までの間にアラル海の面積はその3分の1に縮

小し，水面は12m低下し，水量は約60％減少した。また，漁業の壊滅，農業生産の低下，健康問題，干上がった湖底面からの塩分を含む砂塵の飛散といった問題が起きている。さらに，フィリピン，マレーシア，インドネシアなどでは木材の輸出のために熱帯雨林が乱伐される一方，メキシコやブラジルなどの中南米諸国では，先進国市場への牛肉供給のために広大な湿潤熱帯林が牧草地に転換された。

　80年代後半以降，地球規模の環境問題に対する世界の関心も高まってきた。不燃性で不活性な合成化学物質であるクロロフルオロカーボン（CFCs：フロンガス）が，成層圏まで到達してオゾン層を破壊する問題に対して，85年にウィーン条約が締結され，その2年後にはより具体的な規制を敷くモントリオール議定書が締結され，当面先進工業国を対象にして90年後半を目標に，フロンガスなどのオゾン層破壊物質の生産と消費の半減（後に全廃）が義務付けられた。そして，80年代末には，人為的に大気中に排出される二酸化炭素などの温室効果ガスによる地球の温暖化問題が世界的注目を浴びるようになった。89年12月に国連総会にて正式に国連環境開発会議（UNCED：リオ・サミット）の開催が提案されたのを受け（UNGA Resolution 44/228），179カ国の政府代表団（ほとんどの国の国家元首が出席），数十の国際機関の代表団ならびに1400のNGOが，92年6月にブラジルのリオデジャネイロに集まった。リオ・サミット開催までに数回の準備会合を開催したのち，国連気候変動枠組条約（UNFCCC）と生物の多様性に関する条約がサミット開催中に採択され署名に付された。リオ・サミットでは，その他，3つの拘束力のない法的文書が採択された。環境保全と開発のための行動原則を謳った「環境と開発に関するリオ宣言」，持続可能な社会形成のための行動方針や計画などの「アジェンダ21」，そして「すべての種類の森林の経営，保全および持続可能な発展に関する世界的な合意のための法的拘束力のない権威ある原則声明」（森林原則声明）である。ドイツやアメリカは森林条約の採択を目指したが，インドネシアやブラジルなどの森林資源を自国の開発に利用している多くの途上国が反対して，結局，森林原則声明という法的拘束力のないものになった。さらに，リオ・サミット後，国連総会は，アジェンダ21の実施の監視や政策調整のために，前述したように，CSDを設立した。

　そして，リオ・サミットの10年後の2002年に，南アフリカのヨハネスバーグにおいて，「持続可能な開発に関する世界首脳会議（WSSD）」が開催された。その

主目的は，アジェンダ21に掲げられた政策目標やこれまでの環境と開発関連の会議に提案された政策実施に向けた努力を促進することにあった。191カ国の政府代表，多くの国際機関そしてNGOが参加した。この会議で「実施計画」などが採択されたが，新たな国際条約などの締結はなかった。その主な理由は，持続可能な発展を実施するために，貧困の撲滅，農業実践，保健衛生問題など非常に幅広い問題が交渉の対象となったためである。経済のグローバル化に伴う公平な利益の配分を得ていないのみならず，富める国と貧しい国の格差は拡大する一方であるという発展途上国の主張が支配的で，WSSDでは環境問題より開発問題の方が優先された。

　さらに，リオ・サミットの20年後の2012年6月に，再びリオデジャネイロで国連持続可能な開発会議（リオ＋20）が開催された。188カ国の政府代表とEU，パレスチナ，バチカンのオブザーバー，その他に国際機関，地方自治体，企業ならびに市民団体から合わせて約3万人が集った。リオ＋20では，ブラジル・ロシア・インド・中国・南アフリカ（BRICS）などの新興経済国の著しい経済成長なども背景として，国際社会では環境保護と経済成長の両立を目指す「グリーン経済」への移行の必要性が強く認識された。リオ＋20の準備段階では，再生可能なエネルギーの導入目標値の設定や，自然資本による生態系サービス（食糧生産の基礎となる土壌や森林の気候緩和機能など）の正当な市場的評価の必要性が議論された。EUはグリーン経済への移行のため各国共通の具体的な目標を定めるロードマップの採択を主張したが，そうした目標が開発を制約するのではないかと懐疑的な途上国が懸念を表明したので，リオ＋20の成果文書である「われわれの求める未来」では具体的な目標値を示さず，国際社会全体として「グリーン経済」を推進することとなった。ただ，国連を中心とした環境ガバナンスの制度的強化を図るために，CSDに代わるハイレベルの政治フォーラムの設立ならびにUNEPの強化と格上げ案が採択された。また，リオ＋20で議論された持続可能な開発目標（SDGs）が，ミレニアム開発目標（MDGs）を引き継ぐことになった。

第5節　国際政治課題としての持続可能な発展

　前節でみてきたように，1970年代から80年代後半にかけて，国際的あるいは地球規模の環境問題が国際社会の政治課題になるとともに，発展途上国における開

発の必要性も再確認され,「持続可能な発展」が国際社会の目標として掲げられようになった。しかし，この概念には異なる立場によってさまざまな解釈が可能であること，具体的かつ普遍的な持続可能な発展モデルが存在しないこと，そもそも持続可能性を測る普遍的な指標が存在していないことなどの問題が指摘されている。したがって，持続可能な発展という概念は，具体的な政策目標というより，むしろ国際社会の行動規範と言える。本節では，まず，持続可能な発展概念の形成とその普及過程を整理した上で，この概念の指標化の試みを数例紹介し，最後に，国連を中心とした目標設定にふれて本章全体のまとめとしたい。[40]

（1）「持続可能な発展」の概念

この概念自体は，国際自然保護連合（IUCN）などの『世界保全戦略——持続可能な発展のための生きた資源保全』（1980年）ではじめて使われたが，環境と開発に関する世界委員会（WCED：ブルントラント委員会）の報告書 *Our Common Future* によって世界中に普及した。最もよく引用される定義によれば，「持続可能開発とは将来世代がそのニーズを満たすための能力を損なうことなく，現世代のニーズを満たす開発である」[41]。また，持続可能な発展のためには次のような目標が設定されている。①成長を回復させること，②成長の質を変えること，③雇用，食糧，燃料，浄水そして下水処理といった基本的なニーズを満たすこと，④持続可能なレベルに人口を保つこと，⑤資源基盤を保全し強化すること，⑥技術の新たな方向付けと危機管理，そして，⑦意思決定において環境と経済を融合することである。[42]

このWCEDの持続可能な発展戦略は，今後四半世紀内に，世界の総世帯の5分の1を占める最富裕層の総世帯所得を全体の20％に抑える一方で，世界人口の5分の1を占める最貧層の総所得を全体の10％まで引き上げることを第一の目標に掲げている。そのためには年率約3％の経済成長を必要とするとあるが，従来の「北」の諸国の経済発展モデルに基づいて高率の経済成長を達成した場合，世界の資源使用量の急増や環境への過大な負荷が懸念される。また，この戦略全体を通して言えることは，環境の価値をどのように経済活動の中に組み入れるかという点が欠如している点である。この基本的な問題点を明らかにするためには，持続可能な発展の概念をより具体的に検討する必要がある。

（2） 持続可能な発展概念の明確化と指標化

　持続可能な発展の概念については，開発重視か環境保護重視かどちらかの立場に立つことによってさまざまな定義が可能である。環境保護と開発の関係をどう捉えるかが問題となる。開発を経済成長と同義とした場合，環境保護と経済成長はトレードオフの関係にあることが強調される。これに対して，持続可能な発展は，環境と開発は相互補完的関係にあることを強調し，経済的な豊かさ，社会福祉・教育の充実，健全な生態系の維持を実現するものであると理解されている。そして，これらの3つの要素を具体的に指標化し，国際的に持続可能な発展の達成度を測りつつ，その実現に向けての行動が求められている。例えば，ピアスらの指摘に従えば，持続可能な発展には，①環境の価値（自然環境，人工的環境および文化的環境の価値），②未来性（現実の政策レベルの短・中期的未来と子孫への配慮という長期的未来），そして③公平性（現世代内における公平性と世代間の公平性），といった要素が欠かせない。その上でピアスらは，持続可能な発展の概念について広義と狭義の解釈があり，後者の方がブルントラント委員会の言う持続可能な発展の意味に近く，環境保護の必要性がより強調される解釈であるとしている。広義の持続可能な発展の解釈によれば，「現在の世代は，前の世代から受け継いだ人工資産と環境資産からなる富のストックを自分が受け継いだときを下回らないように次の世代に引き継ぐべきである」とする。他方，狭義の解釈では，「現在の世代は，前の世代から受け継いだ環境資産のストックを受け継いだときを下回らないように次の世代に引き継ぐべきである」とする。広義の解釈に従えば，森林を伐採して木材を輸出したことによって森林資産という自然資産が減少しても，木材の輸出によって得た資金によって工業製品などの人工資産を購入することができ，人工資産が増えることによって社会全体としての富は減っていない（あるいは増大している）という解釈である。つまり，自然資産と人工資産との交換が行われた，あるいは自然資産を人工資産によって代替したという考えに基づいて持続可能性が解釈されている。しかし，ここで注意したいことは，市場の価値が設定されている木材の価値だけではなく，森林全体の保水機能や森林の地域気候緩和機能などの生態系サービスや，多様な生物の生息地としての森林自体の環境資産価値である。ところが，現実には自然資本の環境資産価値を正当に評価する市場は存在しない。生態系サービスには市場価格は付いていない。そうなると環境資産は過剰消費されることになり，結果として多くの環境問題を引き起こす。こ

のように考えると，持続可能な発展の狭義の解釈である環境資産ストックを次世代に公平に引き継がせる重要性が浮かび上がってくる。

　上述のピアスらの議論は，1992年のリオ・サミット開催前に展開されたものである。その後，持続可能な発展の指標化が試みられ，それらは経済的な指標，社会・経済的な指標あるいは生態学的指標というように類型化される。例えば，持続的な発展を測る経済的な指標である純国内生産（NDP：Net Domestic Product）は，環境の損失についての金銭的価値をつけて評価された環境資産の減価償却と環境上の損害を差し引いた指標である。インドネシアの石油，森林と木材の環境資産に関する調査によれば，79～84年のGDPの伸び率は7.1％であったのに対し，NDPの伸び率は4％であった。このことはインドネシアが所得によってではなく，資産で生活していることを示しており，持続可能ではないことになる。ただし，この指標化の試みでは，野生生物，景観，きれいな空気，森林の保水機能（生態系サービス）などの市場価値が付いていない資源やサービスを含めることが困難である。また，生態学的指標の１つであるエコロジカル・フットプリントあるいは環境収容力は，方法上の仮定とデータの評価に難点があるものの，一般の人々の関心を引いている。エコロジカル・フットプリントは，現在の人口と活動パターン（食糧，エネルギーや物質の消費，社会生産基盤の必要）を維持するために本来必要とする土地の面積を計算する。例えば，食糧，エネルギー，木材のみに関した調査でも，スコットランドの人口を養うためには現在よりも20％多い土地が必要となる。このことは資源の純輸入を示しており，輸出国の持続可能性を脅かしている。

　以上，持続可能な発展度を測る指標化の試みを若干紹介したが，経済指標のGDPのように普遍的な指標として世界に受け入れられている持続可能な発展の指標は，未だ存在していない。したがって，持続可能な状態を数値あるいは普遍的な発展形態によって示すことはできない。ただ，国連を中心とした持続可能な発展の指標化の試みとして，ミレニアム開発目標（Millennium Development Goals：MDGs）と持続可能な開発目標（Sustainable Development Goals：SDGs）が掲げられ，各々持続可能な発展の目標や具体的指標が掲げられている。最後に，SDGsの内容の概観を通して本章のまとめを行う。

（３）　国連を中心とした持続可能な発展目標と指標

　2015年までの期限を切った「ミレニアム開発目標（MDGs）」は，2000年9月の国連ミレニアム・サミットと1990年代から21世紀にかけて開催された主要な国際会議，例えば，2002年の「持続可能な開発に関する世界首脳会議（WSSD）」で採択された開発目標などを1つにまとめたものである。MDGs には8つの開発目標があり，その7番目の目標として「環境の持続可能性の確保」が掲げられた[47]。その他の目標は，極度の貧困と飢餓の撲滅，普遍的初等教育の達成，ジェンダーの平等の推進と女性の地位向上，幼児死亡率の削減，妊産婦の健康の改善，HIV／エイズ・マラリア・その他の疾病の蔓延防止，そして開発のためのグローバル・パートナーシップの推進であった。持続可能性という観点に関しては，環境の保全の重要性が謳われたが，他の大きな開発目標の1つにすぎなかった。

　2015年9月，150の国と地域の首脳が参加した国連持続可能な開発サミットが開催された。このサミットで MDGs を継承して2030年を目標達成年に設定した SDGs が採択され，持続可能な発展そのものがグローバル社会の目標となり，相互に関連する17の目標と169のターゲットが設定された[48]（表5-1）。これらの各目標に対してより具体的なターゲットが定められている。例えば，目標1の「貧困をなくす」では，2030年までに極度の貧困（1日1.25ドル未満で生活する人々）をなくす，といったものである。

　もちろん，世界政府が存在していない現代国際政治状況下において，SDGs で掲げられた目標やターゲットを効率よく着実に達成していくための世界行政組織が存在しているわけではない。国連をはじめとした国際機関，EU などの地域共同体，市区町村などの地方公共団体，民間企業，そして市民がそれぞれの行動範囲内であるいは領域横断的に協力して，各々の課題に取り組んでいくしかない。それでも，17分野にまたがる SDGs の目標を国際社会が認識した上で，これらの相互連関が強調される意義は大きい。例えば，エネルギーと環境問題の連関を通して，各国のエネルギー政策と気候変動緩和策の緊密な関係が浮かび上がるのみならず，海面上昇や異常気象などの気候変動に適応できる強靭な農漁村や都市コミュニティーづくりが求められることがわかる。そして，持続可能なコミュニティーづくりのためには，貧困，飢餓，教育や雇用の機会均等とそれを促進するためのジェンダー間の平等の確保などが大前提となる。

　どのようにすれば，重層的領域——国際社会，地域共同体，国，地方——にま

表 5-1 持続可能な開発目標（SDGs）

目標1（貧困）	あらゆる場所のあらゆる形態の貧困を終わらせる
目標2（飢餓）	飢餓を終わらせ，食料安全保障及び栄養改善を実現し，持続可能な農業を促進する
目標3（保健）	あらゆる年齢のすべての人々の健康的な生活を確保し，福祉を促進する
目標4（教育）	すべての人に包摂的かつ公正な質の高い教育を確保し，生涯学習の機会を促進する
目標5（ジェンダー）	ジェンダー平等を達成し，すべての女性及び女児の能力強化を行う
目標6（水・衛生）	すべての人々の水と衛生の利用可能性と持続可能な管理を確保する
目標7（エネルギー）	すべての人々の，安価かつ信頼できる持続可能な近代的エネルギーへのアクセスを確保する
目標8（経済成長と雇用）	包摂的かつ持続可能な経済成長及びすべての人々の完全かつ生産的な雇用と働きがいのある人間らしい雇用（ディーセント・ワーク）を促進する
目標9（インフラ，産業化，イノベーション）	強靱（レジリエント）なインフラ構築，包摂的かつ持続可能な産業化の促進及びイノベーションの推進を図る
目標10（不平等）	各国内及び各国間の不平等を是正する
目標11（持続可能な都市）	包摂的で安全かつ強靱（レジリエント）で持続可能な都市及び人間居住を実現する
目標12（持続可能な生産と消費）	持続可能な生産消費形態を確保する
目標13（気候変動）	気候変動及びその影響を軽減するための緊急対策を講じる
目標14（海洋資源）	持続可能な開発のために海洋・海洋資源を保全し，持続可能な形で利用する
目標15（陸上資源）	陸域生態系の保護，回復，持続可能な利用の推進，持続可能な森林の経営，砂漠化への対処，ならびに土地の劣化の阻止・回復及び生物多様性の損失を阻止する
目標16（平和）	持続可能な開発のための平和で包摂的な社会を促進し，すべての人々に司法へのアクセスを提供し，あらゆるレベルにおいて効果的で説明責任のある包摂的な制度を構築する
目標17（実施手段）	持続可能な開発のための実施手段を強化し，グローバル・パートナーシップを活性化する

（出所）　外務省（http://www.mofa.go.jp/mofaj/gaiko/oda/about/doukou/page23_000779.html）およびユニセフ日本（https://www.unicef.or.jp/sdgs/target.html）を参照。

たがる多様なアクター間で政策を調整して持続可能な社会形成を目指しうるのだろうか。国や国際組織などの公の機関や民間企業やNGOsなどのアクターが，公式あるいは非公式の制度を通して，民主的な意思決定過程に基づいて，不断に問題解決のために協力するグローバル・ガバナンスが要請されている[49]。国際機関がオーケストラの指揮者のように，国，民間企業，NGOsらの仲介者を介して多くの分野の課題解決のために有効なガバナンスを提供している，という議論もある[50]。より具体的に，現実社会で起こっていることに着目すると，世界規模における持続可能な社会形成の可能性が垣間見える。例えば，経済成長とエネルギー消費量との間には必ずしも正の相関関係はなく，GDPは増大しつつエネルギーの消費量は減少する（すなわち温室効果ガス〔GHGs〕排出量減少）という，経済成長とエネルギー消費量の間の分離（decoupling：ディカプリング）が経済規模の大きな国で生じている。なぜこうしたことが可能であるかといえば，国や地方政府による再生可能エネルギーと省エネ促進政策の導入とともに，それを可能にしている技術がすでに商業ベースで利用可能であり，これらの政策と技術革新が新たな経済成長と雇用を創出しているからである。経済成長とエネルギー消費量との間のディカプリングは，北欧諸国やドイツのみならず，中国を代表とする新興国でも起こっている[51]。この傾向には，2015年暮れに開催されたUNFCCC第21回締約国会議（COP21）で採択されたパリ協定（2016年11月発効）によってさらに拍車がかかった。人類社会の長期的な目標として，地球の平均気温を工業化以前に比べ2℃の上昇よりかなり低く抑えること，1.5℃以下の上昇に抑える努力を追求すること（第2条），そのために21世紀の後半に人為的な温室効果ガスの排出量と吸収源による除去量を均衡させること（第4条）という目標が定められた[52]。この人類共通の長期的目標の設定によって，化石燃料に依存しない脱炭素社会の形成を目指すという方向性が示され，各国政府，地方政府，投資家を含む民間企業も，省エネや再生可能エネルギー開発へと大きく舵を切りはじめた。気候変動を緩和しつつ（SDGs目標13），経済成長と雇用の確保（同目標8）ならびにインフラ，産業化，イノベーション（同目標9）を促進し，「すべての人々の，安価かつ信頼できる持続可能な近代的エネルギーへのアクセスを確保する」（同目標7）ことが可能である。同様の相乗効果は他のSDGs目標間にも十分に起こりうることである。

国際政治課題としての環境保護と開発に関する主な国際社会の動き

1972・6	国連人間環境会議（ストックホルム会議）。
1971-73	ラムサール条約発効（71年採択），ロンドン・ダンピング条約発効（72年採択），世界遺産条約発効（72年採択），ワシントン条約発効（73年採択，75年発効）。
1974・8	世界人口会議（ブカレスト）。
11	世界食糧会議（ローマ）。
1976・5-6	国連人間居住会議（バンクーバー）。
1977・3	国連水会議，「マル・デル・プラタ行動計画」採択。
8-9	国連砂漠化防止会議「砂漠化防止行動計画」採択。
1979・2	第1回世界気候会議，海洋汚染防止条約（マルポール73/78）議定書採択。
1984・4	国連海洋法条約採択（94年発効）。
1985・3	オゾン層保護のためのウィーン条約採択（1988年発効）。
1987・9	オゾン層を破壊する物質に関するモントリオール議定書採択（1989年発効）。
	『地球の未来を守るために』（ブルントラント委員会報告書）。
1988・11	気候変動に関する政府間パネル（IPCC）設立。
1989	バーゼル条約採択（3月）（92年発効），ハーグ環境首脳会議（3月），ノールトヴェイク環境相会議（11月）。
1990・10-11	第2回世界気候会議。
1992・6	国連環境開発会議（リオ・サミット）。
	気候変動枠組条約採択（94年発効）。
	生物多様性条約採択（93年発効）。
1997・12	第3回国連気候変動枠組条約締約国会議（COP3）（京都）＝京都議定書の採択（2005年発効）。
1998・9	ロッテルダム条約（PIC条約）採択（2004年発効）。
2000・1	バイオセーフティに関するカルタヘナ議定書採択（2004年発効）。
9	国連ミレニアム・サミット。
2001・5	ストックホルム条約（POPs条約）採択（2004年発効）。
2002・8-9	持続可能な開発に関する世界首脳会議（WSSD）。
2005・9	国連世界首脳会議。
2008・6	世界の食糧安全保障に関するハイレベル会合。
2010・10	生物多様性条約の締約国会議（COP10，名古屋）：名古屋議定書の採択。
11-12	COP16/CMP6（気候変動問題）：カンクン合意（COP15/CMP5で留保されたコペンハーゲン合意を採択）。
2012・6	国連持続可能な開発会議（リオ＋20）。
11-12	COP18/CMP8（気候変動問題）：京都議定書の第二約束期間（2013～2020年）の設定，2015年までにすべての国が参加する法的制度合意形成（2020年までに実施）。
2013・10	水銀に関する水俣条約採択。
2015・9	国連持続可能な開発サミットでSDGs採択。
12	COP21/CMP11（気候変動問題）：パリ協定採択。
2016・11	パリ協定発効（気候変動問題）。
2017・8	水銀に関する水俣条約発効。

（出所）筆者作成。

注

(1) マンサー・オルソン『集合行為論——公共財と集団理論』（依田博・森脇俊雅訳）ミネルヴァ書房，1983年．

(2) 本章の"sustainable development"という概念の和訳に関しては，この概念が想定する経済的な豊かさ，社会福祉・教育の充実と健全な生態系の維持という意味を込めて「持続可能な発展」という訳語を使用する．ただし，開発と経済成長を重視する途上国の意思が強く反映される国際会議のタイトルや，日本政府が公式文書等で採用している訳語については「持続可能な開発」を使用している．なお，本文中の時期区分に関しては，以下の文献を参考にした．Lynton K. Caldwell, *International Environmental Policy: Emergence and Dimensions*, Second Edition, Revised and Updated, Duke University Press, 1990; Marvin S. Soroos, "Global Institutions and the Environment: An Evolutionary Perspective," Regina S. Axelrod, David L. Downie & Norman J. Vig (eds.), *The Global Environment: Institutions, Law, and Policy*, CQ Press, 2005, pp. 21-42.

(3) 以下の指摘は，Soroos, *op.cit.*, pp. 23-24 による．

(4) フィリップ・シャベコフ『地球サミット物語』（しみずめぐみ・さいとうけいじ訳）JCA出版，2003年．

(5) シャベコフ，前掲書，25頁．原典は，Barry Commoner, *The Closing Circle*, Alfred A. Knofp, 1971 で，邦訳は，バリー・コモナー『なにが環境の危機を招いたか』（安部喜也・半谷高久訳）講談社，1972年．

(6) Rachel Carson, *Silent Spring*, 25th Anniversary Edition, Houghton Miffin, 1987. 邦訳は，R・カーソン『沈黙の春』（青木築一訳）新潮社，2001年．

(7) DDT は防疫・殺虫剤で，Dichloro Diphenyl Trichloroethane の略である．

(8) ベトナムに散布された枯葉剤の総量は9万1000kℓと推計され，その中には168〜550kgのダイオキシン（2378-TCDD）が含まれていた（中村梧郎『戦場の枯葉剤——ベトナム・アメリカ・韓国』岩波書店，1995年，14頁）．

(9) ジョン・マコーミック『地球環境運動全史』（石弘之・山口裕司訳，岩波書店，1998年）や Samuel P. Hays, *Beauty, Health, and Permanence: Environmental Politics in the United States, 1955-1985*, Cambridge University Press, 1987 を参照．

(10) トーマス・マルサス『人口論』（永井義雄訳）中公文庫，1973年．

(11) しかし，マルサスの主要な予測は外れた．マルサスは，イギリス人をはじめとして多くの西欧人には米州大陸や豪州への大量移民が可能であったことや，産業革命の人口抑制効果に気づかなかった．詳しくは，Paul Kennedy, *Preparing for the Twenty-First Century*, Random House, 1993, pp. 6-10 を参照．

(12) Donella H. Meadows, Dennis L. Meadows, Jørgen Randers & William W. Behrens III, *The Limits to Growth: A Report for the Club of Rome's Project on the Predicament of Mankind*, Universe Books, 1972. 邦訳は，ドネラ・メドウズ他『成長の限界』（大来佐武郎監訳）ダイヤモンド社，1972年．

⒀　こうした考え方をするグループをドライゼクは「プロメテウス派」と呼び，『成長の限界』の言説に共鳴するグループの「生存主義者」と対比させている。前者は人間の叡智の無制限性や絶え間ない技術進歩によって資源の限界はないこと，また，人口の増加はそれだけ有能な人間が増えることを意味するとして積極的に評価する。詳しくは John S. Dryzek, *The Politics of the Earth: Environmental Discourses*, Second Edition, Oxford University Press, 2005. 邦訳は，Ｊ・Ｓ・ドライゼク『地球の政治学――環境をめぐる諸言説』（丸山正次訳）風行社，2007年。

⒁　Paul R. Ehrlich & Anne H. Ehrlich, *The Population Explosion*, Simon and Schuster, 1990. 邦訳は，ポール・エーリック／アン・エーリック『人口が爆発する！』（水谷美穂訳）新曜社，1994年；Garrett Hardin, "The Tragedy of the Commons," *Science*, Vol. 162, 1968, pp. 1243-1248.

⒂　Soroos, *op.cit.*, p. 24.

⒃　Barbara Ward, *Spaceship Earth*, Columbia University Press, 1966 や Barbara Ward & Rene Dubos, *Only One Earth*, W.W. Norton, 1972 など。

⒄　生物圏会議に関しては，シャベコフ，前掲書，40-41頁を参照。

⒅　酸性雨問題自体は100年以上も前に，イギリスの化学者ロバート・アンガス・スミスによって指摘されていた（マコーミック，前掲書，12, 228頁）。

⒆　シャベコフ，前掲書，34頁。

⒇　ライリィ・Ｅ・ダンラップ／アンジェラ・マーティグ『現代アメリカの環境主義――1970年代から1990年代の環境運動』（満田久義監訳）ミネルヴァ書房，1993年。

(21)　Marian A. L. Miller, *The Third World in Global Environmental Politics*, Rienner, 1995.

(22)　シャベコフ，前掲書，44頁。

(23)　Soroos, *op.cit.*, p. 25.

(24)　*Report of the UN Conference on the Human Environment,* UN DOC.A/COFNF/48/14 at 2-65, and Corr. l, 1972; *ibid.,* "List of Participants," UN Doc. A/Conf. 48/Inf. 5, 1972 and *ibid.,* "List of Participants," UN Doc. A/Conf. 48/Inf. 5, 1972.

(25)　World Bank, *Global Economic Prospects and the Developing Countries, 2000*, World Bank, 2000, p. 29.

(26)　United Nations Development Programme (UNDP), *Human Development Report*, Oxford University Press, 1994.

(27)　UNEPに対する評価としては，以下の論文を参照した。Lorraine Elliott, "The UN's Record on Environmental Governance: An Assessment," in Fran Biermann and Steffen Bauer (eds.), *A World Environment Organization: Solution or Threat for Effective International Environmental Governance?*, Ashgate, 2005, pp. 27-56.

(28)　UNEPのウェブサイト参照（http://www.unep.org/about-un-environment）。

(29)　Peter M. Haas, *Saving the Mediterranean: The Politics of International Environmental Cooperation*, Columbia University Press, 1990.

(30) Soroos, *op.cit.*, p. 30.
(31) UNEPのウェブサイト参照（http://www.unep.org/）。
(32) Pamela S. Chasek, David L. Downie & Janet Welsh Brown, *Global Environmental Politics*, Fifth Edition, Westview, 2010, p. 67.
(33) シャベコフ，前掲書，61頁。
(34) 同上書，66-7頁。
(35) ウルリヒ・ベック『危険社会──新しい近代への道』（東廉・伊藤美登里訳）法政大学出版局，1998年。
(36) 環境庁編『平成四年版　環境白書　総説──持続可能な未来の地球への日本の挑戦』大蔵省印刷局，1992年，57頁。
(37) *Report of the United Nations Conference on Environment and Development*, Vol. 1, reprinted in *International Legal Materials* (hereafter *ILM*) 31 (1992): 881.
(38) 外務省「持続可能な開発に関する世界首脳会議（ヨハネスブルグ・サミット）」（http://www.mofa.go.jp/mofaj/gaiko/kankyo/wssd/）を参照。
(39) 「リオ＋20──会議の評価と今後の課題を開く」『毎日新聞』（2012年7月20日）及外務省「リオ＋20──持続可能な未来を創るために」『わかる！国際情勢』第91巻，2012年9月12日（http://www.mofa.go.jp/mofaj/press/pr/wakaru/topics/vol91/index.html）を参照。
(40) 以下の記述に関しては，太田宏「持続可能な発展のメルクマール──持続可能性の目標と指標」日本国際連合学会編『持続可能な発展の新展開』（国連研究第7号）国際書院，2006年，11-37頁を参照。
(41) World Commission on Environment and Development (WCED), *Our Common Future*, Oxford University Press, 1987, p. 43. 邦訳は，環境と開発に関する世界委員会編『地球の未来を守るために』福武書店，1987年。
(42) WCED, *ibid.*, pp. 49-66.
(43) David Pearce, Anil Markandya & Edward Barbier, *Blueprint for a Green Economy*, Earthscan, 1989, pp. 173-185. 邦訳は，D. W. ピアス／A. マーカンジャ／E. B. バービア『新しい環境経済学──持続可能な発展の理論』（和田憲昌訳）ダイヤモンド社，1994年。その他，石見徹『開発と環境の政治経済学』東京大学出版会，2004年，1-18頁を参照。
(44) Pearce et al., *op.cit.*, p. 2.
(45) *Ibid*, p. 39.
(46) 以下の持続可能な発展指標については，Gordon Mitchell, "Problems and Fundamentals of Sustainable Development Indicators," Michael Redclift (ed.), *Sustainability: Critical Concepts in the Social Sciences, Volume III Sustainability Indicators*, Routledge, 2005, pp. 237-256 を参照。
(47) 目標7（環境の持続可能性の確保），ターゲット7-A（環境資源の保全），ターゲット7-B（生物多様性の保全），ターゲット7-C（安全な飲料水などの確保），そしてターゲット7-D（スラム居住者の生活改善）である。さらに，これらのターゲットの中身として森林，生物

多様性，エネルギー消費量，安全な飲料水などに関して「持続可能な発展」の指標や現況にふれている（MDGs のウェブページ：http://www.un.org/millenniumgoals/）。

(48) UN Sustainable Development Goals (https://sustainabledevelopment.un.org/?menu=1300)

(49) Commission on Global Governance, *Our Global Neighbourhood: The Report of the Commission on Global Governance*, Oxford University Press, 1995. 邦訳は，グローバルガバナンス委員会『地球リーダーシップ——新しい世界秩序をめざして』（京都フォーラム訳）日本放送出版協会，1995年。

(50) Kenneth W. Abbott, et al., eds., *International Organizations as Orchestrators*, Cambridge University Press, 2015.

(51) 太田宏『主要国の環境とエネルギーをめぐる比較政治——持続可能社会への選択』東信堂，2016年。

(52) パリ協定の日本語訳と英語の原文は，以下の外務省のウェブページに掲載のものを参照（http://www.mofa.go.jp/mofaj/ila/et/page24_000810.html）。

参考基本文献

淡路剛久・川本隆史・植田和弘・長谷川公一『持続可能な発展』（リーディング環境第5巻）有斐閣，2006年。本書は，環境問題をテーマに扱った主要な文献の全部あるいは一部を集大成した，全5巻からなる選集の最後の巻で，持続可能な発展を主テーマに取り上げたものである。

石見徹『開発と環境の政治経済学』東京大学出版会，2004年。環境保全と経済発展をめぐるさまざまな問題を考えるための指針や，持続可能な発展に資する政策を選択する上での基本的な理念を提供することを目的とした内容の著書である。

太田宏『主要国の環境とエネルギーをめぐる比較政治——持続可能社会への選択』東信堂，2016年。持続可能なエネルギー選択が気候変動緩和と社会ならびに国の安全保障に寄与するものであり，省エネと再生可能エネルギー促進が鍵を握るという観点から，日本，中国，アメリカ，デンマーク，ドイツのエネルギーと気候政策を比較した著書である。

亀山康子『新・地球環境政策』昭和堂，2010年。主な地球環境問題に関する解説と，それらの問題に対する国際的な取組の概説ならびに主要な論考の紹介もあり，地球環境政策の全体像を描くことに主眼が置かれた著書である。

環境と開発に関する世界委員会編『地球の未来を守るために』福武書店，1987年。本書は，持続可能な発展という概念を世界中に広めつつ，地球サミットを契機に，世代間公平とともに，環境保全・経済成長・社会的正義の同時達成を要請する同概念を，国際的行動規範に押し上げるのに役立った。

シャベコフ，フィリップ『地球サミット物語』（しみずめぐみ・さいとうけいじ訳）JCA出版，2003年。環境問題を専門に扱うマスコミの記者の視点から，地球環境問題と科学・経済・政治の問題を地球サミットへの道程やその後の展開を中心に詳細に解き明かす，初学者に

も読みやすい著書である。

ドライゼク，J・S『地球の政治学——環境をめぐる諸言説』（丸山正次訳）風行社，2007年。持続可能な発展概念をめぐる言説分析のみならず，言説分析の手法，環境保全と経済成長をめぐる言説，環境政策手法ならびに緑の政治やディープ・エコロジー言説分析も興味深い。

ピアス，デイヴィド・W／バービア，エドワード・B／マーカンジャ，アニル『新しい環境経済学——持続可能な発展の理論』（和田憲昌訳）ダイヤモンド社，1994年。環境経済学の視座から，持続可能な発展概念に関するさまざまな捉え方を整理しつつ，同概念を体系的に論じた本で，地球サミット開催に向けて，同概念に関する国際的な議論に重要な一石を投じた。

マコーミック，ジョン『地球環境運動全史』（石弘之・山口裕司訳）岩波書店，1998年。19世紀の欧米の環境保護運動から1990年代（1992年の地球サミットを含む）の世界の環境保護運動の発展を詳細に紹介している，同問題に関する古典的な著書である。

メドウズ，ドネラ・H／メドウズ，デニス・L／ラーンダズ，ヨルゲン『成長の限界 人類の選択』（枝廣淳子訳）ダイヤモンド社，2005年。1970年代前半に，地球の資源の枯渇と汚染物質吸収能力の限界を指摘して世界的に物議をかもしてから30年後，より確実なデータに基づき，危機的な世界状況に対して再び警鐘を鳴らしている。

毛利勝彦編著『環境と開発のためのグローバル秩序』東信堂，2008年。本書は，21世紀における環境と開発に関するグローバル・ガバナンスの現状と展望を，国際機関，政府，ビジネス，NGO，マスメディア，大学等で活躍する論者の視点から多角的に論じている。

（太田　宏）

第Ⅱ部

地域におけるイッシュー

第6章

転換期の中国
――パクス・シニカへの国際秩序再編を目指して――

Introduction

　習近平政権2期目の中国は,「習近平新時代の中国の特色ある社会主義思想」を党規約に盛り込んだ。強国路線を打ち出す習近平外交を世界はいかに理解すればいいのだろうか。中国は鄧小平時代と決別したのか,毛沢東時代へ回帰しているのか,それとも方針転換ではなく従来路線の総括なのか。それを見据えていく上で,本章では,富強大国化した中国が建国以来いかに国際社会と向かいあってきたのか,その対外関係について解説していく。

第1節 「習近平新時代」と「百年に一度とない大きな変革期の世界」

　「現在,中国は近代以降で最良の発展期にあり,世界は百年に一度とない大きな変革期を迎えている。当面そして今後の一時期は,対外活動を行う上で多くの国際的に有利な条件が備わっている」。中国共産党(以下「中共」)が2018年6月22~23日に開催した「中央外事工作会議」において,中共総書記の習近平は,このような国際情勢認識を示した。

　中央外事工作会議とは,中共中央による重要会議の1つで,国際情勢と中国を取り巻く外部環境の変化を総合的に分析し,新体制の指導部が新たな内外情勢のもとで対外活動を展開する指導思想,基本原則,戦略目標,主要任務を明確にし,対外活動の新しい局面を切り拓くことを主な目的にしている。鄧小平時代は1979年7月に,江沢民時代は1991年7月に,胡錦濤時代は2006年8月に,中共中央の外事工作会議がそれぞれ開催された。習近平体制下では,2014年11月28~29日に開催されてから約3年半ぶり2回目の開催であった。

　同会議に中共中央総書記・国家主席・中央軍事委員会主席として出席した習近平は,中国の対外活動が「習近平新時代の中国の特色ある社会主義外交思想(いわゆる「習近平外交思想」)」を指針として堅持し,国内と国際の2つの大局を統一

的に計画し，党を憲法の2つのconstitutionに明記された「人類運命共同体」の構築を推し進め，国の主権・安全・発展の利益を揺るぎなく擁護し，グローバル・ガバナンスの改革に積極的に参加・牽引し，一層整備されたグローバル・パートナーシップのネットワークを構築し，「中国の特色ある大国外交」の新たな局面を切り拓くことに努めていかなければならない，と強調した。楊潔篪中央外事工作委員会弁公室主任は，総括演説で「習近平外交思想」の指導的地位が確立したと指摘した。

習近平体制2期目に突入した中国は，対内的にも対外的にも「習近平新時代」へ舵を切った。それは，経済成長・改革開放に専念した鄧小平時代の終わりを告げ，強国路線を強調する「新時代」への移行宣言であろうか。習近平は自身への権力集中を制度化させている。あらゆる中国政治のプロセスで党（＝中共）の優位が強化され，国家と政府の相対的な役割が低下している。一方，中国を取り巻く国際環境も大きく変わろうとしている。2018年に深刻化した米中対立の根底にあるのは，中国の技術覇権と軍事覇権をアメリカが阻止しようとしている大国間競争である。

このような時代の中国外交をいかに理解していけばいいのであろうか。それを見据えるために，本章では，中華人民共和国建国以降の対外関係の流れを概観してから，習近平体制下の中国の世界戦略と対外政策について解説していく。

第2節　冷戦期の中国外交

(1)　「向ソ一辺倒」と「抗美援朝」

1949年10月1日，毛沢東が中華人民共和国の成立を宣言した。建国に先立つ同年春，中共は，①「向ソ一辺倒（ソ連への全面的な傾倒）」による社会主義の道，②中国内における帝国主義の特権を取り消し，新中国建国以前のいかなる外交使節の法的地位も認めず，建国前に締結された条約の有効性を自動的に取り消すこと，③国民党政府による対外関係を継承しないこと，を新中国における外交の基本方針として提起していた。この3大方針は，建国当初の憲法とも言える『共同綱領』にも明記された。3大方針は，外国からの侵略と支配を受けてきた中国にとって，「百年の屈辱の外交」の結末をいかにつけるのか，国家の独立をいかに確保できるのか，という中国が抱えていた危機認識に基づいていた。[2]

建国翌年の朝鮮戦争によって，中国は東西冷戦構造に組み込まれ，アメリカと対決していくことになった。1950年1月12日，アメリカの国務長官アチソンが講演で，アリューシャンから日本列島，沖縄を経てフィリピンへ連なる「不後退防衛線」を表明した。朝鮮半島がアメリカの防衛ラインから外されたとみなした金日成とスターリンは，同年6月，朝鮮戦争を始めた。トルーマンがただちに第7艦隊を派遣して「台湾海峡中立化政策」を掲げると，中国はそれを中国への武力侵略とみなした。国連多国籍軍が鴨緑江に近づくと，同年10月に毛沢東が解放軍を人民志願軍として朝鮮へ派遣したことで，朝鮮戦争は中国の「抗美援朝（アメリカに抵抗して北朝鮮を助ける）」の戦争になった。それは，アメリカに台湾政策を再考させることになった。国民党政権に失望していたトルーマン政権は，「不後退防衛線」演説前の1月5日，台湾海峡不干渉方針を表明していた。しかし，アメリカは，1951年に台湾への援助を再開し，1954年12月には米華相互防衛条約を結んだ。朝鮮戦争はアメリカに見捨てられることになっていた国民党政権を軍事的にも経済的にも助けることになったのである。

　朝鮮戦争とサンフランシスコ平和条約締結のプロセスで，中国政府の代表問題をめぐる日本の姿勢に対して，対米協調をアメリカから求められた日本の吉田茂政権は，1952年4月28日，台湾の国民党政権と日華平和条約を結んだ。同条約によって，「中華民国と日本の間の戦争状態」は終結した。

（2）　中ソ論争から中ソ対立へ

　ソ連の援助のもと，国家体制の整備を進めていた中国ではあったが，1950年代半ばには，高崗・饒漱石事件などを経て，中ソ間の離齬が現れ出した。その一方で世界の冷戦構造は，1950年代半ばから70年代，ベルリン危機やキューバ危機などの緊張がみられたものの，米ソが「敵対的平和」と呼ばれる競争と協調が交錯した平和状態を維持した。スターリンの死後，ソ連がアメリカとの平和共存路線へ転じると，国際共産主義運動の総路線をめぐり，中国とソ連はその方向性を問うことになった。やがて，中ソ論争は，中ソ両国の安全保障政策から党や社会主義建設のあり方をめぐる国家対立にまで発展していった。

　1956年，「スターリン批判」を受けた中共は，第8回党大会で党規約から「毛沢東思想」を削除し，集団指導を軸とする国家体制の確立，漸進的な社会主義建設などを謳った。しかし，ハンガリー情勢などの共産主義体制の動揺に強い危機

感をもった中国は，表向きはソ連を支持しながらも，独自路線を展開した。1958年の米軍のレバノン出兵や第二台湾海峡危機，さらには中国への核保有断念の働きかけなどをめぐり，対米平和共存へと転換したソ連に対する強い不信と警戒心を背景に，中国は国内で急進的な大躍進政策を立ち上げ，対外的には反米強硬路線を推し進めた。そこで中国は，世界の主要矛盾が米ソ間ではなくアメリカ帝国主義と第三世界の間にあるとする「中間地帯論」を提起した。[4]

大躍進政策の失敗やソ連との経済関係縮小などにより，国内外両面での政策調整が必要とされると，中国は，フランスとの国交樹立や日本とのLT貿易の開始など，西側諸国と穏健外交を展開していった。途上国では，1950年代後半以降，ソ連がとりわけ非同盟国へ支援外交を積極的に展開して勢力圏を拡大し，アメリカもソ連に続いた。中国は両国と競争しようとするかのように，自らも途上国に積極的な外交攻勢をしかけていった。

その一方，中国はソ連との軋轢を深め，辛辣にソ連を批判した9本の論文いわゆる「九評」を1963〜64年に相次ぎ公表した。「中ソ論争」は「中ソ対立」へとエスカレートしていった。

(3) 米中接近と「3つの世界論」

「プラハの春」に対してソ連が軍事介入したチェコ事件を契機に，中国はソ連を「社会帝国主義」ととらえるようになった。1969年に中国とソ連が国境で武力衝突を繰り返すと，中国は国際的な孤立からの脱却へと外交政策の舵をきり，「敵（＝ソ連）の敵（＝アメリカ）は味方」とみなし，米中接近によってソ連との全面的な対立に備える「一条線」戦略へ転換していった。一方アメリカでも，1969年に政権に就いたニクソンが，米中接近へ動いていた。同年7月にグアム・ドクトリンを発表したニクソンは，1972年2月，合衆国大統領としてはじめて訪中した。日本とは，中国は同年9月に国交を回復した。

主要敵をソ連に絞り，反米反ソの「二条線」から反ソの「一条線」戦略に大転換した毛沢東は，1974年2月，米ソを第一世界，先進国を第二世界，途上国を第三世界として位置づけた国際観「3つの世界論」を展開した。同年4月，鄧小平が毛沢東の「3つの世界論」を敷衍(ふえん)して，国連資源特別総会において演説した。その骨子は，ソ連を唯一の主要敵としてみなし，米中接近を果たしたアメリカを含めた広範な国際統一戦線を築こうと呼びかけるものであった。

1971年10月に国連の代表権を得た中華人民共和国は，1970年代から，海洋権益への野心も顕わにしはじめた。

（4）「独立自主外交」から「独立自主の平和外交」へ

1978年12月，中国は11期3中全会で現代化建設を決定した。対外開放を大胆に進め経済建設に注力することになった中国は，日本とは，1978年8月に日中平和友好条約に調印し，10月に鄧小平が来日した。中国とアメリカは同年12月の共同コミュニケ通りに1979年1月1日に国交を樹立した。

鄧小平体制が確立した1982年9月の第12回党大会で，改革開放政策を積極的に推進するため，新時期の外交方針が提起された。鄧小平は1980年代の外交任務が，現代化建設の強化，国家統一の実現，覇権主義への反対と世界平和の維持であると説いた。その核心は経済建設であった。また，「独立自主外交」を提唱し，ソ連に対して「3大障害」（中ソ国境・モンゴル地域のソ連軍，ベトナムのカンボジア侵略支持，アフガニスタン侵攻）を取り除けば中ソ関係の改善が可能であると呼びかけた。「独立自主外交」は，全方位外交への転換を意味していた。それは，毛沢東時代とは異なる世界認識であった。国際政治のリアリズムの視角から，中国が「米ソ中の大三角関係によるバランス・オブ・パワー」で国際政治の方向性を捉えていたと言えよう。

鄧小平外交の特徴は，中国内の経済建設のために平和で安定した国際環境をつくることである。その目標は，建国100周年にあたる21世紀半ばまでに，中国を先進国レベルにまで発展させることであった。そこで，1985年夏，鄧小平は，20世紀における中国外交の方針を「平和と発展」に据え，「独立自主外交」を「独立自主の平和外交」へ発展させた。

第3節　冷戦後の世界と中国

（1）「中華民族の振興，国の富強」を目指す中国

第二次天安門事件（以下「天安門事件」）と冷戦終焉は，中国の対外政策に大きな影響を及ぼした。流血の惨事となった天安門事件を西側諸国は厳しく批判した。西側の制裁に対して，中国政府は外国政府の内政干渉だと強く反発した。ヨーロッパの政変も，大きな衝撃をもたらした。東欧革命，ドイツ統一，そしてソ連消

滅といった共産主義体制の崩壊は，中国を世界で唯一の社会主義大国にした。天安門事件と冷戦終焉による国際的な孤立は，中国指導部の危機感を高め，中国に外交の方向性について再検討を迫ることになった。そこには，「和平演変」への危機認識があった。「和平演変」とは，資本主義勢力が社会主義国内の勢力と結託して社会主義体制を平和的に転覆させようとしている陰謀，という考え方である。鄧小平は天安門事件を「国際的な大気候（＝和平演変）」と「国内的な小気候（＝ブルジョワ自由化）」によってもたらされたと認識していた。この和平演変に対する危機認識は現在にもつながっている。

中国は当初強硬路線をみせていたものの，次第に鄧小平の指示による「韜光養晦（とうこうようかい）」と呼ばれる，外国との摩擦を避ける協調外交を基本方針にしていった。中国がリーダーシップをとるのではなく，周辺国や途上国との連帯と協力を前面に掲げることで，「和平演変」に対する主権平等と内政不干渉の共同戦線をつくろうとしたのである。

1990年9月11日にアメリカのブッシュ大統領が連邦議会演説で，民主主義と市場経済に基づく冷戦後秩序形成を目指す「新世界秩序論」を唱えると，翌月の国連総会で中国は「新国際政治経済秩序」を強調した。「新国際政治経済秩序」とは，1988年に鄧小平が説いた領土・主権の相互尊重，相互不可侵，内政不干渉，平等互恵，平和共存からなる「平和共存5原則」を基盤にする新たな国際政治秩序の枠組である。「和平演変」への対抗手段として，中国は周辺諸国や途上国との連帯や協力の強化を重視していくのであった。

中国がまず欧米からの対中国制裁包囲網の「突破口」としたのは，日本であった。1990年に日本は対中円借款を再開し，1992年には天皇が訪中した[5]。また，当時のカンボジア情勢や南北朝鮮問題，湾岸危機やソ連の消滅などをめぐり，国連安保理常任理事国としての，また地域大国としての中国からの協力を，アメリカをはじめとする国際社会も必要とした。

中国が国際的な孤立から脱しはじめた頃，周辺地域で「中国脅威論」が高まりはじめた。中国は「平和共存5原則」を掲げる一方で，周辺での主権と海洋権益を強く主張していったからである。1987年に解放軍機関紙『解放軍報』は「地理的国境」と異なる「戦略的国境」の概念を提起していた。同紙は「戦略的国境は総合国力によって増減・伸縮するもの」であり，「地理的国境を承認することを基礎に，中国の宇宙空間，海上，陸上の合法的な戦略的国境を確立する」と主張

し，「陸上は地理的国境と一致させる」一方で「国境を海上300万 km² の海洋管轄区に沿って外へ拡張」すると説いたのである。1992年2月25日，中国は沖縄県尖閣諸島をも自国領と明記して「領海及び接続水域法」を施行した。同年10月の第14回党大会において，江沢民は「国の領土，領空，領海の主権と海洋権益の防衛，祖国統一と安全の擁護」を軍の担うべき「神聖な使命」として指摘した。

台湾問題をめぐっては，アメリカのクリントン政権が1994年に米台関係の「格上げ」を決定し，1995年に非公式であったものの李登輝総統の訪米を実現させると，中国は強く抗議し，1996年3月の台湾総統直接選挙まで，台湾近海で軍事演習を繰り返した（「第3次台湾海峡危機」）。

中国脅威論が高まる中，1996年4月17日の「日米安全保障共同宣言」で，日米同盟の意義が「ソ連への対抗」から「アジア太平洋地域の平和と安定への貢献」へと読み替えられた。同年，中国は「新安全観」を提起した。「新安全観」は相互信頼・互恵・平等・協力を基軸とし，同盟に基づく冷戦型思考ではなく，対話と協力によって国家間の対立を解決しようとする協調的安全保障観である。翌年4月の中ロ共同宣言において，中国は「新安全観」を公式文書にはじめて盛り込んだ。これ以降，中国の指導者達は「新安全観」を唱えるようになった。日米同盟の再定義と強化が「中国封じ込め」であると警戒した中国は，アメリカに対する牽制手段としての多国間外交と善隣外交を強化していくのである。

1997年9月に開催された第15回党大会において江沢民は，アヘン戦争以来の中華民族の歴史的任務が「民族の独立・解放」と「国家の繁栄・富強」であることを指摘した。また，江は，中国の「社会主義の初級段階」を「中華民族の偉大なる復興を実現する歴史的段階」であると位置付け，21世紀の目標が，2000年までのGDP倍増，共産党創建100周年までの国民経済のいっそうの発展，建国百年までの現代化実現と富強・民主・文明の社会主義国の構築であると打ち出した。

（2）「核心は現代化建設」

新世紀を目前にした2000年10月11日，中共は15期5中全会を開催し，新世紀初頭の5〜10年間における国内外の奮闘目標，指導方針，重要任務を決定した。新世紀初頭における3大任務は，①現代化建設の継続推進，②祖国統一の完成，③世界平和の擁護と共同発展の推進である。それまでの3大任務は，1982年に鄧小平が提起して以来，①経済建設を急ぐこと，②祖国統一の実現，③国際舞台にお

ける覇権主義への反対と世界平和の擁護であった。江沢民は同会議において，大規模な外敵による侵略がない限り，いかなる事態が起きても，現代化建設を核心に据えなければならないと説いた。

　各項目だけを比較すると，「新世紀の3大任務」には従来の「覇権主義への反対」が消えている。しかし，江沢民は同会議での演説で「覇権主義と強権政治が新しい形で現れている」「世界の敵対勢力は中国を西洋化し分裂させる政治戦略に拍車をかけている」と強い警戒感を示した。また，江沢民は「独立自主の平和外交政策を堅持し，国際舞台で覇権主義と強権政治に反対し，正義を主張し，広範な途上国のために発言すべきである」と主張した。江沢民が，現代化建設と祖国統一事業には国際環境と周辺環境の平和と安定が必要である，と同時に説いたことにも注視すべきであろう。周辺や途上国との「共同発展の推進」に「覇権主義への反対」が組み込まれたのである。中国が「世界平和の擁護」と唱えるものは，平和共存5原則を基礎とし，国連憲章の遵守，国際社会における社会制度の多様性の尊重，外国の人権問題への不干渉，対話による問題解決などである。つまり，中国が「公正かつ合理的な国際秩序」と唱え続けているものは，中国が主張する領域の拡張や，デモクラシーや個人の人権尊重や自由主義と異なる価値規範の政治制度を国際社会に認めさせる枠組ということに他ならない。

　21世紀に入ると，中国は周辺外交を積極的に展開した。2001年5月にパキスタンとグワダル港開発とカラチを結ぶ主要インフラ建設で合意した。翌月には上海協力機構（SCO）を立ち上げた。SCOは地域の安全と安定の維持にプライオリティをおいている。「上海協定」には「3つの勢力」(テロリズム，分離主義，宗教過激主義)へ共同で対抗することが規定された。SCOの前身「上海ファイブ」は，領土問題の解決と国境地域の安全のために，中国，ロシア，カザフスタン，キルギス，タジキスタンの対話プロセスとして1996年に発足した。タリバーンと連携するテロ組織や過激勢力が，中ロの分離独立勢力と協力し，破壊活動を展開していた。中国から新疆の分離独立を目指す「東トルキスタン・イスラム運動（「東突」）」は，タリバーンやアルカイダ，ウズベキスタン・イスラム運動のキャンプで訓練を受けていたとされている。この上海ファイブにウズベキスタンが加わり，SCOが創設された。

　その直後，世界政治を一変させる事件が起きた。アメリカ同時多発テロ（以下「9.11事件」）である。ブッシュは，大統領就任当初，ビン・ラディンと大量破壊

兵器と中国を「3大脅威」として挙げていた。中国脅威論の核心は，台湾や周辺諸国との領域問題，そして武器拡散であった。4月に海南島付近で発生したアメリカの電子偵察機EP3と中国海軍のF8の衝突事件で，両国間に緊張が走っていた。しかし，9.11事件後にアメリカが採った「新しい戦争＝テロとの戦い」という外交・安全保障政策は，国内に分離勢力を抱える中国とロシアをアメリカの国際反テロ戦線に組み入れることになり，かつては分離勢力に対する弾圧を中国とロシアの人権侵害と批判していたアメリカの姿勢を180度転換させたのである。

国際情勢が好転する中，2001年12月11日，中国は世界貿易機関（WTO）に加盟した。WTO加盟によって中国は「世界の工場」として飛躍的な経済発展を遂げていった。

2002年11月に第16回党大会が開催され，胡錦濤が中共書記に就いた（とはいえ，胡錦濤の権威は江沢民に制約され続け，独自路線は出せずじまいであった）。第16回党大会で江沢民は，中共を「3つの代表」「富民強国」のための「中華民族の前衛」と定義し，中共の重要な歴史的任務として，現代化建設の推進，祖国統一事業，世界平和の擁護および共同発展の促進という3つを挙げ，中国の偉大なる復興を実現しなければならない，と唱えた。

第15回党大会で提起された発展目標を実現するためには，平和で安定した国際環境が必要である。そこで，急速に台頭した中国脅威論払拭を念頭に，胡錦濤政権は「平和的台頭（和平崛起）」論を打ち出していった。2003年11月の博鰲アジアフォーラムで，胡錦濤のブレーンであった鄭必堅が「平和的台頭」を提起すると，翌月訪米した温家宝や毛沢東生誕110周年記念座談会における胡錦濤も採用した。しかし，中共内で「平和的台頭」という言葉が適切であるのかと議論され，翌年8月の鄧小平生誕100周年記念大会における胡錦濤講話では，「平和的発展」が用いられた。2005年12月に国務院が白書『中国の平和発展の道』を公表する頃には，「平和的台頭」は公的文書から消えていた。

2003年に第二次北朝鮮核危機が発生すると，中国が北朝鮮を説得して協議の席に着かせた。これを受けたブッシュは「中国が初めてパートナーになった」とコメントするほどであった。中国が「責任ある大国」として国際問題に取り組むことを国際社会は期待した。

中国が国際的な存在感を増していく中で胡錦濤は，2004年8月に第10回在外使節会議を開催し，「戦略的チャンス期」における「4つの環境」（平和で安定した

国際環境，善隣友好の周辺環境，平等互恵の協力環境，客観的に友好的な世論環境）を作り上げるという胡錦濤外交の基本戦略を強調した。また，胡錦濤は「周辺外交が第一，大国外交が鍵，途上国外交が基礎，多国間外交が舞台」であるという外交配置を掲げた。途上国への投資外交や，エネルギー資源確保のための外交が活発に展開された。中国アラブ協力フォーラムも設立された。また，中国をはじめとする新興市場国の台頭によって国際金融界で構造変化が起き，従来の先進国だけで世界経済を議論するG7よりも，中国などの新興市場国を含めたG20財務相・中央銀行総裁会議のプレゼンスが向上しはじめたのもこの頃である。2004年10月には，G7財務相・中央銀行総裁会議に中国がはじめてゲストとして参加し，金人慶財政部長や中国人民銀行の周小川総裁が出席した。

　中国をはじめとする新興国のプレゼンスが急速に高まったのは，経済成長の面ばかりではない。強い新興市場国の台頭が，世界のガバナンスを滞らせているからでもある。例えば，2001年に始まったWTOの多角的通商交渉（ドーハ・ラウンド）は，ほとんど成果を生まないまま，機能不全に陥ってしまった。WTOは，本来，経済力の弱い途上国に有利な自由化ルールを作り，その経済的な自立を促すはずであった。しかし，ドーハ・ラウンド開始と同年に加盟した中国を筆頭に，目覚ましく台頭する新興市場国と先進国の競争が激しくなり，先進国も途上国も自国の利益確保を優先しはじめた。前世紀に自由貿易を支えていたWTOは，21世紀に，その最大の使命である通商ルールづくりで頓挫している。

（3）富強大国化した中国

　リーマンショックに端を発する世界的な経済危機は，中国のプレゼンスと役割を劇的に増大させた。欧米日の経済が深刻なダメージを受け，世界が中国に期待を寄せる中，中国は2008年11月に4兆元の投資・減税・消費刺激策などの包括的な経済対策を打ち出した。2009年半ばに流動性の過剰・不動産価格の急上昇・生産能力の過剰という「3つの過剰問題」が顕在化したものの，翌年には，実質GDPが前年比で10.3％増え，日本が42年間にわたり保ってきた世界2位の経済大国の地位と入れ替わった。同年，輸出額でドイツを抜いて世界1位に，輸入額ではアメリカに次ぐ世界第2位になった。また，モノの貿易では，2013年にアメリカを抜いて世界1位に躍り出た。中国は，経済大国として台頭していった。

　世界経済における新興市場国のプレゼンス増大を反映して，世界的な課題を協

議する枠組としてのG20の重みが増したのは，この時期である。リーマンショック直後の2008年11月，従来の閣僚級会議から首脳級に格上げしたG20サミットが開催された。先進国が主導する既存のガバナンスのメカニズム改革を推し進めたい中国は，それらへのコミットメントを拡大するための重要なプラットフォームの1つとして，G20を位置づけた。

　中国は，G20とBRICS（ブラジル，ロシア，インド，中国の4カ国は「BRICs」，2011年6月の三亜サミット以降，BRICsに南アフリカを加えて「BRICS」と改称）の多国間枠組を連携させることによって，IMFや世界銀行などの機関改革を推進し，G7主導の世界経済の枠組を見直すことを強調してきた。G20財務大臣・中央銀行総裁会議を直前に控えた2008年11月，BRICsは初の4カ国財相会議をブラジルのサンパウロで開催した。BRICsは，世界経済の課題をG7だけでは解決できないと主張し，先進国主導の国際金融制度改革でG20がその役割を拡大させていくと訴えた。2017年に習近平が将来的なBRICS拡大構想である「BRICS＋（プラス）」の協力モデルを提唱している。

　飛躍的な経済成長とともに，中国は急速な軍事現代化に邁進している。膨張を続ける中国は，資源調査を超えた強硬な活動を展開している。中国は，第一列島線（九州〜沖縄〜台湾〜フィリピン〜南シナ海を結ぶ対米防衛ライン）を越えて第二列島線（伊豆・小笠原諸島〜グアム〜パプアニューギニア〜パラオを結ぶ防衛ライン）にまで軍事的進出の足場を築こうとするようになった。また，2012年9月に日本が尖閣三島を国有化すると，中国公船は日本領海への侵入を急増させ，2013年11月には中国国防部が東シナ海で独自の防空識別圏（ADIZ）を設定した。2016年6月に中国海軍戦闘艦艇や情報収集艦が日本の接続水域にはじめて入域した後，中国の公船や艦艇は活動海域と活動をさらに拡大している。

第4節　習近平時代の中国の世界戦略

(1)　「2つの百年」と「偉大なる中華民族の復興」

　20世紀終わりから，中国は「2つの百年の目標」に向かって走り出した。「2つの百年の目標」とは，中国共産党の創立100周年（2021年）までに小康社会を完成させること，そして，中華人民共和国建国の100周年（2049年）までに現代化建設をほぼ実現することである。

かつて，鄧小平は改革開放初期に，20世紀末までに中国が「小康社会を打ち立てる」という目標を提起した。この目標が達成された後の2002年の第16回党大会で，中国が21世紀初頭の20年で小康社会を全面的に建設するという目標を提起した。2017年の第19回党大会で中共総書記に再任された習近平は，2022年の第20回党大会前の任期中に，「１つ目の百年」を迎えることになる。1953年６月生まれの習近平が「２つの百年」でより重視しているのは，言わずもがな，自身の名を歴史に残すための「１つ目の百年」であろう。

習近平外交の方向性を示す「中央外事工作会議」が，2014年11月と2018年６月の２回開催された。2014年の中央外事工作会議における講話で，習近平は，中国の外交活動の目標が「２つの百年」という奮闘目標と「中華民族の偉大なる復興」という「中国の夢」を実現するために強力な保障を提供しなければならないことである，と強調していた(17)。また，2018年の中央外事工作会議においても，習は「２つの百年」の歴史的な合流期にあたる第19回党大会から20回党大会までを「中華民族の偉大なる復興」という歴史的プロセスにおいて特別に重大な意義があると指摘し，対外活動の座標にすると説いていた。

2012年11月29日，北京にある中国国家博物館の展覧会「復興の道」を視察した習近平は，「中国の夢」の概念を提起した(18)。習近平は，翌年３月に開催された第12期全国人民代表大会第１回会議において，「中国の夢」とは「中華民族の偉大なる復興」を実現することであり，そのためには，「国家の富強，民族の振興，人民の幸福」を実現しなければならない，と指摘した(19)。ここで「中国の夢」について警戒すべき点は，中国が大国化へ向かうプロセスで，軍拡路線と領土拡張主義が「中国の夢」に組み込まれていることである。中国は，「総合国力」の向上のために軍事力の現代化と拡大を図っており，中国の軍事大国化とそれに伴う膨張主義は，周辺諸国の安全保障上の脅威になっている。

（２）「習近平新時代」の中国

2017年の第19回党大会は，従来の党の指導方針である「マルクス・レーニン主義，毛沢東思想，鄧小平理論，"３つの代表"の重要思想，科学的発展観(20)」に続けて，「習近平新時代の中国の特色ある社会主義思想（いわゆる「習近平思想」）」を新たな「行動指針」として加える改正案を採択した。習近平思想は，2018年３月に憲法にも明記された(21)。

中国共産党は，従来，中国社会と党のあり方の矛盾に向かい合う理論武装として党規約を改正してきた。「毛沢東思想」は，中国が進めた農民革命・農民闘争とマルクス・レーニン主義の矛盾を埋め合わせるための思想であった。鄧小平理論は，文化大革命の破壊による貧困社会で「先富論（先に豊かになれる者から豊かになる）」を謳い経済発展を優先しながら社会主義建設を呼びかけた矛盾を正当化するための理論であった。江沢民の「３つの代表」は，プロレタリアートの解放闘争の政党であった中国共産党と，「市場経済の恩恵を世界で最も受けて発展した中国」との間に生じる矛盾を正当化させるテーゼであった。胡錦濤による「科学的発展観」は，「発展第一」「人間本位」「全面的な調和による持続可能な発展」「全体の利益」という大局観をもって「和諧社会（調和のとれた社会）」の構築を目指すというアイディアであった。それは，社会主義市場経済体制のひずみ，すなわち都市と農村，地域間，貧富間の格差問題や，社会と経済の発展の調和問題などの矛盾と向き合うスローガンであった。

一方、第19回大会における習近平報告によれば、「習近平思想」とは、「党の核心」と位置づけられる習近平の地位の重要性を説き、中共と中国人民が「中華民族の偉大なる復興」の実現に向かう上での「指導指針」である。

習近平は現代中国を３つの時期に大別した。習近平は，第19回党大会で「站起来，富起来，強起来！（立ち上がれ，豊かになれ，強くなれ）」という言葉で呼びかけた。「站起来」は中華民族が「屈辱の歴史」から立ち上がった「毛沢東時代」である。「富起来」は，中国が改革開放で豊かになってきた鄧小平，江沢民，胡錦濤の三代にわたる「鄧小平時代」である。そして，「強起来」すなわち「ポスト鄧小平時代」として中国が強国化を目指す時代であり，これを「習近平の新しい時代」と位置付けているのである。

（3）「新時代中国の特色ある社会主義外交思想」の形成

「習近平による新時代の中国の特色ある社会主義外交思想」，すなわち「習近平外交思想」とはどのようなものであろうか。2017年の第19回党大会における３時間以上にも及ぶ習近平の演説で，繰り返し強調されたのが，「新時代の中国の特色ある社会主義思想」と「中華民族の偉大なる復興」であった。

2018年６月の中央外事工作会議において，習近平は，第18回大会以降形成されてきた「習近平外交思想」を，**表6-1**の10点に概括できると強調した。

表6-1 「習近平外交思想」の10大ポイント

① 党中央の権威の擁護を指針として，対外活動に対する党の集中的統一指導の強化を堅持する。
② 「中華民族の偉大なる復興」の実現を使命とし，「中国の特色ある大国外交」の推進を堅持する。
③ 世界平和の擁護，共同発展の促進を趣旨とし，「人類運命共同体」構築の推進を堅持する。
④ 「中国の特色ある社会主義」を根幹とする戦略的自信の強化を堅持する。
⑤ 「共に協議し，共に建設し，共に分かち合う」という原則のもと「一帯一路」建設の推進を堅持する。
⑥ 相互尊重，ウィンウィンを基礎とする平和発展の道を歩むことを堅持する。
⑦ 外交的配置の深化を拠とするグローバル・パートナーシップ構築を堅持する。
⑧ 公平・正義を理念とするグローバル・ガバナンス体制の改革の牽引を堅持する。
⑨ 国の「核心的利益」をボトムラインとする国家主権，安全保障，発展の利益の擁護を堅持する。
⑩ 対外活動の優れた伝統と時代の特徴の相互結合を方向として，中国外交の独自の風格形成を堅持する。

また，以後5年の外交活動として，「人類運命共同体」構築によるグローバル・ガバナンスのいっそう公正かつ合理的な方向への推進，「一帯一路」の深化，大国外交の均衡発展の推進，周辺外交活動を有利に推進，国際実務における「自然の同盟軍」である広範な途上国の団結・協力などを挙げた。ここで注目するのは，習近平が演説で「人類運命共同体の構築の旗印を掲げ，全球治理（中国のグローバル・ガバナンス）がいっそう公正かつ合理的な方向へ推し進めなければならない」と強調している点である。中国は，「一帯一路」を地経学的手段として使って，パクス・シニカを目指す国際秩序の再編に向かっている。

（4）「一帯一路」と「債務の罠」

中国が「一帯一路」で推進しようとしているのは，経済回廊の共同建設に伴う「5つのコネクティビティ」の構築によって，中国の勢力圏を築く構想である。「5つのコネクティビティ」とは，①政策面の意思疎通，②インフラの相互連結，③貿易の円滑化，④資金の融通，⑤国民の相互交流である。「一帯一路」を通じ

たコネクティビティの拡大と発展によって,「利益共同体」と「責任共同体」を形成し,やがては中国が「人類運命共同体」と呼んでいるもの,すなわちパクス・シニカの世界秩序を構築して,世界の政治経済秩序を中国が主導するグローバル・ガバナンスの構造へと変えていくことを目指している。

中国の「一帯一路」が国際公共財を提供するのであるならば,それは国際社会が歓迎できるものと言える。しかし,「一帯一路」には,検討すべき問題点も多々ある。紙幅の都合でここでは主な4点のみを挙げる。

第一に,中国が「一帯一路」による「宇宙情報回廊」をつくろうとしている点である。中国は,「一帯一路」のメカニズムを通じて,海洋防災・減災での早期警戒システムのネットワーク形成を進めようとしているが,地球観測衛星「遥感(リモート・センシング)」,通信放送衛星,航法測位衛星「北斗」の3大システムで一体化した情報ネットワーク=「宇宙情報回廊」を構築しようとしている。これによる軍事作戦能力の強化は地上のみならず宇宙空間での軍拡競争にもつながると懸念されている。

第二に,中国は,「一帯一路」を通じて,「中国製造2025」に有利な国際環境を整えようとしている。「中国製造2025」とは,2015年5月に中国政府が公表した三段階の発展計画で,「第一段階」の2025年までに「世界の製造強国入り」を目指し,「第二段階」の2035年までに中国の製造業レベルを世界の製造強国陣営の中位へ押し上げることを目指し,「第三段階」の今世紀半ばまでに「製造強国のトップ」になることを目指している。急速なイノベーションが難しい分野では,中国は外国企業の買収によって技術を吸収している。「中国製造2025の公布に関する国務院の通知」において,「軍事・民間技術の資源を統一配置し,軍民両用技術の共同攻略を展開し,軍事・民生技術の相互の有効利用を支援し,基礎分野における転用を促進する」ことが謳われている。軍民両用を進める「中国製造2025」と「一帯一路」が連動していることを,慎重に考えるべきであろう。

第三に,「一帯一路」を利用して,中国が推し進めようとする政策を国際社会において通しやすくしたり,中国が防ぎたい国際社会の政策や行動を抑さえ込んでいる点である。例えば,2017年,EUが国連人権理事会で中国の人権状況を批判する声明をとりまとめようとしたところ,ギリシャが反対して,EUは中国の人権状況をめぐる批判声明を断念することになった。

第四に,「一帯一路」による「債務の罠」である。2018年4月12日,IMFのラ

ガルド専務理事は,「一帯一路」によるインフラ投資はフリーランチで提供されるわけではなく,債務が膨張して返済負担が増せば,国際収支を圧迫するおそれがあると警告した。その前月には,アメリカのシンクタンク「世界開発センター(CGD)」がレポートを公表し,債務リスクの高い8カ国を含む23カ国が中国への債務返済困難に陥っていると指摘している。

習近平は,「国と国との運命共同体」から「地域の運命共同体」,さらには「人類運命共同体」にまで拡大し,中国と沿線国の発展を結合することが「一帯一路」の意味するところである,と繰り返し述べてきた。「一帯一路」とは,中国が主導する国際秩序形成を意味する「人類運命共同体」の構築,すなわち,パクス・シニカの世界秩序を追求する構想である。現実的に考えると「運命共同体」の実現は難しいと言えるが,それを習近平をはじめとする中共高官が提唱し続けている意図を考えれば,「一帯一路」が単なる経済構想ではないことが読み取れるであろう。

日本の安倍晋三政権は,2017年に「一帯一路」への協力を表明した。しかし,超少子高齢化社会に突き進んでいる日本の近未来における財政構造や安全保障への影響を考えれば,日本国民の一人ひとりが,習近平体制下の中国の対外戦略と「一帯一路」について,慎重に検討すべきであろう。

現代中国外交関連略年表

1949・10	中華人民共和国成立。
1982・9	中国共産党第12回全国代表大会,鄧小平体制の確立。12期1中全会,党主席制廃止,胡耀邦総書記選出,鄧小平中央軍事委員会主席選出。
1989・6	第二次天安門事件。13期4中全会,趙紫陽を罷免,江沢民を総書記に選出。
1991・11	中国,チャイニーズ・タイペイ,中国香港がAPEC参加。
1992・2	「中華人民共和国領海及び接続水域法」成立・施行。
10	天皇訪中。中国共産党第14回全国代表大会,「社会主義市場経済」の確立を提起。
1994・7	ASEAN地域フォーラム(ARF)へ参加。
1996	中国軍,台湾総統選挙で軍事演習,米軍が空母2隻で牽制。
6	中国,国連海洋法条約(UNCLOS)批准。
1997・7	香港返還,アジア通貨危機。
9	中国共産党第15回全国代表大会,党規約に鄧小平理論を指導思想として明記。社会主義初級段階における党の基本綱領を提起。21世紀に向けた中国の奮闘目標と任務を規定。中共15期1中全会,江沢民を総書記に再任。
1998・6	「中華人民共和国排他的経済水域及び大陸棚法」成立・施行。
11	平和と発展のための友好協力パートナーシップの構築に関する日中共同宣言。
1999・5	NATO軍,ベオグラードの中国大使館爆撃。
2000・10	中共5中全会,新世紀の主要任務と3大方針決定。

2001・6		上海協力機構（SCO）成立。
	12	中国，世界貿易機関（WTO）加盟。
2002・11		中国共産党第16回全国代表大会。16期1中全会，胡錦濤を総書記に任命。
2003・3		第10期全国人民代表大会第1回全体会議，胡錦濤を国家主席に選出。
	10	中国が東南アジア友好協力条約（TAC）に調印。
2005・3		第10期全国人民代表大会第3回全体会議，「反国家分裂法」を採択。
	4	日本の国連安保理常任理事国入り反対の大規模デモ。
	12	第1回東アジア・サミット（クアラルンプール）。
2006・11		中国・アフリカ協力フォーラム首脳会議（於・北京）。
2007・10		中国共産党第17回全国代表大会。17期1中全会，胡錦濤を総書記に再任。
2008・5		「戦略的互恵関係」の包括的推進に関する日中共同声明。
2009・6		BRICs（ブラジル，ロシア，インド，中国）の4カ国が初の首脳会議。
2010		中国のGDPが日本を抜き世界2位に。
	9	沖縄県尖閣沖領海で日本の海上保安庁の巡視船に中国船が衝突事件。中国河北省で日本のフジタ社員4名が拘束。
2011・4		第3回BRICS首脳会議（於・中国海南省三亜市），南アフリカが初参加。
2012・6		第1回中国—中・東欧諸国首脳会談（16＋1）（於・ワルシャワ），中国—中・東欧投資協力基金創設。
	9	「釣魚島及びその付属島嶼の領海基線に関する中華人民共和国政府声明」。
	10	中国共産党第18回全国代表大会。18期1中全会，習近平を総書記に任命。
2013・3		第12期全国人民代表大会第1回全体会議，習近平を国家主席に選出。
	9	習近平，カザフスタンナザルバエフ大学で「シルクロード経済ベルト」構想を提唱。
	10	習近平，インドネシア国会で「21世紀海上シルクロード」構想を提唱。上海に初の自由貿易区を開設。
2014・11		中共中央外事工作会議。
2015・5		国務院，「中国製造2025（メイド・イン・チャイナ2025）」を公表。
	12	アジアインフラ投資銀行（AIIB）設立。シルクロード基金設立。
2016・7		常設仲裁裁判所（PCA），南シナ海問題を巡り中国が独自に主張する境界線「九段線」について国際法上の根拠がないとする判決。
2017・5		第1回「一帯一路」国際協力サミットフォーラム（於・北京）。
	10	中国共産党第19回全国代表大会。19期1中全会習近平を総書記に再任。
2018・3		第13期全国人民代表大会第1回会議，憲法改正を採択，「習近平新時代の中国の特色ある社会主義思想」などを憲法に明記，国家主席の任期制限の規定を削除。
	4	対米報復関税発動。12箇所目の自由貿易試験区を海南に開設。
	11	第1回中国国際輸入博覧会開催（於・上海）。

（出所）　筆者作成。

注

(1) 「習近平：努力開創中国特色大国外交新局面」新華網，2018年6月23日（http://www.xinhuanet.com/politics/2018-06/23/c_1123025806.htm）。以下の注のネット資料への最終アクセスは2018年7月31日。以下，紙幅の都合上，掲載日のみを記す。

(2) 牛軍編『中華人民共和国対外関係史概論』北京大学出版社，2010年，35-40頁。

(3) ジョン・L・ギャディス『ロング・ピース』（五味俊樹他訳）芦書房，2002年。

(4) 三船恵美「第4章　新中国の世界認識と外交」中園和仁編『中国がつくる世界秩序』ミネ

(5) 銭其琛『外交十記』世界知識出版社，2003年。
(6) 『解放軍報』1987年4月3日。
(7) 『江沢民文選　第1巻』人民出版社，2006年，240頁。
(8) 中国の「民主」は，個人の自由と平等を新調するdemocracyとは異なり，集団主義を尊重する概念である（三船恵美『中国外交戦略』講談社，2016年，23，78-79頁）。
(9) 「江沢民在中国共産党第十五次全国代表大会上的報告」人民網，1997年9月12日（http://cpc.people.com.cn/GB/64162/64168/64568/65445/4526285.html）。
(10) 『江沢民文選　第3巻』人民出版社，2006年，123-124頁。
(11) ボブ・ウッドワード『ブッシュの戦争』日本経済新聞社，2003年。
(12) 本項目に関する分析については，三船恵美「第4章　米中関係」五味俊樹・滝田賢治編『9・11以後のアメリカと世界』南窓社，2004年，ならびに，三船恵美「第6章『富強大国化する中国』と米中関係」天児慧・三船恵美編『膨張する中国の対外関係』勁草書房，2010年，もあわせて参照されたい。
(13) 中共が，①先進的な社会生産力の発展の要求，②先進文化の前進の方向，③広範な人民の根本的利益，の3つを常に代表している，という考え方。
(14) 『江沢民文選　第3巻』前掲，529-539頁。
(15) 曹瑋・趙可金「合法性塑造及中国公共外交」清華大学当代国際関係研究院『国際政治科学』2013年第2期（総第34期）62-93頁。
(16) 張紅「中国走向"大国外交"」『人民日報』2011年1月18日。
(17) 「習近平出席中央外事工作会議并発表重要講話」新華網，2014年11月29日（http://news.xinhuanet.com/politics/2014-11/29/c_1113457723.htm）。
(18) 「什么是中国夢，怎様理解中国夢」『人民日報』2013年4月26日。
(19) 習近平「在第十二届全国人民代表大大第一次会議上的講話」『十八大以来重要文献選編』中央文献出版社，2014年，234頁。
(20) 2003年7月28日に胡錦濤が党総書記としてはじめて発表した理念で，経済と社会，環境などの調和をはかりつつ，持続可能な均衡発展を目指す路線を意味している。
(21) 「受権発布：中国共産党章程」新華網，2017年10月28日（http://www.xinhuanet.com/politics/19cpcnc/2017-10/28/c_1121870794.htm　最終アクセス2018年5月22日）。
(22) 「決勝全面建成小康社会　奪取新時代中国特色社会主義偉大勝利：在中国共産党第十九次全国代表大会上的報告」新華網，2017年10月18日（http://www.xinhuanet.com/politics/19cpcnc/2017-10/27/c_1121867529.htm）。
(23) 「中華人民共和国憲法」中国人大網，2018年3月22日（http://www.npc.gov.cn/npc/xinwen/2018-03/22/content_2052489.htm）。
(24) 「習近平外交思想引領中国特色大国外交開創新局面」新華網，2018年6月25日（http://www.xinhuanet.com/politics/xxjxs/2018-06/25/c_1123029499.htm）。
(25) "IMF head Lagarde warns of Belt and Road 'debt risks'," *Asia Times*, April 12, 2018.

(26) Center for Global Development, *Examining the Debt Implications of the Belt and Road Initiative from a Policy Perspective*, CGD, March 2018.

参考基本文献

天児慧『中華人民共和国史新版』岩波新書，2013年。アヘン戦争以降の近現代中国における政治史を鳥瞰できる新書。

天児慧『中国政治の社会態制』岩波書店，2018年。中国社会の基底構造を踏まえ，現代中国政治の可変性と不変性のメカニズムを包括的に解き明かす専門書。

川島真・小嶋華津子編『よくわかる現代中国政治』ミネルヴァ書房，2020年。現代中国の政治と外交を読み解く入門書。大きな時代の流れを把握しつつトピックごとに学びを深められる。

倉田徹・倉田明子編『香港危機の深層――「逃亡犯条例」改正問題と「一国二制度」のゆくえ』東京外国語大学出版会，2019年。香港の「一国二制度」が崩壊した政治的メカニズムを理解できる。

国分良成・添谷芳秀・高原明生・川島真『日中関係史』有斐閣，2013年。近世から2013年までの日中関係を政治関係史の視角から解説している。

東大社研現代中国研究拠点編『現代中国ゼミナール――東大駒場連続講義』東京大学出版会，2020年。中国の政治・経済・社会を俯瞰しながら，包括的な理解を深められる。

中園和仁編『中国がつくる国際秩序』ミネルヴァ書房，2013年。19世紀の「西洋の衝撃」から21世紀の現在に至る国際政治の中で中国を位置づけて中国外交を理解できる。

益尾知佐子・青山瑠妙・三船恵美・趙宏偉『中国外交史』東京大学出版会，2017年。建国以来の中華人民共和国の対外関係史を理解できる。

三船恵美『中国外交戦略――その根底にあるもの』講談社選書メチエ，2016年。習近平体制第一期を中心に江沢民政権期，胡錦濤政権期にまで遡り，四半世紀にわたる中国の外交戦略を理解するのに役立つ。

三船恵美『米中露パワーシフトと日本』勁草書房，2017年。「一帯一路」で勢力拡張する中国や世界からの信頼が低下するアメリカなど日本を取り巻く安全保障環境を，国際関係の枠組から理解できる。

（三船恵美）

第7章

冷戦後の朝鮮半島
――北朝鮮の非核化と平和体制構築――

Introduction

　冷戦終結後に本格化した北朝鮮の核開発は，自らの体制を存続させるための手段を確保しようという局地的な動機から始まったものである。北朝鮮の非核化は，朝鮮半島の局地的な対立を解消し，国際協調の中で朝鮮半島の安定化を実現する平和体制の構築と並行して取り組まなければならない重大な課題となってきた。2018年6月の史上初の米朝首脳会談では，新しい米朝関係の樹立と平和体制の構築，そして非核化という課題が確認され，その実現に向けて交渉が始まった。

第1節　朝鮮半島冷戦は持続しているのか

　朝鮮半島では冷戦が今でも続いているのか，と質問されることがある。1989年のベルリンの壁崩壊やソ連邦の解体により，東西冷戦は終結したにもかかわらず，今なお朝鮮半島では南北朝鮮の分断が続いている現状をどのように理解すればよいのか，という疑問である。体制間競争に敗北した北朝鮮が，ついに韓国に吸収され，朝鮮半島分断は解消されるだろうという予想が外れてしまった側面も大きい。しかも，冷戦終結後に北朝鮮が核・ミサイル開発を本格化させたことによって朝鮮半島における緊張が高まり，何度も戦争勃発の可能性が取り沙汰されながらも，不安定の中の安定が保たれてきた。このことも，朝鮮半島の現状を冷戦の持続と認識する一因になっている。

　ところで，第二次世界大戦以後，アメリカとソ連という外部の力によって分断された南北朝鮮ではあるが，いまなお米ソが朝鮮半島の分断体制を支えているのではない。現在における朝鮮半島の分断体制は，冷戦とは切り離して考え，局地的な次元での対立が解消されていない状態とみるべきである。冷戦終結の前に民主化を達成し，経済発展を遂げた韓国は，ソ連（1990年）や中国（1992年）との国交正常化に成功し，冷戦期の対立構図，すなわち北朝鮮・ソ連・中国の北方3角

と，韓国・アメリカ・日本の南方3角との対立関係に変化をもたらした。他方，北朝鮮は，社会主義陣営が崩壊する中，国内的には経済的破綻を経験し，アメリカや日本との関係改善を試みたものの，核開発疑惑が大きな障害となり，国交正常化に失敗した。北朝鮮が国際的に劣勢を強いられる中，朝鮮半島における対立構図は解消されず，北朝鮮の核開発問題をめぐる対立が深まってしまう事態となった。こうして，局地的な対立を解消し，国際協調の中で朝鮮半島の安定化を実現することが，冷戦終結以来，北東アジア地域における緊急かつ最大の課題として浮上したのである。

冷戦終結後に本格化した北朝鮮の核開発は，自らの体制存続を懸念して生き残る手段を確保しようと局地的な動機から着手したものである(1)。韓国との体制間競争に負けた北朝鮮は，通常兵器の開発競争では自国に勝ち目がないと判断したのである。したがって，自国の体制が維持される明確な保証が他に得られない限り，北朝鮮は核兵器を今後も手放さないであろう。

このように北朝鮮の体制維持と密接に関わっているという核問題の性格が，解決を難しくし，さまざまな交渉や合意を方向付けてきた。これまで北朝鮮の非核化問題に国際社会が対応する中で，北朝鮮の体制保証や米朝国交正常化，日朝国交正常化，北東アジアの平和および安全のメカニズムなどの平和体制の構築と関わる議題が設定されてきたのは，北朝鮮の核問題がもつこうした性格のためである。それゆえ，北朝鮮の非核化と，朝鮮半島における平和体制の構築は両輪で進められてきたのである。

2018年6月12日には，史上初の米朝首脳会談が行われた。両首脳は共同声明で「新しい米朝関係を樹立」することを謳い，トランプ大統領は北朝鮮に「安全の保証」を提供し，金正恩委員長は「完全な非核化」の決意を表明した。北朝鮮が確実に非核化の約束を守り，朝鮮半島における平和体制の構築が実際に実現されるかどうかは，依然として疑問がつきまとうが，これまでの対立関係を解消し，北朝鮮の非核化と体制存続を同時に達成するという難題を首脳同士で確認し，その実現に向けて交渉を始めたことで課題解決への期待が高まっている。

第2節　北朝鮮の核兵器開発と国際社会の対応

1989年夏に北朝鮮の核開発問題が表面化してから，約30年が経過した。その間，

142　第Ⅱ部　地域におけるイッシュー

表7-1　北朝鮮の非核化をめぐる合意

	米朝ジュネーブ合意（1994）	6者会合 9・19共同声明（2005）	6者会合 2・13合意（2007）	6者会合 10・3合意（2007）	2・29合意（2012）	米朝首脳共同声明（2018）
北朝鮮の核能力	核開発疑惑	核開発疑惑	制限的核能力（第1回核実験）	第2段階措置（第1回核実験）	制限ウラン濃縮施設の稼働的核能力（第1、2回核実験）	北朝鮮が核武力完成を宣言（第6回核実験、ICBM発射実験）
交渉方式	米朝	多国間	米朝→多国間	多国間	米朝	米朝
非核化のプロセス	凍結→軽水炉の核心部品→検証	段階的非核化（約束対約束、行動対行動）	段階的非核化（9・19共同声明の履行のための初期段階の措置）	段階的非核化（9・19共同声明の履行のための第2段階の措置）	9・19共同声明の再確認（段階的非核化）	完全な非核化一括安結→段階的非核化
非核化に関する合意	米朝は北朝鮮の黒鉛減速炉を軽水炉に転換・北：核関連施設を凍結、軽水炉が完工した時点で解体完了・米：2003年までに軽水炉2基を提供、年間50万トンの重油提供	朝鮮半島の検証可能な非核化・北：すべての核兵器およびすべての既存の核計画を放棄・米：核兵器および通常兵器による侵略意図をもたない・5カ国：エネルギー、貿易および投資の経済面での協力を推進	・北：寧辺核施設の停止および封印、核プログラムの申告、核施設の無能力化・米：完全な外交関係、北朝鮮のテロ支援国家指定の解除、対敵通商法の適用を終了・5カ国：100万トン相当のエネルギー支援①5つの作業部会の設置　①米朝国交正常化　②日朝国交正常化　③経済およびエネルギー協力　④北東アジアの平和および安全のメカニズム	初期段階の措置の実施を確認し、第2段階の措置に合意・北：2007年12月31日までに寧辺の3施設（5メガワット実験炉、再処理工場、核燃料棒製造施設）の無能力化、2007年12月31日までのすべての核計画の完全かつ正確な申告、核物質、技術およびノウハウを移転しない・米：完全な外交関係、北朝鮮のテロ支援国家指定の解除、対敵通商法の適用を終了	・北：核実験中止、ミサイル発射中止、ウラン濃縮の中止・米：24万トンの食品提供	・北：朝鮮半島の完全な非核化・米：北朝鮮に安全の保障を提供
米朝関係と日朝関係の改善	核問題の進展がみられた場合、大使級関係に進展（国交正常化）	米朝国交正常化と日朝国交正常化のための措置	米朝国交正常化と日朝国交正常化のための措置	米朝国交正常化と日朝国交正常化のための措置	アメリカは北朝鮮を敵対視しない	新たな米朝関係
平和体制への転換		適当な話し合いの場で朝鮮半島における平和体制について協議	適当な話し合いの場で朝鮮半島における平和体制について協議	適当な話し合いの場で朝鮮半島における平和体制について協議	平和協定の締結まで停戦協定が平和と安定の礎石	持続的かつ安定した平和体制の構築

（出所）各会談の合意文書により筆者作成。

米朝をはじめ，朝鮮半島周辺の関係諸国は北朝鮮の核開発問題と向き合い，非核化と朝鮮半島の平和体制の構築に関するいくつかの合意を見出してきた（**表7-1**）。しかし，北朝鮮側の瀬戸際政策により危機が最高潮に到達するたびに，再び交渉が始まるというパターンが繰り返され，合意はいずれも履行には失敗している。核開発問題がこのように長引く理由を，北朝鮮側に非核化の意思がなく，核保有に執着しているからだと結論付けるのは簡単であるが，国際社会も足並みが揃わず，効果的な対応ができなかった側面があることも見逃してはならない。

（1） 第一次核危機と米朝枠組合意

1980年代後半に入って，北朝鮮の寧辺地区での核兵器製造が疑われた。そこで，北朝鮮側から申告されていなかったために通常査察の対象ではなかった施設に対し，国際原子力機関（IAEA）が特別査察を行おうとした。ところが，北朝鮮側は軍事施設であることを理由に応じず，1993年3月12日には，核拡散防止条約（NPT）からの脱退宣言をした。第一次核危機の始まりである。

アメリカは北朝鮮との直接交渉に乗り出し，査察に関する協議をIAEAと再開することについて合意を得て，いったん危機を収束させた。しかし，その後北朝鮮がIAEA査察を制限したことを受け，国際連合安全保障理事会（以下，国連安保理）が制裁決議を取りまとめることになると，交渉は決裂してしまい，再び危機が高まった。

このような事態を受け，クリントン政権は，寧辺の核施設に対する部分的な軍事攻撃まで検討した。さいわいにも，アメリカのカーター元大統領の訪朝により戦争の危機は回避され，米朝両国は再び交渉に戻り，1994年10月，米朝枠組合意が成立した。10年がかりで北朝鮮の黒鉛減速炉を軽水炉に置き換え，米朝関係を正常化することも含む内容であった。[2]この米朝枠組合意から得られた教訓は，北朝鮮が核兵器そのものの保有にこだわることなく，放棄への柔軟な姿勢を見せた点である。実際，枠組合意にしたがって北朝鮮の原子炉が「凍結」されたことは評価されるべきものである。

（2） 第二次核危機と6者会合

2001年にブッシュ政権が発足すると，クリントン政権が結んだ米朝枠組合意が北朝鮮側に寛大すぎるという批判が起きた。[3]ブッシュ政権は軽水炉の重要部分が

北朝鮮に渡される時期と同時期に実施されるはずだったIAEA査察を2年前倒しして受け入れるように北朝鮮側に要求した。ブッシュ政権の強硬な政策に反発した北朝鮮は，翌年の2002年10月にウラン濃縮型の核開発計画を認め，1994年米朝枠組合意以来凍結していた原子炉から燃料棒を取り出し，プルトニウムの抽出を開始した。第二次北朝鮮核危機の始まりである。イラク戦争が開始される中，アメリカから「悪の枢軸」と非難された北朝鮮は，再び核兵器を開発することでしか安全は確保できないと判断したのであろう。

このような事態を受け，ブッシュ大統領は，中国の江沢民主席に対し，北朝鮮に核兵器開発を続けさせるならば日本の核兵器開発を止められなくなること，そして，米中で問題が解決できない場合は，北朝鮮への軍事攻撃を検討すると告げた。北朝鮮核問題の平和的な解決のためには，中国の役割は欠かせないとしたのである。このような背景のもと，中国は2003年8月に6者会合（アメリカ，中国，韓国，北朝鮮，日本，ロシア）を開催する積極的な役割を演じた。

2005年9月の第4回6者会合では，朝鮮半島の検証可能な非核化を目指す「9・19共同声明」が発表された。北朝鮮はすべての核兵器および既存の核計画の放棄を約束し，アメリカと日本は北朝鮮との国交正常化に向けての措置をとると謳われた。北朝鮮の非核化措置と，関係諸国の相応措置が地域レベルの多国間協議で合意され，対立構図の転換が模索されたのである。

しかし，共同声明が出た直後，アメリカはマカオの金融機関バンコ・デルタ・アジア（BDA）が北朝鮮の不正なマネー・ロンダリングに利用されているとして，北朝鮮関連口座を凍結する金融制裁に乗り出した。そのため，共同声明は履行不可能になった。事態を動かしたのは，北朝鮮の瀬戸際政策である。北朝鮮はアメリカの金融制裁に反発して2006年10月に初の核実験を行った。これを受けたブッシュ政権は北朝鮮への姿勢を軟化し，金融制裁とテロ支援国家指定を解除した。6者会合も再開され，9・19共同声明の履行に向けた新たな合意が結ばれたが，検証に関する具体的な合意に至ることはなかった。

2009年1月に発足したオバマ政権は，北朝鮮のウラン濃縮型の核開発に危機感を覚え，北朝鮮との交渉に臨んだ。米朝合意が進んでいる間は，ウラン濃縮型の核開発を停止することと，ミサイル発射や核実験をやめることを約束した2・29合意を結んだ。ところが，北朝鮮が人工衛星と称するミサイル発射を行うと，国連安保理が新たな制裁決議第2087号を採択することとなり，それを受けて北朝鮮は

第 3 回目の核実験を実施した。北朝鮮の瀬戸際政策にもかかわらず，オバマ政権は非核化に向けた具体的な措置を北朝鮮がとらない限り，対話をしないという「戦略的忍耐」に入り，国連安保理の制裁決議を通しても経済制裁を強めたが，北朝鮮の核開発を止めることはできなかった。

　このような結果をアメリカを含む国際社会の失策として捉えるか，あるいはそもそも北朝鮮には非核化の意思がなかったからだと捉えるかは，評価が分かれるところであるが，これまでの北朝鮮の核開発と国際社会の対応からして，次の 2 点が指摘できる。第一に，北朝鮮が核開発を進めるのは，軍事的な抑止力を高めるためだけではなく，安定的な国際関係を構築し，経済再建を可能にする条件を整えるための外交的手段という意味合いが強いことを意味している。北朝鮮が瀬戸際政策を展開した後，再び交渉に戻ってくるのは，そのゆえんである。

　第二に，問題解決における武力行使の不可能性である。北朝鮮の核開発疑惑によって発生した1990年代初頭の第一次核危機の時でさえ，アメリカは核開発施設に対する限定的な軍事行動を検討したものの，実行できなかった。北朝鮮がすでに 6 回も核実験を実施している現在，なおさら，武力行使は選択できるオプションではない。そうであるならば，北朝鮮が願う体制維持を保証しながら，長期的かつ段階的に核開発を放棄させるしかないのである。

第 3 節　北朝鮮の核武力完成宣言と米朝首脳会談

　トランプ政権による「最大限の圧力」にもかかわらず，北朝鮮は，2017年 9 月には第 6 回目の核実験を実施した。同年11月には米本土に到達可能な新型の大陸間弾道ミサイル（ICBM）「火星15」の発射実験を行い，「核武力の完成という歴史的大業，ロケット大国建設の偉業」を実現したと発表した。北朝鮮の瀬戸際政策により危機は最高潮に到達した。ところが，金正恩国務委員長は2018年 1 月の「新年の辞」を通して，宥和路線への転換を明確にし，韓国からの参加要請を受けていた平昌オリンピックへ選手団を参加させる意思があることを発表した。そして，韓国の仲介によって 6 月12日にはシンガポールで史上初の米朝首脳会談が開催され，現在，北朝鮮の非核化は新しい局面に差しかかっている。

　こうした新しい動きは，これまでの交渉とどのように違うのだろうか。第一に，核交渉が米朝の両首脳によって牽引されていることである。米朝首脳会談は，共

同声明において，トランプ大統領が北朝鮮に「安全の保証」を提供することを約束し，金正恩委員長が「完全な非核化」の決意を表明した。互いが獲得しようとしているものを確認しあい，交渉に入ることを宣言したのである。実務協議が行き詰まりをみせるときには，親書を交換するなど，交渉のモメンタムを維持し，進展を促している。

　第二に，「新しい米朝関係の樹立が朝鮮半島の平和と繁栄に資する」ことを確認し，「相互の信頼醸成が朝鮮半島の非核化を促進する」という共通認識に到達したことも明らかにした。両国の関係改善を通して地域の対立構図を解消することの意義を謳い，非核化のための信頼醸成を重視していることを示したのである。これまでの合意が履行されなかったのは，米朝間の信頼関係が欠けていたからであるという認識を踏まえての合意であったと考えられる。

　第三に，米朝首脳会談が，南北関係の改善を介して実現できたことも，これまでとは異なる点である。韓国の文在寅政権が積極的に仲介しなかったとすれば，北朝鮮への国際的な不信感が高まる中，アメリカは北朝鮮の真意を見極めることも，会談に応じることもできなかったはずである。これまでの北朝鮮は，韓国との関係改善がなくともアメリカとの敵対関係は解決できると考え，これに固執してきた。核問題はアメリカと直接交渉すべき問題であるとして韓国の介入を許してこなかった。他方，韓国は，南北関係の進展がないままに米朝関係が改善されることは，朝鮮半島の平和体制構築において当事者である韓国が疎外され，米韓同盟が弱体化されかねないことだと懸念していた。今回，韓国の仲介によって米朝関係が改善に向かうことになったことで，今後は米朝関係と南北関係が並行して進展することになると期待される。また，片方が膠着状態に陥ったとしても，もう片方の進展が他方の進展を支えることになるであろう。

　北朝鮮の対外政策の変化は相当に戦略的かつ計画的なものである。南北首脳会談と米朝首脳会談に向けた実務者会議が行われていた4月20日には朝鮮労働党中央委員会全員会議を招集し，それまでの「経済建設と核武力建設の並進」路線は目標達成したと評価した。確固たる軍事強国の地位にのぼりつめることができた現段階では，社会主義経済建設に総力を集中するという新しい戦略路線も打ち出した。さらには，同会議で示された決定書には，①核実験と大陸間弾道ミサイルの試験発射を中止する，②核実験場を廃棄する，③核脅威がない限り核兵器は使用しない，④核兵器と核技術の移転を行わない，そして⑤社会主義経済を発展さ

せ，人民生活の改善を図ることが明記されていたと報道された。これらの措置は，アメリカとの交渉に備え，政策転換を国内外に向けて明確に示すものであった。大規模で戦略的な資産を最大限に動員したトランプ大統領の「最大限の圧力」政策と2017年度秋に地下資源や繊維製品の輸出禁止と原油輸入の制限などを盛り込んだ国連安保理決議が採択されたこと，またこれらの制裁に中国が踏み込んだ対応を行ったことなどが，金正恩委員長の政策転換を促した可能性がある。2018年秋に中間選挙を控えていたトランプ大統領よりも，金正恩委員長のほうが交渉の成功に期待をかけていたと考えられる。

　米朝首脳会談はそれまでの敵対関係を終わらせるという両国関係の大前提を転換させることができたが，その一方で北朝鮮の非核化に関する具体的なロードマップに合意できなかったという批判に直面した。米朝首脳会談後の核交渉は，北朝鮮のすべての核関連施設リストの申告と非核化の行程表を先に提出することを要求するアメリカと，終戦宣言と制裁緩和を求める北朝鮮の間で対立が生じている。言いかえれば，「完全な非核化」と「安全の保証」のうち，どちらかが置き去りにされてしまい，問題解決に至らないことを懸念しているのである。今後，非核化に向けた接点を見出し，具体的なロードマップに合意できるかによって米朝首脳会談への評価も変わっていくだろう。だが，トランプ政権が北朝鮮に対する軍事的オプションを外した以上，長期的かつ段階的に北朝鮮の非核化を進めるしかない。北朝鮮が豊渓里核実験場の爆破を行ったことに対して，米韓が合同軍事演習を中止したように，北朝鮮の非核化措置に対して，アメリカが相応の措置をとりながら，核交渉を前進させることが求められている。

第4節　文在寅政権の仲介外交

(1)　進歩政権の対北朝鮮政策の継承

　朴槿恵前大統領が弾劾された後に実施された大統領選挙（2017年5月）で，野党候補として当選したのが文在寅氏である。盧武鉉政権で大統領秘書室長を務めた文在寅氏は，進歩政権であった金大中政権と盧武鉉政権期の対北朝鮮政策を継承し，李明博政権と朴槿恵政権期に中断されていた南北経済協力や対話チャンネルを回復させる意思を大統領候補のときから明確に示していた。進歩政権が10年間積み上げた南北交流・協力を，保守政権期が崩してしまったことへの問題提起

であった。

　文在寅政権は対北朝鮮政策の目標として「平和と繁栄の朝鮮半島」を提示し，「南北の和解協力と朝鮮半島の非核化」を戦略として設定した。特に，非核化については2020年に核廃棄合意を見出すことを目標に，初期措置として，まずは核の「凍結」を実現し，北朝鮮の非核化と朝鮮半島の平和体制構築を並行して推進する「包括的非核化交渉」を提示した。非核化の進展にあわせて平和体制の交渉を進め，完全な非核化が達成される段階で平和協定を締結し，それを安定的に管理するロードマップを備えることを骨子としたのである。このような平和体制の構築とともに推進していくのが，「韓半島新経済地図構想および経済統一の具現」である。朝鮮半島の東海岸と西海岸をそれぞれ南北間でつなぐ経済協力ベルトを建設し，経済統一の基盤を構築することを目標としている。南北間で共同開発を終えた後にはロシアとの連携を図ることまでを計画している。

　韓国では1987年の民主化以降，憲法改正により大統領直接選挙が実施されるようになった。それ以来，進歩系と保守系の間での政権交代が定着している。進歩政権と保守政権は，特に北朝鮮に対する認識や政策において違いをみせてきた。進歩政権であった金大中・盧武鉉政権は北朝鮮との対話を通して安定的な南北関係を維持することに政策の重きをおいた。これに対して，保守政権であった李明博政権と朴槿恵政権は，北朝鮮の核放棄を協力の前提条件として設定し，政権末期には北朝鮮崩壊による統一論にまで傾いてしまった。

　これまでの南北首脳会談は，いずれも進歩政権である金大中，盧武鉉，文在寅政権下で実現されている。金大中大統領と金正日委員長の首脳会談後に出された「6・15南北共同声明」では，統一のための南側の連合制と北側の連邦制には共通性があると認め，統一志向を明確に示したほか，「民族経済の均衡的発展」という観点から，南北経済協力の意義を位置付けていた。続く盧武鉉政権では，南北間の経済協力の象徴である開城工業団地を開くことになった。このように進歩系政権は民族主義意識を強く持ち，北朝鮮との平和的共存や統一を重視した政策を展開してきた。このように進歩政権が南北交流・協力を積極的に進めてきたことに対し，保守層は北朝鮮への一方的な支援でしかなく，結果的に北朝鮮の核開発を進展させたという批判をしてきた。金大中政権と盧武鉉政権を継承する文在寅政権に関しては，北朝鮮寄りの政権ではないかという批判がつきまとっているが，南北の分断状況を解消しようとする統一ナショナリズムが進歩政権の根底に

あることに留意すべきである。

　もっとも，保守政権も進歩政権も，どちらも韓国の安全保障政策の根幹である米韓同盟を重視している。ただし，保守政権は，米韓同盟による抑止政策に重きをおいているのに対し，進歩政権は，米韓同盟を基盤に北朝鮮の軍事挑発に対抗しながらも，北朝鮮との交流・協力を促進して安定的な南北関係を構築しようとしている。実際，政権初期の文在寅政権は，「最大限の圧力」を強調するトランプ大統領と歩調を合わせつつも，平和的な解決を呼びかけた。米韓関係の強化をもとに，北朝鮮の軍事挑発を抑止しつつも，南北関係の改善を図り，米朝首脳会談の仲介を行ったのである。

（2）　南北の政策融合

　南北関係の改善を掲げて大統領に就任した文在寅大統領であるが，それらの政策は就任してすぐに実行に移すことはできなかった。北朝鮮が大陸間弾道ミサイルの発射実験を繰り返し，2017年9月には第6回目となる核実験を実施したことで，国際社会による経済制裁が厳しさを増していたからである。トランプ大統領と金正恩委員長による言葉の応酬も激しくなり，アメリカによる軍事行動の可能性が取り沙汰される中で，文政権は戦争を回避することに重点を置かざるをえなかった。北朝鮮に対して圧力をかけることを重視する日米と，圧力の限界を主張する中露に対応が分かれていたが，韓国は，国際社会とともに北朝鮮への経済制裁に参加しつつも，北朝鮮に平昌オリンピックへの参加を呼びかけるなど，北朝鮮を対話の場へ引き出すための外交努力を続けた。

　2017年9月22日の国連総会での演説において，文在寅大統領は，アメリカや日本が掲げる最大限の圧力に歩調を合わせながらも，平和的な解決を強調した。トランプ大統領が「米国と同盟国を守らなければならないとき，北朝鮮を完全に破壊するしか選択肢はない」と北朝鮮を牽制し，安倍晋三首相が「対話による問題解決の試みは，無に帰した」「必要なのは対話ではない。圧力だ」と圧力一辺倒に傾いていた中，強力な制裁と圧力の必要性について言及しつつも，北朝鮮の核問題は平和的な方法で解決すべきであると強調した。

　このような文政権の働きかけに対し，北朝鮮は平昌オリンピックの開幕式に金与正朝鮮労働党第一副部長（金正恩委員長の実妹）を特使として派遣した。金委員長の政策転換が真のものであることを示すねらいがあったと思われる。文政権は，

平昌オリンピック以降，北朝鮮に特使を派遣し，南北首脳会談の開催を定めるとともに，アメリカとの会談を望む金正恩委員長の意思をトランプ大統領に伝達した。それまで何度も非核化の約束を破り，国際社会で信用を失った北朝鮮の立場を韓国が代弁することで，アメリカと北朝鮮をつなぐ役割を演じたのである。

　その意味では，朴槿恵大統領の弾劾と文在寅政権の誕生という韓国の政治変動が，金正恩委員長の政策転換を可能にしたといえよう。文在寅大統領が南北対話や米朝仲介で果たした積極的な役割は，朴槿恵大統領には期待できないものであった。また，弾劾によって早めの大統領選挙が実施され，5月に文大統領が就任したことで，毎年2月に実施される大規模な米韓合同軍事演習をめぐる南北の対立は，再燃することもなく，2018年2月に開催された平昌オリンピックまでの半年間，政策調整が可能になったのである。

　2018年4月27日に開催された南北首脳会談では，朝鮮半島の非核化や南北関係の改善を盛り込んだ共同声明「朝鮮半島の平和と繁栄，統一に向けた板門店宣言」[13]が発表された。また，米朝首脳会談準備のための実務協議が難航した5月末には，金正恩委員長からの要請を受けて再度南北首脳会談会談が開かれた。文大統領は，会談結果を説明する国民向けの談話で，金委員長が完全な非核化を決断し，実践するならば，トランプ大統領は北朝鮮との敵対関係を終わらせ，経済協力に対する確固たる意思があることを示したと伝えた[14]。米朝協議の行き詰まりが南北首脳会談を通してもう一度リセットされ，予定通りに米朝首脳会談が開催された意義は大きい。米朝間の接点を模索し，交渉のモメンタムを確保したことで，南北米関係に好循環が生まれたと言ってもよい。これまでは米朝関係を先に進めることにこだわっていた北朝鮮が南北関係改善を優先したことで，韓国の仲介外交とうまく融合し，米朝首脳会談へとつながったのである。

　このような変化は，北朝鮮が米朝核交渉において韓国政府の役割を認めるところまで進展している。2018年9月18日から20日まで平壌で開かれた南北首脳会談では，はじめて非核化問題が議題として設定された。南北首脳の共同声明[15]には，大陸間弾道ミサイルの基地である東倉里エンジン試験場とミサイル発射台を関係国の専門家の立ち会いのもとに永久的に廃棄することや寧辺の核施設を永久的に廃棄することが盛り込まれた。アメリカは南北首脳会談の結果を歓迎し，中断していた米朝交渉を再開した。米朝間の核交渉が進まない中，南北関係進展がその突破口としての機能を果たしたのである。

北朝鮮がそれまでの「通米封南」政策を改め，「先南後米」政策をとるようになったことから，南北首脳会談が定例化しつつある。9月の平壌訪問中に15万人の平壌市民を前に立った文大統領は，自身を「南側の大統領」と紹介し，70年間の敵対関係を終わらせ，金委員長と民族の新しい未来を開いていくと演説した。互いの体制を認め，協力し合う共存関係が始まったことを印象づけたのである。「9月平壌共同宣言」に謳われたとおりに金委員長がソウルを訪問して「北側の最高指導者」としてソウル市民の前に立つことになれば，南北共存関係を構築する大きな転機になるであろう。

第5節　朝鮮半島の新しい地域秩序

（1）　平和体制の構築

　北朝鮮の非核化と並行して進められているのが，平和体制の構築である。北朝鮮が自らの体制存続を懸念して生き残りの手段を確保するために核兵器を開発してきたことを踏まえれば，国際社会が望む「逆戻りできない完全な非核化」を進めるためには，「逆戻りできない確固たる平和体制」を築く必要がある。言いかえれば，北朝鮮が求めている安全の保証は，平和体制を構築する過程の中で実現可能なのである。

　北朝鮮の非核化が達成され，局地的な対立構図が解消された状態を平和体制と想定するとき，停戦協定を平和協定へ転換し，軍事面での信頼醸成措置をとっていく過程が必要がある。朝鮮半島は依然として戦争状態が終わっていない。周知のように，1950年6月に北朝鮮軍が韓国に奇襲攻撃をしかけたことで始まった朝鮮戦争は，国連安保理決議に基づきアメリカを中心とした16カ国が派遣した多国籍軍や中国人民志願軍の参戦によって3年間攻防が続き，1953年7月27日に国連軍と中国，北朝鮮が停戦協定に署名したことで停戦が成立した。それは戦争の終戦ではなく，一時的な中断でしかなかった。停戦協定を平和協定へと転換することをめぐっては，南北間の当事者原則と周辺諸国の役割をどのように調整するかが1つの争点になってきた。実質的な当事者である南北が平和協定に署名すべきであると主張する韓国とアメリカに対し，米朝間の平和協定の締結及び在韓米軍の撤退を主張する北朝鮮の立場が対立してきたのである。

　この問題をめぐって南北は「南北間の和解・不可侵，交流，協力に関する合意

表7-2 平和体制に関する主な合意

	合意文書	停戦協定の平和協定への転換
南北高位級会談 (1991年12月)	南北間の和解・不可侵,交流,協力に関する合意書(南北基本合意書)	南と北は,現在の停戦体制を平和状態へ転換させるために共同で努力
4者会談 (1997～1999年)	合意に失敗	北朝鮮は米朝間平和協定の締結および在韓米軍の撤退を議題にすべきだと主張
6者会合 (2003～2008年)	9・19共同声明(2005) 2・13合意(2007)	適当な話し合いの場で朝鮮半島における平和体制について協議
第二次南北首脳会談 (2007年10月4日)	南北関係発展と平和繁栄のための宣言	南と北は,恒久的平和体制の構築に認識を一致し,直接関連されている3者,あるいは4者の首脳が終戦を宣言することを推進
第三次南北首脳会談 (2018年4月27日)	韓半島の平和と繁栄,統一に向けた板門店宣言	南と北は,停戦協定締結65周年になる2018年,終戦を宣言し,停戦協定を平和協定に転換し,恒久的で強固な平和体制構築のための南・北・米3者または南・北・米・中4者会談の開催を積極的に推進していく

(出所) 各会談の合意文書により筆者作成。

書(南北基本合意書)」という合意を見出している(1991年12月)。その第5条で「南と北は,現在の停戦体制を南北間の強固な平和状態に転換させるため共同で努力し,平和状態が成就されるまで現軍事停戦協定を遵守する」と規定した。1974年3月25日に北朝鮮の最高人民会議がアメリカ議会に宛てた書簡を送付して以来,北朝鮮は韓国を排除し続け,一貫して米朝平和協定の締結を主張してきたが,この基本合意書に署名することで,韓国が主張してきた南北による平和協定の締結に同調するようになったといえる。

しかし,その後,第一次核危機を機に米朝協議が進むと,北朝鮮は軍事停戦委員会から朝鮮人民軍代表団と中国人民志願軍代表団を撤収させることで停戦体制の無力化を試み,米朝間の「新しい平和保障体系」の締結を主張しはじめた。このような北朝鮮の動きに対し,南北が中心となって合意をし,それを米中が保証する形で平和協定への転換を促すために,米韓首脳は1996年4月に南北朝鮮とアメリカ,中国が参加する4者会談を提案した。その後,6者協議の9・19共同声明において「適当な話し合いの場で朝鮮半島における平和体制について協議」することが盛り込まれた。朝鮮戦争の直接当事者である南北朝鮮とアメリカ,中国の4者が集まり,停戦協定を平和協定へ転換することを協議することに合意した

のである。

　南北関係が改善された時期には，南北が平和協定締結の実質的な当事者であるとの共通認識に立って議論が進められたことがわかる（表7-2）。第三次南北首脳会談（2018年4月27日）で見出された共同声明では，恒久的平和体制を構築することに合意し，南北朝鮮とアメリカの3者，あるいは南北朝鮮，アメリカ，中国の4者がまず終戦を宣言し，停戦協定を平和協定に転換することを盛り込んでいる[20]。南北首脳は，南北当事者原則を確認しつつ，南北間の合意をアメリカと中国が保証する形で平和体制を構築することで一致したと言える。

　もうひとつ注目すべき点は，文在寅大統領と金正恩委員長が，平和体制を構築する過程を，「終戦宣言→停戦協定の平和協定への転換→平和体制の構築」という順で捉えていることである。平和協定の締結に必要な具体的な協議を進める政治的宣言として終戦宣言を位置付け，終戦宣言を通して敵対関係を終わらせ，非核化が進めば，停戦協定を平和協定へと転換することを想定しているのである。南北朝鮮はその入口となる終戦宣言を行うことで，米朝の核交渉に弾みをつけたい考えであろう。

　また，第五次南北首脳会談（2018年9月18～20日）では，相手に対する一切の敵対行為を全面中止することを盛り込んだ「板門店宣言履行のための軍事分野合意書」[21]（9月19日）が採択された。その中には，これまで武力衝突が頻発した西海北方境界線（NLL）周辺の平和水域化，飛行禁止区域の設定など軍事的緊張を緩和するためのきめ細かい措置が盛り込まれている。南北間の武力衝突の可能性を取り除き，具体的な信頼醸成措置に合意することで，朝鮮戦争以後続いてきた南北の軍事的対立を終息させたのである。この合意が履行され，朝鮮半島に実質的な平和が定着するならば，南北平和共存の基盤だけではなく，核交渉と停戦協定の平和協定への転換を後押しするようになる。

（2）　新しい地域秩序の条件

　北朝鮮が米朝首脳会談でアメリカに求めた体制保証には，政治・外交，そして経済分野までが含まれていることを想起する必要がある。北朝鮮が核兵器を最終的に放棄できるのは，その体制維持が確実に保証されるときである。言いかえれば，北朝鮮体制が抱えている脆弱性にどのように対応していけるかの問題である。それゆえ，今現在行われている核交渉を成功させ，停戦協定を平和協定へ転換で

きたとしても，それは北朝鮮が国際社会の一員となるための最低限の枠組を与えるものにすぎない。北朝鮮が体制を維持するためには，南北平和共存関係の構築，米朝関係正常化，日朝関係正常化，北東アジア安保体制，そして経済制裁の解除といった国際的条件だけでなく，改革開放を通じた北朝鮮の経済再建といった国内的条件も整えられなければならない。

　国際的条件については，2018年6月の米朝首脳会談と前後して，南北首脳会談が3回，中朝首脳会談が3回行われたことに注目したい。いずれも北朝鮮の非核化を前提として，米朝は新しい米朝関係の樹立することを謳い，中朝は悪化した関係を修復した。米朝の動きを牽制するかのように中朝関係が急接近したことを懸念する声もあったが，そのような中国の動きは，北朝鮮が完全な非核化を約束したことを受けて行われていることを想起すべきである。今後，露朝首脳会談が開催されることも予想される。非核化が進展するならば，日朝首脳会談も開催され，北朝鮮に対する国際社会の経済制裁は解除されることになるだろう。また，すでに述べたように，南北間で軍事共同委員会が運用されるようになっており，軍事的信頼醸成措置が進めば，朝鮮半島には平和が定着し，南北は平和共存関係に移行できるようになる。統一を目指すならば，戦争を避けられなかった朝鮮半島分断の特徴は，その時点で解消されるであろう。韓国が進める南北経済協力は，北朝鮮の経済再建を可能にする呼び水となり，平和体制を構築するための国際的条件の基盤になるはずである。また，日朝国交正常化とそれに伴う日朝経済協力も有効な手段として機能するであろう。

　国内的条件に関しては，金正恩委員長が上記の国際的条件を整えながら，経済建設と核武力建設の並進路線を改め，経済建設に総力を集中させるという新しい路線を打ち出したことを想起したい。これは，冷戦終結という新しい時代に対して「主体思想」や「先軍政治」のようなイデオロギー的，かつ古い統治スタイルで自らの体制維持を図っていた金日成・金正日時代とは異なる。国際的条件が整えられる中で，北朝鮮は経済を再建し，人民生活の向上を図るため，これまでの閉鎖的な経済体制にも変化を加えるようになるだろう。それは，長期的には政治体制の変革を促すことになるかもしれない。周辺国がこのような北朝鮮の変化と向き合い，それをさらに促進していくことで，地域の対立構造に代わる平和体制を構築し，朝鮮半島の新しい地域秩序の輪郭を整えていく必要がある。

（3） 日本外交の課題

　安倍晋三首相は，2018年9月の国連演説で北朝鮮問題に触れ，「拉致問題を解決するため，私も，北朝鮮との相互不信の殻を破り，新たなスタートを切って，金正恩委員長と直接向き合う用意があります」と述べた。その1年前の国連演説では，対話ではなく，圧力の必要性を強調していた安倍首相であるが，トランプ政権の対北朝鮮政策転換への順応を示したのである。未解決の課題である拉致問題を抱える中，日朝関係を進展させるのは容易ではない。しかし，今後北朝鮮の非核化が進展すれば，安倍外交は積極的にならざるをえない。米朝が首脳会談を通してそれまでの関係をリセットし，核交渉に入ったように，日朝関係も首脳会談を開いて，両国間の懸案事項を確認しあった上で，拉致問題解決に再び取り組むことになるだろう。北朝鮮の調査結果に不信感が高まっていたこともあり，今度は日朝両国が共同調査を行うことに合意し，拉致問題と国交正常化の一括妥結を模索するかもしれない。

　冷戦終結後，北朝鮮の核・ミサイル能力が高度化するにつれ，日本はその脅威に備えるために防衛上の負担を強いられてきた。南北朝鮮の緊張緩和が進むことは，日本の安全保障にとっても重要である。北朝鮮の非核化が進展すれば，北朝鮮の市場経済化を支援し，体制変革を促す関与政策を準備しなければならない。今現在，韓国と北朝鮮が目指しているのは，南北共存の道であるが，日朝国交正常化に伴う経済協力は，南北経済協力とともに有力な手段になるだろう。日本は北朝鮮と直接協力することで，あるいは韓国との協力を通して，新しい北東アジア秩序へ対応していくことが可能である。日本の政治外交や経済面におけるチャンスとして捉え，その関わり方を探っていく知恵が求められている。

朝鮮半島関連年表

1988・9	ソウルオリンピック開催。
1990・9	南北高位級会談。
	ソ韓国交正常化。
1991・9	韓国・北朝鮮，国連同時加盟。
	3党共同宣言（日本の自民党，社会党，朝鮮労働党）。
12	韓国と北朝鮮，「南北間の和解・不可侵，交流，協力に関する合意書（南北基本合意書）」，「南北非核化共同宣言」締結。
1992・8	中韓国交正常化。
1993・3	北朝鮮NPT脱退宣言。
1994・7	金日成主席死去。
10	米朝枠組合意。

1998・9		金正日総書記,国防委員会委員長就任。
2000・3		金大中大統領,「ベルリン宣言」。
	6	金大中大統領・金正日委員長,南北首脳会談（平壌),「6・15南北共同声明」。
	10	米朝共同コミュニケ。
2002・1		ブッシュ大統領,一般教書演説で北朝鮮,イラン,イラクを「悪の枢軸」と批判。
	9	小泉純一郎首相・金正日委員長,日朝首脳会談（平壌),「日朝平壌宣言」。
	10	アメリカ,北朝鮮のウラン濃縮計画を公表。
2003・6		開城工業地区の着工。
	8	第1回6者会合。
2004・5		小泉純一郎首相・金正日委員長,日朝首脳会談（平壌)。
2005・9		6者会合共同声明。
		アメリカ,BDAの北朝鮮関連資金を凍結。
2006・7		北朝鮮,弾道ミサイル発射実験（国連安保理決議第1695号採択)。
	10	北朝鮮,第1回核実験（国連安保理決議第1718号採択)。
2007・10		盧武鉉大統領・金正日委員長,南北首脳会談（平壌),「10・4南北共同声明」。
2008・8		金正日国防委員長,病気で倒れる。
	10	アメリカ,北朝鮮をテロ支援国指定から解除。
2009・4		北朝鮮,「人工衛星」発射実験（国連安保理議長声明)。
	5	北朝鮮,第2回核実験（2009・6 国連安保理決議第1874号採択)。
2010・3		韓国海軍哨戒艦「天安」沈没事件。
	5	韓国,対北朝鮮制裁「5・24措置」を発表。
	9	北朝鮮,朝鮮労働党代表社会に金正恩登場。
	11	北朝鮮,寧辺のウラン濃縮施設を公開。
		延坪島砲撃事件。
2011・12		金正日国防委員長死去。
		金正恩,朝鮮人民軍最高司令官就任。
2012・2		米朝「2・29合意」。
	4	北朝鮮,「人工衛星」発射失敗。
		金正恩,朝鮮労働党第一書記および国防委員会第一国防委員長に就任。
	12	北朝鮮,「人工衛星」発射成功（13・1 国連安保理決議第2087号採択)。
2013・2		北朝鮮,第3回核実験（13・3 国連安保理決議第2094号採択)。
	3	北朝鮮,停戦協定白紙化を宣言,「経済建設と核武力建設の並進路線」を提示。
2016・1		北朝鮮,第4回核実験（16・3 国連安保理決議第2270号採択)。
	2	韓国,開城工業地区の閉鎖を決定。
	6	金正恩,国務委員会委員長に就任。
	9	北朝鮮,第5回核実験（16・11 国連安保理決議2321号採択)。
2017・3		憲法裁判所が朴槿恵大統領の弾劾審判。
	5	文在寅大統領就任。
	9	北朝鮮,第6回核実験（17・9 国連安保理決議第2375号採択)。
	11	北朝鮮,「国家核武力完成」を宣言。
2018・1		金正恩委員長の新年辞で平昌オリンピックへの参加を決定。
	2	北朝鮮,平昌オリンピックに選手団参加。
		金与正朝鮮労働党第一副部長（金正恩委員長の実妹),特使として訪韓。
	3	習近平国家主席・金正恩委員長,中朝首脳会談（北京)。
	4	文在寅大統領・金正恩委員長,南北首脳会談（板門店南側の平和の家),「4・27朝鮮半島の平和と繁栄,統一に向けた板門店宣言」。

5	習近平国家主席・金正恩委員長，中朝首脳会談（北京）。
6	文在寅大統領・金正恩委員長，南北首脳会談（板門店北側の板門閣）。 トランプ大統領・金正恩委員長，米朝首脳会談（シンガポール），「6・12米朝共同声明」。 習近平国家主席・金正恩委員長，中朝首脳会談（北京）。
9	文在寅大統領・金正恩委員長，南北首脳会談（平壌），「9月平壌共同宣言」，「板門店宣言履行のための軍事分野合意書」。

（出所）　筆者作成。

注

(1) 小此木政夫「核兵器との奇妙な共存」小此木政夫・文正仁編『東アジア地域秩序と共同体構想』慶應義塾大学出版会，2009年，10-16頁。
(2) The Korean Peninsula Energy Development Organization "Agreed Framework between the United States of America and the Democratic People's Republic of Korea," Geneva, October 21, 1994（http://www.kedo.org/pdfs/AgreedFramework.pdf　2018年6月20日アクセス）。
(3) ドン・オーバードーファー／ロバート・カーリン『二つのコリア——国際政治の中の朝鮮半島』（菱木一美訳）共同通信社，2015年，467-492頁。
(4) 平岩俊司『北朝鮮はいま，何を考えているのか』NHK出版新書，2017年，112-113頁。
(5) ジョージ・W・ブッシュ『決断のとき』（伏見威蕃訳）日本経済新聞出版社，2011年，296頁。
(6) 日本外務省「第4回6者会合に関する共同声明」2005年9月19日（https://www.mofa.go.jp/mofaj/area/n_korea/6kaigo/ks_050919.html　2018年6月27日アクセス）。
(7) 伊豆見元『北朝鮮で何が起きているのか——金正恩体制の実相』ちくま新書，2013年，145-171頁。
(8) 『労働新聞』2017年11月30日。
(9) 『労働新聞』2018年4月21日。
(10) 文在寅『大韓民国が問う』21世紀ブックス，2017年，183-191頁（韓国語）。
(11) 国政企画諮問委員会『文在寅政府国政運営5カ年計画』2017年7月，130-136頁（韓国語）。
(12) 2018年南北首脳会談準備委員会「6・15南北共同宣言」2000年6月15日（http://www.koreasummit.kr/sub03/2000.html　2018年6月27日アクセス）。
(13) 韓国外交部「朝鮮半島の平和と繁栄，統一に向けた板門店宣言」2018年4月27日（http://www.mofa.go.kr/www/brd/m_3973/list.do　2018年6月27日アクセス）（韓国語）。
(14) 2018年南北首脳会談準備委員会「文在寅大統領2次南北首脳会談結果発表文」2018年5月27日（http://www.koreasummit.kr/Summit2018/2nd　2018年6月20日アクセス）（韓国語）。
(15) 韓国統一部「2018年平壌首脳会談説明資料」2018年9月20日（http://unikorea.go.kr/unikorea/open/parliament/opCalculate/　2018年9月21日アクセス）（韓国語）。
(16) 金明基『南北基本合意書要論』国際問題研究所，1992年，147-157頁（韓国語）。

⑰　倉田秀也「南北首脳会談後の平和体制樹立問題」小此木政夫編『危機の朝鮮半島』慶應義塾大学出版会，2004年，41-42頁。
⑱　平岩俊司『北朝鮮——変貌を続ける独裁国家』中公新書，2013年，142-145頁。
⑲　日本外務省「6者会合に関する共同声明（2005年9月19日）」（https://www.mofa.go.jp/mofaj/area/n_korea/6kaigo/ks_050919.html　2018年6月27日アクセス）。
⑳　韓国外交部「朝鮮半島の平和と繁栄，統一に向けた板門店宣言」2018年4月27日（http://www.mofa.go.kr/www/brd/m_3973/list.do　2018年6月27日アクセス）（韓国語）。
㉑　韓国国防部「板門店宣言履行のための軍事分野合意書」2018年9月19日（http://www.mnd.go.kr/　2018年9月21日アクセス）（韓国語）。
㉒　小此木政夫『朝鮮分断の起源—独立と統一の相克』慶應義塾大学出版会，2018年，5頁。
㉓　首相官邸「第73回国連総会における安倍総理大臣一般討論演説」2018年9月25日（https://www.kantei.go.jp/jp/98_abe/statement/2018/0925enzetsu.html　2018年9月30日アクセス）。

参考基本文献

礒崎敦仁・澤田克己『北朝鮮入門——金正恩体制の政治・経済・社会・国際関係』東洋経済新報社，2017年。初学者向けに北朝鮮の全体像を網羅的にわかりやすく解説した入門書。

小此木政夫『朝鮮分断の起源——独立と統一の相克』慶應義塾大学出版会，2018年。朝鮮半島の分断過程を分析した研究書。朝鮮分断とは何だったのか，について学問的視座を提供してくれる。

木宮正史『ナショナリズムから見た韓国・北朝鮮近現代史』講談社，2018年。「近代化ナショナリズム」と「対大国ナショナリズム」という側面から韓国・北朝鮮の近現代史を概観している。

金伯柱『朝鮮半島冷戦と国際政治力学——対立からデタントへの道のり』明石書店，2015年。朝鮮半島分断の現状維持の制度化に焦点を当て，南北朝鮮とその周辺国との関係を描いた研究書。

崔慶原『冷戦期日韓安全保障関係の形成』慶應義塾大学出版会，2014年。日韓関係を通じて見えてくる朝鮮半島をめぐる国際関係を分析した研究書。

ドン・オーバードーファー／ロバート・カーリン『二つのコリア——国際政治の中の朝鮮半島』（菱木一美訳）共同通信社，2015年。著名なジャーナリストが取材をもとに，1970年代からの韓国・北朝鮮現代史を描き出す。

平岩俊司『北朝鮮——変貌を続ける独裁国家』中公新書，2013年。建国から現在までの国際環境の変化に対応しながら，変容を続けてきた北朝鮮の全体像を描いている。

道下徳成『北朝鮮　瀬戸際外交の歴史——1966〜2012年』ミネルヴァ書房，2013年。北朝鮮の瀬戸際外交の歴史とその特徴を読み解いた研究書。軍事行動の意味とその成果を体系的に分析している。

（崔　慶原）

第8章

東南アジアの地域秩序形成
――グローバル化と米中対峙がもたらす試練――

---**Introduction**---

東南アジアを構成する11カ国は，大半が欧米の植民地から独立し，国民統合や経済発展の険しい道のりを経てきた。冷戦期には域外大国が覇を競う舞台として戦火にまみれたが，冷戦後は各国が文化・社会・政治の多様性を乗り越えて自立と統合を進め，安定と発展の軌道に乗った。地域機構としての東南アジア諸国連合（ASEAN）も拡大と深化を遂げ，アジア太平洋地域全体の秩序形成にも大きな役割を果たしてきた。しかし，1990年代後半からは経済危機や中国の台頭などに直面して再び試練に晒され，さらに近年では大国意識を強める中国とトランプ政権下で従来の軌道を外れたアメリカとの狭間で，東南アジア地域は自律的発展への厳しい局面に立たされている。

第1節　東南アジアの地域的特性と国際環境

　冷戦が終結して四半世紀が過ぎても，東南アジア地域に安定した地域秩序が形成されたとは必ずしも言えない。この間，域内で大きな戦争や長期に及ぶ紛争は起きておらず，それどころか域内各国は長きにわたって高度経済成長を続け，世界の成長センターとして注目されてきた。また，冷戦後の東南アジア諸国は主体的に域内の統合や秩序形成に取り組み，さらに域外大国を取り込みながら，アジア太平洋地域の広域秩序構築にも挑戦してきた。しかし，東南アジア地域をめぐる平和と安定のためのシステムには，未だ脆弱性がつきまとう。さらに，進行するグローバル化と米中対峙の状況は，この地域の安定，発展，統合および秩序形成にさまざまな難題を突きつけている。

　東南アジア地域の政治経済発展や地域秩序形成は，現在に至る過程でいかなる道筋をたどり，時代ごとにどのような特徴をもっていたか。同地域において安定的で強靱な地域秩序の実現への障害となっているものは何か。本章では，これらの点について，東南アジア諸国とそれらを包含する地域機構としてのASEAN

に着目し，各時期の国際環境を踏まえながら検討していく。

（1） 東南アジアの多様性と地域統合

　東南アジアを一括りとみなす地域概念は，20世紀に入ってからの産物にすぎない。むしろこの地域はさまざまな要素がモザイク状に入り組んで詰め込まれ，きわめて多様性に富んだ，換言すればまとまりに欠ける地域であった。地理的には，大陸部と海洋部に二分され，後者は多数の島々や半島部から成る。人種，言語，宗教はどれも多種多様で，宗教については世界の4大宗教（イスラム，仏教，キリスト教，ヒンドゥー教）が混在している。また，域内に現在11の国家があるが，その規模には大差がある。人口では最大のインドネシア（約2億6000万人）が最少のブルネイ（約40万人）の600倍，面積ではインドネシアがシンガポールの2600倍にも及ぶ。経済規模は，GDP総額で最大のインドネシアが最少のラオスの100倍，1人当たりのGDPはシンガポールがカンボジアの50倍にもなる。

　歴史的経緯をみると，タイ以外の国はすべて欧州列強の植民地支配を受けた時期があり，宗主国は，イギリス，フランス，オランダ，アメリカ，スペイン，ポルトガルと多様である。それら宗主国による統治の影響は独立後も各分野に残る。冷戦期には，インドシナ地域のベトナム，ラオス，カンボジアは社会主義陣営に，タイと海洋部のインドネシア，フィリピン，マレーシア，シンガポール，ブルネイは自由主義陣営に属していた。ミャンマーは独自の鎖国主義をとり，東ティモールは1976年から2002年の分離独立までインドネシアに併合されていた。

　このように千差万別で多様性に富む中小国の集合体である東南アジアだが，独立期以降，国家間連携の試みも活発であった。その中で1967年に結成され，唯一の持続的な地域機構として歴史を重ねてきたのがASEANである[1]。ベトナム戦争が激化した時期に，西側陣営に属するインドネシア，フィリピン，マレーシア，シンガポール，タイの5カ国を原加盟国として結成されたことからもわかるように，ASEANは当初，反共色の強い政治的結合であった。その後，加盟国の拡大と機能面での深化を繰り返し，現在では東ティモールを除く東南アジア10カ国を包含するに至っている（東ティモールはASEAN加盟を申請中）。また，ASEANは域内統合のための地域機構であると同時に，1980年代末からはアジア太平洋地域のさまざまな地域機構・制度づくりの中心的な役割も担ってきた。

（2） 域外大国の介入から自律的発展へ

　東南アジア地域は，中印両文明の結節点として古くから中印双方の影響を受け，また近代においては欧米列強による植民地争奪戦の舞台となり，さらに冷戦期には東西間の陣取り合戦がもたらした「熱戦」の主戦場となった。域外大国による絶え間ない介入と主導権争いが交錯する現場としての歴史をたどってきたのである。しかし，このような国際環境は，冷戦の終焉によって一変する。変化の起点は，1991年10月のカンボジア和平に関するパリ和平協定の調印であった。これを境に，米中ソ3大国による代理戦争が幕を閉じ，域外大国の影が遠退いた。その結果，従来の他律的な地域秩序形成の時代から，域内諸国による自律的な秩序構築の時代へと変わりはじめたのである。

　また，カンボジア和平によって東南アジアを2つに隔てる「壁」も取り除かれた。同地域は，ベトナム戦争期から70年代末にかけて，中ソの支援を受けたインドシナ社会主義諸国と，親米的なASEAN加盟6カ国（原加盟国＋ブルネイ）に分断されていた。その後，80年代のカンボジア内戦期には，社会主義国同士の対立（中ソ対立，中越対立）の影響を受け，「カンボジアの親越政権／ベトナム／ソ連」対「カンボジアの反越三派連合（シアヌーク派，ソン・サン派，ポル・ポト派）／中国／ASEAN諸国および西側諸国」という重層的な国際内戦の構造が域内を二分していた。しかし，カンボジア和平によってその分断・対立に終止符が打たれたのである。

　さらに，域内各国の目覚ましい経済発展も大きな変化であった。同地域はすでに80年代後半から，中国とともに世界経済の「成長センター」として注目されていたが，90年代に入ると，7～8％の成長率を維持するASEAN諸国の高度成長の列に，戦火が止んで経済開発に取り組みはじめたインドシナ諸国と鎖国から対外開放に転じたミャンマーが加わった。

　冷戦後の世界では，経済がイデオロギーの呪縛から解放され，市場経済原理に沿った現実主義の潮流が一気に強まったが，アジアでは雪崩を打った社会主義体制の崩壊は起こらず，中国，ベトナム，ラオスでは共産党の一党独裁体制が続いた。ただし，いずれも経済面では比較的早い時期から改革に着手しており，中国のみならずベトナムでも86年から「ドイモイ（刷新）」と呼ばれる市場経済化と対外開放政策が導入され，ラオスでも同様の政策が始まっていた。

第2節　1990年代における地域統合の進展

（1）　経済協力・統合の展開

　冷戦終結とカンボジア和平後の新たな国際環境の中で、東南アジア域内およびアジア太平洋地域全体で地域秩序形成の動きも進展した。その過程でイニシアティブを発揮したのが ASEAN であった。ASEAN の新たな目標として1992年の ASEAN 首脳会議で表明された「シンガポール宣言」の中で、①経済協力と政治・安全保障協力の両面での機能強化、②インドシナ諸国を包含する東南アジア全域の「ASEAN 化」、③より広いアジア太平洋地域の秩序形成といった点への意欲が示された。

　ASEAN の拡大については、90年代半ばから未加盟国との交渉が急ピッチで進められ、かつて敵対していたベトナムが95年に、またラオスとミャンマーが97年に加盟し、残るカンボジアも99年に加わった。域内の非資本主義圏を ASEAN が実質的に取り込む形で「ASEAN10」が実現したのである。一方、ASEAN の経済協力については、経済の自由化を柱に多面的に協力を強化し、域内の経済統合を進めるねらいがあった。特に、2008年までに自由貿易圏の構築を目指す ASEAN 自由貿易地帯（AFTA）構想は、域内の経済協力・統合を進める新機軸であり、高レベルな政策目標と言えた。

　この AFTA も、先進国への依存度が高い各国の貿易構造や産業保護政策などが足かせとなって当初は低調であった。しかし、90年代半ばを境に ASEAN は AFTA を経済協力の核と位置づけ、関税撤廃期限の前倒しと適用範囲の拡大、通商ルールの国際標準化などを一気に進めた。この背景として、先進国主導の貿易・投資で活性化するアジアの生産・販売ネットワークの一角を占めて外資の国内誘致を加速させるために、東南アジア域内で統一的な政策調整を図る必要性が高まった点が挙げられる。

　AFTA をめぐる協議の過程で、加盟国の多様性や各国独自の産業政策との整合性を踏まえた緩やかな制度設計とその運用、後発加盟国（カンボジア、ラオス、ミャンマー、ベトナムの頭文字を取って CLMV と呼ぶ）と先発組との格差を考慮した柔軟なルールの適用、各国の自主性を尊重する決定方法などを含めたいわゆる「ASEAN Way」（ASEAN 方式）が定着していった。

（2） 多国間枠組形成における ASEAN のイニシアティブ

　ASEAN が域内の経済協力・統合を進めた1990年代には，アジア太平洋地域でも経済協力の枠組形成が活発化した。ASEAN は，大国主導の多国間組織の中で自らの存在意義が喪失することを警戒して，長年広域の枠組には否定的な姿勢を示してきたが，1989年に大きな変化が起こった。日豪両国が主導したアジア太平洋経済協力（APEC）構想が ASEAN 外相会議で承認され，アジア太平洋地域初の多国間協力枠組に ASEAN 諸国が参加したのである。ASEAN がこれを受け入れた要因には，APEC が理念・制度両面で ASEAN 中心主義を採用した点があった。つまり，構成国を1979年に始まった ASEAN 拡大外相会議（PMC）の参加国（ASEAN 6 カ国，域外対話国の日本，アメリカ，カナダ，オーストラリア，ニュージーランド〔以下 NZ〕）および韓国とし，運営面でもコンセンサス重視の緩やかな協議体とするなど ASEAN 流の原則を踏襲していたのである（後に中国，香港，台湾，メキシコ，パプア・ニューギニア，チリ，ペルー，ロシア，ベトナムが加盟）。

　1990年代後半以降，ASEAN は AFTA の実績に後押しされるかのように，APEC でも自由化の牽引役となり，ルール作りなどで影響力を強めていった。1995年の APEC 会議では，米豪両国が求めた強制力を伴う計画的実施，「ただ乗り」を許さない相互主義，包括的な適用対象品目の設定などが見送られ，「自主的で多様性を考慮した柔軟な自由化」という ASEAN 方式のルールが採用された。自由化速度が速かった ASEAN が発言力を強め，組織の結束と実績への自信を背景に広域枠組の中でも発言力を強めていったと言えよう。

　一方，この時期には，安全保障秩序の形成においても ASEAN のイニシアティブが目立った。冷戦後も東南アジア地域では領土問題や分離独立運動などの火種は数多く残っていた。また域内諸国には，米ソ（ロ）両大国のプレゼンスの低下によって生じた「力の真空」を中国が埋めようとするのではないかとの懸念があった。実際に，中国による南シナ海での強硬な領有権の主張と軍事行動は，同地域で中国脅威論を再燃させた。

　このような状況変化への東南アジア諸国の対応は，第一に，米軍のプレゼンス維持のための働きかけであった。アメリカは，ソ連軍のベトナム撤退後，90年代前半にフィリピンの2つの基地を廃止し，東南アジアにおける駐留軍を完全撤退させた。域外大国間の勢力バランスを重視し，かつ米軍の傘の下に入ってきた域内諸国にとって，米軍撤退による軍事バランスの中国傾斜は重大な不安定要因に

映った。そこでフィリピンは米比安全保障条約を，タイは米軍との合同軍事演習をそれぞれ継続させ，シンガポールや中立志向の強いマレーシア，インドネシアさえもが米軍の補給・補修のために自国内の基地の提供を申し出たのである。

　第二に，東南アジア諸国自身の軍事力強化である。経済発展に後押しされて各国の国防費は増加していった。従来の共産ゲリラ対策中心の体制から領土・領海を守る対外的な国防体制へと軍の近代化が進み，兵器体系も再編された。特に戦闘用艦船や戦闘機など空・海軍の兵器購入が相次ぎ，各国の戦闘遂行能力は高まった。また域内外の国々との2国間・多国間の合同軍事演習も頻繁に実施されるようになった。

　第三に，ASEAN主導で多国間の安全保障協議の場が設けられたことである。ASEANは，PMCを拡大し，中国，ロシア，北朝鮮などを含む広域かつ包括的な安全保障協議の枠組作りに取り組んだ。そして1994年のPMC開催に合わせて，アジア太平洋地域の安全保障問題を扱う初の多国間協議体，ASEAN地域フォーラム（ARF）が開催されたのである。この会議は，PMC参加国・機構（機構とはEUを指す），PMC協議国の中国とロシア，PMCオブザーバー国のベトナム，ラオス，パプア・ニューギニアが参加して94年にタイで開催された（後にミャンマー，インド，カンボジア，北朝鮮が加入）。ARFの組織・運営には，緩やかな制度化，漸進的対話，コンセンサスによる決定など，やはりASEAN方式が適用された。協議内容としては，信頼醸成，予防外交，紛争への対処の3段階のプロセスが設定された。ASEANのねらいは，アジアの安全保障へアメリカを関与させつつ，潜在的脅威の中国を多国間フォーラムに引き込んで集団的に牽制しながら域内の勢力均衡を図ることであった。

　アジア太平洋地域ではこのように，緩やかな多国間枠組を用いて対話と調整を重ねる仕組みが作られていった。その中で，多国間枠組形成の実績をもち，かつ他国に脅威を与えないASEANがその「運転席」に着いたのである。

第3節　グローバル化がもたらす遠心力と求心力

（1）　アジア通貨危機の衝撃と政治変革

　冷戦の終焉から1990年代半ばにかけて，前述のようにASEAN流の秩序観とノウハウがこの時期の地域秩序形成に有効に働いた点は見逃せない。APECや

ARFのほかに，90年代半ばには，アジア・EU首脳会議（ASEM）の結成，南アジア地域協力連合（SAARC）や北米自由貿易協定（NAFTA）との連携など，ASEANは多元的・重層的な多国間枠組の形成やネットワーク化を推し進めていった。

しかし，グローバル化の波に乗ったこのようなASEANの動きがさらに活性化しようとしていた1997年に，突如として地域全体を襲うアジア通貨危機が勃発した。同年7月に起きたタイ通貨バーツの暴落に端を発した通貨・金融危機は，瞬く間に周辺諸国に飛び火し，各国の経済を大きく悪化させた。高成長から一転，低成長またはマイナス成長に落ち込んだ東南アジア諸国は，厳しい構造改革の時代へと突入したのである。

さらに，経済と政治が分かち難く結びついた東南アジア諸国では，経済危機は政治的動揺を誘発した。高度成長の実績をもって権威主義的統治を正当化してきた国家体制（「開発独裁」体制とも呼ばれる）は，経済破綻の結果，いくつかの国で大きく揺らいだ。一方，従来の体制下で厳しい統制を受けてきた国民（社会）の側にとっては，経済成長の代償として「人質」にとられていた自由，人権，民主主義などの諸価値を解放するチャンスが広がった。民主化を主張してきた学生，市民団体，野党などに追い風が吹き始めたのである。

いったん経済が破綻の兆しをみせると，かつては高度成長のための「必要悪」のようにみなされて覆い隠されてきた官民の癒着，ネポティズム（縁故主義），不透明な政策決定過程などが一斉に非難の的となった。国際通貨基金（IMF）やアメリカは，経済危機の要因をアジア各国の脆弱な金融・経済構造，統治システムの不備や欠陥，ガバナンスの欠如などに帰し，資金面での支援の条件（コンディショナリティー）としてこれらに「グローバル・スタンダード」（実際には欧米的な価値観やシステム）を適用して改革することを迫った。このような外圧は同時に，国家に抑圧されてきた社会（国民）の「改革」要求を鼓舞して体制転換を促した。そして，インドネシアで1998年5月，通貨危機への対応をめぐって長期政権の矛盾が露呈すると学生や一般市民の大規模な抗議運動が起こり，その圧力が32年間に及ぶスハルト体制を崩壊させたのである。独裁的体制下での「クローニー・キャピタリズム（縁故主義経済）」が厳しく糾弾され，国民から「開発の父」と崇められたスハルト大統領は，同じ国民の手によってその座を追われた。

インドネシア以外にも，高度成長期には封印または開発の名のもとに正当化さ

れてきた事柄がにわかに政治問題化した国は多く，マレーシアなど権威主義的要素が強く残る国ほど政治変動は大きかった。底流には，80年代後半から顕在化した社会の構造変化，つまり都市中間層の拡大，「市民」意識の覚醒，海外からの多様な価値観の流入などがあった。

(2) 価値の多様化と政治的分化

　経済的相互依存や安全保障面での制度化が進む兆しがみられた1990年代中盤までとは異なり，通貨危機後の東南アジアでは再び各国の主権や国益の主張が強まり，政治的方向性が分散化する展開となった。

　まず政治体制をみると，80年代までは大半のASEAN加盟国が開発独裁体制をとっていたが，90年代末には原加盟国内で進む民主化の進度に差が生まれ，さらにインドシナ地域の現・旧社会主義3カ国と軍政下のミャンマーの加盟によって，ASEAN内の政治体制が大幅に多様化した。民主化移行を果たしたインドネシア，フィリピン，タイ，カンボジア，形式的には民主制ながら開発独裁の特徴を色濃く残すマレーシアとシンガポール，絶対君主制を保つブルネイ，社会主義体制のベトナムとラオス，軍事独裁を続けるミャンマーが混在していた。

　必然的に，ASEAN内の見解・政策の不一致が目立ち，ASEAN流を支えてきたコンセンサス制にも機能不全が生じはじめた。また，域外からのASEANの評価も厳しくなった。特に，先進諸国や国際機関は，軍事独裁下で民主化や人権を顧みないミャンマーをこぞって批判し，経済制裁をかけた。ミャンマー非難はASEAN自体にも向けられたため，加盟国の一部からは内政不干渉の原則を見直してASEANが組織として同国の内政に介入すべきとの主張も出て，それがさらに賛否を分ける論争に発展した。一方，中国は，90年代後半からミャンマーを筆頭にカンボジア，ラオスを政府援助や貿易・投資を通して積極的に支援し，親中派としての取り込みを図るようになった。こういった中国の動きも，域内の亀裂を広げた。

　さらに，2001年9月に起きた9.11アメリカ同時多発テロ事件（9.11事件）とその後の展開も，ASEANの結束を乱す要素となった。[5] 同事件後にアメリカは，イスラム過激派によるテロの脅威に対抗すべく，「テロとの戦い」として世界各地でイスラム過激派の掃討作戦を展開した。ムスリム（イスラム教徒）を多く抱える東南アジアは，米政権から対テロ戦争の「第2戦線」と位置づけられ，介入の

対象となった。域内各国はこれを支持して過激派の摘発と監視強化に着手したが，それでも国によって微妙に対応が分かれた。

　東南アジアのムスリム分布は島嶼部に偏っていたが，その中でも違いは大きかった。親米的かつムスリムが少数派のフィリピンとシンガポールは，全面的な対米協力のもと，過激派の一掃に乗り出した。フィリピンでは反政府活動を長年行ってきたミンダナオなど南部のイスラム過激派組織の掃討に米軍が直接介入し，シンガポールでは米捜査当局の情報をもとに国際テロ組織につながるとされた急進派ムスリムが多数逮捕された。一方，ムスリムが多数派のインドネシアとマレーシアは対米連携に慎重であった。ムスリム国民は総じてアメリカのアフガニスタンやイラクへの攻撃，またパレスチナ問題でのイスラエル贔屓を嫌悪していた。両国政府とも対テロ戦争は支持したが，国内世論に配慮して米軍の過度な介入には反対した。こうしてイスラム過激派の問題も，域内諸国間の関係を複雑化させ，不協和音の一要因となったのである。

（3）　地域協力の限界と東アジア共同体への道

　アジア通貨危機後の政治経済の流動化は，同地域に新たな課題をもたらした。第一に，ASEAN原加盟国を中心に進んだ民主化の後に起こった政治的不安定化である。民主制移行は，政治経済の安定にただちにはつながるとは限らなかった。インドネシアではスハルト体制後にむしろ各地の民族・宗教対立が激化し，また民主化の過程で実現した東ティモールの分離独立においては，後の建国過程で大規模な流血事件が起こった。しかし，これらの安全保障上の脅威に対して，内政不干渉原則をとるASEANは効果的な対策が打てなかった。

　第二に，通貨・金融危機への対応である。ASEAN，APECはともに有効な救済手段をもたず，IMFなどの国際機関や欧米諸国からの支援は，消極的かまたは各国の自主性を規制する厳格な条件を伴うものであったため，被救済国から強い不満が起こった。一方，日本と中国は緊急の資金援助など大規模な支援策で応えた。そしてこの経験が「ASEAN＋3（日・中・韓）」の地域協力枠組の形成へとつながっていった。ASEAN＋3の首脳会議は後に定例化され，外相や経済閣僚による会議を含む包括的な協議体へと発展した。2000年には，対外債務の返済に窮した国にドルを融通する金融協力の枠組が合意され，それが2国間での通貨スワップ取極のネットワーク化（チェンマイ・イニシアティブ）に結実した。

これらを契機に「東アジア」が地域概念として注目され，「東アジア共同体」構想の議論が活発化した。2005年にはASEAN＋3にオーストラリア，NZ，インドを加えた東アジア首脳会議（東アジアサミット：EAS）が発足した[6]。EASはエネルギー，金融，教育，防災，感染症対策を優先協力分野としたが，2011年から米ロ両国も参加し，安全保障も議題に加わった。

ASEAN自身も，成長の鈍化や中国の経済的台頭への危機感，加盟国間格差の拡大や組織的機能低下への懸念などを背景に，統合強化のてこ入れに注力した。2000年には人材育成，情報通信技術，インフラを中心に加盟国間の格差是正を図るASEAN統合イニシアティブ（IAI）が合意され，2003年には，政治・安全保障共同体，経済共同体，社会・文化共同体という3本柱からなる「ASEAN共同体」を2020年までに実現することが宣言された。対中関係では2001年に，「ASEAN＋1」方式初のFTAとしてASEAN・中国FTAが合意された[7]。

第4節　米中対峙下における地域秩序の模索

（1）　中国の台頭と米中対峙下のアジア情勢

冷戦後はアメリカの一極覇権が長期にわたって続くとみられていたが，意外にも2008年のリーマン・ショックを契機にその地位は大きく揺らいだ。その後，欧米日の先進国が経済低迷に見舞われる中，急成長を遂げたのが中国である。1992年以降の高度経済成長によって蓄積された経済力とそれをもとに増強された軍事力はアジアで突出し，中国は国際社会における影響力を格段に増すとともに，周辺国や係争国への高圧的な外交姿勢が目立つようになった。

国内でナショナリズムを鼓舞し，対外的に覇権をねらう中国の姿は，自ずとアメリカの警戒感を呼び起こした。特に，太平洋とインド洋に跨がる海洋部を勢力圏とする立場から，同海域で増大する中国の軍事的プレゼンスは新たな脅威と映った。2009年に誕生したオバマ政権は，中東での対テロ戦争に一区切り付けると，11年以降，外交の軸足をアジア太平洋へと「リバランス（再調整）」する方針を打ち出し，軍の戦力配置もシフトさせた。

このような展開は，2大大国としての米中が主導権をめぐってにらみ合う米中対峙時代の到来を想起させ，「パワー・トランジッション」論[8]，つまり新興国（中国）が勢力を拡大する過程で既存の支配国の覇権に挑戦し，既存の支配国（ア

メリカ）は新興国の台頭を脅威と捉えてその抑制を図ろうとすることで，両者間に戦争の可能性が高まるとの見方が広まった(9)。こうした状況に，アジア周辺国では安全保障上の懸念が強まった。

　東南アジア地域で米中対峙の状況を如実に映し出しているのが南シナ海問題である。これは，石油・天然ガス資源の埋蔵が見込まれ，海上交通路の要衝でもある南シナ海の島嶼の領有権や海洋権益をめぐり，中国，台湾，ベトナム，フィリピン，マレーシア，ブルネイが争っている問題である(10)。中国は，70年代からベトナムやフィリピンと軍事衝突を繰り返して支配領域を広げ，92年には南シナ海のほぼ全域を自国領とする領海法を一方的に制定した。2000年代には武力で威嚇しながら次々と島嶼を占拠し，2012年以降は大規模な埋め立てで造成した複数の人工島に大型滑走路や軍事施設を建設するようになった。一方，東南アジア諸国は，非当事国も含めて中国の排他的な支配に反発し，ASEAN関連の会議で中国批判の声明や決議を繰り返してきた。また，ASEANは紛争予防のルールとして法的拘束力をもつ行動規範（COC）をともに策定するよう中国に求める共同行動も続けてきた。

　このような中でアメリカは，2010年以降，中国が軍事的威嚇や調査・航行の妨害などを公然と行うようになると，公海上での航行の自由を守る立場からARFなどの場で中国を非難してきた。2015年からは埋め立てや軍事拠点化の停止を求めるとともに，人工島近海に駆逐艦を派遣する「航行の自由」作戦を実施し，それに反発する中国と鋭く対立してきた。加えて，日本とともに中国と対立するフィリピンなどへの防衛装備の支援も強化した。

　米中両国は，上記のように，軍事・安全保障面で互いの動向を注視し，相互に批判，牽制しながら対峙する一方，経済面では，中国はアメリカの最大の輸入相手国，アメリカは中国の最大の輸出相手国として深い相互依存関係にある。また東南アジア諸国も米中双方と緊密な経済関係を築いており，その点では冷戦期の二極化した友敵関係と大きく異なる。

　中国は，主権や安全保障に関しては妥協しない強硬姿勢をとる一方，2000年代から東南アジア諸国，特にミャンマー，カンボジア，ラオスへ道路・鉄道網などインフラ整備のための援助資金を大量に投入し，貿易・投資も活発化させてきた。欧米の経済制裁を受けるミャンマーには，内政不干渉を貫きつつ多額の投資と援助を与えて提携関係を強め，見返りにミャンマー国内でインド洋に抜ける石油・

天然ガスパイプラインの敷設，インド洋に面した島嶼での中国軍のためのレーダー基地や軍港の建設を進めた。幅広い支援を通して東南アジアに親中派を醸成し，同時に戦略的な実利を得る中国のしたたかな外交がみられる。

一方，オバマ米政権にも，対中牽制と東南アジアへの経済進出を兼ねた外交政策が目立つようになった。ミャンマーへの接近もその1つと言える。制裁一辺倒の民主化圧力から制裁解除を代償に民主化を迫る政策への転換を図り，民政移管直後の2012年にはオバマ大統領が訪問して制裁解除と関係正常化の道を開いた。こうして米中両国ともに東南アジア諸国を味方に付けようとする働きかけを強めていった。安倍政権下の日本もこの時期，アメリカと同じ立場から東南アジア諸国を支援する政策を強化した。

(2) ASEANとしての対応

中小国の集まりであるASEANの存在意義として，域外大国からの過剰な干渉や介入を排除して地域の自立性とバランスを確保し，また大国の狭間で埋没したり分散して個別に取り込まれないよう結束して行動することが強く意識されている。その点から言えば，現在ASEANに求められる機能は，米中両大国に一方的かつ非協調的な行動があれば多国間協議の枠組の中で制御すべく結束して仲介・調整することであり，逆に避けるべきは，両国の取り込み合戦によって結束が乱れ，内部分裂を起こす事態であろう。とはいえ，加盟国ごとに対中関係のあり方は多様で，また経済面と安全保障面のそれぞれに利害が複雑に交錯するため，ASEAN内部の結束を維持するのは至難の技と言える。

実際に，中国の台頭に対する対応はASEAN内で二分された。一方は，中国に接近して提携関係を結ぶ国で，経済的に対中依存度が高く中国からの安全保障上の脅威が低いカンボジア，ラオス，および（民主化以前の）ミャンマーが含まれる。もう一方は，何らかの形で他国と連携して中国の動きに対抗しようとする国で，上記以外の国々ということになる。例えば，経済的に対中依存度が低く，安全保障面で最も対中脅威感が強いフィリピンは対米連携によって対抗しようとしてきた。現実に，2012年には南シナ海問題の対応をめぐってASEANの結束が崩れた。同年7月のASEAN外相会議で，領有権をめぐって中国と係争中のフィリピンとベトナムが中国の独善的かつ高圧的な姿勢を非難する声明を出すよう求めたのに対し，議長国カンボジアがASEANは2国間の紛争を裁定する場

ではないとして拒否し、結成45年目にしてはじめて外相会議の共同声明を出せない事態に陥ったのである。親中派のカンボジアを使ってASEANの切り崩しを図る中国の根回し外交が裏にあったとも言われる。[11]

(3) 地域統合の再強化とその障壁

　ASEANの結束が米中対峙下で揺れる一方、ASEANの統合度を増して強靱性を高めようとする動きもみられた。2003年の首脳会議で政治・安全保障、経済、社会・文化の3分野にまたがる「ASEAN共同体」を2020年までに構築することが合意されたが、その後、順調な経済回復を追い風に、達成年が2015年へと前倒しされた。[12]さらに2007年の首脳会議で、ASEANの原則・制度を成文化した「ASEAN憲章」が調印された。

　憲章では、ASEANの基本原則として、民主主義、法の支配、人権尊重、グッドガバナンスが明示されたほか、内政不干渉原則やコンセンサス制の意思決定方式についても明記された。成文規約をもつ組織としてASEANが強化されたことは確かだが、起草過程では路線対立も露呈した。1つは、EU流の近代的でリベラルな組織へと抜本改革すべきとの立場で、民主化を果たしたインドネシアやフィリピンなどが推進し、その主張は憲章の基本原則に反映された。もう1つは、従来からの不文律、つまり加盟国の主権を尊重する内政不干渉原則や意思決定におけるコンセンサス制を重視する立場で、主に後発加盟国が主張して明文化させた。[13]最終的に憲章は双方の折衷的な内容となったが、ここでもASEAN内部での方向性の違いが浮き彫りになった。

　一方、貿易自由化や経済連携を推進する多国間の枠組作りにも米中対峙の影響が現れた。アメリカは環太平洋パートナーシップ（TPP）協定に参加し、実質的に主導して高度な通商のルール作りを目指した。東南アジアからはシンガポール、マレーシア、ブルネイ、ベトナムが参加した。2013年の日本の参加表明でTPPの重要度は高まったが、他方、中国が含まれていないことで「中国外し」の組織ともみられた。他方、中国は、ASEANが提案したASEAN＋6（＋3とオーストラリア・NZ・インド）をもとにした東アジア地域包括的経済連携（RCEP）を支持したため、こちらは「アメリカ外し」とも言われた。また、EASや東アジア共同体構想など「東アジア」を冠した協議体は、2010年代に入り、領土や歴史認識の問題で日中、日韓の関係が悪化したため勢いを削がれた。このようにASEAN

を運転席に据えた多国間地域秩序は，域外大国の関係に軋轢が生じ，ASEANの結束力が鈍る中で脆弱性を露呈するようになったのである。

第5節 「一帯一路」と「アメリカ第一主義」のインパクト

(1) 習近平政権とトランプ政権が変える秩序

　中国の台頭は，2013年に習近平政権が誕生するとさらに加速された。急拡大した経済力と軍事力を背景とする大国意識の表出や他国への圧力行使は，かつて鄧小平が掲げた「韜光養晦（自らの力を隠し，内に力を蓄える）」から脱して中国が積極的に覇権を求め，既存の地域秩序の変革を狙っているように映る。その習政権の長期的外交目標の中核にあるのが，南シナ海をはじめとする海洋の支配と「一帯一路」構想である。

　まず海洋支配について言えば，2016年の国連海洋法条約に基づく仲裁裁判所の裁定を無視して南シナ海での領有権を主張し続け，埋め立てによる人工島の建設，武力での威嚇，反対勢力としてのASEANの外交的切り崩しなど「力」を駆使してそれを実現しようとする中国の姿勢は，従来の地域秩序から逸脱しており，多くの東南アジア諸国にとって脅威となっている。

　これに対して，2013年に提唱された「一帯一路」構想は，win-winを目指す友好的な装いの広域経済圏構想である。アジアとヨーロッパを陸路と海路で結ぶ大回廊を築き，その範囲に中国を盟主とする経済圏を構築しようとするこの構想は，長年の高度成長で蓄えた資金力をふんだんに使って圏内諸国のインフラ（鉄道，道路，港湾など）整備を促進する計画である。中国主導のアジアインフラ投資銀行（AIIB）も2016年に開業し，その一翼を担う。これらは，従来，日米欧や世界銀行，IMFなどの国際機関が担ってきた開発支援の国際公共財を，中国が別途提供する中国型秩序形成の試みとも言える。東南アジア地域はこの中で中国に隣接した重要な地域として位置付けられている。

　一方，アメリカは，2017年1月のトランプ大統領の就任によって，政治や外交の不確実性が一気に高まった。同大統領が掲げた「アメリカ第一主義」に基づく外交政策は，東南アジア諸国が冷戦後の指針としてきた価値や前提——自由主義的な価値（民主主義，法の支配，人権）の重視，多国間制度・機構の推進，米軍のプレゼンスに基づく地域安全保障など——に逆行しており，域内の秩序形成に大

幅な変更をもたらしつつある。就任後真っ先に行ったTPP離脱に象徴されるように，多国間枠組による秩序形成には後ろ向きで，2国間の交渉（取引き）を重視する。また，積み重ねられた同盟関係や戦略的思考よりも関係国の首脳との相性やアメリカ国内の選挙向けのアピールを重んじる傾向さえうかがえる。

　このように，米中両国における現政権の対外観や政策をみると，東南アジアの国際関係はいま転換期にあると言える。中国による中国型秩序形成の積極的なイニシアティブとアメリカの内向き志向による東南アジア関与の縮小は，域内諸国に大国間バランスの再評価と外交政策の見直しを迫っている。可能性が高い選択は「中国傾斜」であろう。

（2）　対中依存の構造とその落とし穴

　2013年に「一帯一路」構想が表明される前から，ASEANと中国の経済関係は急速に拡大していた。ASEAN全体の貿易額を見ると2017年までの10年間で中国のシェアが約2倍に増えて全体の約2割に達し，それぞれ1割に満たない日米両国を大きく引き離すに至った。また，ASEAN10カ国の貿易相手国の序列をみると，2005〜2006年の貿易相手国でアメリカが第1位であった国が3国，日本が3国，中国が1国，その他が3国であったのに対し，10年後の2015〜2016年には中国が第1位であった国が7国，日本が2国，その他が1国，アメリカはゼロであった。この点で米中の地位は完全に逆転した。ASEANの経済発展に中国の巨大市場が不可欠となり，また両者間の生産ネットワークが急速に発展したことが背景にある。

　投資と援助でも各国の対中依存は強まっている。象徴的なのは，日米が透明性やコンプライアンスへの疑問から加盟を避けているAIIBに，ASEAN10カ国すべてが加盟しており，また「一帯一路」の決起集会ともいえる2017年5月の国際協力サミットフォーラム（北京）に，CLMVをはじめインドネシア，フィリピン，マレーシアからも首脳が出席したことである。中国は，豊富で借りやすい開発資金への途上国の渇望を巧みに利用して，同国主導の地域秩序を浸透させようとしているかのようである。

　近年では，中国からの投資受け入れの歴史が長いCLMV 4国だけでなく，日米欧との関係がもともと深いASEAN原加盟国でも中国依存が目立ち，各国で大型の開発プロジェクトを中国企業が請け負うケースが急増している。例えば，

マレーシアは，シンガポールとの海峡に大規模な埋め立てによって人工島を造成し，人口70万人規模の「フォレスト・シティ」と称する環境重視型の未来都市を建設する巨大事業の許可を中国企業に与えた。大半の資金を中国側が負担して建設が進んでおり，住宅の過半数を中国で販売し，中国人の大量移住が想定されている。主力の石油・天然ガス産業の不調で経済が手詰まりのブルネイでも，大規模な港湾整備や石油化学プラントの建設などに中国から巨額の資金が投じられている。

　中国による新たな開発支援の枠組によってインフラ整備や大規模開発がより迅速に進むことは歓迎されるが，反面，中国型のこのシステムにはさまざまな落とし穴も潜んでおり，すでに不満や批判も頻出している。第一に，融資の基準や審査の甘さにより投資受入国の返済能力を越える多額の資金が貸与されることである。この結果，受入国が債務過多に陥る，または返済不能になったインフラの所有権や運営権が中国側にわたるケースが出ている。スリランカでは港湾開発の債務が返済不能となり，その港湾地区の運営権が中国側にわたって実質的に治外法権の状態にあるという。このような事象は，「債務のワナ」とも呼ばれ，世界的に警戒されるようになったが，東南アジアでも一見借りやすい条件ながら先進国や国際機関の基準から外れるリスクの高い資金が中国から大量に投入されている案件は枚挙にいとまがない。

　第二に，中国が請け負ったインフラ建設事業の質の問題である。インドネシアやタイでは，中国企業が受注した高速鉄道建設が契約通りに進まず，大幅な遅れや多額の追加コストが発生している。また，中国の受注案件の多くで資金以外に資財や労働者を丸ごと中国からもち込む方法がとられるため，開発資金とはいえ地元への波及・還元効果は小さい。

　第三に，中国からの投資や援助の代償としての政治的な親中化である。2010年代に入って貿易，投資，援助のすべてで中国が最大の相手国または供与国となっているカンボジアは，いまやASEAN内で中国の代弁者のように振る舞っている。2012年以来，ASEAN関連の会議では常に南シナ海問題で中国寄りの発言をし，中国批判の防波堤役を演じる。2016年に就任したフィリピンのドゥテルテ大統領は，親米反中のアキノ前政権の政策を一転させた。中国から経済支援を得る代わりに，前政権が国連海洋法の仲裁裁判所に提訴して中国の領有権主張を全面的に否定する勝訴判決を得たにもかかわらず，これを棚上げにした。また

ASEAN 議長国であった2017年には南シナ海問題を ASEAN の会議のアジェンダから外す形で親中姿勢を示した。中国マネーの恩恵と ASEAN の結束が天秤にかけられているのである。

(3) 「中国傾斜」の諸相と課題

　2010年代の東南アジアにおける最大の変化は，前述のように政治・経済・外交の「中国傾斜」と言えよう。2017年以降は，トランプ米政権が国際通商ルールを設定する主導的役割や自由主義的価値の庇護者としての立場を放棄する中で，さらにこの傾向が加速する気配がみえる。ここでは，中国傾斜の経済以外の面として，東南アジア諸国の民主化の動向と地域機構としての ASEAN の機能についてふれておこう。

　東南アジアでは近年，漸進的に進んできた民主化の動きに逆行する傾向がみられる。大きな要因は，一党独裁の中国が，欧米から批判される非民主的な政権や権威主義的な政策を直接，間接に支援し，現地政権もそれを後ろ盾にしている点である。トランプ米政権が前政権までと異なり，他国の民主主義，人権，法治などに無頓着で，それらを理由に強く批判したり制裁を科したりしなくなったこともこれに追い打ちをかけている。

　マレーシアでは，政府系投資会社「1MDB」に絡む不正融資や横領疑惑のスキャンダルを抱え，保身のために強権政治に傾いたナジブ政権を，中国が1MDBの負債軽減となる資金提供で支援してきた（ただし2018年5月の総選挙でこれを批判する野党によって予想外の政権交代が起こり，形勢は逆転した）。カンボジアでは，政権の腐敗や対中癒着に対する批判が強まり，2018年7月の総選挙での政権交代も予想されたが，直前に野党を解党処分とする強権的措置が発動され与党が圧勝した。この総選挙では中国のサイバー集団がハッキングで関与したとも言われる。またタイでは，2014年のクーデターで政権に就いた軍事政権が，民政復帰を引き延ばす一方で中国に接近し，武器の購入や鉄道建設で対中依存を強めた。ミャンマーは，中国依存からの脱却を1つの理由に2010年に民政移管に踏み切ったものの，イスラム系少数民族ロヒンギャの難民問題で欧米から非難を浴びるにつれて中国への再傾斜がみられる。

　最後に，ASEAN の地域機構としての機能についてである。域内諸国の対中傾斜によって ASEAN の結束力が揺らいでいる点は既述の通りである。ある意味

では，中国によるASEAN切り崩しの戦略が着実に実を結んでいるとも言える。また，広域の多国間枠組については，中国だけでなくアメリカもトランプ政権下で多国間協議より2国間交渉を重視する姿勢に変わったことで，ASEANのイニシアティブの低減が懸念される。加えて，中国が主導して新しい多国間協議体を生み出し，その「運転席」に中国自身が座る試みがいくつも起こっており，そこでもASEANの役割が限定される可能性が高い。

以上みてきたように，東南アジアの中小国が自立と統合を進め，安定と発展を達成するとともに，地域としてもASEANの拡大と深化を通して自律性を高め，アジア太平洋全体の秩序形成にも寄与するという長年の目標とその実績は，グローバル化と米中対峙の国際環境のもとで，いま大きな試練に立たされている。とはいえ，東南アジア諸国は，国民統合と経済発展を総じて順調に進め，1990年代以降は域内諸国間もしくは域外国との戦争や重大な紛争を回避して地域的安定を確保してきた。また，ASEANが推進する多国間協議の重層的な枠組において拡大，深化，多元化が進んできた交流，対話，協議のチャンネルは，経済協力や安全保障の上で重要な資産となっている。地域秩序が大きく揺らぐ局面の中で，東南アジア諸国が国家の統合と地域の結束を維持しつつ，自律的発展と地域秩序の再編を進められるかどうかがいっそう問われる時代に入った。

東南アジア関連略年表

1945・8		第二次世界大戦終結，インドネシア独立宣言。
1946・7		フィリピン，アメリカから独立。米比相互防衛条約締結（1951.8）。
1954・4		ジュネーヴ協定（フランスのベトナム撤退，南北分離など決定）締結。
	9	東南アジア条約機構（SEATO）結成。
1957・8		マラヤ連邦，イギリスから独立。
1963・9		マレーシア連邦発足，インドネシアはこれに反対し「対決」政策を開始。
1965・2		米軍によるベトナム北爆開始によりベトナム戦争本格化。
	8	シンガポール，マレーシアから分離独立。
	9	インドネシアでクーデター（9.30事件）発生，スカルノ政権が実質的に崩壊。
1967・8		ASEAN結成，第1回ASEAN外相会議開催で「バンコク宣言」発表。
1969・5		マレーシアで「民族暴動」（5.13事件）発生，ラザク体制が実質的に始動。
	7	ニクソン米大統領，「ニクソン・ドクトリン」（ベトナム撤退表明）発表。
1972・9		フィリピンのマルコス大統領が戒厳令を施行し，独裁の体制を始動。
1974・1		田中角栄首相訪問時にタイ，インドネシアで反日暴動勃発。
1975・3-6		北ベトナム，全土武力統一達成。カンボジア，ラオスでも社会主義政権成立。
1976・7		インドネシア，東ティモールを併合。
1978・11		ベトナム，ソ連と友好協力条約締結。
1979・1		ベトナム軍のカンボジア進攻，親越派ヘン・サムリン政権樹立。2月に中越戦争。

1982・6		カンボジア，三派連合政府結成，内戦が激化。
1984・1		ブルネイ，イギリスから独立，同時に ASEAN 正式加盟。
1986・2		フィリピン，「2月革命」でマルコス大統領失脚，アキノ政権誕生。
	12	ベトナム共産党大会でドイモイ（刷新）路線採択。
1989・12		APEC 結成。第1回 APEC 閣僚会議（キャンベラ）開催。
1990・12		ミャンマーの総選挙で民主化勢力圧勝後，軍部が選挙結果を無視して軍政開始。
1991・10		カンボジア和平パリ国際会議にて和平協定調印。
1992・1		第4回 ASEAN 首脳会議にて「シンガポール宣言」に合意。AFTA 構想提唱。
	2	中国が「領海法」を制定し，南シナ海諸島のすべての領有を明記。
		フィリピンの米軍基地（スービック，クラーク），年末までに完全撤収。
	5	タイ，民主化勢力に軍が発砲（5月流血事件）。国王の裁定で文民政権が成立。
1993・5		カンボジアで初の総選挙，9月にカンボジア王国（シアヌーク国王が元首）成立。
1995・2		中国海軍，南シナ海のミスチーフ礁を占拠。
	7	ベトナム，対米外交正常化，ASEAN 正式加盟。
1996・11		第1回アジア・EU 会合首脳会議（ASEM）開催。
1997・7		タイ通貨バーツの暴落を端緒とするアジア通貨・金融危機の発生。
		ラオス，ミャンマーが ASEAN 加盟。
	12	第1回「ASEAN＋3」首脳会議，通貨危機対策を主題に開催。
1998・5		インドネシアのスハルト大統領，学生・大衆運動の前に退陣。
		マレーシア，マハティール首相，資本取引規制を導入，アンワル副首相を解任，訴追。
1999・4		カンボジアが ASEAN 加盟（「ASEAN10」成立）。
2002・5		東ティモール，インドネシアの統治下から独立。
2005・12		第1回東アジア首脳会議（EAS）ASEAN＋6 で開催。2011年に米ロも参加。
2006・9		タイの軍事クーデターによりタクシン政権崩壊。
2007・11		「ASEAN 憲章」に署名（2008・12に発効）。
2010・3		アメリカが環太平洋パートナーシップ（TPP）協定に参加。日本は2013年交渉参加。
	11	ミャンマー，20年ぶりの総選挙で民政移管。アウンサン・スーチー自宅軟禁解除。
2012・7		ASEAN 外相会議は南シナ海問題をめぐる対立のため共同声明出せず。
		中国，南シナ海の南沙諸島海域の暗礁を埋め立てて人工島の造成を開始。
2013・10		中国の習近平国家主席が「一帯一路」構想を提唱。
2014・4		タイの軍事クーデターによりインラック政権崩壊。
2015・12		「ASEAN 共同体」発足を宣言するクアラルンプール宣言に ASEAN 首脳が署名。
2016・6		フィリピン，ドゥテルテ大統領就任。親中国姿勢を打ち出す。
2018・5		マレーシアで初の政権交代。マハティールが15年ぶりに首相に就任。

（出所）　筆者作成。

注

(1) ASEAN の生成・展開および基本的な特徴については，山影進『ASEAN──シンボルからシステムへ』東京大学出版会，1991年；黒柳米司『ASEAN35年の軌跡──'ASEAN Way' の効用と限界』有信堂，2003年；佐藤考一『ASEAN レジーム── ASEAN における会議外交の展開と課題』勁草書房，2003年；石川幸一・清水一史・朽木昭文編著『現代 ASEAN 経済論』文眞堂，2015年など参照。

(2) 1990年代の ASEAN の展開については，山影進『ASEAN パワー――アジア太平洋の中核へ』東京大学出版会，1997年；山影進編『転換期の ASEAN――新たな課題への挑戦』日本国際問題研究所，2001年など参照．
(3) APEC の生成・発展過程については，菊池努『APEC――アジア太平洋秩序の模索』日本国際問題研究所，1995年；大庭三枝『アジア太平洋地域形成への道程――境界国家日豪のアイデンティティ模索と地域主義』ミネルヴァ書房，2004年などを参照．
(4) 安全保障秩序形成や多国間安全保障については，森本敏編『アジア太平洋の多国間安全保障』日本国際問題研究所，2003年；アミタフ・アチャリア「ASEAN と安全保障共同体――構成主義アプローチからの理解」山本武彦・天児慧編『新たな地域形成（東アジア共同体の構築 1）』岩波書店，2007年など参照．
(5) 9.11事件と東南アジアとの関係については，重冨真一・中川雅彦・松井和久編『アジアは同時テロ・戦争をどうみたか』明石書店，2002年；河野毅「越境するテロの特徴とその展望――東南アジアの事例から」高原明生・田村慶子・佐藤幸人編『越境（現代アジア研究 1）』慶應義塾大学出版会，2008年など参照．
(6) 「東アジア共同体」については，山本・天児編，前掲書；大庭三枝「『東アジア共同体』論の展開――その背景・現状・展望」高原・田村・佐藤編，前掲書；黒柳米司編『ASEAN 再活性化への課題――東アジア共同体・民主化・平和構築』明石書店，2011年など参照．
(7) 「ASEAN 共同体」の構想や具体的な内容については，山影進編『新しい ASEAN――地域共同体とアジアの中心性を目指して』アジア経済研究所，2011年など参照．
(8) 「米中対峙」という用語法やそのもとでの ASEAN については，黒柳米司編『「米中対峙」時代の ASEAN――共同体への深化と対外関与の拡大』明石書店，2014年参照．
(9) A. F. K. Organski, *World Politics, 2nd ed.*, New York: Alfred A. Knopf, 1968 参照．
(10) 南シナ海問題については，佐藤考一『「中国脅威論」と ASEAN 諸国――安全保障・経済をめぐる会議外交の展開』勁草書房，2012年，第 4 章；飯田将史『海洋へ膨張する中国』角川 SSC 新書，2013年など参照．
(11) 佐藤考一「米中対峙下の南シナ海紛争」黒柳編『「米中対峙」時代の ASEAN』参照．
(12) 「ASEAN 共同体」の構想や具体的な内容については，山影編，前掲『新しい ASEAN』など参照．
(13) 山影編，前掲『新しい ASEAN』第 1 章参照．

参考基本文献

アジア経済研究所編『アジア動向年報』各年版，アジア経済研究所．各年のアジア諸国の政治，経済，国際関係の動向を各種資料を含めて地域，国ごとに整理した年報．
大庭三枝『重層的地域としてのアジア――対立と共存の構図』有斐閣，2014年．冷戦期から現在までのアジアにおける重層的な地域制度の形成過程を詳細に論じた研究書．
黒柳米司『ASEAN35年の軌跡――'ASEAN Way' の効用と限界』有信堂，2003年．ASEAN の生成と発展を丹念に追いながらその役割や特徴を浮き彫りにした ASEAN 研究の専門

書。
黒柳米司・金子芳樹・吉野文雄編著『ASEANを知るための50章』明石書店，2015年。ASEANの全体像を多面的に把握し，ASEANの機能と位置づけを理解するための手引き書。
佐藤考一『「中国脅威論」とASEAN諸国——安全保障・経済をめぐる会議外交の展開』勁草書房，2012年。中国の台頭に対するASEANの対応を中心にASEAN外交の特徴について分析している。
清水一史・田村慶子・横山豪志編著『東南アジア現代政治入門〔改訂版〕』ミネルヴァ書房，2018年。政治体制，多文化社会，開発政策，民主化などを軸に東南アジア11カ国を網羅した国別入門書。
増原綾子・鈴木絢女・片岡樹・宮脇聡史・古屋博子『はじめての東南アジア政治』有斐閣，2018年。国家の成り立ちから現在の政治体制，経済状況，今後の課題など包括的に網羅した東南アジア政治の入門書。
平和・安全保障研究所編『アジアの安全保障』各年版，平和・安全保障研究。アジア諸国の経済，政治・安全保障，外交についてまとめた年報。
山影進『ASEAN——シンボルからシステムへ』東京大学出版会，1991年。ASEANの生成と発展の過程を詳述しながら地域秩序形成について論じた先駆的研究。
山影進編『新しいASEAN——地域共同体とアジアの中心性を目指して』アジア経済研究所，2011年。2000年代におけるASEANの新たな組織と機能について多面的に分析・展望している。
山本信人監修・編著『東南アジア地域研究入門 3 政治』慶應義塾大学出版会，2017年。東南アジア地域研究における関心の変遷，研究成果，残された課題などを整理した高度なガイドブック。

（金子芳樹）

第9章

中東諸国の同盟関係
――その変遷と地域的パワー・バランスへの影響――

Introduction

中東諸国は，その成立過程から脱国家的あるいはサブナショナルなアイデンティティーを国内に抱えるとともに共有しており，国境を越えたイデオロギーや人・集団の動きによって影響を及ぼし合ってきた。そうした国々の間に度重なる戦争を通じて形成されてきたパワー・バランスは，地域秩序のあり方に大きく関わっている。

第1節　中東の国家にみる特徴

中東の地理的広がりには，必ずしも固定化された範囲があるわけではない[1]。仮に東西の端に位置する国をアフガニスタンとモロッコ，南北をトルコとイエメンとすると，それら4カ国を結ぶ領域には，パレスチナを含み，中東諸国として22カ国を数えることができる（**図9-1**）。そのうち，アフガニスタン，イラン，イスラエルおよびトルコを除く18カ国がアラブ諸国である。

中東諸国の多くは，イギリスおよびフランスをはじめとする帝国主義列強の植民地化や委任統治などを経て，1940年代半ばから70年代前半にかけて独立を果たした。このため，中東諸国は，欧米諸国が支配的な立場にある国際システムに遅れて参入することになり，その周縁に置かれることになった[2]。そうした国際システムは，成熟度の高い国民国家を中心として存在していた。しかし，中東諸国は，発展の途上にあった。

中東諸国の未熟さは，国家建設の期間が欧米諸国と比べて圧倒的に短いということに加え，国境が人工的なものであるために国民意識が必ずしもすべての国民に共有されているわけではなく，中央政府が統治の正統性を十分に確保できていないことに起因する。そのため，イスラムなどの脱国家的（supra-national）なアイデンティティーに加え，宗派や部族などのサブナショナル（sub-national）なア

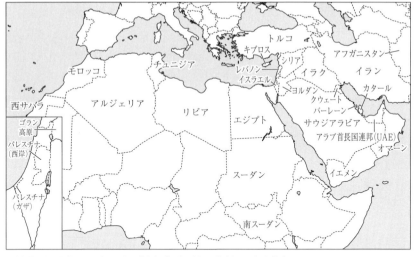

図 9-1　中東諸国図の位置と広がり

(出所)　松尾昌樹・岡野内正・吉川卓郎編『中東の新たな秩序』xii 頁より作成。

　イデンティティーの強い中東では，国境を越えたイデオロギーや人・集団の動きが国家間関係に影響を及ぼしてきた(3)。こうした状況下では，国内の社会政治的な結合力を十分に高められない国家が弱いとみなされる。近隣諸国は，そうした「弱い国家」の中に存在する組織や集団に働きかけ，自らの影響力を高めようとしてきたのである。

　本章では，このような特徴を有する中東諸国の国際関係について，多数派であるアラブ諸国の動向に焦点をあてながら，それがどのような地域的パワー・バランスに結び付いてきたのかを論じてみたい。以下の各節では，中東諸国間の対立構造を解き明かしながら，その変遷をみていこう。

第2節　地域的な同盟関係の変遷

(1)　中東戦争と2つの同盟ブロック

　まず，1940年代末から70年代前半の中東国際関係に影響を及ぼしたのは，パレスチナ問題の発生を起源とする中東戦争である。パレスチナ問題とは，パレスチナという領域をめぐるユダヤ人とパレスチナ・アラブ人（以下パレスチナ人）との民族自決権の争いである。19世紀，西欧諸国のユダヤ人は，パレスチナでのユダ

ヤ人国家の建設を目指す「ユダヤ民族主義（シオニズム）」のもとでオスマン帝国下のパレスチナに移住を始めた。そのため、土地を必要とするユダヤ人に対し、パレスチナ人が不満を強め、両者のコミュニティ対立が惹起された。ユダヤ人であれ、アラブ人であれ、自分たちがその土地に対して正当な権利を有していると主張するためには、相手側が自決権を有する民族であるということを否定しなければならなかった[4]。こうして、ユダヤ人とパレスチナ人の対立は、ゼロ＝サム的な性質を帯びた。

　このコミュニティ対立は、1948年5月、前年11月末に国際連合（国連）で採択された総会決議181号（いわゆる「国連パレスチナ分割決議」）に基づきイスラエルが独立を宣言すると、その存在を否定するアラブ諸国（エジプト、シリア、レバノン、ヨルダン、イラクおよびサウジアラビア）との間に最初の中東戦争（1948年戦争）が勃発したことで、国家間対立に吸収された。この戦争でパレスチナ人は、難民となって近隣諸国などに移住するとともに、イスラエルの統治下におかれることになった。離散を余儀なくされたパレスチナ人は、国家を有することができなかったのである。

　アラブ諸国は、「アラブ民族主義」[5]という脱国家的なイデオロギーに基づき、イスラエルの打倒とパレスチナの解放をアラブの大義として掲げてはいたが、1949年7月までに、国連の仲介でイスラエルと休戦協定を締結した。アラブ諸国は、自国内および地域的な安定のため、パレスチナをめぐるイスラエルとの戦争が再燃しないよう問題を封じ込めようとした[6]。そのため、アラブ諸国の政権は、自らが死守したヨルダン川西岸地区およびガザ地区（以下、西岸・ガザ地区）にパレスチナ国家を樹立するのではなく、パレスチナ人の政治的あるいは軍事的組織を周縁化するもしくは壊滅させようとした。パレスチナ人は、自らのおかれた状況と国家を有する人々との差異を目の当たりにし、政治主体性の確立を模索しはじめた[7]。

　一方、アラブ諸国の指導者は、自身こそがアラブ民族主義の真の担い手であるというイメージを植え付けることにエネルギーを割き、国内外での支持を得ようとした[8]。アラブ民族主義は、アラブ人をひとつの共同体とすべく既存の国境を再編することを目指すとともに、イギリスやフランスという帝国主義列強の影響力を排除しようともしていた。特に後者の点を好ましいとして、50年代以降、エジプトなどのアラブ諸国との関係を強化していったのがソ連であった。この頃まで

に中東は，冷戦構造に組み込まれ，中東紛争は，米ソ対立の代理戦争とみなされるようになっていた。そうしたなかで，第一次世界大戦後に築かれたイギリスとフランスの帝国主義的な地域秩序が急速に揺らぎ，アメリカとソ連が影響力を拡大させていった[9]。中東における列強の交代劇は，1956年10月に勃発した中東戦争（1956年戦争）によって決定的となった[10]。

　こうして，中東には，1970年代前半まで中東紛争を規定する同盟関係が明確に姿を現した。それは，きわめて単純な親米・反米ブロックの二項対立である。アラブ諸国でいえば，英仏の植民地支配に対抗するアラブ民族主義政権諸国（エジプト，イラク，シリア，イエメン，アルジェリア，チュニジア，リビア）と植民地期以来の君主制諸国（サウジアラビアを中心とする湾岸アラブ諸国）との対立がそのまま反米・親米ブロックと重なる[11]。イラン，トルコ，イスラエルといった非アラブ諸国は，いずれも，1970年代末まではアメリカの強力な同盟国であった[12]。イスラエルは，自国を敵視するアラブ諸国に包囲されているという脆弱性を補うべく，アラブ圏の外側に位置するトルコ，イランおよびエチオピアといった国々と同盟を築く「周辺政策（periphery policy）」を展開していった[13]。

　パレスチナ人は，アラブ諸国間の競合関係にもかかわらず，イスラエルに対する武装闘争を行いながら，なるべく多くのアラブ諸国から支援を得ようと画策していた。それが可能であったのは，アラブ諸国にとってパレスチナ問題への関与が自らの正統性を高めるうえで重要であったからである。ただし，そのためにアラブ諸国は，パレスチナ問題に対する自身の統制を確保しようとした。そうして1964年5月に発足したのが「パレスチナ解放機構」（以下，PLO）であった。

　1969年2月には，パレスチナ人としてはじめてヤーセル・アラファトがPLO議長に選出され，就任した。その背景は，1967年6月に勃発した中東戦争（1967年戦争）で，アラブ諸国（エジプト，シリア，ヨルダン，イラク）がわずか6日間でイスラエルに敗北するとともに，エジプト，シリアおよびヨルダンが領土の一部をイスラエルに占領されたことであった。パレスチナ人は，アラブ民族主義を掲げるアラブ諸国がイスラエルに大敗を喫したことでアラブ側の能力に不信を抱き，自ら問題の解決を担う意思を強めたのであった。以後，PLO傘下のパレスチナ諸組織は，イスラエルと直接対峙するようになった。これを紛争のパレスチナ化と呼ぶ[14]。

　イスラエルに領土の一部を占領されたアラブ諸国は，イスラエルとの領土問題

を抱え，イスラエルの壊滅を目指す軍事的な手段が国益に適わないことを認識するようになった。しかし，イスラエルを交渉相手とする政治的解決は，弱腰の姿勢とみなされ，アラブ世界における自国の立場を弱めることにつながるおそれがあった。そのため，1967年戦争がアラブ・イスラエル紛争の解決に直結したわけではない。むしろ，67年8月末から9月はじめにかけてスーダンの首都ハルツームで開催されたアラブ連盟首脳会議では，「3つのノー」というイスラエルへの強硬な姿勢の堅持が確認された。これは，イスラエルの存在を承認しない，イスラエルと交渉しない，イスラエルと和平を締結しない，というものである。

　1973年10月には，エジプトとシリアがイスラエルに対して先制攻撃を行い，再び中東戦争（1973年戦争）が勃発した。最終的にこの戦争は，イスラエルが緒戦でのアラブ側の優勢を盛り返し，アラブ側が先に停戦を受け入れたことで終息した。その直後，サウジアラビアを筆頭とする湾岸アラブ産油国は，イスラエルの同盟国に対する石油の禁輸とイスラエルが占領地から撤退するまで毎月5％の産出量削減を発表したのであった。アラブ側のこの動きは，油価を高騰させるとともに国際的なパニックを招いた（第一次石油危機）。これにより，アメリカは，イスラエルとアラブ諸国（エジプト，ヨルダンおよびシリア）との和平の実現に向けた外交を積極的に展開していった。その最大の成果として，1979年3月，エジプトとイスラエルが平和条約を締結した。エジプトは，対イスラエル戦線から退き，アメリカとの関係を改善させたのであった。ただし，エジプトのこの動きはアラブ諸国の反発を招いた。そのため，エジプトは，アラブ連盟の加盟資格を停止されるとともに，例えばシリアに国交を断絶されるなどの代償を支払うことになった。

（2）　湾岸情勢の変動に伴う同盟の再編

　1970年代には，アラブ諸国間のパワー・バランスに変化が生じた。それは，1968年1月，イギリスが財政難を理由にスエズ以東からの撤退を表明し，1971年に完了させたことで，すべての湾岸アラブ諸国が独立を達成したことによる。これらの国々は，石油や天然ガスなどのエネルギー資源を輸出し，経済的に繁栄した「レンティア国家」に位置付けられる。湾岸アラブ諸国が獲得した石油輸出収入は，財政支援や直接投資，近隣アラブ諸国からの出稼ぎ労働者による本国への送金などを通じて周辺諸国に流出し，中東全体を「半レンティア国家」化させた。

このため，アラブ諸国の間には，既存の国境のもとで国家間協力を推進することへの誘因が高まった。こうして，アラブ世界では，パワーの源泉が軍事力から経済力へと変化し，湾岸諸国の発言力が拡大したのである。[17]

アラブ諸国間のパワー・バランスが変化したことに加え，1979年2月にイランで革命が発生すると，湾岸情勢が中東全体に影響を及ぼす余地も拡大した。イラン革命が親米的な王政を打倒するとともに，それまで中東諸国の関係を規定してきた二項対立的な同盟ブロックを組み替えるからである。

「革命の輸出」を掲げるイランに対して，最初の標的国とされたイラクを含む湾岸アラブ諸国（サウジアラビア，クウェート，カタール，バーレーン，アラブ首長国連邦，オマーン）は，いずれも革命の国境を越えた影響を危惧して反イラン・ブロックを形成した。1980年9月，イラクのサダム・フセイン大統領は，イランの脅威を封じるとともに湾岸地域での覇権を確立するために，イランに軍事侵攻した。イラン・イラク戦争のはじまりである。湾岸アラブ諸国6カ国は，イラクを支援しながらもイラクに対する警戒心から，81年10月，湾岸協力会議（GCC）を結成した。それまでソ連陣営に与していたイラクは，イランの脅威を共有する親米ブロックのサウジアラビアをはじめとする湾岸君主国とともにアメリカとの関係を改善させていった。アメリカは，イラン革命によってイランという重要な同盟国を失ったことに加え，79年12月にソ連がアフガニスタンに軍事侵攻したことで，湾岸情勢への関与を拡大する必要性に直面することになった。アメリカは，イランがソ連の影響下に陥るのを阻止するとともに，湾岸アラブ諸国をイランから守らなければならなかった。前者についてアメリカは，ソ連に飲み込まれることのない強力なイランを求めていたが，後者に関しては，弱いイランが好ましかった。[18]アメリカの対イラン政策は，大きな矛盾を抱えてはいたが，アメリカは，湾岸の国際関係を論じる上で不可欠なアクターとなったのである。

一方，イランは，1975年4月に内戦が発生し，政治的真空にあったレバノンを「革命の輸出」の試金石とみなした。レバノンでは，イラン革命の影響を受けてシーア派のイスラム主義者たちが1980年代初頭からレバノン国内に駐留していたイスラエル国防軍や多国籍軍に対するレジスタンスを拡大させていた。[19]その標的がイスラエルのみならずレバノンの政権や外国勢力であったことに，イスラム革命の理念の痕跡がみられる。[20]こうしたレジスタンスを基盤として，1985年2月，「神の党」（以下，ヒズボラ）が結成され，イランからの財政面および精神面での

支援に基づき活動していくのであった。同時にイランは，イスラエルへの抵抗およびイラクという敵の存在を共有するシリアとの戦略的な同盟を強化していった。

アメリカは，1987年1月，クウェートの要請に応じる形でペルシア湾に艦隊を派遣した。クウェートの港に出入りするタンカーをイランの攻撃から護衛するためであった。実はこのとき，クウェートは，同様の要請をソ連に対しても行っており，ソ連の艦隊がペルシア湾に入ることになった。このことがアメリカの決定を後押しした。こうした中で88年7月，アメリカの艦隊がイランの航空機を誤射するという事件が発生した。これを機にイランが国連の停戦決議を受け入れ，イラン・イラク戦争は終結した。

その後，湾岸情勢は，イラン・イラク戦争に伴う経済の悪化を背景として90年8月にイラクがクウェートに軍事侵攻し，湾岸危機が発生したことで，中東における同盟関係を再編することになった[21]。アラブ諸国は，ヨルダンを除いてイラクのクウェート占領を非難し，その脅威を共有することになった。アメリカは，湾岸危機の発生を受け，イラクに経済制裁を科す国連安全保障理事会（安保理）決議の採択などに奔走しながらも，軍事介入の可能性を排除せず，サウジアラビアに米軍の駐留を受け入れさせるといった備えを開始していた。91年1月にはイラクをクウェートから撤退させるべく，アメリカを中心とする多国籍軍が軍事攻撃を始めた。

アメリカが湾岸危機・戦争において軍事介入を強化できたのは，1980年代末から東欧で民主化が促進され，ソ連の社会主義体制が内部崩壊の危機に瀕するとともに，冷戦構造が崩壊しつつあったことを背景とする。また，ソ連は，89年2月[22]にアフガニスタンから撤退しており，湾岸戦争への軍事介入に消極的であった。そのため，湾岸危機・戦争を通じてアメリカとアラブ諸国との間には，イラクを共通の敵とする準同盟関係が構築された。反米および反イスラエルを貫いてきたシリアでさえ，アメリカと良好な関係を築くことが国益につながることを再認識するようになったのである。シリアのハーフィズ・アサド大統領は，89年12月，イスラエルと平和条約を締結したことを受けて79年3月以降国交を断絶していたエジプトを訪問した。ソ連の事実上の崩壊により後ろ盾を失ったシリアは，アメリカとの関係を改善する必要性を感じており，その一歩としてエジプトとの国交を回復したのであった[23]。湾岸危機・戦争において，イランは中立を維持した。

第3節　中東和平プロセスのはじまりとその展開

　こうして，1970年代末から90年初頭の湾岸情勢は，中東紛争によって構造化されていた単純な形での親米もしくは反米ブロックという二項対立的な同盟関係を組み換えた。そのため，湾岸戦争の終結により，中東には冷戦構造の崩壊とあわせた「2つの戦後」[24]という構造が出現した。状況としては，アラブ諸国とアメリカの関係が改善される一方，イスラエルおよびPLOがともに損失を被るという認識を共有するというものであった。イスラエルは，アメリカとアラブ諸国との関係改善という地域的な同盟構造の変化を受け，自身の戦略的重要性を低下させることになった。また，PLOは，湾岸危機・戦争においてイラクを支持したことで湾岸諸国からの財政支援を打ち切られ，中東地域での政治的立場を弱体化させた。湾岸危機・戦争でのPLOの姿勢は，アメリカとアラブ諸国との同盟関係が再編される中で，アメリカにとって，反米と受け止められるものでもあったといえよう。そのためイスラエルとPLOは，現状を打破する必要性に迫られていたのであった。その機会をもたらしたのがアメリカとロシアの主導で1991年10月末に始まったマドリード中東和平国際会議を発端とするシリア，レバノンおよびヨルダン・パレスチナ合同代表団とイスラエルとの中東和平プロセスであった。
　ゆえに，「2つの戦後」は，中東和平の機運を高めることに寄与した。その一応の成果として，1993年9月，イスラエルとPLOが初の和平合意（オスロ合意）を締結した。[25] 1994年10月にはヨルダンとイスラエルの間に平和条約が締結され，国交が正常化された。シリアとイスラエルとの交渉は，2000年まで断続的に非公式なチャンネルを通じても実施されたが，2018年10月の時点でも合意には至っていない。
　1990年代に最も進展をみせたのは，パレスチナ・トラックであった。イスラエルとPLOとの和平合意に基づき，1994年5月にはパレスチナ自治政府が発足するとともに，イスラエル軍が西岸・ガザ地区の一部から撤退し，パレスチナ人による自治が開始された。その自治には，5年間の暫定期間が設定されており，その後のパレスチナ人の政治主体性については，自治の開始から2年が経過した後に実施される最終的地位交渉によって決まると規定されていた。この交渉では，パレスチナ難民，エルサレム，入植地，安全保障および境界線の5つの最終的地

位問題について協議されることになっていた。

　しかし，イスラエルで和平に消極的な政党が同様の政治的指向を有する諸政党と組む連立政権が発足したことで，和平交渉の進展は阻害された。また，パレスチナ人のなかには，イスラエルとの和平合意が自分たちの権利を十分に保証していないとして，交渉の実施に反対する声も聞かれた。そのため，イスラエルに対するテロを実行する「イスラム抵抗運動（ハマス）」のような組織も存在し，イスラエルの政権が和平合意の履行を引き延ばす理由となった。さらに，イスラエルとPLOが和平の実現に不可欠であると考える条件は異なっていた。特に，和平交渉を通じてパレスチナ人の独立国家が樹立されるのか否かについて，両者の間に明確な合意は存在しなかった。そのため，パレスチナ人の政治主体性に密接に関わる最終的地位問題についての交渉は難航した。

　初の本格的な最終的地位交渉となった2000年7月のキャンプ・デービッド交渉は，エルサレム問題について意見の一致がなされなかったことが原因で決裂したとされる。しかし，同交渉では，パレスチナ難民問題については協議すらされなかった。2000年9月末にパレスチナ人の民衆蜂起であるアル＝アクサー・インティファーダ（第二次インティファーダ）が発生したことから，2001年12月，イスラエルは，今後一切アラファトPLO議長を和平のパートナーとみなさないことを決定した。

　その間，2001年9月11日にアメリカで同時多発テロ事件（以下，9.11事件）が発生すると，イスラエルは，パレスチナ人に対する武力行使にアメリカが掲げた「テロとの戦い」を適用し，自らの行いを正当化した。一方，パレスチナ人は，ハマスなどを中心とするイスラエルへの抵抗活動を続けた。こうして，中東和平プロセスは停滞を余儀なくされた。

　ただし，和平を進展させようとする域内外の取組も活性化された。2002年3月，ベイルートで開催されたアラブ連盟首脳会議では，サウジアラビアのアブドッラー皇太子（当時）のイニシアティブで，イスラエルに対する和平提案がなされた。後に「アラブ和平イニシアティブ」と呼ばれるこの和平案は，イスラエルが1967年戦争で占領したゴラン高原および東エルサレムを含む西岸・ガザ地区から撤退し，東エルサレムを首都とするパレスチナ独立国家の樹立およびパレスチナ難民の帰還を認めるのであれば，アラブ諸国がイスラエルとの国交を正常化することを趣旨としていた。また，2002年6月には，アメリカのG・W・ブッシュ大

統領が中東和平の行程表である「ロードマップ」を発表し，イスラエルとパレスチナとの和平を促進しようとした。しかし，2004年11月にアラファトPLO議長が死去し，2006年1月に第2回パレスチナ立法評議会選挙が実施されるとハマスが第1党となったことを背景に，パレスチナ内部は分裂した。これは，イスラエルとの和平の実現が困難になった1つの背景となった。

第4節　イラク戦争後の中東のパワー・バランス

(1)　イラク戦争と中東の「新冷戦」

　アメリカは，中東和平の促進に尽力する一方，「テロとの戦い」を実行しはじめていた。まず，アメリカは，9.11事件の実行犯であった「アルカイーダ」首領らの引き渡しを拒んだアフガニスタンのタリバーン政権に対し，2002年10月から軍事侵攻を開始した。翌11月にタリバーン政権が崩壊すると，アメリカのG・W・ブッシュ大統領は，大量破壊兵器を開発する国も「テロとの戦い」の対象となることを明らかにし，「テロとの戦い」の矛先がイラクに向けられる可能性を示唆した[26]。アメリカは，テロ組織が大量破壊兵器を入手することへの脅威認識を強めていたのであった。こうしてアメリカは，イラクに対し，2003年3月，有志連合による軍事侵攻を行った。イラク戦争の始まりであった。これにより，フセイン体制は打倒され，シーア派住民が人口の過半数を占めるイラクで戦後選挙が実施された結果，シーア派のイスラム主義政党が政権与党となった。公式にはイランは，1980年代末に「革命の輸出」スローガンを取り下げてはいたが，イラクでのシーア派政権の発足は，イランからの汎イスラム革命思想の「輸出」が実現したことを意味した[27]。イランの影響力がイラクに及ぶことになったのである。

　イラク戦争を契機として，中東のパワー・バランスは，イランに有利なものとなりつつあった。このことに危機感を強めたのがサウジアラビアであった。以後，中東情勢は，イランとサウジアラビアとの「新冷戦」という側面を強めていった[28]。例えば，1990年の内戦終結時からシリアが実効支配していたレバノンにおいて，イランとサウジアラビアは，駆引きを繰り広げた。その出発点は，2005年2月，レバノンでラフィーク・ハリーリー首相が暗殺されたことであった。ハリーリーがレバノンに対するシリアの影響力を弱めようとしていたことから，レバノンでは，全国規模の市民による反シリア・デモが高まり，同4月，シリア軍がレバノ

ンから撤退し，シリアの実効支配に幕が下りた。この政変を「杉の木革命」と呼ぶ。2005年5〜6月にかけて投開票が行われた国民議会選挙を経たレバノンには，シリアに対する政策的立場の違いによって2つの政治ブロックが誕生した[29]。1つは，スンニ派の政党を中心とする反シリア派の「3月14日勢力」であり，他方は，シーア派のヒズボラ率いる親シリア派の「3月8日勢力」である。双方の呼称は，各陣営がハリーリー暗殺事件後にデモを実施した日付にちなんでいる。前者をサウジアラビアや欧米諸国が，後者をイランおよびシリアが支援したことで，レバノンの政治情勢は，イランとサウジアラビアとの代理戦争の様相を呈することになった。

　しかし，イランとサウジアラビアは，ともに相手との対立に利益を見出してはいなかった[30]。サウジアラビアは，イランがヒズボラを通じて一定の影響力を有するレバノンを自身の勢力圏の一部とすべく，イランとの交渉を模索していた。イランもまた，ヒズボラを存続させる術として，サウジアラビアと手を結ぶことに前向きであった。

　ただし，イランとサウジアラビアとの良好な関係は，2006年7〜8月にかけて勃発したヒズボラとイスラエルとの戦争によって崩壊した。サウジアラビアは，ヒズボラがイスラエルの猛攻を耐え抜いたことで，イランに有利なパワー・バランスが強化されたと認識した[31]。イランは，ヒズボラの躍進を背景に，シリアおよびレバノンに対するサウジアラビアの関与を阻害するとともに，欧米諸国による3月14日勢力への支援も妨害しようとした[32]。

　最終的にサウジアラビアは，ハリーリー暗殺の首謀者とみられ，イランと戦略的パートナーシップを有していたシリアとの関係も悪化させた。両国は，2009年3月にハリーリー元首相の暗殺事件の真相を究明するために国連主導で設置された国際裁判所「レバノン特別法廷（STL）」の開廷により対立を先鋭化させた両勢力間の調停に乗り出していた。両国は協働で，「S・Sイニシアチブ」と称される一連の外交努力を2010年12月末まで継続していた[33]。しかし，2011年1月，親シリア派の3月8日勢力が同イニシアチブの失敗を発表し，閣僚を辞任させることで，レバノンの政情が不安定化したのであった。

　サウジアラビアとイランとの緊張関係は，パレスチナ情勢をめぐっても高まった。パレスチナでは，イランから財政および軍事支援を得ていたハマスが勢力を拡大させていた。ハマスは，2006年1月末の第2回パレスチナ立法評議会選挙に

勝利した後，2007年6月には，組織誕生の地であるガザ地区を実効支配するようになっていた。

こうして，イラク戦争後の中東には，欧米諸国が懸念するようなイラン，シリア，ヒズボラおよびハマスといった「テロ・ネットワーク」と，サウジアラビア，エジプトおよびヨルダンなどのアラブ諸国による「穏健派」との対立が顕在化した。こうした中で，穏健なアラブ諸国とイスラエルの間には，イランおよびハマスなどをともに脅威とみなしていることから，中東におけるイランの影響力拡大に対する利害関係が共有されてきている。こうした関係は，「アラブの春」によってシリアで内戦が勃発して以降，より顕著となった。

（2）「アラブの春」とシリア内戦のインパクト

「アラブの春」は，2010年12月末，チュニジアで発生した反政府抗議活動が翌年1月半ば，ベン・アリ大統領の亡命によって体制を放逐したのを皮切りに，エジプト，リビア，イエメンおよびシリアなどに飛び火した若者らの民主化運動のことである。その影響および帰結は国家によって異なる。短期的な視点では，2011年半ばの時点で，チュニジアおよびエジプトで旧体制が比較的円滑に退陣し，新たな政権の発足に向けた政治プロセスが展開されたのに対し，リビア，イエメンおよびシリアでは内戦が発生することになった。

このうち，中東のパワー・バランスに多大な影響を及ぼしたのがシリア内戦である。2011年3月，シリアで反政府抗議活動が発生した。同年7月頃から反政府勢力による武装闘争が激しさを増し，同年末の時点で，シリアのアサド政権は，反体制派の実存的な脅威に直面しているとみられていた。このため，サウジアラビアは，バッシャール・アサド大統領を追放する好機が到来したと捉えた。サウジアラビアにとってアサド政権の崩壊は，イランに有利な中東の情勢を自国にとって好ましいものへと転換させうる機会と映った。サウジアラビアは，イラクでの失敗をシリアで取り返すのだと意気込んだのである。そこでサウジアラビアは，シリアのスンニ派勢力を支援し，彼らの忠誠心を得ることで，シリア国内から中東のパワー・バランスを自らにとって有利な方向に動かそうとした。しかし，支援の提供が自ずとスンニ派の忠誠心に結びつくという考えは甘かった。シリアにおけるスンニ派のエリートおよび中間層には，体制派を支持する人々が少なからず存在した。また，それ以外の多くは，アサド政権と反体制派のどちらが優勢な

のかを見極めた上で，自らの立場を決めようとした。さらに，サウジアラビアは，戦時下において特定の組織を支援し，自身の駒とするための経験およびノウハウを欠いていた。

　一方，イランは，重要な外交資源であるアサド政権との戦略的同盟関係を維持すべく，2012年5月にはヒズボラ戦闘員の派遣などを含む軍事および財政支援を提供しはじめた。アサド大統領を守るとの目標を共有していたシリア国内のシーア派コミュニティは，イランに戦力をも提供し，共闘する姿勢を明らかにした。

　これらの支援合戦を繰り広げたイランとサウジアラビアに加え，シリア内戦には，トルコ，アメリカおよびロシアといった国外アクターが関与を行った。シリア領で「イスラム国（IS）」が勢力を伸張させたことが背景であった。シリア内戦の本質は，アサド政権と反アサド派の対立であるが，そこにISが関与し，事態を複雑にしたのである。

　ISは，2003年以降のイラクで対米闘争を活発化させたイラクのアルカーイダを組織的な起源とする。その首領であったザルカーウィが2006年に米軍の攻撃により死亡すると，組織は「イラクのイスラム国（ISI）」へと改名したが，さらなる米軍の攻撃を受け，壊滅状況に追い込まれた。それを立て直したのが後にISを率いるバグダーディであった。バグダーディは，ISIの影響力拡大を狙い，シリア内戦に関与しはじめた。そのためにISIからシリアに派遣された先遣隊が「ヌスラ戦線」であった。ヌスラ戦線は，シリアで他のジハード主義組織と協力しながら，自らの影響力を拡大してきた。また，自由シリア軍など他の反政府勢力を離脱した戦闘員を吸収することで，組織を拡大させていった。その結果，ヌスラ戦線は，シリア国内に確固たる基盤を築き，2013年までに，シリアの反政府勢力においてジハード主義者を一大勢力とさせることに成功した。これを受け，バグダーディは，2013年4月，ISIとヌスラ戦線を統合し，「イラクとシャームのイスラム国（ISIS）」として自らの指揮下におくことを宣言した。しかし，これに猛反発したヌスラ戦線は，アルカイーダへの忠誠を発表した。最終的にISISは，アルカイーダと歩みを異にし，2014年6月，イラクへと再侵攻し，第二の都市モスルを勢力下に置く躍進をみせた。そして，組織名がISへと改称されるとともに，バグダーディは，イギリスおよびフランスによって線引きされた国境に基づく既存の秩序を否定し，イラクおよびシャーム（シリアを中心とする地域）にカリフ制国家の樹立を宣言した。

ISは，シリアおよびイラクでの支配領域を拡大させていったが，それは，「アラブの春」で既存の国家の中央政府が社会からの異議申し立てに脆弱性を露呈し，崩壊や分裂に伴い弱体化して以降のことであった。「アラブの春」以降，各地では，IS同様に多くの強力な武装非国家主体が出現した。それは，「アラブの春」を契機として国家が統治機能を喪失・低下させ，アラブ諸国間の国境の浸透性が高まるとともに，中央政府の統治が及ばない「統治なき領域（ungoverned territories）」が拡大したからであった。
　このISに対し，アメリカは，2014年8月にまずはイラクでの空爆を実施した。同年9月には，シリア領内のIS拠点への空爆も始めた。ロシアは，アサド政権の要請に応える形で2015年9月，シリアでISを含む反政府勢力への空爆を始めた。トルコは，2016年8月，ISに対する「テロとの戦い」を名目としてシリア北部に軍を進駐させた。その真のねらいは，2013年11月にシリア北部での自治をはじめて宣言したクルド人勢力による実効支配地域の拡大阻止であった。
　多種多様な国家および非国家主体が関与したシリア内戦は，2016年12月半ば，イランおよびロシアの支援を受けてきていたアサド政権がシリア第二の都市アレッポを反体制派から奪還し，政権側に有利な状況が生まれた。その直後，同12月末にはイラン，トルコおよびロシアが仲介役を担い，停戦が発効された。同時に，ISは，2016年頃からイラクおよびシリアにおいて支配地域を縮小させるようになった。2016年初頭と同年末を比較すると，ISは，両国の支配地域のうち4分の1近くを失った。
　アサド政権は，2018年7月頃から最後の反政府拠点とされるイドリブへの攻撃を始めた。アサド政権が内戦前のようにシリア全土への統治を回復する見込みはきわめて薄いが，政権側は，自らの存続を前提としてポスト内戦への道を模索している。そこに至る過程では，イランがシリアに確たる拠点を築き，中東における影響力をさらに拡大させたことが明らかとなった。サウジアラビアは，イラクでの損失を補うどころか，以前にも増してイランに有利な中東のパワー・バランスを目の当たりにすることになった。サウジアラビアが2015年からイエメンでの内戦に介入を始めるとともに，2017年6月にカタールとの国交断絶に踏み切ったのも，イランへの対抗心が関わっている。

第5節　イラン包囲網と中東の秩序

　シリア内戦によってイランの地域的な影響力が拡大したことに強い懸念を有しているのは，サウジアラビアにとどまらない。イランを自国に対する最大の脅威とみなすイスラエルもシリアにおけるイランの動向を注視している。イスラエルは，シリア内戦に対し，基本的に関与しないという姿勢を示してきた。ただし，イスラエルは，必要に応じてシリア人に人道支援を提供するとともに，ヒズボラがイランから高性能武器を入手するのを阻止すべく，空爆を実施してきた。イスラエルにとって，イランがシリアに軍事プレゼンスを確立することに加え，レバノン南部を拠点とするヒズボラがより強大な軍事力を手にすることは，自らの安全をさらに脅かすことになるからだ。

　こうした中で2018年に入ると，イスラエルとイランとの間に緊張が高まっていった。発端となったのは，同年2月，シリアを飛び立ったイラン製のドローンがイスラエルの領空を侵犯し，イスラエル軍によって撃墜されるという事件であった。イスラエルとイランがヒズボラやハマスといった組織を介してではなく，直接対峙するようになっているということである。

　イラン包囲網の形成は，ますますサウジアラビアをはじめとするアラブ穏健派およびイスラエルとの共通利益となっている。例えば，2017年11月半ばにイスラエル国防軍のアイゼンコット参謀総長は，イランと対峙するためにサウジアラビアをはじめ，穏健なアラブ諸国とインテリジェンスを交換する用意があると述べた。[48]また，エジプトがシナイ半島を拠点とするISの支部「シナイ州」に対する掃討作戦を実施していることに対して，イスラエルは，ドローンなどで得たインテリジェンスを提供している。さらに，エジプトのテロ対策を支援すべく，サウジアラビアやUAEは，財政支援を行っている。[49]

　この文脈で，「アラブの春」により後景に退いた中東和平プロセスに注目が集まる側面も出てきた。サウジアラビアおよびUAEは，アメリカおよびイスラエルと地域的な和平の確立を模索している。2017年5月，アメリカのトランプ大統領は，中東歴訪を始めたが，その直前にUAEのザーイド皇太子が訪米し，トランプ大統領にイスラエルに対する和平案を提案したと報じられていた。[50]その和平案は，以下の点を含むものであった。イスラエルのネタニヤフ首相が中東和平プ

ロセスを再開させるために重要な取組を行うのであれば，湾岸諸国は，イスラエルとの関係を改善する方策を示す，というものである。具体的には，湾岸諸国とイスラエルとの直接通信網の整備やイスラエル航空機による湾岸諸国の領空飛行の許可などが例示された。

2017年12月には，トランプ大統領がエルサレムをイスラエルの首都であると宣言した。パレスチナは，対米不信を増大させたが，この「エルサレム宣言」の背景には，中間選挙を見据えたトランプ政権の内政要因のみならず，イスラエルと湾岸諸国がイラン包囲網の形成に利害関係を見出しているという対外的な要因も影響していよう。

「アラブの春」によって従来の秩序が崩壊した中東に，どのような新たな秩序が再建されるのか。現在の中東諸国が直面する問題である。国家間のパワー・バランスがこの秩序のあり方に影響することは疑いようがないであろう。

中東の国際関係の年表

1948・5		イスラエルの独立宣言，1948年戦争勃発。
1956・10		1956年戦争勃発。
1964・5		PLO発足。
1967・6		1967年戦争勃発。
1968・1		イギリスのスエズ以東撤退発表。
1969・2		アラファトのPLO議長就任。
1973・10		1973年戦争勃発，湾岸アラブ諸国による石油禁輸などの発表。
1975・4		レバノン内戦勃発。
1979・2		イラン革命発生。
	3	イスラエル・エジプト平和条約締結。
	12	ソ連のアフガニスタン侵攻。
1980・9		イラン・イラク戦争勃発。
1981・10		湾岸協力機構発足。
1985・2		ヒズボラ誕生。
1988・7		イラン・イラク戦争終結。
1990・8		湾岸危機発生。
1991・1		湾岸戦争勃発。
	10	マドリード中東和平国際会議。
1993・9		オスロ合意締結。
1994・5		パレスチナ自治政府発足。
	10	イスラエル・ヨルダン平和条約締結。
2000・7		キャンプ・デービッド交渉実施。
	9	アル＝アクサー・インティファーダ発生。
2001・9		米同時多発テロ発生。
	10	アメリカのアフガニスタン攻撃。

2003・3	イラク戦争勃発。
2005・2	ハリーリー・レバノン首相暗殺。
4	シリアの実効支配終了。
2006・1	パレスチナ立法評議会選挙実施。
7	レバノン戦争勃発。
2010・12	チュニジアで反政府抗議活動発生。
2011・1	ベン・アリ・チュニジア大統領亡命。
3	シリアで反政府抗議活動発生。
2013・11	シリア北部のクルド人による自治宣言。
2014・6	「イスラム国(IS)」のモスル支配。
8	アメリカによるイラクでの対IS空爆開始。
9	アメリカによるシリアでの対IS空爆開始。
2015・9	ロシアによるシリア内戦への軍事介入開始。
2016・8	トルコ軍のシリア北部侵攻。
12	イラン・ロシア・トルコの仲介によるシリアでの停戦発効。
2017・6	サウジアラビアなど4カ国によるカタールとの国交断絶。
12	アメリカによるエルサレムのイスラエル首都認定。
2018・2	イラン製ドローンによるイスラエルの領空侵犯。

(出所) 筆者作成。

注

(1) 立山良司「中東を概観する」立山良司編『中東(第3版)』自由国民社, 2002年, 14-15頁。
(2) Raymond Hinnebusch, *The International Politics of the Middle East*, Manchester University Press, 2003, p. 5.
(3) *Ibid.*, pp. 54-72.
(4) 池田明史「現代イスラエル国家の位相——総論にかえて」池田明史編『イスラエル国家の諸問題』アジア経済研究所, 1994年, 7頁。
(5) アラブ民族主義については, 以下を参照。Roger Owen, *State, Power and Politics in the Making of the Modern Middle East, 3rd edition*, Routledge, 2004 (ロジャー・オーウェン『現代中東の国家・権力・政治』山尾大・溝渕正季訳, 明石書店, 2015年), pp. 58-61.
(6) Yezid Sayigh, *Armed Struggle and the Search for the State: The Palestinian National Movement, 1949-1993*, Oxford University Press, 1997, p. 58.
(7) *Ibid.*, p. 59.
(8) Michael N. Bernett, *Dialogues in Arab Politics: Negotiations in Regional Order*, New York: Columbia University Press, 1998, pp. 9-10.
(9) Stephen M. Walt, *The Origins of Alliances*, Cornell University Press, 1987, pp. 51-53.
(10) 1956年戦争の経緯および米ソ両国の対応などについては, 以下を参照。Christer Jönsson, "The Suez War of 1956: Communication in Crisis Management," Alexander L. George ed., *Avoiding War: Problems of Crisis Management*, Westview Press, 1991, pp. 160-190.
(11) 酒井啓子「中東における安全保障観の変質——脱国家主体と国家主体との相互作用から論

じる」『国際安全保障』第45巻第2号, 41頁。
(12) 同上論文。
(13) Asher Susser, "Israel's Place in a Changing Regional Order (1948-2013)," *Israel Studies*, Vol. 19, No. 2, Summer 2014, pp. 220-221.
(14) 臼杵陽「アラブ・イスラエル紛争」森利一編『現代アジアの戦争——その原因と特質』啓文社, 1993年, 347頁。
(15) 松尾昌樹「グローバル化する中東と石油——レンティア国家再考」松尾昌樹・岡野内正・吉川卓郎編『中東の新たな秩序』ミネルヴァ書房, 2016年, 59-62頁。
(16) 同上書, 63頁。
(17) 立山良司「パレスチナ問題はなぜ国際的広がりを持つのか」酒井啓子編『中東政治学』有斐閣, 2012年, 177頁。
(18) 高橋和夫『燃え上がる海——湾岸現代史』東京大学出版会, 1995年, 200-201頁。
(19) 末近浩太『イスラーム主義と中東政治——レバノン・ヒズブッラーの抵抗と革命』名古屋大学出版会, 2013年, 28-37頁。
(20) 同上書, 35頁。
(21) 湾岸危機・戦争の経緯については, 以下の文献を参照。酒井啓子『イラクとアメリカ』岩波新書, 2002年, 87-123頁；高橋, 前掲, 211-237頁。
(22) 松岡完・広瀬佳一・竹中佳彦編『冷戦史——その起源・展開・終焉と日本』同文舘出版, 2003年, 230-254頁。
(23) Itamar Rabinovich, *The Brink of Peace: The Israeli-Syrian Negotiations*, Princeton University Press, 1998, p. 37.
(24) 池田, 前掲論文, 7-11頁；木村修三「『二つの戦後』とイスラエル」『現代の中東』第16号, 1994年, 36-37頁；立山良司「中東和平とアラブ・イスラエル関係の変容」『岩波講座・世界の歴史』岩波書店, 2000年, 85-86頁。
(25) その経緯については, 以下の文献を参照。江﨑智絵『イスラエル・パレスチナ和平交渉の政治過程分析——オスロ・プロセスの展開と挫折』ミネルヴァ書房, 2013年。
(26) 酒井, 前掲書, 205頁。
(27) 酒井, 前掲論文, 42頁。
(28) 溝渕正季「冷戦後の国際政治と中東地域の構造変化」松尾昌樹・岡野内正・吉川卓郎編『中東の新たな秩序』ミネルヴァ書房, 2016年, 29頁。
(29) 末近浩太「レバノンにおける多極共存型民主主義——2005年「杉の木革命」による民主化とその停滞」酒井啓子編『中東政治学』有斐閣, 2012年, 83-84頁。
(30) Fredelic Wehrey et al., *Saudi-Iranian Relations since the Fall of Saddam: Rivalry, Cooperation, and Implications for U.S. Policy*, Rand Corporation, 2009, p. 80.
(31) *Ibid.*, p. 81.
(32) *Ibid.*
(33) 溝渕正季「中東和平におけるシリア・レバノン・トラックの戦略的位相」日本国際問題研

究所編『中東和平の現状——各アクターの動向と今後の展望』日本国際問題研究所, 2011年, 64頁.

(34) Jeremy M. Sharp, "Lebanon: The Israel-Hamas-Hezbollah Conflict," *CRS Report for Congress*, September 15, 2005 (updated), pp. 1-2, https://fas.org/sgp/crs/mideast/RL33566.pdf（2018年10月10日アクセス).

(35) 例えば以下の文献である。Michael J. Totten, "The New Arab-Israeli Alliance," *World Affairs*, Summer 2016, pp. 28-36.

(36) 「アラブの春」については, 例えば以下の文献を参照。酒井啓子編『〈アラブ大変動〉を読む——民衆革命のゆくえ』東京外国語大学出版会, 2011年；青山弘之編『「アラブの心臓」に何が起きているのか——現代中東の実像』岩波書店, 2015年.

(37) Emile Hokayem, "Iran, the Gulf States and the Syrian Civil War," *Survival*, Vol. 56, No. 6, December 2014-January 2015, p. 64.

(38) *Ibid*.

(39) Amos Harel, "Iran, Hezbollah Significantly Increase Aid to Syria's Assad," *Haaretz*, April 6, 2012; James Reynolds, "Iran and Syria: Alliance of Shared Enemies and Goals," BBC, June 8, 2012.

(40) *Ibid*., p. 74.

(41) 高橋和夫『中東から世界が崩れる——イランの復活, サウジアラビアの変貌』NHK出版新書, 2016年, 174頁.

(42) Ahmed S. Hashim, "The Islamic State: From al-Qaeda Affiliate to Caliphate," *Middle East Policy*, Vol. 21, No. 4, Winter 2014, pp. 72-73.

(43) Vicken Cheterian, "ISIS and the Killing Fields of the Middle East," *Survival*, Vol. 57, No. 2, April-May 2015, p. 111.

(44) ISおよびそのヌスラ戦線との関係については, 例えば以下を参照。髙岡豊「『イスラーム国』とシリア紛争」山尾大・吉岡明子編『「イスラーム国」の脅威とイラク』岩波書店, 2015年, 177-202頁.

(45) 池内恵『イスラーム国の衝撃』文藝春秋, 2015年, 90-91頁.

(46) 立山良司「序論——変化する中東の安全保障環境」『国際安全保障』第43巻第3号, 4-5頁.

(47) The International Institute for Strategic Studies, *Armed Conflict Survey 2017*, Routledge, 2017, p. 92.

(48) Anna Ahronheim, "IDF Chief of Staff: Israel Willing to Share Intelligence with Saudis," *The Jerusalem Post*, November 16, 2017.

(49) Jay Solomon and Gordon Lubold, "Gulf States Offer Better Relations If Israel Makes New Bid for Peace," *Dow Jones Institutional News*, May 15, 2017.

(50) *Ibid*.; Zvi Bar'el, "Saudi Proposal to Israel Could be the Stuff of Trump's Dream Deal in Mideast," *Haaretz*, May 21, 2017.

基本参考文献

江﨑智絵『イスラエル・パレスチナ和平交渉の政治過程分析――オスロ・プロセスの展開と挫折』ミネルヴァ書房，2013年。1993年から2001年までのイスラエルとPLOによる和平プロセスが挫折した経緯を分析するとともに，パレスチナの政治空間に対するその影響についても論じられている。

吉川元・中村覚編『中東の予防外交』信山社，2012年。予防外交の観点から，中東の安全保障問題について国・地域別に論じられている。

酒井啓子編『中東政治学』有斐閣，2012年。2010年末に「アラブの春」が発生したことを背景に，アラブ諸国の権威主義体制が維持されてきたメカニズムや社会の側からの異議申し立ての動きなどの諸側面から中東政治について深い分析がなされている。

酒井啓子『〈中東〉の考え方』講談社現代新書，2010年。近代以降の中東の歴史と国際政治との接点を浮かび上がらせ，中東現代政治史のダイナミズムをわかりやすく論じている。

高橋和夫『中東から世界が崩れる――イランの復活，サウジアラビアの変貌』NHK出版新書，2016年。サウジアラビアとイランの動向に焦点を当て，中東情勢を説明する一冊である。

立山良司編『中東』第3版，自由国民社，2002年。中東の理解に不可欠な基本的な国別の歴史的経緯やイスラムおよび石油といった諸要素についてわかりやすく解説されている。

松尾昌樹・岡野内正・吉川卓郎編『中東の新たな秩序』ミネルヴァ書房，2016年。変容する中東地域が抱える地域横断的な諸問題に対し，グローバル，リージョナルおよびローカルな視点を交差させながら論じられている。

吉岡明子・山尾大編『「イスラーム国」の脅威とイラク』岩波書店，2015年。ISが支配領域を拡大した背景やその影響が多角的な視点で論じられている。

（江﨑智絵）

第10章

欧州統合
―― 危機に直面するEU ――

Introduction

　第二次世界大戦後の冷戦期に開始された欧州統合は，冷戦終焉後，欧州全体の秩序再編プロセスへと発展した。欧州連合（EU）という超国家的な地域共同体に28カ国が加盟し，非加盟の周辺諸国も含めて，すべての欧州諸国はEU統合プロセスを受け入れざるをえない状況になった。しかし，国家の枠組を超えるEU統合の「深化と拡大」を性急に進めたことにより，EUは複数の相互に連動する危機に直面している。

第1節　ノーベル平和賞を受賞したEU

　第二次世界大戦終了後に始まった欧州統合プロセスは，欧州連合（EU: European Union）という欧州諸国のほとんどを網羅する超国家的な地域国際機構を構築するに至った。本章執筆現在（2018年9月），欧州の28カ国が加盟し，総人口約5億600万人（2017年），国内総生産（GDP）は16兆3000億ユーロ（2015年）で，アメリカの約18兆360億ユーロに次ぐ世界第2位の単一市場を形成している。[1] 加盟国のうち19カ国は単一通貨ユーロ（€）を採用しており，ユーロはドルと並ぶ国際基軸通貨の地位も確立している（**図10-1**）。

　青地に12個の星を円形にデザインしたEU旗と，ベートーヴェン作曲第9交響曲の「歓喜の歌」のメロディーをシンボルとする[2] EUの存在は，欧州のみならず，国際社会においてもますますその重要性を増している。EUの共通政策は経済面だけに留まらず，環境，社会，文化，教育といった政策領域にまで拡大し，さらには，EUとしての共通外交を展開する場面も増えつつある。

　2012年，EUにノーベル平和賞が授与された。受賞理由は，第二次世界大戦後60年間にわたり，欧州における平和と和解，民主主義と人権の促進に寄与したことであった。しかし，EU統合は完成したわけではない。2009年に発効したEU基本条約（リスボン条約）により，EU統合プロセスは一段落したかにみえたが，

図 10-1 欧州連合（EU）加盟国，ユーロ参加国およびEU加盟申請国（2018年9月現在）

（注）　イギリスは2019年3月29日にEUから離脱予定。
（出所）　筆者作成。

同年以降，EUはユーロ危機，難民・移民危機，テロの危機，イギリスのEU離脱といったさまざまな危機に直面し，EU統合に反対する欧州懐疑主義者の台頭が著しい。

　本章では，EU統合の70年近くにわたる歴史を振り返り，欧州統合の原点を確

認した上で，さまざまな危機をバネとして統合を進めてきたEUが，現在どのような危機に直面しているのかをまとめてみよう。

第2節　欧州統合の原点

（1）　欧州統合思想

　欧州諸国を統合し，大欧州国を建設しようとする試みは歴史的に古くから存在してきた。特に，軍事力による欧州の統一は，古代ローマのジュリアス・シーザーや8世紀にフランク王国を設立したカール大帝，フランス革命後のナポレオンにより，実際にある程度は実現された。

　しかしながら，今日の欧州統合プロセスで最も画期的な側面は，軍事力を伴わない，平和的な話し合いによる欧州諸国の統合推進にある。そうした平和的な統合も，理念としては，欧州において主権国家システムが構築された18〜19世紀頃から，多くの哲学者や文学者により，さまざまな議論が展開された。主権国家システムと勢力均衡政策が欧州諸国間の戦争を招く要因であり，欧州諸国が協力することによってのみ，平和と繁栄を維持しうるとの認識がその頃すでにあった点は注目に値する。

　第一次世界大戦後，オーストリアの貴族であるクーデンホーフ・カレルギーが1923年に『パン・ヨーロッパ』という書物を出版し，欧州を没落の危機から救い，ソ連共産主義の脅威に対抗するためには，欧州諸国の統一が必要であるとして欧州統合運動を推進した。また，フランスのブリアン外相も29年に国際連盟の第10回総会において欧州諸国の協調体制についての構想を打ち出す。しかし，それらは当時の国際環境のもとでは具体化することはなかった。

　理念としての欧州統合は幾世紀も前からさまざまな人により提示されてきたが，具体的な欧州統合政策が開始されるには，第二次世界大戦による大きな痛手を待たねばならなかった。

（2）　欧州統合のはじまり

　第二次世界大戦後，欧州はそれまで築いてきた世界のリーダーとしての地位を失い，経済的にも戦争による疲弊が激しく，自力での経済復興も難しい状況に置かれていた。東からはソ連共産主義の脅威，欧州内部においてはドイツの脅威と

いう2つの脅威に直面し、いかに欧州に平和を取り戻し、政治・経済力を回復させて、欧州の世界的な地位を復活するか、という大きな課題に欧州諸国は取り組まねばならなかった。しかし、小規模な欧州各国が個々に努力をしても限界があり、欧州諸国が力を合わせる必要が指摘されたのである。ここに欧州統合の原点がある。

また、東西冷戦が激しさを増す中で、西側諸国の結束を促し、ソ連共産主義の脅威に対抗することが求められ、世界の覇者となったアメリカが欧州統合を後押ししたことも大きかった。

今日のEUの出発点として位置付けられるのは、1950年5月9日の「シューマン・プラン」である。これは、ときのフランス外相であったシューマンが提案したもので、フランスとドイツの長年にわたる対立を解消するために、両国の争いの原因であった石炭および鉄鋼資源を共同の超国家的機関のもとに管理する、というものであった。同プランに対して、西ドイツ、イタリア、ベルギー、オランダ、ルクセンブルクの5カ国が参加の意思を表明し、51年4月、欧州石炭鉄鋼共同体（ECSC：European Coal and Steel Community）を設立する条約が6カ国により調印された。

ECSCの設立により、石炭・鉄鋼の生産地であるアルザス、ロレーヌ、ルール地方をめぐる長年の独仏対立は解消され、ドイツの脅威は封印されると同時に、独仏不戦共同体が構築されることになった。また、敗戦国であった西ドイツが平等に扱われ、国際社会に主権国家として復帰する糸口を見出すことになった。

第3節　EC（欧州共同体）の時代

(1) ECの発足

東西冷戦が激化していく中、1952年5月に、欧州防衛共同体（EDC：European Defense Community）条約がECSC参加6カ国により調印され、欧州統合は一気に軍事面にまで進展するかに思われた。しかしながら、提案国であったフランスが批准できなかったため流産してしまう。EDCの失敗により、国家主権の中核である軍事分野での統合は困難であることが明らかとなり、その後欧州統合は経済分野を中心に進められることになる。

1955年6月にイタリアのメッシナで開催されたECSC外相会議において、共

同市場と原子力共同体の設立を目指した「メッシナ決議」が採択され，57年3月に欧州経済共同体（EEC：European Economic Community）を設立する条約および欧州原子力共同体（EAEC：European Atomic Energy Community）を設立する条約が調印された。58年1月1日に両条約が発効し，先のECSCとともに3共同体がここに揃うことになったのである。

共同市場の設立を最終目標としたEECは，順調な滑り出しをみせ，68年7月までに関税同盟を達成し，共通農業政策，共通通商政策，共通運輸政策などで成果をあげていった。また，67年7月には，3つの共同体の執行機関が統合され，欧州共同体（EC：European Communities）が発足することになった。しかし，1960年代は超国家的な統合に反対するフランスのド・ゴール大統領により，ECの発展は阻害され，それ以上の発展をみせることはなかった。

（2） 1970年代のEC

ド・ゴール引退後の1969年12月にオランダのハーグで開催されたEEC首脳会議において，中断していた欧州統合を再発進させることが合意され，「完成」「強化」「拡大」のスローガンが掲げられた。その結果，73年に，イギリス，アイルランド，デンマークの新規加盟が実現し，EC加盟国は9カ国に拡大した。「ウェルナー・プラン」の名のもとで通貨統合も目指されたが，こちらは当時の国際通貨危機や石油危機に伴う景気低迷の影響により，各国の足並みが揃わず実現するに及ばなかった。70年代は，EC統合の停滞期として位置付けられることが多い。

それでも，70年代には現在のEUにつながる多くの試みが始まった。74年からはEC首脳会議が「欧州理事会（European Council）」の名前で定例化され，毎年開催されるようになった。70年からは，ECの枠外ではあったが，外交政策の協調を目指す「欧州政治協力（EPC：European Political Cooperation）」も始まった。79年には，欧州議会の直接普通選挙が実施されるようになり，同議会の地位は格段に向上した。さらに，79年に欧州通貨制度（EMS：European Monetary System）が始まり，EC加盟国間の通貨変動幅を縮小する試みがなされ，これが現在の単一通貨ユーロの出発点となった。

（3） EC の市場統合

　1970年代後半から80年代前半にかけて，西欧はユーロペシミズム（欧州悲観主義）といわれるほど経済的に沈滞ムードが漂っていた。経済成長率の鈍化，インフレ，失業率の悪化，日米に対する先端技術での遅れなどに直面した EC 加盟諸国は，新たな統合推進の必要性を認識するに至った。85年6月にミラノで開催された欧州理事会は，「域内市場白書」を承認し，ドロール EC 委員長の強力なリーダーシップのもと，「1992年域内市場統合計画」に着手する。EC はすでに関税同盟を完成していたが，実際には加盟国間に非関税障壁が残存しており，EC 市場は国ごとに分断されているのと同じ状態であった。そこで，「域内市場白書」では，具体的な非関税障壁を約300項目洗い出し，それらを除去することで，「ヒト，モノ，資本，サービス」の4つの自由移動が可能となる真の単一市場を構築しようとしたのである。

　86年2月に調印された単一欧州議定書（SEA：Single European Act）によって，EC の3共同体の設立条約も30年ぶりに改正され，92年末までに域内市場を完成させることが目標として条約の中に明記された。同時に，70年代から開始されていた外交政策の協調である欧州政治協力も明文化し，EC は政治面での協力体制の強化にも乗り出していった。また，全会一致が慣行となっていた EC の政策決定に，加重特定多数決を一部導入することでも合意がなされた。

　こうして，ドロール EC 委員長の強力なリーダーシップのもと，80年代後半に入ると，「1992年 EC 市場統合」ブームにより EC 経済は活気を取り戻し，EC 統合は大幅に進展する兆しをみせはじめたのである。

　その間，81年には軍事政権から民主化したギリシャが，86年には，独裁政権の崩壊により民主化されたスペインとポルトガルが EC に加盟し，加盟国は12カ国となっていた。

　しかし，そのような EC 委員会主導型の統合深化に対して，全加盟国が全面的に賛成であったわけではない。イギリス，デンマークなどが国家主権の保持や国内の環境水準の維持といった観点から難色を示していた。特にイギリスのサッチャー首相は，89年9月にブリュージュのヨーロッパ大学院大学で行った演説で，ブリュッセルの EC 官僚の権限が拡大していると批判し，ドロールが目指す EC 統合の深化に対して大いなる懸念を表明した。この頃から全加盟国が足並みを揃えて統合を進めるという原則が崩れはじめ，統合をより深化させたい加盟国と，

これ以上の統合は望まない加盟国とに分かれていくことになる。

第4節　冷戦の終焉とEUの誕生

（1）冷戦構造の崩壊と統一ドイツの出現

　1980年代後半に，ECが好景気を迎えていたのとは対照的に，旧東側陣営は経済的低迷と政治的混迷の度を深めていた。85年にゴルバチョフがソ連書記長に就任し，ペレストロイカの号令のもとで旧東側諸国に変化の兆しがみえはじめたとはいえ，東西の壁が簡単に崩れると予想する者は少なかった。しかし，89年11月9日の「ベルリンの壁」崩壊に象徴される同年末の東欧革命は，東西冷戦構造の崩壊を告げると同時に，欧州全体の政治地図を塗り替えることになった。

　ECは，「ベルリンの壁」崩壊直後から善後策を検討するとともに，同年12月の欧州理事会において，ECを冷戦後の新欧州秩序の中核として位置づけることを確認した。さらに1990年10月3日には，冷戦により分断されていた東西ドイツが記念すべき再統一の日を迎えた。20世紀中はありえないと考えられていた東西両ドイツの再統一が現実になるという新たな状況は，旧東ドイツ地域をどのように再建するかという経済問題と，大ドイツの出現による脅威をいかに払拭するかという大きな政治課題をEC諸国に投げかけることになった。他方，ドイツのコール首相は，統一ドイツが欧州諸国にとって決して脅威とはならないことを示す必要から，統一ドイツはあくまでもEC統合の枠内に留まり，EC統合の深化に積極的に貢献するとの姿勢を提示していた。(6)

（2）マーストリヒト条約の調印とEUの発足

　歴史が急展開する中，1991年12月に，オランダのマーストリヒトで開催された欧州理事会において合意が達成され，翌92年2月に欧州連合条約（マーストリヒト条約）が調印された。同条約は，93年11月に発効し，ここに現在のEUが誕生することになる。

　マーストリヒト条約により誕生したEUの特徴は，これまでの3つの共同体をECとして第一の柱とし，第二の柱に共通外交安全保障政策（CFSP）を，第三の柱に司法・内務協力（JHA）を加えた神殿構造を採用したことにある。第一の柱のみが超国家性を内包し，第二，第三の柱は政府間協力に留まるものであったが，

より大きな政治的枠組としての EU が誕生することになった。

　マーストリヒト条約は，単一通貨の発足時期を遅くとも99年1月1日と明記し，欧州中央銀行（ECB：European Central Bank）の設立について規定したところにも大きな意義があった。この通貨統合の目標設定の背後には，事実上欧州経済の牽引車であったドイツが，自国通貨を放棄して通貨統合に参加する意思表示をすることにより，周辺諸国の対独脅威論を和らげる目的があったことを忘れてはならない。つまり，単一通貨の発足には，経済的なメリット・デメリットの議論だけではなく，冷戦構造崩壊後の欧州秩序の安定という政治的判断があった点には留意すべきである。

　また，単一通貨の導入に否定的であったイギリスとデンマークには，オプト・アウト（参加しなくてよい権利）が認められ，EU 加盟国ではあっても単一通貨は採用しないでよいという例外扱いが欧州理事会で合意された。

　国際情勢の急変に伴い，それまでは中立政策が足かせとなり，EC 加盟は論外であった国々も，東西対立の崩壊とともにその中立政策の見直しを始め，EU への加盟が可能であるとの新たな判断をくだすようになった。その結果，中立国であるオーストリア，スイス，スウェーデン，フィンランドが加盟申請を行うに至った。また，北大西洋条約機構（NATO）加盟国のノルウェーも1971年に続き，再度加盟申請を行った。しかしながら，国民投票において，ノルウェーは EU 加盟が否決され，スイスは EU 加盟の前段階にあたる欧州経済領域（EEA：European Economic Area）への参加が否決されたため，最終的にオーストリア，フィンランド，スウェーデンの3カ国が95年1月に EU に加盟することになった。EU 統合史上4回目の拡大であり，EU 加盟国は15カ国となった。

第5節　冷戦後の EU 統合の進展

（1）　アムステルダム条約

　マーストリヒト条約は，新たな欧州情勢に対応するためにきわめて短時間で作成されたことにより，細部についての議論が不十分で，第二の柱である CFSP についてもほとんど具体的な内容が盛り込まれていないなどの不備が当初から指摘されていた。そこで，マーストリヒト条約のときに先送りとなった課題について協議がなされ，その結果は1997年10月にアムステルダム条約として調印された。

同条約は，加盟国が自由，民主主義，人権，法の支配といった「西側」の基本原則を遵守しない場合の権利停止条項，欧州市民の人権規定，雇用政策，司法協力の強化などを盛り込み，CFSP では，「建設的棄権」制度（共通政策に賛同しないが，賛成国が共通政策を進めることにも反対しない）を導入し，効率的に統一行動がとれる道を開いた。また，「柔軟性（flexibility）の原則」という名のもとに，一部の加盟国だけで統合を深化させることを法的に認め，加盟国数の増加により EU 統合が停滞するのを未然に防ぐ道も確保した。

　しかしながら，90年代中葉の EU は景気低迷に悩まされ，市民の関心は EU 統合の進展より，経済問題に向けられており，CFSP の改革や次期拡大に対応できるような EU の機構改革について，当初の期待に応えられる議論はできず，またしても次回の交渉に先送りとなってしまった。

（2）　単一通貨「ユーロ」の発行

　1990年代の EU で最も注目されたのは，単一通貨「ユーロ」の発行である。前述のように，マーストリヒト条約では，遅くとも1999年1月1日までに単一通貨を導入することを明記し，インフレ率，長期金利，為替レート，財政赤字の4点について一定の基準を満たした加盟国がユーロに参加できると規定した。

　1998年5月の EU 首脳会議において，ベルギー，ドイツ，アイルランド，スペイン，フランス，イタリア，ルクセンブルク，オランダ，オーストリア，ポルトガル，フィンランドが基準を満たしていると認定され，1999年1月1日にこれら11カ国が参加する単一通貨ユーロが導入されたのである。その結果，参加諸国の為替レートはユーロを基準として固定化され，ユーロ圏の通貨・金融政策は欧州中央銀行（ECB）が担うことになった。

　単一通貨への参加義務があらかじめ免除されていたイギリスとデンマーク，通貨主権の放棄に難色を示していたスウェーデンは非参加国となった。ギリシャは，参加基準を満たすことができなかったため1999年時点では外されたが，同国の経済状況の回復を待って，2001年1月からユーロ参加国になった。2002年1月からは現金（紙幣とコイン）が流通しはじめ，一般市民も単一通貨ユーロの導入を実感することとなった。その後，スロヴェニア，キプロス，マルタ，スロヴァキア，エストニア，ラトヴィア，リトアニアが順次参加し，2018年9月現在19カ国が単一通貨ユーロを採用している。

（3） 東方拡大とニース条約

　冷戦期からEUへの加盟申請を提出していたトルコに加え，冷戦構造崩壊後は，ポーランド，チェコ，スロヴァキア，ハンガリー，ルーマニア，ブルガリア，スロヴェニア，ラトヴィア，リトアニア，エストニアの中・東欧の10カ国が「欧州への回帰」を掲げて，EUへの加盟申請を次々と提出した。地中海のマルタとキプロスも冷戦崩壊直後に非同盟中立政策を見直し，EU加盟を申請した。EUは，それらの中・東欧諸国と，加盟を前提とする欧州協定（Europe agreement）を結び，復興支援策を進めていった。

　1993年6月のコペンハーゲン欧州理事会では，「コペンハーゲン・クライテリア」という加盟基準を定め，次期拡大に向けた基本姿勢を示すことになった。同基準は，政治，経済，法律の3つの基準から構成されている。政治基準とは，自由，民主主義，法の支配，基本的人権および少数民族の尊重・保護を保証する安定した制度が十分に機能していること，経済基準とは，市場経済が機能し，EU内の競争と競合できる能力を有していること，法律基準とは，EUのこれまでのアキ・コミュノテール（EU法の集積）を受け入れる能力があること，である。

　欧州委員会は，97年7月，アジェンダ2000（Agenda 2000）という21世紀に向けてのEUの中期戦略文書を提出した。同文書において，欧州委員会は，EUの財政政策や共通農業政策などの見直しについて提言すると同時に，次期拡大について，加盟交渉候補国として，キプロス，ハンガリー，ポーランド，エストニア，チェコ，スロヴェニアの6カ国を推薦した。その結果，98年3月からそれら6カ国との加盟交渉が開始された。しかし，99年3月に始まったコソヴォ紛争を契機に，中・東欧地域の安定化が急務であるという認識が高まった。その結果，同年12月にはトルコを除いて，政治基準を満たしている12カ国と一斉に加盟交渉を進めることが決定された。

　さらに，2000年12月に開催されたニース欧州理事会では，加盟交渉を行っている12カ国が加盟したときを想定し，27カ国が加盟国となる拡大EUにおける機構改革，先行統合制度などで合意が成立し，2001年2月に新たにニース条約が調印された。同条約により，当面の中・東欧諸国の加盟に対する準備は整えることができた。しかし，本来期待されていたEU統合の新たな枠組づくりについては議論が進まなかった。

　加盟交渉については，2002年に中・東欧の8カ国（ポーランド，チェコ，スロヴ

ァキア，ハンガリー，スロヴェニア，エストニア，ラトヴィア，リトアニア）とキプロス，マルタの合計10カ国が加盟交渉を終結し，それら諸国が2004年5月にEUに正式加盟し，EU加盟国は25カ国となった。ブルガリアとルーマニアは政治・経済改革が不十分であると判断されて加盟が遅れたが，2007年1月に正式加盟にこぎつけ，EUは27カ国に拡大した。これら一連の加盟を第五次拡大ないしは東方拡大と呼ぶ。

さらに，2013年7月に，西バルカン地域のクロアチアがEUに加盟し，現在の28カ国体制になった。

（4） 欧州憲法条約の失敗からリスボン条約へ

ニース条約では，当面の中・東欧の拡大への対応に終始してしまい，EU統合の将来像を描くところまではいかなかった。また，1992年のマーストリヒト条約以降，アムステルダム条約，ニース条約と2度にわたる条約改正により，EUの基本条約は継ぎはぎだらけで非常に複雑でわかりにくくなっており，新たな法的枠組の作成が急務となっていた。

そこで，2001年12月の「ラーケン宣言」により，EUの基本条約を再編成して，欧州憲法を制定することが目標に掲げられた。EU諸国は，2004年10月に「欧州のための憲法を制定する条約」（欧州憲法条約）に調印した[7]。しかし，2005年5月のフランス，および同年6月のオランダの諮問的国民投票で否決されてしまい，批准プロセスは中断されてしまった。多くの市民が，「憲法」という用語を使ったことで，EUがスーパー国家になるのではないかと危惧したことや，欧州憲法条約が膨大で内容が十分に理解できなかったこと，EU統合の「深化と拡大」そのものに対する不安を抱いたこと，などが否決された要因であったと分析された。そこで，EU加盟国は，欧州憲法条約の批准を棚上げにするとともに，「熟慮の期間」を置いて，善後策を改めて検討することにした。

2007年に入ってから，ドイツのメルケル首相のイニチアチブにより，新しい条約改正に向けて交渉が始まり，同年12月にEUの基本条約を改正する「改革条約」が調印された。通称「リスボン条約」と呼ばれる同条約は，正式には「欧州連合条約」と「欧州連合運営条約」の2つから構成される。それまでの列柱構造はなくなり，すべてEUのもとに一本化され，ECの名前はその役割を終えて消滅することになった[8]。リスボン条約は，EU市民のアレルギーを引き起こす憲法

という言葉や，スーパー国家を連想させる部分は除外したが，欧州憲法条約の内容をほぼ引き継いでいる。

冷戦構造崩壊後の欧州新秩序作りは，20年間の間に，マーストリヒト条約，アムステルダム条約，ニース条約，そしてリスボン条約に至って一段落することになった。とはいえ，EU 統合は，まだ内憂外患の状態にある。特に，2008年のリーマンショックに続いて，2009年にはユーロ危機が勃発し，その後 EU 統合は複合危機(9)と呼ばれる事態に直面している。この点については，最終節で詳述する。

第6節　EU の諸機構と共通政策

（1）　EU を運営する諸機関

リスボン条約により，欧州理事会（EU 首脳会議）(10)の常任議長職が新設された。常任議長は，任期2年半で再任可とされ，欧州理事会の議事進行の役割を担うが，英語では，president であるため日本では EU 大統領と訳されることもある。また，外務・安全保障政策上級代表職も新設され，EU の外交・安全保障政策を一元的に担当するとともに，欧州委員会の対外関係担当副委員長も兼務することになった。任期は5年。日本の一部メディアでは EU 外相と訳すこともある。

EU の最高決定機関である「欧州理事会」は，加盟国首脳が出席して少なくとも年4回開催され，EU 統合の方向性や重要な課題に政治的決定を下す。ここでの決定方式は，基本的にはコンセンサス方式（全会一致）である。上記の常任議長が議事を進行し，加盟国間の調停役を務める。欧州理事会の開催場所は，リスボン条約以降，ベルギーのブリュッセルに一本化された。

「理事会（Council）」は，EU の通常業務に関して最終決定を下す機関で，「閣僚理事会」とも呼ばれている。一般問題理事会と外務理事会が常駐理事会として指定されている。その他，経済・財政理事会，司法・内務理事会，雇用・社会政策・健康・消費者問題理事会，競争理事会，運輸・通信・エネルギー理事会，農業・漁業理事会，環境理事会および教育・青年・文化・スポーツ理事会の合計10の理事会が設置されており，議題に応じて加盟国の担当閣僚級の代表が出席する。外務理事会については，外務・安全保障政策上級代表が議長を務めるが，他の理事会の議長は半年ごとのローテーションで交替することになっている。理事会の事務局はブリュッセルに置かれている。

理事会における決定のうち，欧州委員会の発議に基づき，特定多数決の適用が条約に明記されている場合は，EU加盟国の55％以上（最低15カ国）が賛成し，かつ賛成国の人口の合計がEU全体の65％以上を占めていれば採択されることになっている。また，少数意見を尊重するために，人口の35％以上，4カ国以上が反対している場合は，採決しないという規定もある。

「欧州委員会（European Commission）」は，各加盟国から1名の合計28名で構成され，任期5年で，欧州議会の承認を得た後に，加盟国の合意により任命される。欧州委員会の委員は，出身国の利害から離れ，EU全体の利益を考慮して行動することが条約により要求されており，そこに欧州委員会の超国家性がみられる。欧州委員会の本部はベルギーのブリュッセルに設置されており，約2万5000人のユーロクラット（欧州官僚）と呼ばれる国際公務員が，28名の委員を支えている。欧州委員会の主な任務は，EUにおける法案・政策を発議し，理事会での決定を受けて，法律・政策を執行することである。また，条約に明記されている範囲で自ら法律を制定するほか，EU法の番人としての役割も果たしている。したがって，欧州委員会は，EUにおける発議権と執行権の両方を有している需要な機関であり，日本では，「EUの執行機関である欧州委員会」と説明付きで報道されることも多い。

「欧州議会（European Parliament）」は，直接普通選挙により選出される合計751名の欧州議員（任期5年）により構成される。ただし，人口比に応じて国別に議席数が割り当てられており，選挙も国別に実施されている。しかし，選出された議員は国別に行動するのではなく，国家横断的なEUレベルでの政党グループに所属して議会活動を行っている。欧州議会は，通常の国内議会のような絶対的な立法権限は有していないが，条約に明記されている範囲で，理事会と共同立法権を有しており，EUの多くの政策領域に影響力を行使している。議会本部はフランスのストラスブール，事務局はルクセンブルク，議会内委員会はブリュッセルに置かれている。

「司法裁判所（Court of Justice）」は，ルクセンブルクに設置され，「司法裁判所」「一般裁判所」「専門裁判所」の3つの裁判所から構成される。司法裁判所は，EU基本条約の解釈や適用について統一的見解を維持することが最大目的であり，EU加盟国の国内裁判所は，EU基本条約の解釈について，「先行判決制度」に基づいてあらかじめEU司法裁判所の判断を仰ぐことができることになっている。

単一通貨「ユーロ」の発行に伴い，ドイツのフランクフルトには「欧州中央銀行（ECB）」が設置されている。ECB の執行機関は，総裁，副総裁，理事4名の計6名から構成される役員会であるが，金融政策の最高決定権限は政策理事会にあり，役員会の6名およびユーロ参加国の中央銀行総裁19名（2018年現在）の合計25名から構成され，単純多数決で政策を決定している。ECB は，加盟国のみならず，EU からのいかなる指示も受け入れたり，求めたりしてはならないという二重の独立性を有している。

外務・安全保障政策上級代表が統括する「欧州対外活動庁（EEAS：European External Action Service)」がブリュッセルに設置されている。各加盟国からの出向者と欧州委員会から派遣される官僚から組織され，欧州委員会からも，理事会からも独立した機関として，EU の対外政策の立案・執行を担っている。

その他，EU の予算執行をチェックする会計検査院，経営者や労働組合の意見を反映させるための経済社会評議会，地方の声をブリュッセルに伝えるための地域評議会，EU 域内での資金融資を行う欧州投資銀行，警察協力を進める欧州警察機構（ユーロポール）などの数多くの諮問機関や専門機関がある。

（2） EU が管轄する共通政策

EU 統合は，関税同盟から市場統合，通貨同盟へと進み，経済面では統合の最終段階に差しかかっている。また，経済以外の環境，社会，文化，教育などの広範な政策領域においても EU としての共通政策を展開している。さらに，外交・安全保障政策においても，EU としての共通政策を打ち出しつつある。このような統合の進展に伴い，EU 統合は一体どこまで進むのか，これまでの国家はどうなるのか，といった不安に駆られる EU 市民の声を考慮して，リスボン条約により，EU と加盟国との権限関係がある程度明確に区分されている。

EU が排他的権限を有する政策領域としては，関税同盟，域内市場の競争政策，ユーロ圏の金融政策，共通漁業政策に基づく海洋生物資源の保全，共通通商政策が挙げられている。これらの政策領域においては，加盟国から EU に完全に権限が移譲され，EU が独自に条約の規定に基づいて共通政策を実施している。

次いで，EU と加盟国が権限を共有しており，EU と加盟国が共同決定しながら共通政策を進めており，EU が立法権を行使していない範囲で加盟国が権限を行使できる分野として，域内市場，社会政策，環境，消費者保護，運輸，エネル

ギー，自由・安全・司法領域が列挙されている。

さらに，加盟国に権限が残されているが，EU が一定限度行動できる領域として，健康，産業，文化，教育，観光，経済・雇用政策，安全保障政策が明記された。ここでは，加盟国が従来通り国別の政策を進めることになるが，加盟国間の合意があれば，EU としての共通枠組の設定などが可能となっている。

また，EU では統合に関する 2 つの基本原則を定めている。

1 つは，補完性の原則（Principle of Subsidiarity）と呼ばれるものであり，これは加盟国レベルでの対応では限界があり，十分な効果をあげられない分野に限って，EU レベルで共通政策を実施する，という考え方である。この原則により，EU が取り扱う政策領域は，EU レベルで対応する方が効果的だと判断されるものに限定されることになり，各加盟国や地方自治体レベルからの権限移譲に歯止めをかけるものになっている。

もう 1 つは，比例性の原則（Principle of Proportionality）であり，EU の共通政策は，基本条約に定めている目標を超えるものであってはならないとされ，EU 権限の限界を定めている。

このような原則を定めることによって，EU 統合が無制限に進み，加盟国が国家として存続しえなくなるのではないかという EU 市民の不安を払拭し，EU と国家との共存関係を明確にしている。

第 7 節　危機に直面する EU

(1)　ユーロ危機

2008 年のリーマンショックによる国際金融危機に加えて，2009 年にはギリシャが財政赤字を過少申告していたことが明るみになり，一挙に EU の財政・金融危機が新聞紙上を賑わした。構造的に財政危機に陥っている南欧のギリシャ，ポルトガル，スペイン，キプロス，イタリアに対して，財政健全化が資金融資の条件とされたが，歳出削減や増税などの緊縮策が各国国民の不満を高め，いずれの政府も未だに危機の沈静化に苦心している。経済発展が好調であったアイルランドも，リーマンショックにより一挙に経済不況に陥り，EU に財政支援を要請する事態となった。

この一連の金融危機は，単一通貨ユーロが抱えるさまざまな問題を浮き彫りに

した。EU は金融システムの安定を目指す「銀行同盟」に向けて，2013年には，欧州中央銀行による一元的銀行監督制度で合意した。さらに，ユーロ圏の銀行破綻処理を一元的に担う「統一的破綻処理委員会」も2016年に発足した。ユーロ参加国の予算を事前に欧州委員会が精査する「ヨーロピアン・セメスター」制度や，各国の財政・予算に対する監督を強化する「シックス・パック」「ツー・パック」といった仕組みも導入された。

2015年1月には，ギリシャの総選挙で極左政党のシリザが第一党の座を獲得し，EU からの緊縮財政策の要請に真っ向から対立し，同国の債務削減に向けて再交渉を求めてきた。このギリシャ危機は，同年上半期の EU を揺るがし，ユーロ解体に言及する経済学者が出てくるなど，ユーロ圏全体に大きな動揺を与えることになった。18年夏にはギリシャへの支援策も一段落したが，根本的なユーロ圏の財政政策の統合は進んでおらず，EU 内部の南北対立も鎮まっていない。

（2） 移民・難民の危機とテロ

EU 域内では人の自由移動が認められていることから，経済発展が遅れている東欧諸国から西欧の先進諸国に向かう移民労働者とその家族の流入が激増し，EU 域内での移民に反対する勢力の台頭を招いている。

さらに，アラブの春やシリア内線の影響で，2015年には一挙に100万人を超える域外からの難民が EU に押し寄せてきた。EU には，難民ははじめに到着した国で難民申請を行うというダブリン規則があったが，地中海ルートやトルコルートを通って EU に押し寄せる難民を南欧諸国のみで受け入れるには限界があり，ドイツのメルケル首相の強い意向で，EU 加盟国全員で負担を分担する方向で調整が進められた。しかし，EU の方針に従わないハンガリーやポーランドといった諸国の存在や，難民の急増による治安の悪化や社会の不安定化に懸念を示す反難民勢力が勢いを増し，EU の難民対策は窮地に立たされている。16年以降，難民の数は年間70万人程度に収まりつつあるが，EU としての難民の受入れ体制の確立や，域外国境の警備が喫緊の課題となっている。

EU の多くの国は，国境での検問を廃止するシェンゲン協定に加盟しており，いったん EU のシェンゲン圏に入った EU 域外からの難民や移民が自由に移動できることも EU の一般市民からの不安を助長する原因となっている。

2015年から16年にかけては，偽装難民や移民二世・三世による大きなテロ事件

が頻発し，テロ対策も急務となった。組織的なテロ犯罪から小規模なテロまで，EUのあらゆる地域でテロの脅威が猛威を振るい，テロ犯罪者の自由移動を可能とするシェンゲン圏の制度に対する反対意見も強くなっている。

(3) 欧州懐疑主義者の台頭

EU統合が深化と拡大を続けてきたことによりさまざまな不都合が生じているとして，EU統合に反対するいわゆる「欧州懐疑主義者」（ポピュリスト政党）の台頭もここ数年著しい。移民・難民に対する排斥運動を基調とする極右政党が勢力を拡張し，オーストリア，イタリア，オランダでは政権に関与するところまで伸長した。フランスの国民戦線（2018年6月に国民連合に改称）やスウェーデン国民党，ドイツの「ドイツのための選択肢」といった諸政党は，既存の大政党に肉薄する勢いである。さらに，スペインのポデモスやギリシャのシリザといったEU主導の緊縮政策に反対する極左政党も反EU統合で国民の支持を集めている。

欧州諸国が直面している経済危機，移民・難民危機やテロの危機により，EU統合に諸悪の根源があるとする欧州懐疑主義勢力の支持者たちと，EU統合を維持し，さらに深化させることこそが欧州の存続にとって必要であると主張するエリート層との対立は混迷を極めている。

(4) イギリスのEU離脱問題

EUが複合危機に直面している最中の2016年6月，イギリスで同国がEUに残留するべきか，離脱するべきかを問う国民投票が実施され，離脱派が51.9％と僅差ながら過半数を制するという驚愕の事態となった。世界中が注目し，EU残留派が勝利を収めるだろうと楽観視されていたこの国民投票で，離脱派が勝利を収めた要因には，イギリスがそもそもEU統合に積極的ではなかったという背景に加えて，EU統合による移民の大量流入による市民生活の混乱やEU統合により苦しい生活を強いられているとする中間層の動向が大きかったといわれている。

イギリスは2019年3月29日に正式にEUから離脱する予定になっているが，本章執筆現在，離脱協定についての合意はおろか，離脱後のイギリスとEUとの関係をどのように再構築するかについては見通しが立っていない。離脱に関する合意がないままイギリスがEUから離脱することは，イギリス経済のみならず日本や世界にも大きな影響を及ぼすとされている。EU統合の痛みを分かち合うこと

を拒絶したイギリスに対して，EU 側も強硬な態度を崩しておらず，今後この問題がどのように解決されるのか，注視していく必要があろう。

このように，EU は今複数の危機に直面している。それらは相互に連動しており，その根底には EU 統合の「深化と拡大」に対する一般市民の不満や不安がある。EU としての「連帯」より，より身近で伝統的な国家への帰属意識を前面に掲げる勢力が台頭している。この苦境を乗り越え，歴史的な実験と言われる欧州統合を今後も進めていけるかどうか，EU は正念場に立たされているといってよい。

欧州統合関連年表

1950・5	シューマン仏外相，「シューマン・プラン」発表。石炭・鉄鋼の共同管理を提案。
1951・4	欧州石炭鉄鋼共同体（ECSC）条約調印。
1952・5	欧州防衛共同体（EDC）条約調印。
1954・8	仏下院，EDC 条約の批准審議拒否。
1957・3	ローマ条約（欧州経済共同体（EEC）および欧州原子力共同体（EAEC）を設立する条約）調印。
1958・1	ローマ条約発効，EEC および EAEC 発足。
1967・7	3 共同体の執行機関融合条約発効。EC（欧州共同体）の誕生。
1968・7	EEC 関税同盟完成。
1969・12	ハーグ首脳会議，「完成，強化，拡大」を打ち出し，統合再出発へ。
1973・1	イギリス，アイルランド，デンマークが EC に加盟（第一次拡大）。
1979・3	欧州通貨制度（EMS）発足。
6	欧州議会，初めての直接選挙実施。
1981・1	ギリシャが EC 加盟（第二次拡大）。
1985・6	「域内市場白書」を採択。
1986・1	スペイン，ポルトガルが EC 加盟（第三次拡大）。
2	単一欧州議定書（SEA）調印。
1989・11	ベルリンの壁崩壊。
1990・10	東西ドイツ統一。
1992・2	マーストリヒト条約（欧州連合条約）調印。
1993・11	マーストリヒト条約発効。EU 発足。
1995・1	オーストリア，フィンランド，スウェーデンが EU 加盟（第四次拡大）。
1997・10	アムステルダム条約調印。
1998・6	欧州中央銀行（ECB）発足。
1999・1	単一通貨「ユーロ」導入。11 カ国が参加。
2001・1	ギリシャがユーロに参加。
2	ニース条約調印。
2002・1	ユーロ現金流通開始。
2004・5	中・東欧の 8 カ国と地中海のキプロス，マルタの合計 10 カ国が加盟（第五次拡大）。
10	欧州憲法条約調印。
2005・5	フランスの国民投票で欧州憲法条約の批准を否決。
2007・1	ブルガリア，ルーマニアが加盟（第五次拡大）。

	12	リスボン条約（現行のEU基本条約）調印。
2009・12		リスボン条約発効。
2012・12		EU，ノーベル平和賞を受賞。
2013・7		クロアチア，EU加盟。加盟国28カ国に（第六次拡大）。
2016・6		イギリス，国民投票で離脱派が勝利（51.9%）。

（出所）　筆者作成。

注

(1) 人口，GDPともに，駐日EU代表部公式ウェブマガジンEU MAG data,「EUの基礎データ」より http://eumag.jp/eufacts/ （2018年5月30日アクセス）。

(2) EUの旗と歌はもともとフランスのストラスブールにある欧州審議会（Council of Europe）が欧州のシンボルとして制定したものである。欧州審議会はEUとは別組織である。EUは1985年に旗と歌をシンボルとして採用することを理事会で決定したが，それぞれEUがスーパー国家になることを連想させるとの批判から現行のEU基本条約には明記されていない。

(3) 「域内市場白書」の邦訳は，EC委員会編『EC統合白書』（太田昭和監査法人国際部訳）日本経済新聞社，1991年。

(4) チャールズ・グラント『EUを創った男』（伴野文夫訳）NHKブックス，1995年。

(5) マーガレット・サッチャー『サッチャー回顧録（下巻）』（石塚雅彦訳）日本経済新聞社，1993年，352-357頁。

(6) V・フィルマー／H・シュヴァン『ヘルムート・コール，伝記と証言』（鈴木主税訳）ダイヤモンド社，1993年，716-717頁。

(7) 欧州憲法条約については，小林勝監訳・解題『欧州憲法条約』お茶の水書房，2005年，庄司克宏「2004年欧州憲法条約の概要と評価」『慶應法学』第1号，2004年12月，1-61頁。

(8) なお，ECSC条約は発効後50年で失効することになっており，2002年に中身をECに引き継いでいたが，ECもここでなくなり，EAECだけが別組織として残っている。

(9) 複合危機という呼び方は，遠藤乾・北海道大学教授がその著書『欧州複合危機』中公新書，2016年を著したことで一般によく使われるようになった。

(10) EU首脳会議は，厳密にはEU加盟国の首脳のみによる会議を指すが，欧州理事会には，加盟国首脳のほか，常任議長，外務・安全保障政策上級代表および欧州委員会委員長も出席する。

(11) ユーロ危機については，高屋定美『検証欧州債務危機』中央経済社，2015年；田中素香『ユーロ危機とギリシャ反乱』岩波新書，2016年を参照。

(12) 人の自由移動がEUにもたらしているさまざまな問題については，岡部みどり編『人の国際移動とEU』法律文化社，2016年を参照。

(13) ポピュリズムの動きについては，高橋進・石田徹編『「再国民化」に揺らぐヨーロッパ』法律文化社，2016年；水島治郎『ポピュリズムとは何か』中公新書，2016年；中谷義和他編

『ポピュリズムのグローバル化を問う』法律文化社，2017年を参照。
(14) EUにおけるポピュリズム政党の伸長とEU統合との関係については，庄司克宏『欧州ポピュリズム』ちくま書店，2018年を参照。
(15) イギリスのEU離脱問題については，細谷雄一『迷走するイギリス』慶應義塾大学出版会，2016年を参照。

参考基本文献

遠藤乾『欧州複合危機——苦悶するEU，揺れる世界』中公新書，2016年。EUが直面している危機の現状とその原因についてコンパクトにまとめた概説書。

遠藤乾編『ヨーロッパ統合史』名古屋大学出版会，2008年。欧州統合の歴史を詳細に記述した通史。EU統合を勉強する人にとっての基本書。

小久保康之編『EU統合を読む——現代ヨーロッパを理解するための基礎』春風社，2016年。EU統合を歴史，制度，経済，法律，主要国のEU政策の各視点から解説した入門書。

小林勝訳『リスボン条約』お茶の水書房，2009年。リスボン条約の全訳と解題。

庄司克宏『欧州連合——統治の論理とゆくえ』岩波新書，2007年。EUの仕組み，法的構造，国際社会におけるEUの意味などについての概説書。

庄司克宏『欧州の危機——Brexitショック』東洋経済新報社，2016年。EU統合の基本的構造と現在の危機について解説し，その処方箋を提示したもの。

辰巳浅嗣編著『EU——欧州統合の現在(第3版)』創元社，2012年。EUの活動領域全体について，歴史的経緯にふれながら，わかりやすく解説した入門書。

羽場久美子編著『EU（欧州連合）を知るための63章』明石書店，2013年。EUについて幅広く解説した一般の人向けのガイドブック。

森井裕一編『ヨーロッパの政治経済・入門』有斐閣，2012年。欧州諸国およびEUの現状を歴史・政治・経済の多方面から解説した入門書。

（小久保康之）

第11章

再び大国を目指すロシア
──その可能性と限界──

Introduction

かつてアメリカと雌雄を争ったロシア（ソ連）はいま，冷戦後成立したアメリカを軸とする一極支配構造に対抗しようと試みている。また，かつてのソ連の権益を継承し，守ろうとする姿勢を明確にしている。自由民主主義や市場経済など，西側同様の体制を志向して西側諸国に接近した時期もあったが，やがて自らの伝統や独自性を強調して西側と距離を置くようになり，独特の権威主義的な体制を形成した。今日アメリカに対して力をつけてきた隣国中国には脅威を感じつつも，協調してアメリカに対峙する姿勢を見せながら，国際場裡で自らの大国としての存在感の強化に腐心している。

第1節　外交における伝統的な特徴

　世界ではじめて誕生した社会主義国家，ソビエト社会主義共和国連邦（ソ連）は，第二次世界大戦前においては自らを全世界の労働者階級の政権と位置づけ，コミンテルンを通じて全世界に共産主義を広めるべく行動していた。戦後は，東欧諸国を次々と衛星国化するとともに，冷戦が進行する中で東側陣営の維持・拡大に腐心し，各地の植民地独立運動（多くは西欧諸国からの独立であったため，「民族自決」はソ連にとって都合のよい理屈であった）や反米運動ないし西側諸国内の反政府勢力を積極的に支援してきた。そして，いったん成立した親ソ政権に対しては，その維持のための援助を惜しまなかった。それは，ソ連国民がモノ不足に悩むような状況下でも，自らの陣営を維持するためにあらゆるコストを投じて実施されてきたのである。国民生活を犠牲にしてまでこうした特異な外交が可能であった最大の理由は，唯一の正しいイデオロギーとしてマルクス・レーニン主義を標榜しつつ国内の批判や不満を力で抑え込み，外部との接触も制限する一党独裁体制が確立していたことにある。こうしたソ連の伝統は，現在のロシア連邦（ロシア）にも影響を与えている。

また，地理的条件が外交に与える影響も大きい。ヨーロッパからアジアまで東西に長い国土は世界最大を誇るが，大半が北緯50度以北に位置する。その海岸線は長いが，多くは北極海に面しており，帝政時代から南への領土拡張と不凍港の確保は，ロシアの悲願であった。ウラジーミル・プーチン大統領は，「2～3度程度の温暖化は，ロシアにとっては望ましい」(1)と発言して物議を醸したが，今後北極海の氷面積の減少が続くと，北極海航路が現実味を帯び，これがもたらす地政学的な効果は計り知れない。一方，国土は世界最大であるが，人口は約1億4700万人（2017年）で日本の約1億2700万人（同）とさほど変わらない。人口は，ヨーロッパ側に偏っており，シベリア・極東では人口の減少が問題となっている。また多民族国家であるロシアには，人口の約78％を占めるロシア人のほかに200近い少数民族が存在し，宗教もロシア正教をはじめ多様である。こうした諸条件はロシア外交の制約要件であると同時に強みにもなりうる。

　この四半世紀の間に，ロシアの国際的地位は激しく変動し，それに伴って自他の認識も大きく変化した。本章では自他の認識ギャップにも着目しながら，ソ連が残した遺産やその他の諸要因が現在のロシアの外交にどのような影響を与えているのか，ソ連と現在のロシアとの連続面と非連続面に注目しながら，同国の外交の特徴について分析する。

第2節　ソ連崩壊から新生ロシアへ

(1)　ゴルバチョフの登場とペレストロイカ

　1981年にアメリカ大統領に就任したロナルド・レーガンは，ソ連を「悪の帝国」と呼び，戦略防衛構想（SDI）をはじめソ連に新たな軍拡競争を仕掛けた。冷戦下において，軍事からスポーツ・文化に至るまで，米ソは激しく競争してきたが，長年の熾烈な争いによって疲弊したソ連には，新たな軍拡に対応する力はもはやなかった。レオニード・ブレジネフ（1964～82年在任）以来，ユーリー・アンドロポフ（1982～84年在任），コンスタンティン・チェルネンコ（1984～85年在任）へと続く高齢の最高指導者による統治時代は，政治的にも経済的にも停滞しており，それに追い討ちをかけたのがSDIであった。

　そもそもミサイル技術や宇宙開発ではソ連はアメリカに先行していた。57年に人工衛星の打ち上げに成功すると，61年には人類初の宇宙飛行を成功させ，ソ連

の科学技術水準の高さを世界に知らしめた。これらによってソ連は外交的にも得点を稼ぎ，特に新興諸国の中には，ソ連を国づくりのモデルとする国々が現れたほか，当時は日本でも，ソ連を手本にしようという運動が一定の支持を集めた。しかし，ソ連の先行に強い危機感をもったアメリカが科学技術の発展を急ぐ一方で，ソ連は資本主義に対する社会主義の優位性を内外にアピールしたにもかかわらず，民生部門で西側に大きく遅れをとった。国家の存亡をかけた競争に晒された軍事部門や，体制の優位性の宣伝と国家の威信をかけて進められた宇宙開発部門など，ごく一部の分野を除いて，ソ連は国際的な競争力をもたないことが次第に明らかになったのである。これは，ソ連・東欧ブロック内での閉鎖的な経済体制が，イノベーションの機会を失わせたことが原因として指摘できる。

85年，54歳のミハイル・ゴルバチョフが共産党書記長に就任した。ゴルバチョフは就任当初，規律の引き締めと意識改革によってソ連の立て直しを試みたが，これらはうまくいかなかった。一方で，大胆な人事の刷新は硬直的な体制に風穴を開け，その後の一連の改革の基礎となった。とりわけ，アメリカ留学経験もあるアレクサンドル・ヤコブレフソ連科学アカデミー付属世界経済国際関係研究所（IMEMO）所長を，共産党中央委員会イデオロギー担当書記に任命して実質的な政権ナンバー2として登用したことと，これまで外交経験のなかった改革派のエドゥアルド・シェワルナゼを外務大臣に大抜擢したことは重要である。ペレストロイカと呼ばれたゴルバチョフの改革は，ヤコブレフとシェワルナゼの2大改革派ブレーンによって支えられた。

（2） グラスノスチと新思考外交

ペレストロイカは，軍事費の削減と経済の立て直しの必要性から開始されたが，必然的に，内政や外交などその他の分野にも波及していった。なかでも，グラスノスチ（情報公開）と新思考外交は体制に大きな影響をもたらした。1986年4月に発生したチェルノブイリ原発事故は，ゴルバチョフ政権の最初の大きな試練となったが，グラスノスチ政策を推進する契機ともなった。事故の詳細とともに，隠蔽体質や官僚主義，人命軽視といった，ソ連体制における負の部分がクローズアップされ，国内のみならず全世界で再認識された。事故後，情報統制がゆるめられ，従来は許されなかった共産党に対する批判も可能になったほか，官僚の腐敗や各種のタブーについても報道されるようになった。さらに重要なことは，こ

れまで厳しく制限されてきた外国の情報が流入し，国民が直接見聞きできるようになったことである。「アメリカでは労働者は搾取され，街には失業者が溢れている」といった紋切り型の公式報道は，早い段階から国民に信じられてはいなかったが，言論の自由化によって，西側諸国の豊かな暮らしぶりや優れた商品に触れる機会を得た国民の間では，西側への憧れが広がった。

　ゴルバチョフは，改革への抵抗勢力を封じ込める武器としてグラスノスチを利用し，ようやく言論の自由を手に入れた知識人たちも，これを後押しした。しかし，政治に対する批判は，最高責任者であるゴルバチョフに対する批判と表裏一体のものであり，ブーメランのようにゴルバチョフ自身に戻ってきた。ゴルバチョフは，さらに急進的な改革を目指そうとする一派と，保守的な一派との間でバランスをとろうとして，その双方から支持を失い，さらに知識人たちも離反するという結果を招いた。

　一方，シェワルナゼ外相を片腕として「欧州共通の家」や「人類共通の価値」を理念に精力的に遂行された新思考外交は，短期間で成果をもたらした。ゴルバチョフは，87年にレーガン米大統領との間で中距離核戦力（INF）全廃条約の調印を果たすと，88年5月にはアフガニスタンからのソ連軍の撤退を開始し，翌年には撤退を完了させた。同じく88年には，48年のコミンフォルム追放以降，非同盟中立路線をとってきたユーゴスラヴィアを訪問して関係を改善するとともに，これまで社会主義陣営全体の利益は一国の利益に優先するとして東欧諸国への軍事介入等を正当化してきたブレジネフ・ドクトリン（制限主権論）を正式に否定した。そして東欧諸国に国内改革のフリーハンドを与える一方で，同諸国への援助を大幅に削減したのである。こうして新思考外交は，89年には，東西冷戦の象徴的存在であったベルリンの壁の劇的な崩壊をもたらし，同年マルタで会談した米ソ首脳は冷戦の終結を高らかに宣言した。

　東欧諸国の民主化は，ソ連のような「上からの民主化」ではなく，多くの場面で市民が主役となったため，「市民社会」が改めて注目される契機となった。89年9月にポーランドで非共産党政権が誕生したのを皮切りに，瞬く間に民主化ドミノが東欧を席巻し，同年末には，ルーマニアの独裁政権の崩壊に行き着いた。ゴルバチョフはこれらを静観して政権交代も黙認し，フランス等の西側諸国からも異論があって不可能と思われていた東西ドイツの統一にも道筋をつけたのである。

(3) アジアにおける新思考外交の展開

　1986年，ゴルバチョフはウラジオストクで演説を行い，中ソ間の対立を終わらせる意向と，ソ連がアジアの一員としてアジア太平洋地域と積極的に関わっていくことを表明した。また日本については，経済をはじめとする諸分野で「目を見張る進歩を遂げた一級の国家」であると，はじめて肯定的に言及した。この事実は，これまで日本を二流国とみなし，経済大国を自認する日本とはかけ離れた認識で日本と接してきたソ連が，ついに対日政策を転換させることを予感させた。(2) しかし，アジアにおける新思考外交で先行したのは対中関係であった。69年に国境線をめぐって軍事衝突にまで至った中ソであるが，89年にゴルバチョフが訪中して関係を正常化させた。一方，ペレストロイカを進めるゴルバチョフの訪中は，中国国内の民主化運動を刺激し，天安門事件を招いた。さらに90年に，ソ連はソ朝友好協力相互援助条約のもとに同盟国である北朝鮮の反対を押し切って，韓国と国交を樹立した。

　日本では，新思考外交が北方領土問題解決につながるか否かに関しては，当初は懐疑的であった。しかし，米ソの関係改善や中ソ関係の正常化など，実益重視のゴルバチョフの外交姿勢が鮮明となると，援助を引き出すために日本に対しても大胆な決断がなされるのではないかとの期待から，ゴルバチョフ訪日が待望されるようになった。結局，ようやく訪日が実現したのは，彼の権力が衰えた91年になってであり，領土問題に進展はなかった。中ソ関係や韓ソ関係よりも，対日関係が後回しになった理由として，政経不可分政策を堅持するとともに四島即時一括返還がなければゴルバチョフ訪日の意味がないとしてきた日本側の姿勢が，訪日のハードルを高くしてきた面は否定できないだろう。(3)

　日ソ関係が取り残される一方で，西側各国はペレストロイカ支援の手を差し伸べていた。日本が政経不可分政策を撤回し，政治も経済も同時に関係改善を図る拡大均衡政策へと本格的に転換したのは89年初頭のことであったが，この間，西ドイツはヘルムート・コール首相のもとでソ連に対して巨額の経済支援を実施してペレストロイカを支えるとともに，各国にも対ソ支援を呼びかけるなど，東西ドイツ統一への地ならしを進めていたのである。

(4) 連邦解体とその影響

　外交では華々しい成果をあげたゴルバチョフであったが，国内政治，特に経済

改革は行き詰まり，言論の自由を手に入れた国民によって容赦ない批判に晒されるようになった。同時に，言論の自由化は民族問題というパンドラの箱をも開け放ち，独立運動が公然化して連邦体制は動揺した。ゴルバチョフは最高会議議長，さらに新設した大統領に就任して権力基盤の強化を試みた。

こうした状況で8月クーデターが発生した。1991年8月，ゴルバチョフを軟禁した国家非常事態委員会が権力の掌握を発表したが，これには体制の屋台骨である国家保安委員会（KGB）議長や国防相を含めた政権の主要メンバーが軒並み連座していた。このクーデターに敢然と立ち向かったのが，ソ連を構成する一共和国にすぎなかったロシア共和国の大統領，ボリス・エリツィンであった。彼は，クーデター勢力の戦車に登って抵抗を呼びかけた。クーデター勢力によって，テレビ・ラジオなどは統制されていたが，市民の間にエリツィンの行動が漏れ伝わると，エリツィンが立てこもるロシア共和国最高会議ビル周辺には彼を支持する10万人以上の市民が集結した。

エリツィンの行動により，クーデターは失敗に終わった。クーデターに政権中枢の人物が参加していたこと，それが連邦内の一共和国の大統領によって失敗に追い込まれたこと，さらにゴルバチョフがエリツィンによって救出されたことでソ連の命運は決した。当時ゴルバチョフは，各ソ連構成共和国の権限を大幅に拡大する新連邦条約の準備を進めており，クーデターは，この新連邦条約を阻止して旧来のソ連を守ろうとしたものだったが，その失敗によって逆にソ連解体を招く結果となった。クーデター失敗後，ロシア，ウクライナ，ベラルーシのソ連構成3共和国がソ連からの脱退を宣言し，ともに独立国家共同体（CIS）を樹立することで合意した。ソ連の中心的存在であったロシアが脱退を決めたことで，ソ連の解体は不可避となり，91年12月にソ連は地図から消滅した。ソ連を構成していた15共和国は最終的にすべて独立国となり，そのうち10カ国が91年12月に独立国家共同体を結成した（93年にジョージアが加盟するも08年脱退，14年にウクライナも脱退）。

連邦解体は，当のソ連人も予期せぬほどのスピードと規模で進行し，次の体制作りの面からは明らかに準備不足であった。ソ連の各共和国間の国境は，自由に行き来できることを前提とした名目的な境界線も多く，民族分布と一致しないものも少なくなかった。これをそのまま新国家の国境線として各国が独立を急いだことで，クリミア問題はじめ，今日各地でさまざまな問題を引き起こしている。

第3節　大西洋主義外交からユーラシア主義外交へ

(1) 「国益」の変化

　独立後のロシア共和国はロシア連邦を名乗るようになり、ソ連の後継国家として、国連安全保障理事会常任理事国の座を含めたソ連の権益を引き継ぐことに成功したが、経済問題はじめさまざまな困難も同時に引き継いだ。当初エリツィン政権は、西側からの援助を積極的に受け入れて西側に接近した。当時のエリツィンは、社会主義体制を捨て、自由民主主義や資本主義といった西側のシステムを導入さえすれば西側から歓迎され、経済も成長軌道に乗って先進諸国の仲間入りができると楽観視していた。一方の西側諸国にとっては、核保有国ロシアが混乱状態に陥ることの阻止が第一であり、そのための民主化と市場経済化の支援だったのである。

　エリツィン政権は、1993年にはアメリカと第二次戦略兵器削減条約（START II）に調印したほか、94年には米ロは戦略的パートナーであるとする「モスクワ宣言」を、さらにEUとの間では「パートナーシップと協力に関する共同宣言」を発表した。当時ロシアの外務大臣を務めたのは、ベルギー生まれのアンドレイ・コーズィレフである。彼の「（ロシアは）西側諸国と同じく民主主義的価値観を共有し、西側諸国と同様の文明に戻る」という言葉が象徴するように、この時期のロシア外交は明確に親西欧路線をとったことから、「大西洋主義」と呼ばれる。当時のロシアでは、西側先進諸国入りすることが国益に合致すると考えられており、これを追求したのが大西洋主義外交であった。

　しかし、ロシアの経済状況は一向に好転せず、西側各国には援助疲れが目立つようになってきた。自らの西側諸国入りは西側諸国にとっても利益であり、西側が援助するのは当然であると考えるロシア側では、期待したほどの援助とその効果が得られないことに失望が生じ、西側諸国とそれに追随する自国の外交政策に対して不満が出るようになった。また何より、冷戦の勝者のごとく振る舞うアメリカに対する反発や、西側よりも格下に扱われることに対する苛立ちも表面化してきた。このような状況下で、エリツィンは徐々に外交方針を転換し、ロシアの伝統的な勢力圏を重視するとともに、ヨーロッパのみならずアジアにまたがるユーラシア国家としての独自性を重視し、西側的価値観とは一線を画す外交政策

を志向するようになった。こうした外交政策は，「大西洋主義」に対して「ユーラシア主義」と呼ばれる。

　コーズィレフの後に外相に就任したエフゲニー・プリマコフはユーラシア主義外交を推進した。彼は北大西洋条約機構（NATO）の東方拡大に抵抗を試みるとともに，旧来のロシアの権益を重視する姿勢を明確にし，アメリカの一極支配には一貫して異を唱えた。96年にはロシアは中国などとともに軍事面を含む地域協力組織として上海ファイブ（のちに上海協力機構に発展）を設立し，99年にロシアと中国の反対にもかかわらずNATOによるユーゴスラヴィア空爆が実施されると，これに激しく反発した。(5)

（2）　国内の混乱とナショナリズムの高揚

　エリツィンは曲がりなりにもロシアに民主主義をもたらしたが，経済面では失敗の連続であった。ハイパー・インフレが発生したほか，外国製品の大量流入によって国産品が駆逐されて多くの工場の操業が停止した。その結果，給料や年金の支給遅延が常態化し，民心は離反した。一方で，エリツィンは議会と対立し，武力衝突にまで発展した。議会側を武力制圧したエリツィンは，新しい議会の選挙を実施するとともに，大統領権限を大幅に強化した新憲法の制定にこぎつけたが，新憲法のもとで行われた国家院（下院）選挙では，エリツィン派の政党が伸び悩み，過激な民族主義を唱える極右政党が大躍進するとともに，共産党も善戦した。ナショナリズムの高揚は，その後の外交にも影響を与えることになる。

　また，国営企業の民営化は，全国民に民営化バウチャーを配布するという形で実施されたが，知識の不十分な国民や，日々の生活に困っていた国民は，二束三文でバウチャーを手放したり，騙し取られたりしてしまった。この民営化でうまく立ち回った者の中には，政治家や官僚と癒着して，政商として権勢を振るう者も少なくなく，彼らはオリガルヒと呼ばれた。

　長引く政治・経済的混乱は，連邦体制に対する遠心力を強め，特にイスラム教徒が大勢を占めるチェチェン共和国においては独立運動が先鋭化したため，94年にエリツィンは軍を投入して武力鎮圧を図った。これを西側諸国は人権問題として非難し，西側とロシアとの溝が深まった。チェチェン側は激しく抵抗して紛争は泥沼化し，96年に締結した停戦協定は，チェチェン側に大幅に譲歩した内容となり，チェチェンは独立国の状態となった。

98年には、ロシアは事実上のデフォルトに陥り、ルーブルが大暴落して大混乱に陥った。この危機のさなか、首相に抜擢されたのが外相のプリマコフだった。彼は、原油価格の回復という幸運にも恵まれ、ソ連崩壊後のロシアの経済成長をはじめてプラスに転じさせたほか、共産党などエリツィンに批判的な勢力を懐柔し、次期大統領として待望されるようになった。当時、病気で入退院を繰り返していたエリツィンは、その人気をおそれ、8カ月でプリマコフ首相を交代させ、次の首相もわずか3カ月足らずで解任した。そして、エリツィンが最後に首相を託したのがKGB出身のプーチンであった。

99年の大晦日にエリツィンは辞任を発表した。最高指導者の自発的な辞任は、ソ連・ロシアの歴史上初であった。大統領の辞任を受けて、プーチンが大統領代行に就任した。

（3） 北方領土交渉とその限界

民主化によって、北方領土問題についても自由な意見表明が可能となり、マスコミで報じられるさまざまな意見は、政策決定にも影響を及ぼすようになった。[6]

一方、日本側では、経済援助によって有利に領土交渉が進められるのではないかとの認識が広まった。[7] 日本側から漏れ伝わるこうした情報は、ロシア人の誇りを傷つけるとともにナショナリズムを刺激し、ロシア国内で北方領土問題は次第に政治問題化した。92年にはエリツィン大統領の訪日が予定されていたが、直前に一方的にキャンセルされた。翌93年にようやく訪日したエリツィンと細川護熙首相との間で出された東京宣言では、島名を列挙して領土問題をその帰属に関する問題と明記し、「歴史的・法的事実」「両国の間で合意の上作成された諸文書」「法と正義」に基づいて解決すると宣言された。

ユーラシア主義外交の進展とともに、ロシアの視線がアジア方面に向く中で、日ロ関係にも実質的な変化が現れはじめた。97年、クラスノヤルスクでの日ロ非公式会談の席上、エリツィンは、橋本龍太郎首相に対して、「2000年までに」と期限を明示して平和条約の締結を提案し、日本側では領土問題解決への期待が高まった。しかしその後は目立った進展がないまま、2000年を目前に控えた99年の大晦日にエリツィン大統領は辞任した。

2001年に、森喜朗首相とプーチン大統領の間で合意されたイルクーツク声明では、56年の日ソ共同宣言を平和条約交渉の出発点とし、東京宣言を含め今日まで

に採択された諸文書に基づいて四島の帰属問題を解決して平和条約締結を目指すと明記された。しかし、その後のプーチンの姿勢は定まらず、日ソ共同宣言で引き渡すとされている歯舞群島と色丹島の返還に意欲を示すこともあったが、「ロシアの領有は第二次世界大戦の結果であり、国際法で決着済み」と述べたり、2013年に安倍晋三首相が訪ロした際には、イルクーツク声明を共同声明に盛り込むことすら拒否した。2016年の訪日時には、安倍首相が提案した「日露経済協力プラン」にもっぱら関心を示し、経済協力に関するさまざまな合意がなされた一方で、領土問題で進展はなく、共同声明も発表されなかった。さらに2018年には、訪ロした安倍首相に対してプーチン大統領から、前提条件なしで2018年内に日ロ平和条約を締結しようとの提案がなされたが、これは領土問題を解決した後に平和条約を締結するという従来の日本政府の立場を無視するものであった。

第4節　強い指導者への憧れ

(1) Putin, who?

　プーチンは就任当初、国際社会はおろか、国内でも無名の人物だった。日本政府は、かつてサンクトペテルブルグ副市長時代のプーチンを国費で招待したことがあったが、そのときのプーチンを記憶している者は誰もいないほど地味な人物だったという。彼の名を一躍広めるきっかけとなったのが、チェチェン問題での強硬姿勢だった。プーチンが首相に就任してまもなく、モスクワなどで相次いでアパートが爆破されて数百人の死傷者を出す事件が発生した。プーチンはこれをチェチェン独立派によるテロ攻撃であると断定し、チェチェンに軍を派遣した。第二次チェチェン紛争と呼ばれるこの攻撃で、プーチンは自ら戦闘機に乗ってみせるなど、先頭に立って指揮する姿勢をアピールした。病弱なエリツィンと、その周辺で繰り返される政争に辟易としていたロシア国民は、若くてエネルギッシュな首相の登場に喝采した。プーチンは、たちまち国民の支持を集め、2000年の大統領選挙で52.94％の得票で当選し、第二代大統領に就任した。

　ソ連は加盟共和国の離脱により崩壊したが、ソ連から独立したロシアがさらに分裂して国際情勢に影響を及ぼすことも懸念されている。ロシアの連邦構成主体には、民族を単位として民族名を冠した、共和国・自治州・自治管区の3種類の主体と、主に地理的条件から区分された、州・辺区・特別市の3種類の主体が存

在し，ロシア連邦発足当初は89の連邦構成主体があった。大統領に就任したプーチンは，ただちに連邦制度改革に着手した。当時，多くの連邦構成主体が自治権を主張・獲得し，個別に連邦政府と権限区分条約を結んだ結果，連邦構成主体ごとに連邦との関係が異なる不均質な状態にあった。特に地下資源をもつ連邦構成主体は，連邦政府に自らの特別扱いを要求し，資源の分配に関して連邦との間で有利な条件で権限区分条約を締結していた(11)。プーチンはこうした状況を正常化すべく，ロシア全土を7つに分ける連邦管区を設置し，各管区に大統領全権代表を任命・派遣して連邦構成主体に対する監督を強化した。さらに連邦会議（上院）の改革も実施し，2004年には構成主体の首長の選挙を廃止し，大統領による任命制を導入した(12)。

（2）　プーチンの高い支持率とチェチェン問題

　プーチンは第一期の任期中，概ね70～80％台の高支持率を誇ったが，その要因として，ソ連末期以降の混乱を収束させて秩序を確立し，強い指導者として国民から受け入れられたことと，原油ならびに天然ガス価格の高騰によってもたらされた恩恵を曲がりなりにも国民に与えたことが指摘できる。

　他方，チェチェンに対する強硬姿勢は，国民の支持を集める一方で，西側諸国からは人道問題として強い非難を受けた。しかし，2001年に9.11アメリカ同時多発テロ事件（9.11事件）が発生すると，プーチンはいち早くアメリカへの支持を表明し，チェチェン紛争もテロとの戦いの一環であるとして西側の対テロ戦争を同列に論じ，国際社会からの批判を和らげることに成功した。プーチンが大統領に就任して以降，ロシアではチェチェン独立派が関与したとみられる劇場占拠事件やモスクワ地下鉄爆破事件，航空機同時爆破事件，そして学校占拠事件などのテロで多数の死傷者が出た。外国メディアでは，続発するテロ事件が政権基盤を弱体化させるとの見方もあったが，逆にプーチンはこうした事件を巧みに利用して権力基盤を強化したのである(13)。先に述べた連邦構成主体首長の直接選挙廃止は，学校占拠事件の直後に，地方に対する監督強化を口実として実施された。

（3）　垂直的権力構造の確立と汚職問題

　プーチンによって秩序が回復し，経済も成長した反面，言論の自由は後退した。ゴルバチョフおよびエリツィンと，プーチンとの大きな違いは，マスコミに対す

る態度である。前二者は言論の自由を尊重し，自身への批判に対しても寛容な姿勢をみせた。他方，プーチンは，大統領に就任するとすぐにマスコミの統制に乗り出した。自身に反抗的なオリガルヒを国外追放にして彼らが所有していたテレビ局等を支配下に置き，政権に批判的な他のテレビ局も閉鎖に追い込むなど，プーチン政権は全テレビ局を掌握して政権批判を封じ込めるとともに，都合のよい自己イメージを流布するようになった。活字媒体についても，大手日刊紙が軒並みプーチンと近しい人物によって掌握されるなど統制が進んでいる。インターネットに関しては，近年テロ対策を口実に，SNSなどに対する規制が強化されつつあるが，政府批判を完全に封じ込めるまでには至っておらず，体制に批判的なブロガーも一定の影響力を保っている。しかし，ロシア国内で言論統制は着実に進行している様子である。加えて，チェチェン紛争をめぐり政権を批判していた女性記者アンナ・ポリトコフスカヤや野党指導者ボリス・ネムツォフなど，政権に批判的な人物の暗殺や暗殺未遂がロシア国内外で相次いでいることも指摘しておかなければならない。

　特筆すべきは，ロシア人の多くが検閲を支持していることである。全ロシア世論調査センターが行った調査(14)によると，「ロシアのマスコミ（テレビ，新聞・雑誌など）に政府の検閲が必要だと思うか」という質問に対し，「絶対に必要」「どちらかというと必要」を合計すると，実に58％もの人が検閲を支持しており，「どちらかというと必要ない」「絶対に必要ない」の合計24％を大きく上回っている。検閲が必要な理由としては，「暴力，わいせつ，俗悪な描写が多いから」が40％，「名誉毀損や誤報を防止し，市民の信頼できる情報を提供する必要があるため」が22％などとなっており，政府の役割に対する考え方が欧米とは根本的に異なることがわかる。

　プーチンは，言論統制を強化するとともに，議会に対する支配の確立も急いだ。2001年には政党登録条件が厳格化され，リベラル政党の排除が進んだ。また2007年には，国家院比例区の足切りラインが得票率5％から7％に引き上げられて少数政党の議席獲得が困難になるとともに，小選挙区が廃止されて無所属候補が立候補できなくなった。こうしてプーチン率いる与党「統一ロシア」は議会で大きな勢力を維持することに成功した。

(4) 天然資源の国家管理強化と外資規制

　オリガルヒの1人，ミハイル・ホドルコフスキーが経営する石油会社ユコスは，アメリカの監査法人による監査を行い，国際石油メジャーとの関係も強化したが，エネルギー資源を可能な限り外国の影響力から守りたいプーチン政権からは不興を買った。さらに，ホドルコフスキーは，プーチンを批判するとともに，野党勢力に資金援助を行い，自らの大統領選挙出馬をちらつかせて，プーチンとの対立を決定的にした。2003年にホドルコフスキーは，脱税などの容疑で逮捕・起訴される事態となり，ユコスも政府によって科された巨額の税金を支払えずに破産した。「ユコス事件」と呼ばれる一連の出来事は，反体制派弾圧として欧米諸国から批判されたが，オリガルヒに対する反発が根強いロシア国民からは喝采を浴びた。

　プーチン時代の経済成長は，前述の通り，原油・天然ガス高による面が大きく，プーチン政権は，国家の基幹産業となったエネルギー産業への国家管理を一層強化した。一方で，豊富な天然資源は，常に恵みをもたらすわけではない。ロシア経済は資源輸出に大きく依存する結果，資源価格の影響を直接受ける脆弱な面をもつ。2008年7月に原油価格が大幅に下落すると，同時期に発生したリーマンショックと相俟ってロシア経済は大打撃を受けた。また，資源輸出に依存して製造業が育たず，しかも資源輸出の増加が為替レートを上昇させ，結果的に国内の他部門の競争力を奪ってしまうという悪循環，いわゆる「資源の呪い」がロシアを直撃した。そこでロシア政府は，製造業を育成するとともに経済の多角化や競争力強化を優先課題として掲げ，エネルギー産業や軍需産業といった部門を戦略的に国家が管理することを目的に，「国家コーポレーション」（公社）と呼ばれる一群の国営国策企業組織を設立した。国防産業の集合体であるロステフノロギヤ，原子力産業の集合体であるロスアトムなどがそれにあたる。しかし，これらが新たな利権と汚職の温床となっている可能性が指摘されている。また，多くの天然資源が埋蔵されているシベリアおよび極東は気候条件が厳しく，ソ連崩壊以降人口流出が続いており開発が難しい。

　他方，人口が希薄な極東ロシアの国境の向こう側には中国が存在し，「人口圧力」として，労働者の流入や不法移民といった不安をロシアに与え続けている。2004年にプーチンは，中国の胡錦濤国家主席との間で国境線確定に合意したが，その背景には，アメリカをにらんだ中ロの関係強化の意図のみならず，国際社会

で存在感を増す中国に対する警戒心があった。沿海地方のように，かつて中国からロシアが割譲させた地域は，将来中国が領有権を主張する可能性もあり，こうした不安の芽を早めに摘み取ることが重要と判断されたのであろう。なお，中ロの国境線画定交渉は，両国のマスコミに一切知らされずに秘密裡に行われた。[15]

第5節　旧ソ連勢力圏回復への野心

（1）　カラー革命と欧米不信

　2004年から翌年にかけ，旧ソ連のジョージア，ウクライナ，キルギスで政変が相次いだ。それぞれにシンボルとなる色や花があったことから，カラー革命と総称されるこれらの革命を，「操作されたもの」[16]とプーチンは断言し，アメリカの介入を強く疑うとともにロシアへの波及を恐れた。ロシアは，オレンジ革命で親ロ派政権が打倒されたウクライナと天然ガス供給価格をめぐって対立し，2006年にはパイプラインによるガス供給を停止するという強硬手段に出た。この際，ウクライナを経由してパイプラインで結ばれている中・東欧諸国でも広く供給停止の影響が及んだために，ロシアが天然ガスを武器に影響力行使を試みているのではないかとの警戒心が各国に広がった。

　2007年の国際安全保障会議でプーチンは，「アメリカの単独的な行動は問題を解決せず，人道的な悲劇と緊張を引き起こす」，そして「アメリカはあらゆる紛争に関与しながら，それらを解決することはなかった」[17]と非難するとともに，ミサイル防衛（MD）システムの東欧配備にも激しく反発した。9.11事件直後は対米協力姿勢もみせていたプーチンだが，この頃にはアメリカに対する対抗心をむき出しにするようになったのである。現在米ロは再び冷戦に突入したとの指摘もあるが，新しい米ロ対立はかつてのイデオロギー対立ではない。

（2）　タンデム体制とジョージア侵攻

　当時のロシア憲法では大統領の3選が禁じられていたため，2007年12月，プーチンは自らの後継にドミトリー・メドベージェフを指名し，翌年5月に発足したメドベージェフ政権下で自らは首相に就任した。シロビキと呼称される，KGB出身のプーチンをはじめとする国防・治安関係省庁出身者の派閥に属さないメドベージェフに対し，プーチンはシロビキの影響力に加えて，与党党首を務めるな

ど大統領を上回る政治力を維持したため、実質的に 2 人の指導者が並立する形となり、タンデム体制と呼ばれた。大統領となったメドベージェフは、ロシア経済の後進性や汚職の深刻さを率直に認めて改善の必要性を訴えたこともあったが、目立った成果はあげずに終わった。[18]

　メドベージェフは穏健派とみられていたが、2008年 8 月、北京五輪開会式の最中に隣国ジョージアに軍事侵攻して世界の耳目を奪った。ジョージアの中央政府と反目して独立状態にあった南オセチア自治州からの要請を受けたという形をとりながらも、ロシアは南オセチアを越えてジョージア領内奥深くまで侵攻し、同月末には同じくジョージアから事実上独立状態にあったアブハジア自治共和国とともに南オセチア自治州を独立国家として承認するに至った。ジョージアへの軍事侵攻についてメドベージェフは、ロシアは特権的に利益をもっている地域を守る権利があるとして自らを正当化したが、この主張の根底には、かつてのブレジネフ・ドクトリンと相通ずるものがある。ロシアにとってソ連の「内側の核」であった地域は、「まとめて先祖から受け継いだ家伝の財産のようなもの」なのである。[19]ジョージアへの侵攻は、旧来からのロシアの権益を守る姿勢を世界に明示したという点において、その後のクリミア併合への布石であったといえよう。国際社会はロシアによる明白な主権侵害に対して効果的な対応ができず、武力による国境の変更を事実上認めた形になってはいるが、南オセチアを国家承認した国は数カ国に留まっている。かつてロシアの反発を無視してセルビアから独立宣言したコソヴォが、中ロからは国家承認されていないものの、100カ国以上から承認されている一方で、南オセチアは中国はおろかロシアを除く旧ソ連諸国からすら承認されていないのである。

　日本との関連でメドベージェフについて特筆すべきは、旧ソ連時代を通じて、ロシアの国家元首が誰一人足を踏み入れなかった北方領土に、2010年に大統領としてはじめて上陸したことである。ジョージア問題や北方領土問題での強硬姿勢は、強い指導者であると国民に印象付け、大統領選挙で再選を狙う戦略であるとの見方もあったが、2011年にメドベージェフはあっさりプーチンを大統領候補に推薦することを表明した。

（3）　第二次プーチン政権とクリミア併合

　2012年の大統領選挙で有力な対抗馬はなく、次点候補の17.2％を大きく引き離

す63.7%の得票率でプーチンが大統領に返り咲き，メドベージェフは首相に就任した。しかも憲法改正により，大統領の任期は4年から6年に延長された。選挙前には「プーチンなきロシア」を訴える反政府デモもあったが，選挙結果が示す通り有力な反対勢力は存在しない。しかし，プーチンは大統領に復帰するや否や集会参加者の違反行為に対する罰金を大幅に引き上げる法律を成立させたほか，政治活動を行う非営利団体に対して外国からの資金受領を規制する法律を改正し，さらに国家反逆・スパイ・機密漏洩に関する刑法を改正するなど，反政府活動の取り締まりを強化した。先述の通りプーチンは，カラー革命の背後にはアメリカがいて，ロシアの野党勢力に対しても同様に支援していると考えており，またロシア国民にも，野党勢力は欧米から資金援助を得て欧米の利益のために活動していると信じる者が少なくない。これは，国家がマスメディアを検閲すべきとの認識にもつながっている。

　2014年のソチ冬季五輪の閉幕直後，ロシアは隣国ウクライナのクリミア自治共和国を併合したと発表した。ソ連崩壊後，ロシアが他国の領土を奪った初のケースである。2月にウクライナで親ロ派の大統領が失脚すると，在ウクライナのロシア人を保護するという口実でクリミアに軍隊を投入して傀儡政権を樹立し，ウクライナからの独立を宣言させると，即座に「住民投票」を実施した。その結果，大多数がロシアへの編入を望んでいるとして3月に併合を発表するという手際の良さであった。さらにクリミア併合と並行して，ロシアと隣接するウクライナ領東部においても親ロ派勢力を支援して軍事介入を開始した。また，2015年にはシリアでバッシャール・アサド政権軍を支援して，アラブの春以降，主に欧米が支援してきた反体制勢力に対する空爆を開始し，欧米に対する対決姿勢を鮮明にした。

　クリミア併合の際，在留ロシア人の保護を口実とした点は重要である。ソ連は十分な準備なく解体されたため，旧ソ連諸国に取り残されたロシア人の処遇をめぐる問題は旧ソ連諸国全域が抱えているのである。

第6節　ロシアの大国意識と新たな大国間関係

（1）　内政と対米関係

　プーチンはクリミア併合後に議会で演説し，「二極体制の消失後，世界から安

定が消えた」「アメリカを筆頭とする西側のパートナーは（中略），世界の運命を決めるのは自分であり，常に自分だけが正しいのだと信じ切っている」と対米批判のトーンを上げた。この演説は，ソ連崩壊後の混乱の中で，ロシア国民の多くが抱いてきた認識を象徴的に表している。アメリカ一極支配に対抗するすべもなく慍悋たる思いを抱いてきた多くのロシア国民が，クリミアを編入したプーチンに喝采を送り，一時支持率は80％以上に上昇した。

　ところがその後は，原油価格の低迷に加えてクリミア併合などに対する欧米の経済制裁が影響し，国民の生活に対する不満が高まってきた。プーチンもそのことは承知しており，2018年の大統領選挙では，自らの再選が絶対視されているにもかかわらず，野党指導者アレクセイ・ナワリヌイの立候補を阻止したり，通常12月に行われる大統領教書演説を選挙直前に行った上に，演説中にアメリカをミサイル攻撃するCG画像を上映するなど，なりふり構わぬ選挙戦を展開した。投票日には，全土で大規模な動員に加えて不正があったとの証言も相次いだ。最終的にプーチンは，ロシア大統領選挙史上最高の76.69％の得票率で再選を果たしたが，その前途は多難である。選挙後に政府の財政再建策の一環として発表された，年金受給開始年齢の引き上げを骨子とする一連の年金制度改革案は，国民の激しい反発を招き，大統領の支持率も急落している。

　一方，米ロ関係の緊張状態は，ロシアに好意的な姿勢を示していたドナルド・トランプの大統領当選によってリセットされるかにもみえた。しかし，ロシアによる米大統領選挙介入疑惑など一連の「ロシア・ゲート」が明るみに出たことによって，トランプはロシアに対して宥和的な姿勢をとることが難しくなるとともに，親ロ的な側近たちも相次いで政権を去った。さらに，ロシアが死守してきたシリアのアサド政権が，反体制派支配地域に対してサリン攻撃を行い民間人に多数の死傷者が出ると，米軍はアサド政権軍に対してミサイル攻撃を敢行するなど，米ロ関係は悪化の一途をたどっている。

（2）　東方シフトと対中関係

　2012年にウラジオストクでアジア太平洋経済協力会議（APEC）を開催するなど，アジアを重視する東方シフトを強めつつあったロシアであるが，2014年にクリミアを併合してG8から事実上追放されるとともに経済制裁を科されると，東方シフトをさらに鮮明にして中国との関係を深めた。対米関係の悪化が顕著な中

国側もこれを歓迎し，対ロ関係を重視する姿勢をみせている。ロシアが主催する東方経済フォーラムへの習近平国家主席の出席や，合同軍事演習の実施など，近年両国は関係の緊密化を誇示している。また北朝鮮問題でも，中ロはともに北朝鮮に対する制裁緩和を各国に働きかけるなどしてきた。しかし，世界で最も長い国境線で相対する両国は，経済的側面や地政学的側面などからみてその利害関係は単純なものではなく，パートナーであると同時にライバルでもある。現在，中国はロシアの天然資源を必要とし，ロシアは中国の労働力や工業製品を必要とする相互補完関係にある。一方で，中国が進める一帯一路は，中国をハブとした構造であり，ロシアにとってはヨーロッパとアジアを結ぶ自国の役割低下を意味し，警戒すべき対象である。上海協力機構もまた，中国が中心的な役割を担っている。アメリカとの対決姿勢を強めると同時に，習の終身元首化など強権体制を強化し，自国を中心とした国際秩序の構築を狙う中国と，どのような距離を保つのか，ロシアは難しい舵取りを迫られている。

（3） 米中ロの新たな3国関係

「中国の夢」を追いかける習，アメリカ・ファーストを掲げて「アメリカを再び偉大にしよう」と叫ぶトランプ，そんな両者を横目にロシアを再び偉大にしたいと願うプーチンであるが，ロシア一国ではその実現はおぼつかない。中国は米国主導で形成されたシステムに対抗して，中国を中心とする新たなシステムを構築しようとしているようにみえる。単独ではアメリカに対抗できず，中国との関係を強化せざるをえないロシアであるが，中国との関係を深めれば深めるほど，自らの地位は埋没してしまいかねない。ロシアはそんなジレンマの中にある。

ソ連崩壊後も，引き続きロシアは核保有国であり，常任理事国でもあるが，その国際的影響力はソ連時代と比較すべくもない。ソ連崩壊以降一貫して，ロシアはアメリカと対等な関係を求めてきたが，一方のアメリカは，その必要性を感じていない。自身を大国と認識し，大国として振る舞おうとするロシアと，それ以下と位置づける諸外国との認識ギャップ，さらに，中国を筆頭にロシアを巻き込んでアメリカに対抗を試みる国々の存在が問題を複雑化している。また，旧ソ連諸国を自国の特権的地域とみなし，その主人として振る舞おうとするロシアと，すでに独立国家となって四半世紀を経た他の旧ソ連構成諸国との認識ギャップ，さらには，ロシア国民の認識と国際場裡におけるロシアの実力とのギャップの存

在も意識しながら，国際社会はロシアと向き合っていく必要がある。

ロシア・東欧関連年表

1982・11		ブレジネフ書記長死去。
1985・3		ゴルバチョフ書記長就任。
1986・4		チェルノブイリ原発事故発生。
	7	ウラジオストク演説。
1987・12		中距離核戦力（INF）全廃条約調印。
1988・3		ブレジネフ・ドクトリンを放棄。
	5	アフガニスタンから撤退開始（1979年侵攻，1989年撤退完了）。
1989		東欧革命。ベルリンの壁崩壊。
	5	ゴルバチョフ訪中。ゴルバチョフ最高会議議長就任。
	6	天安門事件。
	12	マルタ会談。
1990・3		ゴルバチョフ，大統領に就任。
	10	東西ドイツ統一。
	12	シェワルナゼ外相辞任。
1991・4		ゴルバチョフ訪日。海部俊樹首相と会談。
	6	エリツィン，ロシア共和国大統領に就任。
	8	保守派によるクーデター発生。
	12	ソ連邦崩壊。
1993・1		第二次戦略兵器削減条約（START II）調印。
	10	大統領と議会が対立し，武力衝突（モスクワ騒乱事件）。
		エリツィン大統領訪日。細川護熙首相と会談。
1996・6		エリツィン大統領再選。
1998・8		ロシア経済危機発生。
1999・8		プーチン首相就任。
	9	連続アパート爆破事件発生。
	12	エリツィン大統領辞任。プーチンが大統領代行に就任。
2000・5		プーチン，第二代ロシア大統領に就任。
2002・10		モスクワ劇場占拠事件発生。
2003・10		ホドルコフスキー・ユコス社長逮捕。
2004・9		ベスラン学校占拠事件発生。
	12	ウクライナでオレンジ革命。
2006・1		ガス・パイプライン供給停止。
2007・2		プーチン，国際安全保障会議（ミュンヘン）でアメリカを非難。
2008・5		メドベージェフ，第三代ロシア大統領就任。プーチンは首相に。
	8	ジョージアへ軍事侵攻。南オセチア，アブハジアを国家承認。
2009・1		ガス・パイプライン供給停止。
2012・5		プーチン，第四代大統領就任。メドベージェフは首相に。
2014・3		クリミア併合。
2015・1		ユーラシア経済連合（EEU）発足。
2018・3		プーチン再選。

（出所）　筆者作成。

注

(1) 2003年9月，モスクワでの世界気候変動会議での発言。
(2) 当時のソ連指導者層の日本観については，例えば駐日ソ連大使であったウラジーミル・ヴィノグラートフが Владимир Виноградов, *Дипломатия: Люди и события. Из записок посла*, РОССПЭН, 1998, стр. 48 で「我々は全く全般的に日本のことを知らなさ過ぎ，旧態依然とした認識が強かった」と回顧している。
(3) 長谷川毅は，『北方領土問題と日露関係』筑摩書房，2000年，161-162頁で，ドイツ統一よりも簡単にみえた北方領土問題が未解決で残された理由について，ソ連にとってドイツ問題が決定的に重要であったからこそ大部分の時間と勢力が費やされたことと，東欧革命がもたらした千載一遇のチャンスを逃すまいという意識を全ドイツ人がもっていたことを指摘している。
(4) Andrei Kozyrev, "Russia: A Chance for Survival," *Foreign Affairs Volume 71*, Number 2, 1992, pp.1-16.
(5) Красная звезда, 9 октября, 1999. によると，この空爆により，ロシアの利益は西側諸国と一致せず，ヨーロッパにおける「軍事ブロックや軍事同盟の拡大はロシアに対する軍事的脅威」と明確に認識した。
(6) 例えば，IMEMOのゲオルギー・クナーゼは，歯舞・色丹を日本に返還するとともに，国後・択捉についても議論に応じる道義的責任があるとの画期的主張を行った。詳細は，Георгий Кунадзе, "В поисках нового мышления: о политике СССР в отношении Японии," *Мировая экономика и международные отношения* No. 8, 1990. を参照。
(7) 例えば，佐藤和雄・駒木明義『検証 日露最高首脳交渉──冷戦後の模索』岩波書店，2003年，30頁によると，渡辺美智雄外相は1992年に「カネを一切やらないというわけではない。(中略) 何兆何千億の本格的支援は，平和条約が結ばれてからだ」と述べた。
(8) 外務省『外交青書 平成14年版』。
(9) ロシア国営テレビ「国民との対話」2005年9月27日放送での発言。
(10) 在ロシア日本大使館員談話。
(11) 例えば，タタールスタン共和国と連邦との権限区分条約は，共和国の専管事項として，「地下資源の占有・利用・処分」の権利を認めていた。こうした特別扱いは，地方首長の支持を得たいエリツィンの政治的動機に基づくものでもあった。
(12) 2012年に制限つきで公選制が復活した。なお，任命制が民主的か否かについては，例えば上野俊彦「ロシアにおける連邦制改革──プーチンからメドヴェージェフへ」『スラブ・ユーラシア研究報告集 No.2 体制転換研究の先端的議論』スラブ研究センター，2010年を参照。
(13) 例えば，『朝日新聞』2004年9月4日付。
(14) 全ロシア世論調査センター (http://wciom.ru 2018年3月31日アクセス)。
(15) 中ロの国境画定交渉の詳細については，岩下明裕『北方領土問題──4でも0でも，2でもなく』中央公論新社，2005年を参照。

⒃　ロシア大統領府（http://www.kremlin.ru　2018年3月31日アクセス）。
⒄　ロシア大統領府（http://www.kremlin.ru　2018年3月31日アクセス）。
⒅　メドベージェフは，例えば自らの論文「進め，ロシア」で，汚職を「進歩を阻害する深刻な社会的病巣」と述べてその根絶を訴えている。ロシア大統領（http://www.kremlin.ru　2018年3月31日アクセス）。
⒆　ドミトリー・トレーニン『ロシア新戦略──ユーラシアの大変動を読み解く』（河東哲夫他訳）作品社，2012年，54頁。

参考基本文献

岩下明裕『北方領土問題──4でも0でも，2でもなく』中公新書，2005年。中ロの領土問題解決をヒントに，北方領土問題についても面積等分案の是非を検討する全く新しい視点から書かれたもの。

河東哲夫『ロシアにかける橋──モスクワ広報・文化交流ノート』かまくら春秋社，2006年。日ロ外交に携わった外交官の回想録。日ロ関係といえば領土問題に偏りがちであるが，本書は文化交流に焦点をあてている。

木村汎『プーチン──外交的考察』藤原書店，2018年。現代ロシア政治は，ワン・マン指導者であるプーチンの発想や思惑によるところが大きいと考える著者によるプーチノクラシーの分析。

トレーニン，ドミトリー『ロシア新戦略──ユーラシアの大変動を読み解く』（河東哲夫他訳）作品社，2012年。ロシア国防省勤務経験のあるロシア人研究者による分析。ロシアからみると国際社会はどうみえるのかを知る貴重な一冊。

西山美久『ロシアの愛国主義──プーチンが進める国民統合』法政大学出版局，2018年。共産主義に代わる新たな国民統合理念として愛国主義が浮上してきた。本書ではプーチンによる愛国主義に基づいた各種の政策について検討している。

長谷川毅『北方領土問題と日露関係』筑摩書房，2000年。領土交渉が最も活発化した90年代を中心に，丹念に一次資料を分析した北方領土問題解説書の決定版。

パノフ，アレクサンドル『不信から信頼へ』（高橋実・佐藤利郎訳）サイマル出版会，1992年。やや古い本になるが，著者はのちに駐日ロシア大使を務めた。日本語でソ連の対日観を知ることのできる貴重な文献である。

横手慎二『現代ロシア政治入門（第2版）』慶應義塾大学出版会，2016年。ロシア政治の全体像を把握するのに好適。現代ロシア政治の特徴をツァーリの時代に求め，まずその歴史から解説している。

（井手康仁）

第12章

変動期のラテンアメリカ
——国際関係の展開と開発戦略の探求——

Introduction

ベネズエラの反米左派の指導者チャベス大統領が2013年に死去した。ブラジルのルーラ大統領とともに北米（＝アメリカやカナダ）を除外した地域主義を唱えて，2011年末にラテンアメリカ・カリブ諸国共同体を創設したが，その行方は不明瞭になった。本章では，1990年代の南北アメリカ（＝米州）協調の時代から21世紀の最初の10年間に反米政権や左派政権が続出した冷戦後のラテンアメリカの変化の要因を冷戦時代から遡って考察する。

第1節　米州関係の氷河期？

　21世紀初頭のラテンアメリカに関して反米化や左傾化という表現が頻繁に用いられたが，近年では脱左傾化の現象もみられる。2013年のベネズエラのチャベス大統領の死去と2016年のキューバのF・カストロ元議長の死去という，反米主義を代表する2人の象徴的人物が失われたのみならず，2015年にアルゼンチン，16年にブラジルで左派政権が終焉するなど，右派への回帰現象も一部ではみられる。さらに自由貿易と市場開放を掲げるメキシコ，コロンビア，ペルー，チリの4カ国が太平洋同盟を設立するなど，新しい動きもみられる。

　他方，アメリカのトランプ政権は，メキシコに貿易と移民の問題で厳しい態度をとり，オバマ政権が国交を回復したキューバとの和解外交の見直しを表明するなど，ラテンアメリカとの関係が悪化する兆候がみられる。2001年の9.11事件以来，アメリカの関心は中東に集中する一方，ラテンアメリカへの関心は低下した。これはオバマ政権もキューバを除いて同様であった。この間にラテンアメリカでは反米的な国々が出現したが，反米ではない国々も，太平洋同盟のようにアジア太平洋諸国を重視するなどアメリカ離れの現象が顕著である。さらにアメリカを除外した地域主義の高まりも無視できない。したがって，共和党のG・W・ブッ

シュ（子）政権から民主党のオバマ政権を経て再び共和党のトランプ政権に戻っても，しばらくはアメリカとラテンアメリカの関係に急激な好転は望めないだろう。

ラテンアメリカの近年の変化を理解する上で，20世紀，特に1980年代の危機の時代と1990年代の米州（＝南北アメリカ）協調の時代を考える必要がある。さらに20世紀に西半球で最も強い影響力を及ぼしてきたアメリカとラテンアメリカ諸国の国際関係（米州関係）と，後者の開発戦略を概観する必要があろう。そこで本章では冷戦時代のラテンアメリカを概観した後，冷戦後のラテンアメリカ地域の国際関係の展開を，開発戦略との関連で検討する。

第2節　冷戦時代のラテンアメリカ

20世紀は戦争と革命の世紀と言われるが，ラテンアメリカでは国家間の戦争は少なかった。対照的に，独立以来の不平等な社会の変革を望む勢力と，これを阻止する現地エリートの国内の紛争が続いてきた。こうした対立図式は東西冷戦の枠組で解釈される傾向にあった。したがって，冷戦の当事者であったアメリカが20世紀のラテンアメリカに及ぼした影響は多大であった。

(1)　北方の巨人アメリカの影響

アメリカは第二次世界大戦以前から，19世紀以来のモンロー・ドクトリンに基づき，西半球での優越性を主張してきた。20世紀初頭にはニカラグアのサンディーノのような反米的な民族主義運動も高まったが，アメリカは，T・ローズベルト大統領の棍棒政策にみられるように海兵隊を派遣するなど，内政干渉を繰り返した。しかし，欧州で高まるナチズムの脅威を前に米州を結束する必要性から，1933年にF・ローズベルト大統領は，これまでの政策を転換して，ラテンアメリカとの善隣外交を打ち出して，友好に努めた。第二次世界大戦が始まると，ラテンアメリカ諸国は，アメリカの要請に応じ，連合国に加わり参戦した。[1]

第二次世界大戦後，米ソ中心の東西冷戦という国際政治の枠組はラテンアメリカにも影響を及ぼした。アメリカは共産主義からの米州の集団的な防衛を目的に，米州相互援助条約（リオ条約）を1947年に調印した。また48年に米州機構（OAS）憲章に調印し，51年に地域機構としてOASが設立された。アメリカは第二次世

界大戦中の米州の結束を戦後も維持して、地域安全保障体制に組み換えたのである。したがって、露骨な軍事介入は控えられ、親米保守の現地エリートを通して間接的な支配を行う善隣外交以来の方法を採用した。

だが、社会改革を目指す政権には厳しい対応がとられた。グアテマラでは進歩的なアルベンス政権が農地改革に着手したが、アメリカ系多国籍企業の農地も対象としたため、54年にアメリカが支援する反政府勢力に打倒された。アメリカは一般に、ラテンアメリカの改革への動きを東西冷戦の枠組で解釈する傾向にあった。それゆえに、冷戦時代のアメリカは、ラテンアメリカ諸国に対して、不安定な民主政治よりも安定した独裁政治を望む傾向があり、独立以来の貧富の格差や社会的不公正の改善への現地の努力に非協力的であった。

さて、戦後のラテンアメリカ諸国では、開発戦略として輸入代替工業化が推進された。それ以前は、19世紀後半から欧米向け輸出で農牧業と鉱業の第一次産業が繁栄し、地方の大地主などの寡頭制エリートが政治を担った。だが、1929年の世界恐慌で打撃を受けた結果、価格変動に脆弱な一次産品を輸出して欧米諸国から工業製品を輸入するのではなく、国内で工業製品を生産可能にするため国家主導による工業化が、1930年代から一部の国々で開始された。これが輸入代替工業化であり、戦後のポピュリズム政権によって推進された。ポピュリズム政権は、社会の都市化と工業化を背景に、福祉の拡充や賃金引上げなど大衆迎合的な政策と引き換えに、都市の政治勢力として成長した労働者の支持を得て、国民の各層間の協調を実現した。例として、アルゼンチンのペロン政権やブラジルのヴァルガス政権があり、福祉や工業化の推進における政府の役割を重視し、文化面でも欧米の影響を払拭するために民族主義的な国民文化の形成に努めた。(2)

ところが、1950年代中頃にはポピュリズム政権の福祉の向上と工業化の推進という2大目標の実現に翳りが生じた。輸入代替工業化の目的は先進国との貿易条件の改善であったが、工業化に必要な資材輸入のための外貨獲得は、一次産品の輸出に依存していた。一次産品の輸出が低迷による輸入代替工業化の停滞は、賃金の低下や失業者の増加など大衆生活を直撃して、労働運動を過激化させ、国民各層の間で亀裂を深めて、ポピュリズムの支持基盤を弱めた。

(2) キューバ革命とその反動

1959年のキューバ革命の成功は衝撃であった。アメリカに支援された独裁的な

バティスタ政権がカストロ率いるゲリラに敗れたことは，アメリカのみならず，ラテンアメリカにも脅威であった。アメリカは，革命政権の転覆を図って，61年に反共亡命キューバ人勢力によるキューバ侵攻を支援したが，失敗した（ピッグス湾事件）。カストロ政権はソ連との関係を強化した結果，翌62年にはソ連のミサイル配備をめぐるキューバ危機が起こった。アメリカのケネディ政権は配備阻止のために核戦争も辞さない態度を表明した。ソ連のフルシチョフがキューバのミサイル撤去を表明した結果，危機は回避された。この事件はラテンアメリカが米ソ直接対決の舞台となったことを意味する。キューバ危機の教訓は，メキシコの主導で67年署名のラテンアメリカ核兵器禁止条約（トラテロルコ条約，68年発効）を導いた。これはラテンアメリカの核軍拡を防止し，米ソの核戦略から地域の自立性を維持することが目的であった。トラテロルコ条約は，可住空間で初の非核地帯条約として他の条約の先例となり，核拡散防止条約（NPT）に先駆けており，ラテンアメリカの英知を示したものである。[3]

キューバ革命は米州関係を再構築する契機となった。貧困が革命の温床になるとの認識から経済開発の重要性が各国で共有され，1959年のOAS総会では米州開発銀行（IDB）の設立が決議された。さらに61年にキューバと国交断絶したケネディ大統領は，第二のキューバ革命を予防するために，ラテンアメリカに向けて「進歩のための同盟」を提唱した。それは，アメリカがラテンアメリカ諸国に，ゲリラ掃討のための軍事援助を増強する一方，民主主義の政治体制と開発主義による社会・経済政策の採用を求める内容であった。

ラテンアメリカも，キューバ革命に危機感を抱き，当時直面していた停滞を打開するには，進歩のための同盟に掲げられた改革を不可欠と考えた。さらに，開発を進めるために経済統合も唱えられた。これは，停滞していた輸入代替工業化を地域経済協力で継続しようとするものであり，1960年にメキシコと南米10カ国のラテンアメリカ自由貿易連合（LAFTA），中米5カ国の中米共同市場（CACM）に具体化された。

進歩のための同盟は，アメリカで1963年にケネディが暗殺され，ラテンアメリカでは64年のブラジルを典型とする軍事政権の成立によって挫折した。他方，キューバ革命はポピュリズムに限界を感じていた学生や労働者を魅了した。各国の軍は，労働運動・農民運動が過激化する社会状況を革命前夜と見て危機意識を強め，第二のキューバ革命の発生を未然に防ぐべくクーデターで政権を奪取した。

軍事政権の成立は国ごとに時間差があるが，60年代中頃から70年代中頃に多くのラテンアメリカ諸国では軍が独裁政権を樹立した。同盟の開発主義は，南米諸国では経済テクノクラート（専門知識・能力をもつ官僚）の登用を特徴とする「官僚的権威主義体制」（政治学者オドンネルの用語）に継承された。

（3） ラテンアメリカの自立への挑戦と限界

アメリカは当初はラテンアメリカの軍事政権による開発独裁を追認した。だが，軍事政権による人権侵害が国際世論の非難を浴びると，1970年代中頃に人権外交を掲げるカーター政権は軍事政権を批判した。軍事政権がこれを内政干渉として反発した結果，アメリカとラテンアメリカの関係は悪化した。関係の悪化は経済面でも顕著であった。73年の石油危機で中東諸国が産油国の立場を最大限に活用したことは，ラテンアメリカの資源ナショナリズムを刺激し，各国に民族主義的な政権が誕生した。例えば，68年からペルーの軍事政権を率いたベラスコ大統領は，農地改革をはじめアメリカ系石油産業の国有化など革新的な政策を75年まで進めた。チリのアジェンデ大統領は，70年に成立した人民連合政権を率いて議会制民主主義を通した社会主義を目指し，アメリカ系銅産業の国有化を試みたが，73年にピノチェト将軍によるクーデターで打倒された。パナマではトリホス将軍が民族主義の立場からアメリカにパナマ運河の全面返還を求め，77年にカーター政権と新パナマ運河条約に署名して99年の返還を確約した。メキシコではエチェベリア大統領が国連で国家間の経済権利義務憲章の採択を導いた。ベネズエラのペレス大統領は76年に石油産業の全面国有化を宣言した。

ラテンアメリカのアメリカ離れの現象は1980年代も継続された。その代表的な事件が82年のフォークランド紛争である。アルゼンチンは英領フォークランド諸島をマルビナス諸島と呼び，領有権を主張してきた。アルゼンチンの軍事政権は，経済混乱等の国民の不満を転嫁するために，この島々を軍事占領したが，サッチャー政権のイギリスに敗北した。ラテンアメリカ諸国はアルゼンチンを支持したが，レーガン政権のアメリカはイギリスを支持した。フォークランド紛争で，アメリカがアルゼンチンではなくイギリスを支持したことで，戦後の地域安全保障の枠組であったOASとリオ条約へのラテンアメリカの信頼は大きく揺らいだのである。

1979年のニカラグア革命も，ラテンアメリカがアメリカから離反する一因とな

った。アメリカに支援されたソモサ一族の40年以上に及ぶ長期独裁を打倒したサンディニスタ民族解放戦線（FSLN）中心の革命政権に対して、レーガン政権は、ニカラグアの反共勢力コントラを支援し、他の中米諸国にも革命の波及を防ぐために軍事援助を強化した。その結果、中米紛争は長期化し、多くの人々が犠牲となった。事態を憂慮したメキシコ、パナマ、コロンビア、ベネズエラの近隣4カ国は、83年にコンタドーラ・グループを結成して、紛争の調停に乗り出した。85年にはアルゼンチン、ブラジル、ウルグアイ、ペルーによる支援グループも結成され、86年に両者が一体化してリオ・グループとなった。結局、コンタドーラの和平案は実現しなかったが、コスタリカのアリアス大統領（1987年ノーベル平和賞）の仲介による和平合意が成立した。これらの国々は、中米紛争を東西対立の図式から切り離し、ラテンアメリカの政治的な協力で解決を試みたのである。

　他方、経済的には、軍事政権が1970年代に国家主導の大型の開発計画を進める上で、先進国から大量の民間資金を借り入れたことは、80年代の債務危機の一因となった。82年のメキシコに始まった債務危機が南米に連鎖する中で、債務国のラテンアメリカ諸国は、債権国の先進国に返済繰延べや金利引下げを求め、84年にカルタヘナ・グループを結成して多国間で交渉に臨もうとした。他方、債権国側は、2国間の交渉を主張し、債務危機の解決のために一時的な緊縮措置のみならず、国営企業の民営化など構造調整を求めるベーカー提案を示した。ラテンアメリカ諸国は当初は難色を示したものの、国内では財政赤字や不況が深刻化し、ハイパーインフレーションが人々の生活を襲った。結局、ラテンアメリカの足並みは乱れ、債務問題は2国間交渉に委ねられた。経済再建のためには、国内の改革のみならず、アメリカなど先進国との外交関係の改善が不可欠となった。[4]

第3節　冷戦後の大転換と米州協調

　1980年代のラテンアメリカは、失われた10年と呼ばれた。経済的には債務危機など軍政時代の負の遺産が噴出し、政治的には中米では内戦が激化し、南米では民主化後の文民政権の試行錯誤の政治が続くなど、ラテンアメリカの将来に明るい展望は少なかった。しかし、1990年代には、政治的には中米では和平が、南米では大陸規模の民主化が実現した。他方、経済再建のために導入した新自由主義的な政策は、地域統合を促進してラテンアメリカ全体に変化をもたらした。

(1) 民主主義の地域化

　1989年末にベルリンの壁が崩壊して冷戦が終結したが，それはラテンアメリカの政治に重大な影響を及ぼした。冷戦時代のラテンアメリカでは，共産主義の脅威は，ソ連やキューバが軍事力で国境の外から攻撃するのではなく，イデオロギーの浸透を通して国内の貧困層等の不満分子を組織化し，革命を起こすと考えられた。こうした国家安全保障の考え方（国家安全保障ドクトリン）からは，対外的な領土・主権の防衛のみならず，対内的な治安・秩序の防衛，さらに貧困撲滅のための経済開発も軍の任務とされて，憲法停止や人権侵害等の民主主義に反する行為も正当化された。だが，東欧の民主化とソ連の崩壊は，共産主義への希望を失わせる一方，軍事政権が自己正当化に利用してきた反共主義を無意味にした。つまり，冷戦後の世界で非民主的な政治体制を正当化することは困難になった。

　ラテンアメリカの民主化は，国内の民主化運動に加えて，国際世論の軍事政権への批判，さらに経済運営などの失政による軍事政権自体の威信の失墜によって促された。南米では，1979年のエクアドルに始まり，80年にペルー，82年にボリビア，フォークランド敗戦後の83年にアルゼンチン，85年にウルグアイとブラジル，89年にはストロエスネル将軍の35年間の長期個人独裁が続いたパラグアイ，そして90年にチリでピノチェト将軍が大統領を退任した結果，南米には大陸規模の民主化が実現した。さらに多くの国では90年代に選挙を通した政権交代が実現した。こうした変化は，軍事政権と文民政権が繰り返されてきたラテンアメリカの政治史では画期的であった。(5)

　1980年代を内戦に苦しんだ中米では，90年にニカラグアのサンディニスタ政権が選挙で敗北して，平和的な政権交代が実現した。エルサルバドル（84年）とグアテマラ（86年）では内戦下で軍事政権から文民政権への移行が実現し，後の和平交渉を担った。内戦を経験しなかったホンジュラスも1982年に軍事政権から文民政権に移行した。1949年憲法で軍の保有を禁止したコスタリカは内戦も軍政も無縁であった。他方，パナマでは89年末にアメリカが軍事介入して，かつてアメリカの協力者であった独裁者ノリエガ将軍を逮捕，アメリカへ連行するという衝撃的な形で独裁が終わり，国軍も解体された。

　1990年代に民主主義の重要性が地域規模で承認されたことは重要である。91年にOASは，チリでの年次総会で，民主主義と米州システムの再生に関するサンティアゴ・コミットメントと，代表制民主主義の促進・定着に関する決議1080号

を採択し，冷戦後の共通課題として米州諸国の民主主義を集団防衛することを掲げた。フォークランド紛争で80年代に存在感が薄れていたOASは，世界的な民主化の潮流の中で，民主主義を軸にした冷戦後の新時代の米州関係を構築することで再生されたといってよい。OASの主目的は，冷戦期には共産主義からの（民主主義を犠牲にしてでも）西半球の防衛であったが，冷戦後は西半球の民主主義の防衛となった。反共主義を理由に黙認された軍事クーデターが否定され，選挙による民主主義が米州共通の価値として確認された。冷戦後にOASはラテンアメリカ各国に選挙監視団を派遣し，民主主義の定着に貢献した。さらにアメリカの9.11事件が発生した2001年9月11日に，OASリマ特別総会は民主主義の防衛のためOASの権限を強化する米州民主憲章を制定した（ちなみに1973年の同日はチリの軍事クーデターの日でもある）。

　OAS以外でも民主主義を定着させる努力として，メルコスール（後述）も，1996年のパラグアイのクーデター未遂事件を契機に，98年のウスアイア議定書で民主主義を加盟国の資格とする民主主義条項を導入した。(6) 2001年の第3回米州サミットも参加資格として民主条項を導入した。その目的は，民主化後の不安定な文民政権を多国間で支持して，クーデターを防止することにあった。

　地域による民主主義の集団防衛の最初の試練は，1992年のペルーのフジモリ大統領の自主クーデターであった。貧困層の支持を得て改革を急ぐ大統領は，軍を動かして憲法を停止し，国会を解散した。この事態にリオ・グループがペルーの加盟資格を停止する一方，OASは緊急会合で民主主義への早期の復帰を求めた。フジモリ政権は，制憲議会選挙で国民の支持を得た後，翌93年に国民投票で新憲法を公布し，民主主義に復帰した。

　ハイチでは，デュバリエ父子二代の40年弱の独裁政権崩壊後，民主的な選挙で1991年に就任したアリスティド大統領は，就任の半年後に軍事クーデターで国外追放されたが，94年に米軍主力の多国籍軍の進駐によって3年ぶりに復権した。伝統的に国家主権を重視して内政不干渉の原則に固執してきたラテンアメリカの政治風土は，民主化の波によって部分的に変化を迫られた。

　米州の民主化の例外は社会主義国キューバ（62年OAS除名）であった。ソ連の解体や中国の市場経済化は，東側の経済支援を受けてきたキューバには厳しい現実であった。アメリカはキューバの民主化を促す目的で冷戦後も経済制裁を強化した。

キューバを除いて，選挙による複数政党制の代表制民主主義が大陸を席巻した1990年代は，ラテンアメリカ政治にとって大きな進歩であったが，これははじめてのことではない。全体主義に勝利した第二次世界大戦終結の直後や，キューバ革命に対抗してケネディが進歩のための同盟を唱えた時期にも，民主主義の政治制度の重要性が認識された。しかし，制度を維持するためには，人権の尊重や腐敗の防止など実態も改善して，制度に対する国民の信頼感を高める必要がある。

(2) 米州再編と地域統合の再活性化

冷戦後の米州再編の契機は，1990年にG・ブッシュ（父）大統領が提示した米州支援構想（EAI）であった。その内容は貿易自由化，投資促進，債務削減であったが，特に「アラスカから（南米最南端の）フエゴ島まで」の西半球全体の自由貿易地帯構想は注目を集めた。当時の世界経済の関心は，自由化を急ぐ旧東側諸国，統合を急ぐ欧州，急成長する東アジアに向けられていた。ラテンアメリカも経済再建のためアメリカの提案に協調する姿勢をみせた。

EAIの具体化の第一歩は，1994年の北米自由貿易協定（NAFTA）の実現であった。NAFTAは，カナダ，アメリカ，メキシコの3カ国で投資・貿易の規制や域内関税を除去した自由貿易地帯である。設立時の規模は，人口3億8000万人，域内総生産7兆6000億ドルであり，当時のEU（3億7000万人，7兆5000億ドル）に匹敵し，世界総生産の3割を占めた。

南米では，ブラジル，アルゼンチン，ウルグアイ，パラグアイの4カ国が1991年にアスンシオン条約に署名し，1995年にメルコスール（MERCOSUR：南米南部共同市場）が発足した。メルコスールは，域内の自由貿易と対外共通関税を軸とする関税同盟であり，設立当時は人口約2億5000万人，域内総生産は約8300億ドルであった。他方，96年にペルー，エクアドル，コロンビア，ボリビア，ベネズエラの5カ国のアンデス共同体（CAN）が発足し，自由貿易圏の形成のために域内関税の段階的撤廃を宣言した。(7)中米でも内戦からの復興を目的に，グアテマラ，エルサルバドル，ホンジュラス，ニカラグア，コスタリカ，パナマが，91年のテグシガルパ議定書で中米統合機構（SICA）を発足させた。カリブ海では英連邦諸国で構成されたカリブ共同体（CARICOM，73年発足）の提案で，貿易や交通の促進等のため，94年に25カ国が参加するカリブ諸国連合（ACS）が発足した。

これらの地域統合への動きの再活性化は，EAIによる米州再編の動きに刺激

されたものである。しかし，すべてが，アメリカから一方的に影響を受けた結果ではない。例えば，1991年から旧宗主国のスペインとポルトガルと，両国の言語を公用語とするラテンアメリカ諸国の首脳会合であるイベロアメリカ・サミットが開催され，キューバも参加している。キューバには，98年にバチカンからローマ教皇ヨハネ・パウロ二世が訪問して熱烈な歓迎を受けた。イベリア半島の両国との交流の背景には，環大西洋の言語（スペイン語とポルトガル語）や宗教（カトリック）のラテン文化の共通性がある。他にも，98年から東アジア・ラテンアメリカ協力フォーラム（FEALAC），99年からラテンアメリカ・EU首脳会議が開催されるなど，冷戦後にはアメリカ以外の地域とも交流を拡大する多角的な志向性が芽生えた。

　米州の地域統合の再活性化に対応して，クリントン政権は1994年にマイアミで第1回米州サミットを開催し，キューバを除く米州34カ国首脳が出席した。こうした首脳会合はケネディ政権以来であった。クリントン大統領は席上，2005年までに人口7億5000万人の米州全体を覆う米州自由貿易地域（FTAA）の設立を提案した。だが，後述するように，FTAAは後に南米諸国の反発で挫折した。

（3）　新自由主義への転換と弊害

　FTAA構想の挫折は次節で述べるとして，その前に1990年代のラテンアメリカが新自由主義（ネオ・リベラリズム）に転換した経緯を考える必要がある。累積債務問題を解決するために，90年代のラテンアメリカには，先進国との関係を改善し，貿易や投資の自由化を通して成長を実現することで経済を再建する意欲が共通してみられた。こうした動きは，冷戦後に加速する経済のグローバル化を背景に，各国が新自由主義を採用したことと連動していた。新自由主義は，国家の経済活動を縮小し，小さな政府と民間企業の自由競争を重視する考えであり，80年代にアメリカのレーガン政権やイギリスのサッチャー政権など先進国がすでに採用していた。

　ラテンアメリカでは興味深いことに，伝統的なポピュリズム政党から，メキシコのサリナス大統領，アルゼンチンのメネム大統領，ベネズエラのペレス大統領など，新自由主義的な改革を唱える指導者が出現した。また，既存の大政党ではなく，個人商店的な新興政党から大統領の座に就いたペルーのフジモリ大統領やブラジルのコロル大統領も，新自由主義的な経済政策を推進した。

政策の内容は，国営企業の民営化や公務員の削減によって小さな政府を実現し，公共料金の値上げや福祉の削減など緊縮財政でインフレを抑制し，民族資本を育成・保護してきた政府の補助金や規制を撤廃して民間活力と自由競争を重視するという，世界銀行や国際通貨基金（IMF）などの国際金融機関が提唱する「構造調整プログラム」を積極的に受け入れた。さらに，先進国からの投資を重視して，為替の安定とインフレの抑制に努めた。貿易も保護主義的な規制を撤廃して，市場開放と貿易自由化を推進した。こうした開放的で競争的な経済政策は，最も早いチリでアメリカ留学組の経済官僚がすでに軍事政権下で採用したように国ごとに導入時期に違いはあるが，一般には多くの国々で90年代に導入された。新自由主義は，先進国や国際金融機関のみならず，ラテンアメリカ諸国のあいだでも，改革の方向性を規定したワシントン・コンセンサスに基づく共通の政策合意となった。

　新自由主義に依拠した開発戦略の導入は，第二次世界大戦後のラテンアメリカで支配的であった国家主導型の輸入代替工業化，つまり従来の開発戦略の全面放棄を意味した。これは地域統合のあり方にも影響を及ぼした。1960年代の統合は，輸入代替工業化による保護主義を維持し，国家主導で国営企業や民族系企業のための輸出拡大を目的としたことで経済活動の効率化は進展しなかった。対照的に1990年代の統合は，国内の規制緩和と民営化に並行して，国営企業や民族系企業の優遇を廃止し，貿易・投資の自由化により積極的に外資を導入するなど資本の多国籍化を促して，民間主導の自由な経済活動による統合を推進したのである。

　だが，新自由主義の経済政策は，将来の成長の可能性のために，企業の倒産や労働者の解雇，公共料金の値上げを伴う（一時的な）ショック療法であり，高い失業率に喘ぐ貧困層にさらに困窮を強いる結果となった。外資の導入で経済活性化に努め，NAFTAを実現したメキシコは，ラテンアメリカの模範例とされた。ところが，1994年12月に外貨保有量が激減した結果，通貨危機が発生した。メキシコでは同年1月のNAFTAの発効とほぼ同時に，先住民主体のサパティスタ民族解放軍（EZLN）が蜂起したが，これは社会格差を是正せずに，貧困を放置したままで先進国入りを目指す政府の政策への反発を意味した。こうした社会情勢は海外の不安を増幅して，外資の急激な引き上げを招いたのである。メキシコの通貨危機は，外資に大きく依存した開発戦略の基盤の脆さを露呈した事件であった。通貨危機は，99年にブラジル，2001年にアルゼンチンでも発生して自国通

貨の大暴落を招き，アルゼンチンではデ・ラ・ルア政権が崩壊する混乱に陥った。他方，危機を回避するために，エクアドルでは2000年にマワ大統領が自国通貨スクレを放棄して，米ドルを通貨とする「ドル化」政策を発表したが，先住民の抗議を支持する軍がクーデターを起こし，大統領が退陣するなど政治的な混乱に陥った（後，副大統領から昇格したノボア政権でドル化が導入された）。20世紀末の1999年に就任したベネズエラのチャベス大統領は，現役軍人であった1992年に新自由主義路線のペレス政権を打倒する軍事クーデターに失敗して収監を経験している。90年代の新自由主義への反発の高まりは，21世紀初頭のラテンアメリカの左傾化とアメリカ離れの一因となった。

第4節 「アメリカ離れ」と南米主導の地域主義

　G・W・ブッシュ（子）政権は2001年の9.11事件を受けてイラク戦争を断行したが，ラテンアメリカでは戦争に反対の声が強く，02年にはメキシコがリオ条約からの脱退を宣言した（04年に正式脱退）。G・ブッシュ（父）政権が91年の湾岸戦争で，ラテンアメリカの支持を得たのとは対照的であった。21世紀にアメリカの関心がテロ戦争と中東に傾くにつれて，ラテンアメリカへの関心は低下した。

　ラテンアメリカのアメリカ離れも進んだ[8]。2005年にアルゼンチンのマルデルプラタでの第4回米州サミットでは，94年の第1回米州サミットで提案されたFTAA構想が，ベネズエラやメルコスール諸国の反対で挫折した。結局，アメリカは，04年にドミニカ共和国・中米自由貿易協定（DR-CAFTA），南米とは一部の国と自由貿易協定（FTA）を締結したに留まった。南米がアメリカ主導のFTAAに反対した背景には，ベネズエラ主導とブラジル主導の2つの地域的な政治ブロック化の構想の存在があった。

（1）　反ALCA同盟としての米州ボリバル同盟（ALBA）

　ベネズエラ主導の反FTAA（スペイン語やポルトガル語でFTAAは「ALCA（アルカ）」と表記される）の動きとして，「米州ボリバル同盟」（ALBA：アルバ，米州人民ボリバル同盟とも表記，2009年に米州ボリバル代替構想から改称）による統合計画がある。ALBAはスペイン語で，夜明けや幕開けを意味する。ボリバルは，ホセ・デ・サンマルティンと並ぶラテンアメリカ解放の英雄シモン・ボリバルを指

し，ボリビアの国名の由来である。チャベス大統領は，99年に新憲法で国名をベネズエラ・ボリバル共和国に変更した。

ALBAは，カストロを敬愛するチャベスが石油不足に苦しむキューバを支援するため，2004年から2国間の「南南協力」として開始された。それは，キューバが医師と教師（白衣）をベネズエラに派遣する見返りに，ベネズエラが国産原油（資源）をキューバに供給するものである。つまり，アメリカの経済制裁下にあるキューバが革命の成果である医療と教育の平等を，ベネズエラの石油資源と交換する相互支援であった。したがって，ALBAには，アメリカとのFTAとは対照的に，相互扶助や社会福祉を重視する人民貿易協定（TCP）によって，アメリカを排除して地域統合を進めるラテンアメリカの社会連帯的な志向性を指摘できる。

ALBAには反米左派政権の国々が結集しており，2006年にボリビアがモラレス政権の天然ガス国有化宣言とほぼ同時にALBAに加盟した。07年には社会主義政権で大統領を務めて16年ぶりに返り咲いたオルテガ政権のニカラグアが，09年にはコレア政権のエクアドルが加盟した。さらに05年から始まったベネズエラ主導のカリブ石油供給協定（ペトロカリブ，19カ国）のエネルギー協力を通して，カリブ海の島嶼国（08年ドミニカ国，09年アンティグア・バーブーダ，セントビンセント・グレナディーン，13年セント・ルシア，14年グレナダ，セントクリストファー・ネーヴィス）も加盟した結果，11カ国がALBAに加盟している。ホンジュラスはセラヤ政権が08年に加盟に踏み切ったが，翌年のクーデターで大統領が追放されたため10年にALBAを脱退した。ALBAは加盟国間での統一通貨スクレ（現在は仮想通貨として貿易決済に使用）の導入を検討している。

ALBAは事務局をカラカスに設けて，キューバとベネズエラが基軸のイデオロギー的な反米ブロックを形成し，宣伝用に2005年にテレスールという衛星テレビ局も開局した。だが，加盟国向け援助の財源が国際原油価格に翻弄される点で脆弱である。また，共産党支配が続くキューバを除いて，他の加盟国の政治指導者は定期的に選挙の洗礼を受けねばならず，与野党での政権交代が実現する場合ALBAを脱退する可能性も高い。反米，反新自由主義，反グローバル化のスローガンはともかく，結束の持続性には不安がつきまとう。ALBAは中国やロシアとの関係強化に努めているが，中国やロシアにとっては反米のイデオロギーよりも，資源と市場をめぐる実利的な要因が大きい。

(2) 南米大陸の地域主義：南米諸国連合（UNASUR）

　他方，ブラジル主導の構想は，南米大陸の地域主義に基づいている。南米の地域統合は，メルコスールの停滞にみられるように順調ではない。だが，21世紀に入って，政治的に地域主義を高揚する副次的な効果をもたらしている。2000年にブラジルのカルドーゾ大統領の提唱により，ブラジリアで第1回南米サミットが開催され，FTAAを牽制する立場から，南米の南部のメルコスールと北部のアンデス共同体の各加盟国に，チリ，ガイアナ（旧英領），スリナム（旧蘭領）を加えた12カ国の南米共同体の創設が提唱された。04年にはペルーのクスコでの第3回南米サミットで，南米共同体に関するクスコ宣言が採択され，15年以内のEU型統合であり，南米12カ国による「単一の通貨，同一の旅券，直接選挙による一つの議会」からなる南米共同体（CSN）の創設を決定した。これを受けて，05年にメルコスールとアンデス共同体の各加盟国は相互に準加盟国として乗り入れることになった。同年にブラジリアで開催された第1回南米共同体首脳会合では，南米共同体が南米自由貿易圏の創設を目標に，通信・エネルギーの地域インフラ統合を進め，市民社会の統合も提唱した。南米共同体は，07年に「南米諸国連合」（UNASUR：ウナスール）に改称後，08年にブラジリアでの臨時首脳会合で，南米諸国連合設立条約が採択された。同条約では，UNASURの事務局をエクアドルのキトに，南米議会をボリビアのコチャバンバに設置し，最高意思決定機関として首脳会合を毎年（外相会合を半年）1回開催すると規定された。

　UNASURの新しい試みとして，ブラジルのルーラ大統領の提案で，南米12カ国による南米防衛評議会が設立された。2009年にはUNASUR加盟国の国防相がチリのサンティアゴで初会合を開いた。南米防衛評議会は，南米の地域安全保障協力の推進を目的としており，北大西洋条約機構（NATO）のような軍事同盟ではなく，欧州安全保障協力機構（OSCE）に近い性格をもつ。例えば，防衛政策の調整や防衛産業の統合，人材交流・情報交換，合同演習，国連平和維持活動（PKO）や災害時の人道支援活動の調整，信頼醸成措置（CBM）の構築が予定されている。南米諸国では，緊縮財政により国防予算が削減されたため，老朽装備の刷新が課題であったが，今後は多国間での防衛装備の共同開発も期待される。

　ALBAとUNASURの2つの地域構想の両方に加盟している国々もある。前述のALBAの不安定さとは対照的に，UNASURは多極化する世界で南米を1つの極とするシナリオを想定しており，主導国のブラジルでも，カルドーゾ政権

からルーラ政権へと与野党の政権交代に関係なく支持された。だが，市場規模や国内総生産など経済力に関して加盟12カ国の格差は大きい。さらに，チリやコロンビアは自由貿易・市場経済を重視するが，ベネズエラやボリビアは資源ナショナリズム・国有化路線を掲げるなど政策の違いも大きい。南米の統合構想では頻繁にEU型統合という用語が用いられるが，メルコスールは経済統合プロセスが停滞しており，共同市場の前段階の関税同盟の段階で，貿易摩擦に終始している。さらに加盟国の多いUNASURが政治ブロックとして機能する上で，短期的には問題が山積みだが，長期的な帰結を予測するには多くの時間が必要である。

(3) OASとの決別？：ラテンアメリカ・カリブ諸国共同体 (CELAC)

　2005年にFTAA構想を挫折させた後も，ラテンアメリカのアメリカ離れの傾向は顕著であった。08年にブラジルでラテンアメリカ・カリブ首脳会議が開催された。この会議の主人公はベネズエラのチャベス大統領とブラジルのルーラ大統領であった。ラテンアメリカとカリブ海の33カ国から31カ国の首脳が出席したこの会議で，北米のカナダとアメリカを除外する一方，キューバを含む「ラテンアメリカ・カリブ諸国共同体」（CELAC）設立を提唱するサルバドール宣言が採択された。その目的は，ラテンアメリカ地域の問題を域内諸国が解決できるよう，アメリカ抜きの地域協力体制を構築することにあった。

　こうした地域協力体制は，中米和平のために1986年に結成されたリオ・グループを想起させる。地域フォーラムとして8カ国で結成されたリオ・グループは，中米和平後も加盟国を増やし，2008年にキューバが参加して21カ国となった。CELAC設立に合意した2度目の首脳会議が，10年に開催されたリオ・グループ拡大首脳会合の機会を利用したことからも，CELACは，リオ・グループを発展的に改組し，将来の統合を見据えたものと理解できる。11年末の3度目の首脳会合でカラカス宣言を採択し，CELACは正式に発足した。宣言をめぐって，ALBA諸国はCELACがOASの代替組織となることを求めた。他方，後述する太平洋同盟諸国は反米的な内容に反対した。結局，宣言ではALBAの見解は採用されず，CELACには域内の協力と統合を促す穏健な目的が与えられた。反米・反新自由主義・反グローバル化を標榜するALBAの影響力は，CELACで制限されたのみならず，13年にチャベス大統領が死去したことで，不透明なものとなった。[9]

第5節　民主主義への問いかけ

　ラテンアメリカでは，90年代の米州協調から，2000年代には国際的には反米あるいは離米化，国内では左傾化の現象が顕著になった。左傾化の動きは90年代の新自由主義への反動として理解できる。特に南米では，99年のチャベス政権成立以来，2000年にはチリでラゴス政権，03年にブラジルのルーラ政権とアルゼンチンのキルチネル政権，05年にウルグアイのバスケス政権，06年にボリビア初の先住民大統領のモラレス政権，チリ初の女性大統領のバチェレ政権が成立し，07年にニカラグアのオルテガ大統領も16年ぶりに政権に復帰し，エクアドルでコレア政権が成立した。また，前年の大統領選挙で勝利したルーラとチャベスが政権を継続し，アルゼンチンではキルチネル大統領夫人のフェルナンデスが政権に就いた。08年にグアテマラでコロン政権，パラグアイでルゴ政権，ドミニカ共和国でフェルナンデス政権が成立するなど，左派政権が連鎖的に成立した。[10]

　左派政権ですら成立するほどラテンアメリカでは政権交代可能な民主主義が定着した，と考える向きもあろう。冷戦期に封じ込められてきた左派勢力が，新自由主義への反動で勢力を拡大したことで，伝統的な支配政党が選挙に敗れる事態を導いた。例えば，ベネズエラでは民主行動党とキリスト教社会党の2大政党制が40年間続いたが，1999年のチャベス政権の登場で崩壊した。メキシコでは制度的革命党（PRI）の一党優位体制が続いていた。だが，首都で左派の民主革命党（PRD）が勢力を拡大したことでPRIの支持基盤が侵食され，2000年に右派の国民行動党（PAN）のフォックス政権（と06～12年同党カルデロン政権）が成立し，70年以上のPRI長期支配は崩壊した。パラグアイも左派のルゴ政権の成立によって08年に与党コロラド党が60年ぶりに下野した。

　しかし，左派政権のすべてが，ALBAのように反米主義，反新自由主義，反グローバル化のイデオロギーを共有していたわけではない。例えば，ブラジルのルーラ大統領は元労働組合指導者であり，闘争的な労働組合を支持基盤とする労働者党（PT）出身であった。だが，大統領選挙で連続3度落選したことで穏健化し，ルーラ政権（と同党の元ゲリラで初の女性大統領となったルセフ政権）は，現実的な経済政策を採用した。チリでも社会党のラゴス政権（と06～10年同党バチェレ政権）は，かつて同党のアジェンデ政権がとった資源の国有化等の社会主義的な

手法と決別し，アメリカと協調して自由貿易政策を堅持した。

　左派政権も国民の選挙によって選ばれたゆえに，定期的に選挙の洗礼を受けねばならない。民主化後に制定された新憲法の多くは，過去の長期独裁への反省から，大統領の連続再選を禁止・制限している。だが，左派政権成立後，社会改革の遂行を名目に，政権の長期化を求め，大統領の連続再選を可能にするために憲法の改正が頻繁に試みられる。国会が大統領と対立する場合は国会を閉鎖し，最高裁判所が反対する場合は裁判官を罷免するなど，行政府が立法府・司法府を凌駕し，三権分立は軽視される。彼らは，旧来の政党政治の外から，改革を唱えて大衆の熱狂的な支持で当選した者が多く，伝統的な支配層に支持基盤をもたないため，大衆の支持こそ重要であり，特に貧困層向けの福祉・雇用が重視される。他方，支持者の実利思考は，政治決定を大統領に一任する傾向がある。結果的に，三権分立は形骸化し，国会の議論よりも国民投票を重視する指導者に政治を委ねる「委任型民主主義（オドンネル）」や，皇帝的な大統領の出現を招きかねない。

　21世紀には軍事クーデターや暴力革命などの非立憲的な政治変動は減少したが，完全に消滅したわけではない。エクアドルでは2000年に先住民と協力してマワ大統領を追放した陸軍大佐であったグティエレス大統領も，IMF路線の承認と腐敗への批判から，05年に大衆の抗議活動で辞任した。ベネズエラでは，02年の軍事クーデター未遂事件でチャベス大統領が一時軟禁されたが，アメリカがクーデター承認の動きを見せたことにラテンアメリカ諸国は反発して，事件後には逆にチャベス政権の正統性を各国が認める結果となった。10年前の92年に新自由主義のペレス政権打倒の軍事クーデターに失敗して収監されたチャベス中佐であったが，今回は政敵のクーデターで権力基盤が強化された。ハイチでは，アリスティド大統領が01年に再び大統領に就いたが，04年の反政府武装勢力の首都攻勢で亡命し，再び多国籍軍と国連PKOが展開された。ボリビアでは，天然ガス輸出をめぐって先住民組織や都市貧困層や農鉱業労働者の抗議運動が激化して，03年にサンチェス・デ・ロサダ大統領が，後継のメサ大統領も05年に辞任に追い込まれた。ホンジュラスでは，セラヤ大統領が08年にALBA加盟を実現し，憲法で禁止された大統領再選を求めたが，09年に軍事クーデターで追放された。

　冷戦時代には階級意識による革命が唱えられたが，冷戦後はアイデンティティーの政治が力を増しており，特に先住民運動の政治化が顕著である。1992年にはコロンブスのいわゆる新大陸発見500周年を機にラテンアメリカの先住民問題

に関心が高まり，リオデジャネイロで開催された国連環境開発会議（UNCED）では生態系保護のみならず，自然と共生する先住民の知恵が注目され，同年末にはグアテマラの先住民女性メンチュにノーベル平和賞が授与された。94年にはメキシコで先住民主体のサパティスタ民族解放軍が，NAFTA と新自由主義を推進するサリナス政権を批判する形で武装蜂起した。先住民の政治意識の高揚を示す代表例は，エクアドル先住民連合（CONAIE）であり，アマゾンから首都までデモ行進を行うなど90年代に勢力を拡大し，2000年のマワ政権の崩壊を導いた。ボリビアではアメリカ主導のコカ撲滅や新自由主義政策に反対する先住民のコカ栽培農民組合の指導者モラレスが06年に大統領に就任し，09年に国名をボリビア多民族国に改称した。ラテンアメリカでは，アメリカ独立革命とフランス革命の影響を受けて独立を達成した後，歴史的に現地生まれの白人（クリオーリョ）中心の政治が続いてきたが，これまで政治から排除されがちであった先住民の近年の運動の政治化は，国民の概念や，領土や天然資源に対する主権の意味を問い直す契機でもあり，今後のラテンアメリカの政治と国際関係を考える上でも重要な要因となろう。

第6節　将来への展望

21世紀初頭のラテンアメリカ政治の左傾化は，90年代の新自由主義の路線への反動であったが，この路線は80年代の失われた10年への対応であった。そして，失われた10年は，70年代に軍政下で外資を導入して輸入代替工業化を継続した帰結であった。他方，親米外交路線も，第二次世界大戦直後，ケネディ時代，90年代に繰り返された。内政の左右の変化と外交の親米／反米の変化の相関関係を単純化して論じることはできないが，ラテンアメリカの国内政治や対米関係に関して，今後の揺れ戻しの可能性は十分に考えられ，すでにその兆候もみられる。

現代のラテンアメリカは，冷戦時代とは異なり，けっして受動的な存在ではなく，アメリカ以外にパートナーを自ら選択できる能動的な立場にある。2011年には自由貿易と市場開放を志向する太平洋岸のメキシコ，コロンビア，ペルー，チリの4カ国首脳がペルーのリマで会談し，「太平洋同盟」の設立に合意した。その目的は，加盟国間の財・サービス・資本・ヒトの自由な往来の実現と，経済成長の著しいアジア太平洋諸国との関係の強化にある。太平洋同盟は，ラテンアメ

リカの当時の貿易総額の4割を占め，パナマとコスタリカの加盟が予定されている。すでに，アジア太平洋経済協力（APEC）にも，1993年からメキシコ，94年からチリ，98年からペルーが参加しており，これら3カ国は環太平洋パートナーシップ（TPP）協定の参加国でもある。日本は，TPPに先駆けて，すでに3カ国と個別に経済連携協定（EPA）を締結済みである。停滞するメルコスールとは対照的に，太平洋同盟はラテンアメリカの新しい試みとして注目されている。太平洋同盟は貿易自由化を志向する点で，自由貿易に否定的な反米のALBAと対照的である。とはいえ，太平洋同盟諸国は，親米ではなくアジア太平洋志向であり，実利的な外交政策をとっている。なお，日本は13年から太平洋同盟のオブザーバー国の地位にある。

　ラテンアメリカの近年のアジア志向には，中国も積極的に対応している。この地域は中国の描く一帯一路の地図の外であるが，中国は貿易や投資の増加に加え，鉄道建設など大型インフラ計画を提示し，ラテンアメリカへの影響力を強化している。だが，ニカラグアの運河計画のように実現性を疑問視される計画も多い。中国主導のアジアインフラ投資銀行（AIIB）にも，創設メンバーのブラジル（署名のみ）をはじめラテンアメリカ7カ国が参加を表明したが，いずれも正式加盟に至っていない。他方，新開発銀行（通称：BRICS銀行）には，ブラジルが米州から唯一加盟している。中米・カリブは，中国ではなく中華民国（台湾）を承認する数少ない国々が残る地域であるが，近年では中国経済の影響によって，台湾と断交して中国を承認する国々（2017年パナマ，2018年ドミニカ共和国とエルサルバドル）が増えるなど，中台間の外交戦の戦場となっている。とはいえ，ラテンアメリカは実利面から主体的に外交政策を選択している。中国も，反米ALBA向けの支援はアメリカを刺激しない程度に留めており，太平洋同盟との経済交流はもちろん，域内最大の経済大国ブラジルとの関係を新興国群BRICSの枠組で強化するなど，軍事やイデオロギーではなく，貿易や投資の実利面で存在感を高めている。

　新世紀から約20年を経て，BRICSの一角となったブラジルを別にすれば，反米・反自由貿易・反グローバル化のALBAと，自由貿易とアジア太平洋を志向する太平洋同盟の左右に，ラテンアメリカが分かれつつある。しかし，いずれも程度の差はあれ，アメリカと距離を置いて自律性を確保する志向性が見られる。したがって，今後のラテンアメリカの行方を考える上で，各国の左派／右派とい

う内政状況や，親米／反米という外交姿勢だけを評価基準にするだけではなく，ラテンアメリカ地域の結束／離散という域内状況や，米州域外（アジアや欧州）との政治経済関係の結びつきの強弱にも注意する必要がある。

冷戦時代の米ソは，軍事力に加えてイデオロギーでも対立し，援助を通して東西の開発モデルのどちらが途上国の繁栄を実現できるか優越性を競った。冷戦後には共産主義の夢は消えたが，新自由主義への拒否感も根強い。格差の是正は進まず，社会的弱者の抗議行動は激しさを増している。左右の開発モデルへの信頼が失われた結果，都市貧困層や零細農民や先住民が代替案を提示するだろうが，既得権益の剥奪に対する旧来の保守支配層の激しい抵抗が予想される。民主主義の制度と実態の乖離も悪化するだろう。変革の機会なき社会に絶望した者は，地下社会の凶悪な麻薬等の犯罪組織に魅了されるかもしれない。

ラテンアメリカの発展に必要な条件の1つは政治安定である。革命とクーデターのイメージは払拭されつつあるが，完全ではない。民主制度の維持だけでなく，格差の是正と貧困の解消，それを担う政治エリートの責任倫理の確立が求められるが，今日も大統領をはじめ政治家の腐敗は絶えない。90年代の政策転換は国家主導の開発戦略からの脱却が目的であったが，同時に社会の歪みをさらに拡大した。必要なものは，国家中心でも市場中心でもない新しい開発モデル，つまり市民社会の強化を考慮に含む，経済成長と社会的公正を両立可能な開発モデルである。日本とラテンアメリカの良好な関係を考える上でも，社会開発は重要なテーマである。持続的な経済成長と民主主義の定着はもちろん，格差の是正と貧困の撲滅を可能にする国際協力が求められる。そのために揺れ戻しを考慮に入れた長期的な外交政策が必要である。調和のとれた社会の発展は，長期的にその国の政治安定のみならず，ラテンアメリカの国際関係の安定にも重要な条件である。

冷戦後のラテンアメリカ年表

1989・12		米軍によるパナマ侵攻（～90・1），ノリエガ将軍を逮捕，アメリカに移送。
1990・7		ペルーにフジモリ政権成立（～2000・11）。
	9	G・ブッシュ（父）大統領が米州支援構想（EAI）を発表。
1991・3		南米4カ国首脳がアスンシオン条約署名，メルコスール設立に合意。
	6	米州機構（OAS）がサンティアゴ・コミットメントと決議1080採択。
	7	イベロアメリカ・サミット開催（以後，毎年）。
	12	テグシガルパ議定書署名により中米統合機構（SICA）発足。
1992・4		ペルーでフジモリ大統領による自主クーデター。
	6	ブラジルのリオデジャネイロで国連環境開発会議が開催。

	12	グアテマラの先住民運動指導者リゴベルタ・メンチュがノーベル平和賞を受賞。
1994・	1	北米自由貿易協定（NAFTA）発効（92・12署名）。
		メキシコのチアパス州でサパティスタ民族解放軍が武装蜂起。
	9	米軍主体の多国籍軍によるハイチ上陸。
	10	アリスティド大統領復権。
	12	クリントン大統領提唱による第1回米州サミット（マイアミ）開催。
		メキシコ通貨危機（ペソ・ショック）。
1995・	1	メルコスール（南米南部共同市場）が関税同盟として発足。
1996・	3	アンデス共同体（CAN）が発足。
	6	パラグアイでオビエド将軍クーデター未遂事件。
	12	グアテマラ和平調印。
		トゥパク・アマル革命運動（MRTA）の在ペルー日本大使公邸人質事件（～97・4）。
1998・	1	ローマ教皇がキューバを訪問。
	7	メルコスールがウスアイア議定書で民主主義条項を導入。
	10	チリのピノチェト元大統領が軍政の人権侵害を理由にイギリスで拘束（～2000・3）。
1999・	1	ブラジル通貨危機（レアル・ショック）。
	2	ベネズエラでチャベス大統領就任。以後，各国に左派政権成立。
	12	パナマ運河と運河地帯がアメリカからパナマに返還。
2000・	1	エクアドルでドル化をめぐる政治混乱。
	7	メキシコ大統領選で与党PRI敗北（71年ぶりに政権交代）。
	8	第1回南米サミットがブラジリアで開催。南米共同体構想が提示される。
	11	フジモリ大統領が訪問先の日本で辞任（2005・11出国後にチリで拘束，2007・9ペルー送還後，人権侵害の罪で有罪判決，収監）。
2001・	1	ブラジルのポルトアレグレで第1回世界社会フォーラム開催。
	4	東アジア・ラテンアメリカ協力フォーラム第1回外相会合（サンティアゴ）開催。
	9	OASが米州民主憲章を制定。
	12	アルゼンチン通貨危機，デ・ラ・ルア大統領辞任。
2002・	7	第2回南米サミット（エクアドル，グアヤキル）。
2003・	1	ブラジルで左派ルーラ政権成立。
	5	アルゼンチンで左派キルチネル政権成立。
2004・	2	ハイチで第二期アリスティド政権崩壊。
	6	国連ハイチ安定化ミッション（MINUSTAH）が展開（～2017・10）。
	9	日本・メキシコ経済連携協定（EPA）署名（2005・4発効）。
	12	第3回南米サミット（ペルー，クスコ），「南米共同体（CSN）」創設合意。
		ベネズエラとキューバで「米州ボリバル代替構想（ALBA）」発足。
2005・	3	ウルグアイで左派バスケス政権成立。
	6-7	メルコスールとアンデス共同体の加盟国が相互に準加盟国として乗り入れ。
	9	第1回南米共同体（CSN）首脳会合（ブラジリア）。
2006・	1	ボリビアでモラレス政権成立。
	3	チリでバチェレ政権成立。
2007・	1	ニカラグアで左派の第二期オルテガ政権成立（1985～90年以来の政権復帰）。
		エクアドルで左派のコレア政権成立。
	3	日本・チリ経済連携協定（EPA）署名（同・9発効）。
	4	南米共同体（CSN）が南米諸国連合（UNASUR）に改称。

2008・5		南米諸国連合（UNASUR）設立条約採択（2011・3発効）。
	2	キューバの指導者カストロ議長が引退（2016・11死去）。
	8	パラグアイで左派ルゴ政権成立、61年ぶりに政権交代（2012・6議会の弾劾で失職）。
2009・6		OASが1962年のキューバ除名決議撤回、キューバは復帰拒否。
		ホンジュラスで軍クーデターによりセラヤ大統領が国外追放。
	7	OASがホンジュラスの加盟資格停止（～2011・6）。
2010・1		ハイチ大地震。
	2	日本が陸上自衛隊をMINUSTAHに派遣（～2013・3）。
2011・4		太平洋同盟の設立に合意（2015・7枠組協定発効）。
	5	日本・ペルー経済連携協定（EPA）署名（2012・3発効）。
	12	ラテンアメリカ・カリブ諸国共同体（CELAC）発足。
2012・6		メルコスールがパラグアイの加盟資格を停止（～2013・8）。
	7	ベネズエラがメルコスールに正式加盟。
2013・3		ベネズエラのチャベス大統領死去、後継にマドゥーロ大統領就任。
		アルゼンチン出身のフランシスコ教皇就任（初のアメリカ大陸出身のローマ教皇）。
2015・7		キューバとアメリカが国交回復（2016・3オバマ大統領が現職大統領として88年ぶりにキューバ訪問）。
	12	アルゼンチンでマクリ大統領就任（2003・5以来の左派政権が下野）。
2016・6		パナマ運河拡張完了、第三閘門運用開始。
	8	ブラジルのルセフ大統領、議会の弾劾で失職（2003・1以来の左派政権が下野）。
	11	コロンビア和平、半世紀間の内戦終結（同・12サントス大統領にノーベル平和賞）。
	12	メルコスールがベネズエラの加盟資格を停止（～現在）。
2017・12		ペルーのフジモリ元大統領に恩赦。

（出所）　筆者作成。

注

(1) 19世紀独立以来のラテンアメリカの国際関係は、澤田眞治「ラテンアメリカの国際政治とその行方」吉川元・加藤普章編『国際政治の行方――グローバル化とウェストファリア体制の変容』ナカニシヤ出版、2004年、第7章を参照。

(2) 経済規模の小さい中米・カリブ諸国の中には、特定一次産品の生産・輸出に特化するモノカルチャー経済が深化した国もあった。

(3) 1990年にラテンアメリカ・カリブ核兵器禁止条約に改称された。非核地帯の実現には時間を要し、冷戦時代に核開発を進めていたアルゼンチンとブラジルが冷戦後に計画を放棄して同条約を批准したことで進展し、2002年キューバが批准したことで地域全体の非核地帯化が完成した。

(4) 南米の政治経済危機や中米紛争などの1980年代の状況に関し、以下を参照。細野昭雄・恒川惠市『ラテンアメリカ危機の構図』有斐閣、1986年；細野昭雄・遅野井茂雄・田中高『中米・カリブ危機の構図』有斐閣、1987年。

(5) 松下洋・遅野井茂雄編『1980年代ラテンアメリカの民主化』アジア経済研究所、1986年を参照。

(6) メルコスールは，2012年6月にルゴ大統領弾劾における議会の手続きの不当性を理由に13年8月までパラグアイの加盟資格を停止した。さらに2016年12月にはチャベス後継のマドゥーロ政権の反対派抑圧を理由にベネズエラの加盟資格を停止した（2018年3月現在継続中）。
(7) ベネズエラは，2006年にアンデス共同体（CAN）を脱退後，2012年からメルコスールに正式加盟（現在資格停止中）した。他方，チリは2006年からCANの準加盟国となった。
(8) 遅野井茂雄「亀裂深める米州システム」『海外事情』第52巻12号（2004年12月）に詳しい。
(9) 冷戦後の地域主義に関し，澤田眞治「米州機構（OAS）」吉川元・首藤もと子・六鹿茂夫・望月康恵編『グローバル・ガヴァナンス論』法律文化社，2014年，第9章を参照。
(10) 21世紀初頭の左派政権は，『ラテンアメリカ・レポート』第23巻第2号（2006年）と第24巻第1号（2007年）の「ラテンアメリカにおける左派の台頭」特集論文を参照。左派政権誕生に影響した社会運動の変容は，大串和雄『ラテンアメリカの新しい風——社会運動と左翼思想』同文舘出版，1995年に詳しい。
(11) 転換期のラテンアメリカ政治の問題点に関し，恒川惠市「民主主義の空洞化？」『国際問題』第536号（2004年11月），10-23頁を参照。
(12) 国連ハイチ安定化ミッション（MINUSTAH）については，澤田眞治「信頼醸成措置，国連平和維持活動，地域安全保障協力」『国際法外交雑誌』第117巻1号（2018年5月），200-232頁を参照。
(13) 日本はTPPに先駆けて，2004年にメキシコ，07年にチリ，11年にペルーとの間で，自由貿易協定（FTA）を含む経済連携協定（EPA）を2国間で個別に締結しており，コロンビアと交渉中（2018年3月現在）である。
(14) ブラジルの対外政策に関し，澤田眞治「転換期のブラジル外交」『国際問題』第645号（2015年10月），28-37頁を参照。

参考基本文献
　ラテンアメリカの国際関係と政治を地域包括的に論じた日本の研究者の書籍を挙げる。注に記載の文献も参照されたい。
大貫良夫・落合一泰・国本伊代・恒川惠市・松下洋・福嶋正徳監修『ラテンアメリカを知る事典（新版）』平凡社，2013年。政治や国際関係にも詳細な項目があり，有用である。
遅野井茂雄編『冷戦後ラテンアメリカの再編成』アジア経済研究所，1993年。民営化や脱ポピュリズムに関する論考が収められている。
遅野井茂雄・宇佐美耕一編『21世紀ラテンアメリカの左派政権——虚像と実像』アジア経済研究所，2008年。南米に加え，コスタリカの左派，キューバの現状まで分析した論文集。
加茂雄三・飯島みどり・遅野井茂雄・狐崎知己・堀坂浩太郎『ラテンアメリカ（第2版）』自由国民社，2005年（初版1999年）。ラテンアメリカの政治，経済，社会の変化を詳述する。
菊池努・畑惠子編『ラテンアメリカ・オセアニア』ミネルヴァ書房，2012年。地域主義，安全保障，グローバリズムに関する論考が収められる。

小池康弘編『現代中米・カリブを読む』山川出版社，2008年。中米カリブの動きを広い分野で捉える。

恒川惠市『比較政治——中南米』放送大学教育振興会，2008年。権威主義体制や民主化の議論のみならず，先住民や左派など現代的な論点にも言及。

西島章次・細野昭雄編『ラテンアメリカ経済論』ミネルヴァ書房，2011年。経済自由化や開発戦略のみならず，日本との経済関係にも言及がある。

浜口伸明編『ラテンアメリカの国際化と地域統合』アジア経済研究所，1998年。地域主義の活性化をサブ地域ごとに解説した論文集。

細野昭雄・畑惠子編『ラテンアメリカの国際関係』新評論，1993年。域内主要国の外交政策に加え，第三世界外交や開発援助も論じている。

二村久則・浅香幸枝・山田敬信編『地球時代の南北アメリカと日本』ミネルヴァ書房，2006年。麻薬問題など現代の南北アメリカの問題を扱った論考がある。

松下洋・乗浩子編『ラテンアメリカ政治と社会（全面改訂版）』新評論，2004年。政党，軍，労働運動，宗教，さらに先住民運動の政治化にも言及。旧版は1993年刊行。

ラテン・アメリカ政経学会編『ラテン・アメリカ社会科学ハンドブック』新評論，2014年。8つの大テーマで社会科学分野を解説し，国際関係と政治を扱った章もある。

（澤田眞治）

第13章

アフリカのグローバル化とローカルノリッジ

---**Introduction**---

　アフリカは，多くの民族，言語，価値観を擁する多様性に富んだ文化を形成するとともに，地域社会の緩やかな結びつきの上に可塑性のある社会を築いてきた。そうしたアフリカは，15世紀末から始まる大航海時代を経て奴隷貿易，植民地支配を経験し，独立後は冷戦構造の中で国家建設を進めるも，その終焉とともに政治，経済両面における行き詰まりが現実化していくことになった。21世紀に入り，長期独裁政権が次第に崩壊していく中で，グローバル化時代の新たな国際関係の構築を通して，歴史の中で蓄積されてきた苦悩から脱し，アフリカ世界は今，新たな段階へと向かいつつある。国際社会は，アフリカのローカルノリッジにより紡ぎ出された発想，アフリカ的価値観とは何かを知り，受け止め，ともに歩んでいく姿勢が必要である。

第1節　アフリカ世界を考える視点

　アフリカは，12億人を超える人々が暮らし，多様な歴史を築いてきた大陸だが，欧米やアジアの諸国に比べると遠い存在に感じてしまうことは事実であろう。しかし，近年，アフリカをテーマとした出版物，メディアの報道，イベントなどは，随分と多くなってきた。毎年春に横浜赤レンガ倉庫で開催される「アフリカンフェスティバルよこはま」は，2019年で12回目を迎えた。10月初旬の国際協力の日[1]にお台場の都立シンボルプロムナード公園で開催される「グローバルフェスタJAPAN」では，アジア，オセアニア地域に加え，アフリカからの参加が多くみられる。政府レベルでは，1993年，第1回アフリカ開発会議（TICAD-Ⅰ）が東京で開催され，その後，2016年には第6回会議をケニアの首都ナイロビで開催し，回を追うごとに開催規模を拡大させていった。

　たしかに，アフリカ世界に関する情報に接する機会は多くなってきた。それにより，新たな理解が生まれてくることもあれば，蓄積される情報が共有されないままに終わってしまうこともあろう。「アフリカ」という言葉からイメージされ

る事柄は，同時代を生きる同朋としての意識から生まれるものから，旧来のステレオタイプ化されたものまでさまざまである。

(1) アフリカの国家，民族，人種

　アフリカには，54の国民国家が存在している。1960年はアフリカの年と言われ，1年間に17の国が植民地支配を脱し独立を達成した。独立に際し，植民地時代のアフリカ分割により引かれた国境線が，そのまま国家の枠組として使われることになった。国境線を確定することにより，1つの民族集団が複数の国家にまたがって存在するという現象が起きた。アフリカ世界の中で最も新しい国家は，2011年7月にスーダン共和国の南側を分離独立する形で誕生した南スーダン共和国である。

　アフリカの人々は，そうした国民国家の構成員であると同時に，マサイ，キクユ，ドゴンなどの人間集団のメンバーであり，そこに強い帰属意識がみられる。これを，民族という語で表すとき，同じ言葉を話し，われわれ意識を共有し，一定の地域に居住するとともに，系譜関係を通して伝統が継承されている文化的に同質な集団として捉えられる[2]。しかしながら，そうした民族の概念とは別に，植民地時代には，各国が有する植民地内部において，人間集団を支配するための行政的な区割りが設けられ，その行政区分の名称をもって人間集団を指す呼称とすることがあった。また，本来同質な集団を複数の集団に分断し，それを異なる民族としてIDカードに明記させることもあった。民族という括りが，統治の技法として創出され，それが民族間の対立，序列化を生むことになった。

　アフリカというと黒人世界というイメージが先行しがちだが，実際には形質的な多様性がみられる。これまで使われてきた人種という生物レベルでの分類方法は，一見わかりやすくみえるが，境界の曖昧性が常につきまとい，人間集団の分類基準としての科学的合理性をもつことができなくなっている。

(2) アフリカの言語と文化領域

　アフリカ社会は，大陸内部における人々の壮大な移動の歴史をもつ。なかでも紀元前後にナイジェリアからカメルーン北部にかけての地域から始まったバンツー・イクスパンションとして知られるバンツー系の言語を話す人々の移動は，ナイル系やクシ系の人々との接触をもたらし，また，コイサン系の集団を南部ア

フリカに局地化させる一因となった。このような移動の過程の中で，グループ間の接触混交が繰り返され，今日みられる多様な民族構成が形成された。現在，アフリカには2000あまりの言語があると言われる(3)。個々人が複数の言語を使い分けながら生きていくというマルチリンガルな状況が，今日のアフリカの姿である。アフリカには，それだけの言語を生み，育て，使用してきた歴史がある。グリーンバーグは，『アフリカの言語（*The Languages of Africa*）』（1961）の中で，アフリカの言語の発生論的分類を行った(4)。基礎語彙の大量比較により行われたグリーンバーグの分類は，同じ言語を共有するという点において人々のアイデンティティーと重なる部分が大きいと言える。

　言語による分類とともに，実効性のある人間集団の分類方法として文化領域によるものがある。なかでもハースコヴィッツが提唱した東アフリカ牛文化複合（East Africa Cattle Complex）(5)という概念は，牧畜文化の特徴をよく捉えており，東アフリカで牛牧畜をしている人々の間に共通してみられる文化的な特徴を示している。彼らはミルクなどの牛が生み出すものに日常的に依存している（経済的特徴）が，結婚に先立ち夫方親族集団から妻方親族集団に贈られる婚資に牛が用いられ，損害賠償責任が発生したときにも牛で償われる（社会的特徴）など，牛は単に空腹を満たすための存在ではない。さらに，儀礼に際して牛が供犠され，人間のさまざまな観念が牛を介して形成される（精神的特徴）ことにみられるように，牛の存在が人間の精神世界に深く入り込んだ文化を形成している地域がある。このほかにもラクダ，ヒツジ，ヤギの存在は，アフリカの牧畜文化を考える上で重要である。

（3）　アフリカの宗教

　アフリカの宗教的世界は，アフリカに起源するものに加え，キリスト教，イスラムという西アジア起源の宗教が大きな影響を与えている。15世紀末，ポルトガルのキリスト教布教団が当時のコンゴ王国を訪れた際，両国は対等な関係であったとされ，やがてアフリカ大陸を席巻する奴隷貿易と植民地支配にみられる不平等とは無縁のものであった。大陸全体に展開するキリスト教は，19世紀から20世紀前半の植民地時代にもたらされていった。なかでも英国聖公会宣教教会（CMS）は，異教徒にキリスト教を布教するために各地に教会を建てるとともに，聖書と讃美歌集を現地語に翻訳しながら活動を行っていった。一方，7世紀にアラビア

半島で誕生したイスラムは，アラブの交易商人がすでに開拓していたルートに沿ってアフリカ大陸へ入っていくことになる。北アフリカからサハラ砂漠を越えて西アフリカへ入るルートと，インド洋を介して東アフリカ沿岸部へ入るルートがあった。キリスト教もイスラムも現地の宗教と習合して独自の展開を遂げることとなった。一方，アフリカ世界には，呪術や妖術に関わる信仰が強く存在している地域がある。これは，宗教か呪術かという二分法的な視点では捉えきれない世界であり，キリスト教やイスラムという世界宗教と呪術妖術信仰は，そのいずれかの極により重きが置かれていることはあっても，超自然的世界の中では共存しているのである。

第2節　アフリカの歴史

(1)　人類発祥の大陸

　19世紀後半から20世紀初頭にかけては，人類の起源はアジアであるという説が主流であったが，1924年に南アフリカ共和国タウングの石灰岩採掘場で発見された幼児の頭骨の化石（タウングチャイルド）は，人類発祥の地がアフリカであるとする説の出発点となっていった。その後，アフリカ大地溝帯（Africa Great Rift Valley）に沿って多くの人類化石が発見されることになる。現在はエチオピアを中心にケニア，タンザニアにかけての地域，さらに，中央アフリカのチャドで発掘調査が盛んに行われているが，ヒトがなぜチンパンジーやボノボと分かれ独自の進化を遂げていくことになったか，それを解明することができるものはまだ発見されていない。いわゆるミッシングリンク（失われた人類の環）である。現在のところ，およそ700万年前に人類はアフリカで誕生し，私たちの直接の祖先となる人類は，10万年ほど前にアフリカを出て世界に拡散していったと考えられている。

(2)　川世界が育んだ大陸

　こうしてアフリカ大陸は歴史時代（人類が誕生した後の時代）を迎えることになるが，それ以降のアフリカ史は，世界史とりわけヨーロッパ史との対応関係の中で語られる場合が多く，アフリカ世界が育んだ固有の歴史があるという視点がみられなかった。むしろ，中世ヨーロッパ世界がみたアフリカと，今日のアフリカ

にはさほど違いがなく，進歩がなく停滞的な世界であるとし，歴史なき大陸という捉え方がされてきた。そこには，文字資料や遺跡，遺物などが残されていないという点もあるが，アフリカに生きる人々がそれぞれの地域においてどのような文化社会を形成してきたか，彼らの側に立って歴史を捉えていこうという視点が欠如していたと言える。そうした中で，アフリカ大陸を流れる5つの大河に着目して，川世界がどのようなアフリカ史を形成してきたかという視点の研究が登場してきた。これは，アフリカが独自に育んできた歴史世界であり，ヨーロッパ史の一隅に細切れに存在する歴史観とは本質的に異なる視点である。

　川世界の対象となるのは，ナイル川，ニジェール川，コンゴ川，ザンベジ川，リンポポ川の5大河である。ナイル川は，ピラミッドや王家の谷に象徴される古代エジプト文明から上流に遡ると，そこには，黒人国家であるヌビアの世界，青ナイルに独自のキリスト教世界を育みアラビア半島との歴史的関係を構築してきたエチオピアの世界，白ナイル上流部に牧畜文化やシルックなどの王国を形成してきた上ナイル世界をみることができる。西アフリカのギニア高地を源流とするニジェール川は，サハラ南縁のサヘル地帯の大湾曲部を経てギニア湾へと注いでいくが，その流域はガーナ，マリ，ソンガイという王国を形成した歴史をもつ。また北アフリカからサハラを越えて運ばれた物資は，ニジェール川を使って西アフリカ各地へと運ばれていった。そうした中で，ニジェール川大湾曲部には，ドゴンをはじめとする多様な文化が形成されていった。熱帯雨林帯に網目状の支流を抱えているコンゴ川は，陸路での交通が困難な時期にあっても，コンゴ盆地内の往来を確保していった。紀元前後に始まったバンツー系農耕民の流入により展開されていくコンゴ盆地内部での先住民との共生関係や，コンゴ盆地南部に形成されていく諸王国，東アフリカからの物流の確保など，アフリカ大陸を東西につなぐ役割を担ってきた。ザンベジ，リンポポの両河川は，グレートジンバブエに代表されるショナ文化を育んだ。石造建造物が稀なアフリカ大陸の中では，傑出した規模を誇るものである。

(3)　世界システムに組み込まれていく大陸

　東アフリカは，紀元前からインド洋を介してアラビア半島からペルシャにかけての地域と交易関係を形成してきた。ヒッパロスの風と言われる季節風を利用し，帆船ダウによりインド洋を南北に航海し，アラビア半島からは家具，武器，ガラ

ス製品などが東アフリカ沿岸部に運ばれ，東アフリカからは，香料，象牙，金などの原材料がアラビア半島にもたらされた。これにより，アラブ，ペルシャの文化とバンツー系のアフリカ文化が接触し，やがて両要素を取り入れて10世紀頃になるとスワヒリ語の原型が形成される。さらに接触混交を繰り返していく中で，15世紀にはスワヒリ文化の全盛期を迎えることになる。

　15世紀末，世界史は大きな転換点を迎えていった。大航海時代の到来である。16世紀になると，ポルトガルがインド洋の制海権を握る中で，ダウによるインド洋交易ができなくなった。一方，西アフリカは，北西ヨーロッパ―西アフリカ―新大陸とつながる三角貿易に巻き込まれていくことになる。スペイン，ポルトガル，のちにイギリス，フランス，オランダなどの北西ヨーロッパの国々は，自国で生産した廉価な製品を船に積み込み，大西洋を南下し，ベニンなどの西アフリカにもち込んだ。それを下ろし，奴隷商人により集められた青年男子を中心とする人々を船に乗せ，新大陸へと運んでいった。新大陸に渡った人々は，奴隷として全人格を拘束される中，サトウキビや綿花などの栽培に従事することを強いられた。そこで収穫されたものは奴隷たちが乗ってきた船に積み込まれ，北西ヨーロッパの港へと運ばれたが，それらの材料は，イギリスのティータイムやフランスのカフェにとって欠かせないものであった。こうした奴隷貿易は，ヒト，モノ，金の流れを地球規模で展開する時代を作り出していくことになる。アフリカは，大陸内部における活動が，世界経済の中に巻き込まれていく時代を迎えていく。ウオーラスティンの言う世界システムが，アフリカ世界を確実に取り込んでいき，それが完成した時期に，アフリカ世界は植民地時代という新たな苦悩を背負うことになる。

（4）植民地支配

　奴隷貿易の終焉は，人道的視点からではなかった。イギリスで起きた産業革命は，生産と分配の流れを大きく変えていくことになり，資本主義的な発想が新たな経済活動の中心となっていった。かつて奴隷貿易の先端を担っていたイギリスだが，1807年に奴隷貿易禁止令を出し，奴隷制度自体も33年に禁止されていった。経済構造の変化は，アフリカを奴隷という労働力の供給地から工業化時代に必要な資源の供給地へと変化させ，また，生産された製品の市場として位置付けることにより，再度，アフリカ世界はヨーロッパの支配下に置かれていくことになる。

1884〜85年のベルリン会議において，ヨーロッパ列強はアフリカを植民地分割し，アフリカのそれぞれの地域社会が形成してきた境界の概念とは異なる基準により，国境線が引かれていった。それは，ヨーロッパ列強の勢力関係の投影図であった。植民地政府は，アフリカを統治するために，本来アフリカ社会にはなかったさまざまな虚像をつくり出していくことになる。2004年8月にケニアで起きたマサイ人による先祖の土地の返還要求は，その典型である。ケニアがイギリスの保護領であった1904年8月，植民地政府は，ヨーロッパ人のケニア入植振興政策を打ち出し，マサイ人の代表者との間に土地の貸借契約を結んだという。マサイ人が牛の放牧に使用していた土地を借り上げ，そこに白人入植者による大規模なランチャーを経営するというものである。マサイ人は，その土地の貸借期間である100年が経過したので返還を求める行動に出た。マサイ社会は，いくつもの支族の緩やかな集合体であり，父系原理と年齢階梯制が社会制度の基盤をなしてきた。そこには，1人の代表者により全体を統べるというシステムはない。植民地政府が土地の貸借契約を結んだマサイ人の代表者とは，本来存在しえないものであり，つくり出された虚像であった。

（5） 独立と国民国家形成の過程

植民地支配に対する抵抗運動は，初期においては伝統的な超自然観を背景として展開されたものであった。1905〜07年にかけてタンザニア南東部で起きたマジマジの乱は，ドイツが綿花栽培のために成人男子を年間28日間強制労働に携わらせようとしたことに端を発する。自分たちの畑を耕す時間が奪われ，生活の糧を得ることが難しくなっていく状況への抵抗運動として起こった。近代的装備を備えたドイツ軍に対して，槍と弓矢という伝統的な装備で対抗したが，それは，特別なマジ（水）の力を得て，ドイツ軍の鉄砲の弾が飛んできても当たることもなく，命を落とすこともないという呪術的信仰を背景としたものであった。しかし結果は明らかであった。こうした初期の抵抗運動から，次第に近代的武器を用いた形に変わっていくことになるが，それとともに指導者のイデオロギー的背景が大きく変わっていった。30年代になると，やがてアフリカ独立の立役者となる若き青年たちが，植民地宗主国の大学に留学し，ヨーロッパにおいて近代的イデオロギーやナショナリズムの考え方にふれるようになる。こうした経験が，植民地支配に対する新しい抵抗運動を生んでいくことになった。また，アフリカ全体を

視野に入れて植民地解放運動を進めていこうとするパン・アフリカニズムの動きが，アフリカ大陸の外にいる人々の手によって進められていった。45年に開催された第5回パン・アフリカ会議では，アフリカを植民地支配から解放し独立を達成すること，そのためには武力行使も辞さないことが決議された。これを受けて，ンクルマやジョモ・ケニヤッタなどによるナショナリズム運動が展開されることになる。こうしたなかで，52年からケニアにおいては，いわゆるマウマウの乱が起きた。ケニア土地自由軍（Kenya Land and Freedom Army）による白人に奪われた土地の奪還と，白人追放のための運動である。ゲリラ戦を巧みに取り入れて展開された戦いは，最後には指導者デダン・キマチが捕えられるが，ケニアがイギリスの植民地支配から脱する契機となった。このような独立運動の展開が，60年のアフリカの年をもたらし，それ以降，ヨーロッパ列強によるアフリカ植民地支配は終焉していくことになる。しかし，植民地時代の国境線を維持しながら国民国家として独立したアフリカ各国は，経済面でも植民地時代の遺制を引き継いでいくことになった。

第3節　アフリカの政治体制：独立から冷戦終結を経て現在まで

　1960年代に多くの国が独立を達成したアフリカでは，クーデターによる政権交代や独立運動が激化した地域もみられたが，流血の惨事を見ずに独立を達成した国も少なくなかった。冷戦構造の中で独立していったアフリカの各国は，東西両陣営と非同盟とに分かれて国民国家形成のプロセスに入っていった。1970年代までは，東西両陣営や旧植民地宗主国の支援を受けて経済も成長していったが，多くの民族から構成される国家としての統治機構は不十分なまま推移していくことになった。それぞれの民族単位では，長い間の伝統の中で形成された独自の統治機構が存在してきたが，植民地時代の線引きを継承した国家という枠組では，法律上は国家であっても統治機構が確立されていないいわゆる疑似国家から脱することなく1980年代の冷戦終盤期を迎えていくことになった。経済成長の低迷が続くアフリカに対し，国際社会は内政に踏み込んだ改革を要求していくようになった。経済の構造調整，民主化，複数政党制，ガバナンスの確立などを求め，これを援助の前提条件にしていった。1989年の冷戦終結は，政治指導者間の関係を大きく変えていくことになった。家産国家的対応ができなくなった今，求められる

のは，指導者の才覚である。21世紀に入ると，アフリカ諸国は，冷戦時代とは異なる国家としての多様性を示していく。

以下，サハラ以南のアフリカ諸国から多様性の実態をみていくことにする。

（1） 多難な国家形成と内戦，そして脆弱国家：ソマリア，スーダン，南スーダン

アメリカの NGO 平和基金（FFP：Fund for Peace）は，2018年の脆弱国家ワースト 1 （178カ国中）に南スーダンをあげている。ちなみに，ワースト 2 は，ソマリアで，スーダンは 7 位である。

ソマリアは，アフリカの角と称される位置にあり，列強のアフリカ分割により北部のイギリス領と南部のイタリア領に分割されたが，1960年にそれぞれが独立し，南北が統合してソマリア共和国を形成した。69年，バレがクーデターにより政権を奪取し，翌年，社会主義路線を明確にし，ソマリ社会主義革命党（SRSP）の一党独裁体制を築き，ソ連との関係を強化していった。しかし，エチオピアのメンギスツ政権がソ連との関係を強化する中で，ソマリアはソ連との関係を断ち，アメリカに接近していく。オガデン紛争における敗北，バレ政権の弱体化の中で，91年バレ大統領が追放され，その後，20年間にわたり全土を実効支配する政府が存在しないままになっていた。この間，ソマリアは，3つに分断されてきた。北西部には1991年に独立を宣言したソマリランド，北東部には1998年に自治政府を樹立したプントランド，暫定連邦政府が樹立されているものの実効支配ができていない南部ソマリアである。これらの勢力関係の背景にあるのは，父系親族集団により構成されるクラン間の関係である。国連や国際社会の支援のもとで2012年8月暫定憲法を採択，9月にハッサン・シェイク・モハムッドが大統領に，10月にアブディ・シルドンが首相に就任し，統一政府が樹立された。しかし，統一政府ができた後も，依然として地元指導者層の力が強く，人道援助を行う団体の懸念材料となっている。2013年12月，シルドン首相の不信任決議を受けアフメド新首相が誕生し，2014年1月に新内閣が発足した。その後も首相の交代と新内閣の発足が続いたが，2017年2月大統領選挙が行われ，モハメド・ファルマージョが大統領に選出された。「脆弱国家」から抜け出すことができるかが問われている。

かつてスーダンという語は，サハラ以南の黒人世界を意味する言葉として，現在のスーダンおよび南スーダンよりもはるかに広い地域を指していた。ナイル流域に展開するスーダンは，下流域のエジプトと異なり，黒人世界ヌビア，シルッ

ク王国，上ナイル地方の牧畜社会などを形成してきた。アフリカ分割が行われるまでは，エジプトの支配下にあったが，1899年からイギリスの統治下に入り，北部スーダンを中心に開発が進められていった。1956年イギリスから独立すると，アラブ系イスラム教徒を中心とする北部勢力が実権を握り，南部の黒人系キリスト教徒に対するイスラム化政策を進めていった。69年にはソ連の援助を受けてヌメイリ軍事政権が誕生し，南部解放組織とアジスアベバ合意を結び，内戦を終結させた。しかし，83年に南部で誕生した非アラブ系黒人によるスーダン人民解放軍（SPLA）との間で再び内戦に突入する。89年にクーデターによりバシールが政権を握ると，南部に対するイスラム原理主義的対応を強化していった。バシールは，石油の利権確保のためにSPLAを抑えるとともに，黒人系住民の殺戮を繰り返し，旱魃や飢饉に見舞われる中で，多くの難民が生じていった。[14]こうした中で，国際社会も立ち上がり，2002年休戦協定であるマチャコス議定書が締結され，2005年スーダン政府とSPLAの間に和平合意が成立し，国民統一政府が樹立された。そして，2011年1月15日，南部分離独立の是非を問う住民投票が実施され，圧倒的多数で独立が支持され，同年7月南スーダン共和国がアフリカ54番目の国として誕生した。南スーダンの独立により，国外に避難していた人々が戻り，国づくりを進めていったが，独立前から懸念されていた石油の利権をめぐる問題が再び内戦状態を生み，独立した翌年には，スーダンとの国境紛争が激化し，また，南スーダン内部では，キール大統領派とマチャル前副大統領派の対立が解消されず，2016年4月には暫定政府が樹立されたが再び内戦状態に突入し，新国家建設のプロセスは内戦が続く中で混迷の度を増している。一方，スーダン西部では，スーダン政府軍およびその支援を受けたアラブ系民兵と非アラブ系住民との間でダルフール紛争が発生し，2003年2月の衝突以来，40万人が殺害された。スーダン全土では，この四半世紀にわたる内戦の結果，犠牲者は死者200万人，難民400万人に上った。

（2）　広いサバンナと豊かな丘陵地帯の光と影：ケニア，タンザニア，ルワンダ

　東アフリカは，広大なサバンナ，アフリカの真珠と言われた土地生産性の高い丘陵地帯，そして，アフリカ大陸最高峰のキリマンジャロ山など変化にとんだ地形をもつ。また，インド洋を介して外の世界へと展開していく広がりをもつ地域でもある。ケニアは，1963年にイギリスから独立し，翌年，ケニヤッタ大統領の

もとで共和制に移行，自由主義路線に沿った比較的安定した国づくりを進めていった。70年には，タンザニア，ウガンダとともに，東アフリカ共同体（EAC）を結成したが，主導権争いが顕在化し，ケニア―タンザニア間の国境が封鎖され，78年にはタンザニア軍がウガンダに侵攻し，翌年，首都カンパラを制圧，アミン政権を追放した。こうした中で，EACは解体していった。ケニヤッタ大統領の死後，副大統領であったモイが78年に大統領に就任し，その後5期にわたり大統領を務めることになった。82年にケニア・アフリカ人国民同盟（KANU）による一党独裁体制を敷くが，構造調整政策の一環として，91年に複数政党制に戻った。

2002年，野党である国民虹の連合（NARC）のキバキが大統領に就任したが，モイ長期政権の汚職，腐敗政治体質に対する野党連合の勝利となった。野党の勝利は国民に期待感を抱かせたが，キバキ再選を狙った2007年12月の大統領選挙は，ケニアに独立以来最大の危機をもたらすこととなる。巷間では，対立候補のオレンジ民主運動（ODM）ライラ・オディンガの優勢が伝えられ，実際開票が進んでいくとそれは数値で裏付けられていった。しかし，選挙管理委員会は突然テレビ中継を中断し，その後キバキの当選が発表された。これが契機となり，各地で暴動が発生し，1200人余りの死者と，数十万人の国内難民を生じる結果となった。(15)
アナン元国連事務総長の仲介で調停が進められ，キバキが大統領，オディンガが首相となることで決着したが，官僚機構が倍に膨れ上がるなど多くの問題を抱えていくこととなった。連立政権は，大統領権限の制限やさまざまな国内問題の解決へ向けて2010年8月に憲法改正のための国民投票を実施した。それまでの州県制を廃止し，40余りの地方行政単位であるカウンティを中心とする地方分権体制と民主主義を柱とする新憲法が制定された。新憲法下で2013年3月に総選挙が実施され，初代大統領の息子ウフル・ケニヤッタが大統領に就任した。この選挙においても集計過程で混乱が生じたが，ウフル2期目を目指す2017年8月に行われた大統領選挙では，最高裁判所は選挙そのものを無効とし，選挙管理委員会の判断を認めなかった。その後，再選挙が行われ，ウフルが再選された。(16)

タンザニアは，第一次世界大戦ののち1920年にドイツ領からイギリスの委任統治領となった。61年に独立するが，64年に本土のタンガニーカと島嶼のザンジバルが合邦しタンザニア連合共和国となる。ニエレレ初代大統領は，アフリカ的社会主義路線をとり，非同盟外交を展開した。67年，アルーシャ宣言を発表し，農業の集団経営を進めるとともに，企業，銀行を国営化し，スワヒリ語を国語とし

て徹底した言語政策を進めていった。こうした独自路線は，独立後の国家のあり様として一定の評価を得るが，ウガンダ戦争や旱魃などにより経済状態が次第に疲弊していった。85年にムウィニ大統領が就任し，構造調整政策を受け入れ，社会主義路線を修正し経済の自由化を推進していった。また，英語教育にも力を入れるようになり，東アフリカのみならず，より広い世界で通用する人材の育成に取り組んでいった。92年には，革命党（CCM）1党体制から複数政党制へと移行した。95年にムカパが大統領となり，2期務めたのち，2005年にはキクウェテが大統領となり，2010年に再選され2期務めた。2015年3月の大統領選挙の結果，CCMのマグフリが大統領となった。タンザニアは，独立以来大統領の継承が比較的円滑に行われてきており，2期10年を限度とし，長期独裁政権の誕生に歯止めをかけている。

ルワンダは，14世紀以降王国が形成されてきたが，この地域では，トゥワ，フツ，ツチの3つの社会集団が，文化的同質性を背景に緩やかなつながりを形成してきた。19世紀末の植民地分割によりドイツ領となったルワンダに対し，植民地政府は当時のいわゆる生物学的決定論にもとづく人種思想を背景とした統治機構をつくっていった。人種的特徴からヨーロッパ人の体型に似ている長身痩せ型のツチを優位に位置づけ，植民地政府の要職につけるとともに教育の機会を与え，一方，中肉中背のニグロイド型のフツにはそうした機会を提供しなかった。こうして，本来同質的な集団が，政治的に異なる民族に分化され，1930年には，IDカードに民族名が明記されるようになり，第一次世界大戦後にベルギーの信託統治領となってもこうした統治形態が続いていき，これがルワンダ大虐殺を発生させる原因となっていった。62年にベルギーの信託統治領から独立し，王政から共和制へ移行し，73年にはハビヤリマナ少将がクーデターにより大統領に就任した。独立後は，多数派のフツが少数派のツチを迫害する事件が頻発し，ウガンダに逃れていたツチを中心とするルワンダ愛国戦線（RPF）が90年10月に北部ルワンダに侵攻し，フツ政権との間で内戦が勃発した。93年8月，アルーシャ和平合意が成立したが，94年4月にハビヤリマナ大統領が暗殺されると，フツ過激派は，ツチおよびフツ穏健派に対し大虐殺を行い，3カ月間に80万〜100万人が犠牲者となった。94年7月に，RPFが全土を制圧し，フツ穏健派のビジムングが大統領，ツチのカガメが副大統領になり，新政権を樹立した。IDカードに民族名を記入することをやめるなど，大虐殺を乗り越えるための政策を展開していった。その

後，政策上の対立からビジマングが辞任，2000年4月にカガメが暫定大統領に就任し，2003年8月に行われた大統領選挙でカガメが選出され，2010年8月には再選を果たしている。これにより，国外にいたルワンダ人が本国に戻り国づくりを行った結果，ルワンダ大虐殺から奇跡の復興を遂げていった。2003年に制定された憲法では，大統領の三選は禁止されているが，2015年に憲法が改正され，カガメは2034年まで合法的に大統領の座に留まることが可能になった。[17] 植民地時代につくられた民族間の確執を真に解消し，文化的同質性への回帰を通して，民族間の格差をなくしていくことができるかどうかが課題である。

(3) アパルトヘイトからの脱却と共生のあり方：南アフリカ，ジンバブエ

　アフリカの多くの地域が19世紀末のベルリン会議において植民地分割されていったのに対し，南部アフリカでは17世紀から植民地化が進められていった。大航海時代に海洋大国として名を馳せたオランダは，ヨーロッパにとってまだ手つかずの入植先であった南半球の温帯地方である南部アフリカへ向け，大西洋を南下していった。1652年，ケープ植民地を設立し，先住民の土地を収奪しながら農場の拡大を進めた。南部アフリカの支配権を確立しようと考えたイギリスは，1815年，ケープをオランダから奪い，イギリスの植民地とした。オランダは，イギリスの領土拡大政策から逃れようとしたが，やがて両国は2回のボーア戦争を戦うことになる。1910年，南アフリカ連邦が，イギリスの自治領として独立した。これによって成立した白人政権は，非白人である黒人，アジア人，カラードを隔離していくアパルトヘイト（人種隔離）政策をとっていった。レストラン，交通機関等において白人と非白人の空間を峻別していくことはもとより，異人種間での結婚の禁止など，徹底的な人種差別を行う中で，61年，イギリス連邦から脱退し，南アフリカ共和国を建国するに至った。やがて，このような政策に対する国際的非難が高まる中で，89年に大統領に就任したデ・クラークは，アパルトヘイト関連法を廃止し，ロベン島に政治犯として収監されていたアフリカ民族会議（ANC）のマンデラを釈放した。94年，全人種が参加する総選挙を実施し，その結果，ANCが6割以上の票を得てマンデラが大統領となり，ここに白人政権が終焉を迎えることになる。その後，政党内部で対立が発生することはあったが，総選挙ではANCからムベキ大統領，ズマ大統領を輩出し，安定した支持を得て経済面でもアフリカを牽引する役割を果たしてきた。2014年5月，総選挙が行わ

れ，第二次ズマ政権が発足した。しかし，「マンデラの党」として多数派の黒人を中心に絶大な人気を誇ったANCだが，ズマ大統領には汚職疑惑が絶えず，党の金権体質に国民は不満を募らせていった。そうしたなか，イメージ刷新を目指す与党内から対ズマ辞任圧力が高まり，2017年12月，ANC議長を退任，2018年2月，大統領を辞任した。同月，ラマポーザ新大統領が誕生し，ズマ政権下で汚職の温床となっていた国営企業の改革に取り組む意向を表明している。

　南アフリカは，白人政権の終焉により国際社会に受け入れられる新たな政権を生み出していくことになったが，逆に新たな火種と化していったのがジンバブエである。イギリスの自治植民地であった南ローデシアは，1965年に白人スミス政権が独立を宣言し，少数の白人が多数のアフリカ人を人種差別政策により支配する体制をつくっていった。白人経営の大農場は高い生産性を示し，アフリカの穀物庫と呼ばれ，農作物の輸出国として知られていた。そうした白人支配に抗してゲリラ活動を展開していったのがムガベであった。80年，ジンバブエ共和国として白人支配を脱して独立し，ムガベ首相（翌年から大統領）のもとで国づくりを進めていくことになった。当初は白人との融和政策をとっていたが，99年のコンゴ内戦への派兵は，経済状態を悪化させる原因となった。ムガベは，白人が経営する大農場を接収し，かつてともに闘った旧ゲリラ戦士に分配し，外資系企業の保有株式を供出させるなど強引な政策をとった結果，白人は国外に逃れ，農場の生産性は激減し，外資系企業も引き上げるなど経済が崩壊過程をたどることになった。2億％を超えるインフレを記録し，自国通貨は通貨としての役割を果たすことができず，2009年9月から外貨経済に移行し，決済には米ドルや南アフリカランドが用いられる結果となった。政権の場を手放さないムガベ独裁体制に対し国際社会からの非難が高まり，2009年，ムガベ大統領は，野党党首のチャンギライを首相として与野党がともに参加する包括的政府を樹立することを受け入れるが，野党に対する弾圧が継続された。そうした中で2013年5月新憲法が制定され，そのもとで7月に大統領選挙が実施された。選挙管理委員会は，ムガベ候補が61％の得票率で当選したと発表したが，ムガベ6選に対する国際社会の反発は強かった。ムガベ独裁体制への亀裂は，与党ジンバブエ・アフリカ民族同盟愛国戦線（ZANU-PF）内部から生じていった。2014年頃から夫人のグレース・ムガベを後継者にしようとする動きが顕在化し，反対勢力が閣僚ポストを罷免された。次期大統領選挙が近づく中，2017年11月，有力候補のムナンガグワ第一副大統領を罷

免。グレース・ムガベ大統領誕生を実現させようとする動きに国軍が反発。兵士らが蜂起し，ムガベ大統領を自宅軟禁下に置いた。議会で，大統領弾劾手続きが開始される中，当初，退陣を拒否していたが，37年間にわたる政権の座を明け渡すこととなった。[20] そして，与党 ZANU-PF の指名を受けたムナンガグワが大統領に就任した。

第4節　21世紀のアフリカ：伝統と文化に対する誇り

　冷戦が終結した1990年代，アフリカは2つの大きな経験をすることになった。アパルトヘイトの終焉とルワンダのジェノサイドである。明暗を分かつこの2つの事柄は，アフリカの苦悩とそれを乗り越えたところに出現する希望という意味においては，国際社会はアフリカが自らの力で次の段階を切り開いていく姿をみたと言える。そして，2000年になると，アフリカは，各国が相互に連携しながら進んでいくという視点を一層明確化していく。2001年10月，アフリカ統一機構（OAU）において，「アフリカ開発のための新パートナーシップ」（NEPAD）が採択された。アメリカの同時多発テロ（9.11事件）が起きた翌月である。これは，アフリカ開発のために自助努力を前提として，貧困撲滅，持続可能な開発，グローバル経済への対応を進めていくとともに，支援（パートナーシップ）を求めていくというものである。

　NEPAD が採択された翌年の2002年7月，OAU を改組して，アフリカ全体を1つのシステムの中に取り込んでいこうとする，欧州連合（EU）に近い機構として再出発したのが，アフリカ連合（AU）である。前身の OAU は，1963年5月アジスアベバで結成され，31の独立国によりスタートした。OAU 憲章では，主権の平等，内政不干渉，主権と領土の尊重，紛争の平和的解決，非独立地域の完全解放，非同盟路線の堅持が謳われ，新生アフリカを方向付ける国際機構として中心的役割を果たしていくこととなった。しかし，独立後の平和的発展を目指した OAU だが，現実に発生する内戦や地域紛争に対して有効な解決策をとることができない状態が続いていった。そうした中で，新たに AU が組織され，現在，55の国・地域（「サハラ・アラブ民主共和国」を含む）と西サハラの加盟により構成されている。国連の安全保障理事会に相当する平和・安全保障理事会が設置され，域内の紛争解決にあたるとともに，裁判所，中央銀行を設置し，将来的に

は通貨統一を図るなど，アフリカを1つのまとまりをもった社会として再構築していくことを目指したものであった。ダルフール紛争，ボコ・ハラムの台頭，アラブの春とその後の混乱，南スーダン誕生後の内戦状態など，AU設立後に発生した数々の事案に対し，どこまで当初の理念を実行に移すことができたのかが問われる時期になってきた。きわめて集権化されたAU委員会が，実効性のある意思決定を下せるのか，モデルとしたEUからイギリスが離脱する現在，アフリカ世界が目指すところはどこなのかを再考する必要がある。

アフリカは，大陸外からのさまざまなインパクトを受けてきた歴史がある。外世界との接触は，奴隷貿易や，植民地支配という苦悩の日々をつくり出す一方，インド洋を介してアラブ世界と接触することでスワヒリ文化が形成されるということもあった。今，アフリカは中国との間には，大航海時代以前に鄭和が大艦隊を率いて東アフリカに到来して以来の新たな関係が急速に構築されつつある。アフリカに対する中国外交の基本は，政府が道筋をつけて，中国企業がその線に沿って実質的な展開をしていくことと，かつての構造調整政策にみられた民主化要求のような体制変革を求めないこと，そして，投資額と人的投入が大規模かつ急速であることである。アジスアベバにあるAUの本部は，中国が建設し，寄贈した。エチオピアの携帯電話網は，ノキアなどが撤退する中で，中国のZTEコーポレーションが完成させた。インド洋岸の港町モンバサからケニアの首都ナイロビを通り内陸部へ向かうハイウェーは，チャイナロードと呼ばれ，それと並行して，2017年5月には全長470キロメートルの鉄道が中国の融資により開通した。TICADは日本がスタートさせたものだが，2000年に発足した中国主催の中国・アフリカ協力フォーラム（FOCAC）の方が，より多くの首脳クラスの参加がみられるようになっている。中国が提唱する「一帯一路」構想は，アフリカも視野に入れたものであり，中国のインフラ戦略のもとで，アフリカを貫く物流の大動脈が築かれようとしている。[21]

こうしたアフリカ史の中に登場してくる国と国の関係や，近年における政府，企業レベルでの接触のほかに，個人がさまざまな形でアフリカ世界と関わりをもち続けているケースがみられる。なかでも，活動主体を現地に置いているものには，同じ時代をともに生きようというメッセージがよく伝わってくる。マサイの牛の治療や野生動物の保護に携わる人，ナイロビで孤児院を営みながら子どもたちの就学，就職を支援する人，ルワンダで義足工場をつくり，障害のある人々が

社会で活躍する機会をもつことができるようにする人，生活改善の一助として土でつくるかまどを普及させていった人，多くの日本人がそれぞれの視点と発想からアフリカに関わり続けている。数値化されたデータや政府高官の動向では読み取れない関係がここにある。アフリカ世界は，今，国家レベルから個人に至る外界からの新たなインパクトを有効に活用してアフリカの希望に結び付けていこうとしている。アフリカの伝統は，アジアと同様に多様性を根底にもつ。その辺りがヨーロッパやアメリカの世界と大きく異なる点である。アフリカは，アフリカ的価値観をベースに，外界からのインパクトに対峙していくことが必要であろう。

　アフリカの貧困は国家経営の失敗が引き起こしたものであるとする見方も，先進国がその地位を維持するためには，アフリカは必然的に低開発にならざるをえないという構造的なものであるとする見方も，アフリカ世界がつくり出してきたものに目を向けていないように思われる。アフリカの豊かさは，アフリカ的価値観を背景としたときにはじめて現れるものである。集団を統治する方法，紛争を解決する方法，旱魃に見舞われても生き抜くことが可能な作付方法，儀礼を介して集団のアイデンティティーを維持する方法など，西洋的価値観とは異なるアフリカのローカルノリッジにより紡ぎ出された価値観がある。自然に寄り添い，環境と調和しながら形成されてきたアフリカ的価値観に目を向け，そこから学ぼうとする姿勢をもつことが必要である。ケニアの初代大統領ジョモ・ケニヤッタは，留学先のロンドンで人類学者マリノフスキーの指導のもとで自分の出身民族キクユの文化について『ケニア山のふもと――アフリカの社会生活（*Facing Mount Kenya*）』(1938) を著している。それを翻訳した野間寛二郎は，訳者あとがきで次のように述べている。「アフリカの民族運動指導者の全部に共通するのは，核戦争にまでゆきついた西欧物質文明に対立するものとしての，アフリカの伝統と文化に対する高い誇りであるが，それを虚心にみとめ，うけいれることが，ともに平和な未来を築くためにはなによりも必要であろう」。これが書かれてから半世紀を経た今，アラブの春で倒れた長期独裁政権，国際刑事裁判所に訴追されている政治家，多文化共生社会の現実を認めない政治指導者など，「アフリカの伝統と文化に対する高い誇り」が失われたかにみえる現象が顕在化している。しかし，多くの人々の心の中に脈々と流れるその誇りをみつめることを通して，同時代を生きる同朋としてアフリカ世界と接していくことが必要であろう。

アフリカ年表

700万年前	アフリカ大地溝帯で人類誕生。
10万年前	ヒト（ホモ・サピエンス）がアフリカ大陸を出て世界に広がる（Out of Africa）。
BC2650	エジプト文明の誕生。
紀元前後	バンツーの拡大。
8～11C	ガーナ王国。
8～14C	ショナ人大国家ムパタ。
13～17C	マリ王国。
15～16C	ソンガイ王国。
15C	コンゴ王国，ルバ王国，ルンダ王国，東アフリカインド洋岸にスワヒリ都市。
1490	ポルトガル布教団がコンゴに到着。
1518	アフリカ西海岸から新大陸・西インド諸島へ奴隷貿易開始。
1586・1	天正遣欧使節団のアフリカ来訪。
1652・4	オランダ，ケープ植民地設立。
1807・3	イギリスが奴隷貿易禁止令。
1884・11	ベルリン会議（～1885・2）。
1905・7	マジマジの反乱（～1907・6）。
1919・2	第1回パン・アフリカ会議（於：パリ）。
1945・11	第5回パン・アフリカ会議（於：マンチェスター）。
1952・10	ケニア土地自由軍の独立闘争開始。
1957・3	ガーナ独立，サハラ以南のアフリカ世界で初めて。
1960	アフリカの年，17カ国が独立，第一次コンゴ動乱（～1965）。
1963・5	アフリカ統一機構OAU結成（於：アジスアベバ）。
1967・7	ビアフラ戦争（～1970・1），アルーシャ宣言。
1974・9	エチオピア革命。
1975・7	アンゴラ内戦（～2002・3）。
1977・7	オガデン紛争（～1988・4）。
1978・10	タンザニア軍，ウガンダ侵攻。
1989・12	マルタ会談（東西冷戦終結）。
1991・6	アパルトヘイト関連法の廃止。
1993・5	エリトリア，エチオピアから独立。
10	アフリカ開発会議 TICAD-I 開催。
1994・4	ルワンダでジェノサイド（～1994・6）。
5	南アフリカ共和国にマンデラ政権成立，アパルトヘイト終結。
1997・5	国名をザイールからコンゴ民主共和国に変更。
1998・8	第二次コンゴ動乱（～2002・7）。
10	TICAD-II 開催。
2000・10	中国・アフリカ協力フォーラム第1回閣僚級会議。
2001・9	9.11アメリカ同時多発テロ事件発生。
10	アフリカ開発のための新パートナーシップNEPAD採択。
2002・7	AU首脳会議によりAUが正式に発足。
2003・2	ダルフール紛争（～現在）。
9	TICAD-III 開催。
2007・12	ケニア総選挙開票結果をめぐり暴動発生。
2008・5	TICAD-IV 開催。
2010・12	チュニジアのシディ・ブジドで青年焼身自殺，ジャスミン革命の始まり。

2011・1		チュニジア，ベン・アリ政権崩壊，エジプト，ムバラク大統領退陣要求デモ。
	2	リビア，カダフィ政権に対する反政府デモ。
	7	南スーダン独立。
	8	カダフィ政権崩壊。
2012・5		エジプト，ムルシ大統領就任。
2013・3		ケニア，ウフル・ケニヤッタ大統領就任。
	6	TICAD-V開催。
	7	エジプト，軍のクーデターによりムルシ大統領解任。
	8	ジンバブエ，ムガベ大統領6選。
	12	ネルソン・マンデラ死去。
2016・4		南スーダン，国民統一暫定政府設立。
	8	TICAD-Ⅵ，ナイロビで開催。
2017・2		ソマリア，モハメド・ファルマージョ大統領就任。
	5	ケニア，中国融資による新鉄道開通。
	10	ケニア，最高裁判決によるやり直し大統領選挙の結果，ウフル・ケニヤッタ再選。
	11	ジンバブエ，ムガベ大統領辞任。ムナンガグワ大統領就任。
2018・2		南アフリカ，ズマ大統領辞任。ラマポーザ大統領就任。
2019・8		TICAD-Ⅶ開催。

(出所) 筆者作成。

注

(1) 日本は，1954年10月6日に「アジア及び太平洋の共同的経済社会開発のためのコロンボ・プラン」に加盟し，開発途上国に対する政府開発援助（ODA）を開始した。87年には，外務省とJICAが，10月6日を国際協力の日と制定した。

(2) 人間集団を表す語として民族の他に部族という語が用いられることがあるが，これには未開性，後進性という意味が込められる場合があり注意が必要である。

(3) 『エスノローグ2009』によると，話者がいる言語はアフリカには2110語ある（M. Paul Lewis (ed.), *Ethnologue: Language of the World*, SIL International, 2009, p. 19)。『エスノローグ2018，オンライン版』（http://www.ethnologue.com/region/Africa 2018年3月20日アクセス）では，2143語となっている。

(4) グリーンバーグは，アフリカの言語をニジェル・コルドファン語族（Niger-Kordofanian），ナイル・サハラ語族（Nilo-Saharan），アフロ・アジア語族（Afro-Asiatic），コイサン語族（Khoisan）の4つの言語グループに分類した。川田順造編著『アフリカ入門』新書館，1995年，65-96頁参照。

(5) M. J. Herskovits, "The Cattle Complex in East Africa," *American Anthropologist*, vol. 28, 1926.（オンライン版2009年10月）（http://onlinelibrary.wiley.com/doi/10.1525/aa.1926.28.1.02a00050/pdf 2014年8月1日アクセス）；川田，前掲書，306-308頁参照。

(6) 宮本正興・松田素二編『新書 アフリカ史』講談社，1997年，10-20頁；川田，前掲書，97-108頁参照。

(7) 宮本・松田編，前掲書，63-178頁参照。

(8) *The East Africa Standard*, Aug. 14, 2004；『朝日新聞』2004年10月19日。

⑼　B・K・オレ・カンタイ「解説」S・S・オレ・サンカン『我ら，マサイ族』(佐藤俊訳) どうぶつ社，1989年，173-204頁所収．
⑽　宮本・松田編，前掲書，394-444頁参照．
⑾　Fragile States Index2018 - Annual Report（http://global.fundforpeace.org/fsi/2018/04/24/fragile-states-index-2018-annual-report/　2018年11月11日アクセス）．
⑿　遠藤貢「ソマリアにおける『紛争』と国家形成をめぐる問題系」『アフリカ・中東における紛争と国家形成』アジア経済研究所，2010年，108頁．
⒀　2013年8月15日，国境なき医師団（MSF）は，91年以来ソマリアで継続的に展開してきたすべての活動を終了し撤退すると発表した．武装集団および地元指導者層が，人道支援従事者の殺害，襲撃，拉致を支持，許容，容認する姿勢を強め，MSF職員が激しい攻撃の対象となっていることが理由である（国境なき医師団日本プレスリリース「ソマリア：人道援助の侵害と悪用により，22年におよぶ医療援助活動に終止符」2013年8月15日より）．
⒁　2009年3月，国際刑事裁判所（ICC）は，バシール大統領に対する逮捕状を発布している．バシール大統領は，アラブの春にみられる強権政治の失墜状況をみて，2015年に予定されている次期大統領選挙に出馬しないことを表明したが，2015年4月の総選挙で再選された．
⒂　この事件を，国内の司法機関で裁くか，国際刑事裁判所に提訴するかの議論があったが，2011年からICCにおいて関係者の事情聴取が行われ，2014年10月8日，ウフル・ケニヤッタ大統領は，現役首脳としてはじめてICCに出廷．その後，証拠不十分として，検察側は起訴を取り下げた．「ケニアは大統領裁判で非協力的　ICCが人権問題の加盟国付託を決定」『産経ニュース』2016年9月20日．
⒃　津田みわ「2017年ケニア大統領選挙をめぐる混乱（1）」『IDEスクエア』アジア経済研究所，2018年2月．
⒄　武内進一「アフリカの『三選問題』――ブルンジ，ルワンダ，コンゴ共和国の事例から」『アフリカレポート』アジア経済研究所，2016年．
⒅　「南アフリカ　与党ANC，新議長選出へ　党勢回復託す」『毎日新聞』2017年12月16日．
⒆　「南アフリカ　ラマポーザ大統領就任　ズマ氏辞任」『毎日新聞』2018年2月15日．
⒇　「ジンバブエのムガベ大統領が辞任　37年の政権に幕」『BBC News Japan』2017年11月22日（http://www.bbc.com/japanese/42076573　2018年3月5日アクセス）．
(21)　「ケニア長距離鉄道開通　中国の影響力拡大か」『NHK国際報道』2017年7月4日（https://www.nhk.or.jp/kokusaihoudou/archive/2017/07/0704.html　2018年3月5日アクセス）．
(22)　ジョモ・ケニヤッタ『ケニア山のふもと――アフリカの社会生活』(野間寛二郎訳) 理論社，1962年，280頁．

参考基本文献

「NHKスペシャル」取材班『アフリカ――資本主義最後のフロンティア』新潮社，2011年．
　　テレビ番組作成のための取材活動の中で出会ったことをドキュメンタリータッチで描いたものであり，生の声が伝わってくる．

『エリア・スタディーズ』明石書店，最新版2016年。「○○○を知るための△△章」というタイトルで，アフリカ関係で17冊出版されている。いずれも，各国の文化社会的背景がわかりやすく記述されている。

遠藤貢・関谷雄一編『社会人のための現代アフリカ講義』東京大学出版会，2017年。援助対象地域からビジネス・パートナー地域へと変貌したアフリカの現在を，最新の研究動向を踏まえて，さまざまな視点から分析している。

太田至総編『アフリカ潜在力1　紛争をおさめる文化』京都大学学術出版会，2016年。アフリカにおける紛争と共生という課題を地域研究の立場から探究するプロジェクトの研究成果。アフリカの人々が培ってきた「潜在力」に，根源的な共生の思想を見出そうとしている。

川田順造編『アフリカ史』（新版世界各国史10）山川出版社，2009年。一般的な通史ではなく，地域の歴史，世界史の中のアフリカ，国民国家と政治社会の未来の3つの区分を立て，フィールドワークに基づく研究を背景として記述されている。

川田順造編『アフリカ入門』新書館，1995年。アフリカの自然，人間，家族，性，神話などに関し，フィールドワークに基づく研究成果をもとに書かれている。アフリカに生きる人たちとその文化を，私たちの尺度で判断するのではなく，彼らなりの自然と歴史と価値観の中に位置づけて理解することの必要性が述べられている。

日本アフリカ学会編『アフリカ学事典』昭和堂，2014年。1964年の日本アフリカ学会創設から50年にわたるアフリカ研究をレビューした読む事典。人文科学から社会科学，自然科学，そして文理融合の複合領域まで，アフリカに関わるあらゆるジャンルを網羅している。

松田素二編『アフリカ社会を学ぶ人のために』世界思想社，2014年。多様な民族・言語・生態環境をもつアフリカが体系的にわかる入門書。アフリカの経験してきた過去・困難・絶望の中から，アフリカの潜在力を描きだし，人類社会の希望と可能性を展望する。

宮本正興・松田素二編『改訂新版　新書アフリカ史』講談社，2018年。日本社会に輸入され蓄積されてきた「暗黒の大陸」像を解体して，それに代わる新しいアフリカ像を提示すべく編まれたアフリカ社会のダイナミックな通史である。

（坂本邦彦）

第Ⅲ部

現代日本外交のアイデンティティー

第14章

日米安保と「沖縄問題」
——日本の安全保障の矛盾——

Introduction

日米安保条約は日本の安全保障政策の基軸であり続けているが、沖縄には在日米軍の専用施設と兵力の約7割が存在している。基地の集中によって、沖縄では、事件・事故などさまざまな問題が起こっており、これらは「沖縄（基地）問題」と呼ばれる。「沖縄問題」は、日米安保や日本の安全保障政策の構造的な矛盾であり、日本全体でこの問題を考え、解決に取り組む必要がある。

第1節 「沖縄問題」とは何か

　第二次世界大戦後の日本は、安全保障政策の基軸を、1951年に調印され1960年に改定された日米安全保障条約に置いてきた。日米安保の基本的構図は、日本がアメリカに基地を提供する一方でアメリカは日本に軍隊を配備して日本を防衛するという関係から成り立っていることから、「物と人との協力」と呼ばれる。[1]

　日米安保における「物と人との協力」において、日本が提供する「物」＝基地のほとんどが集中しているのが、沖縄である。沖縄は、日本全体の面積の0.6％しかないが、2018年の資料によれば、在日米軍の専用施設面積の約7割にあたる1万8822ha、兵力の約7割にあたる約2万6000人が沖縄に存在している。[2] 米軍の基地と兵力が集中している結果、沖縄には米軍による犯罪、事故、騒音、環境破壊といったトラブルが絶えない。これらは「沖縄基地問題」と総称される。世論調査によれば、8割以上の沖縄の人々が長年にわたって沖縄の米軍基地の全面撤去や日本本土並みの縮小を求めてきた。[3]

　一方、『防衛白書』によれば、沖縄は、朝鮮半島や台湾海峡といった潜在的紛争地域に近く、日本の海上交通路（シーレーン）に隣接し、さらに大陸と太平洋のアクセス上重要な位置にあるとして、「わが国の戦略的要衝として重要性を有する」とされている。それゆえ日本政府の観点では、米軍の沖縄駐留は、日米同

図 14-1 在日米軍専用施設のうち日本本土と沖縄が占める割合の変化

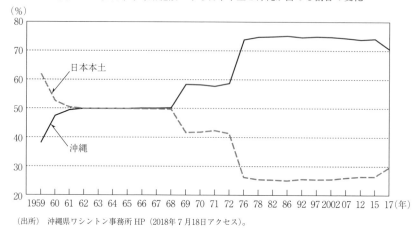

(出所) 沖縄県ワシントン事務所HP (2018年7月18日アクセス)。

盟の実効性を高め,「わが国の安全のみならず,アジア太平洋地域の平和と安定に大きく寄与している」と考えられている。

沖縄の米軍基地をめぐっては,近年,宜野湾市の米海兵隊の普天間基地を名護市辺野古に移設する計画が日本政治の争点となっている。日本政府は,街の真ん中にある普天間基地をより人口の少ない北部の名護市辺野古に移設することが地元の基地負担軽減と米軍の機能維持を両立させる「唯一の解決策」だと主張する。しかし,すでに大きな基地負担を抱える沖縄県内での基地移設に対し多くの地元の人々が反対し,基地の撤去や県外移設を求めている。普天間基地の辺野古移設をめぐって日本政府と沖縄県が対立する中,日本本土と沖縄の溝も指摘される。

沖縄の複雑な歴史もまた,現在の問題を考える上で無視できない。沖縄には,近代以前,琉球王国という独立国家が存在したが,1879年,明治政府が琉球を日本国家に強制的に組み込み,沖縄県を設置した(琉球処分)。アジア太平洋戦争末期には,沖縄は,一般住民を巻き込む悲惨な戦闘の場となった。その後,1972年に日本に復帰するまで,沖縄は米軍統治下に置かれた。このような背景から,沖縄では,日本本土の人々とは異なるアイデンティティーがあるともいわれ,2017年の沖縄県民への世論調査によれば,沖縄に米軍基地が集中することについて,約70%が「差別的だ」と答えている。

なぜ沖縄に米軍基地が集中し,この状態が維持されたままなのか。図14-1に見るように,沖縄への米軍基地の集中は,日米安保の歴史の中で徐々に進んでき

たものだった。本章は，沖縄への米軍基地の集中とその固定化についての歴史的過程を検討することを通して「沖縄問題」を考えることを目的とする。なお，ここでは「沖縄問題」について，沖縄への米軍基地の集中という「沖縄基地問題」に限定して検討する。

第2節　沖縄米軍基地の起源と日米安保の形成

（1）アメリカの沖縄占領と米軍基地の建設

沖縄で米軍基地建設が開始されたのは，アジア太平洋戦争末期の沖縄戦の最中のことである。1945年3月，米軍は，日本本土侵攻のための軍事基地を建設することを目的として沖縄への攻撃を開始した。一方，日本軍は，日本本土を防衛するため，できるだけ米軍を消耗させることを目的として沖縄で戦った。その結果，県民の4人に1人が亡くなるという一般住民を巻き込む悲惨な戦闘が展開された。米軍は日本軍と戦いながら沖縄で集落を破壊して普天間基地など軍事基地を次々に建設したが，日本降伏後は，これらの基地は必要がなくなったはずだった。

ところがアメリカ政府は，第二次世界大戦後もその戦略の中で海外の基地を維持しようとした。特に沖縄は，戦後の米軍基地システムの中で重要な地点にありアメリカの安全保障にとって不可欠な「最重要基地」として位置付けられた。そしてアメリカ軍部は，沖縄を日本から切り離して信託統治のもとに置き，排他的に支配しようとした。軍部の観点では，そもそも沖縄住民は民族的・文化的に日本人ではないとされたのである。

特に連合国軍最高司令官のマッカーサーは，沖縄を戦略的に支配することを重視していた。敗戦後の日本は，連合国軍最高司令官総司令部（GHQ）の占領政策によって非軍事化・民主化が進められたが，1946年1月，沖縄はGHQの指令によって日本本土から政治的行政的に分離され，米軍が直接統治した。マッカーサーの考えでは，日本国憲法9条に象徴される日本の非軍事化は，アメリカによる沖縄支配と密接に結びついていた[7]。

これに対しアメリカ国務省は，第二次世界大戦中に連合国によって発表された大西洋憲章に記された「領土不拡大」原則に基づき，沖縄を支配すべきではないと主張した。そして，沖縄は歴史的に日本の一部であり，日本に返還されるべきだとされた。こうして沖縄のあり方をめぐって国務省と軍部は激しく対立した。

沖縄をめぐるアメリカ政府内の対立は，1947年頃から米ソ冷戦が本格化する中でいったん決着した。アメリカの冷戦戦略の設計者でもあったケナン国務省政策企画室長が，沖縄の軍事的重要性を確認し，アメリカによる沖縄の長期保有と基地開発を提言したのである。またケナンは，日本占領政策についても冷戦戦略の観点から見直しを行い，日本の経済復興に重点を置くよう提言した。こうして日本と沖縄はアメリカの冷戦戦略の中で位置付けなおされ，沖縄では本格的な基地開発が開始されていく。(8)

(2) 占領期の日本の沖縄への見方

　占領直後から日本政府内では，沖縄は日本の領土として維持されるべきだと考えられていた。同時に，沖縄は「極東ニ於ケル戦略的基地」また「米國兵ノ血ヲ以テ購ヒタル島嶼」であるため，アメリカが「相當長期ニ亙リ空軍基地ヲ設定セントスル」と予想された。(9)

　冷戦が始まると，日本政府は，憲法9条のもとで戦力をもたない中で，米軍によって日本の安全保障を確保することを構想していく。1947年9月には芦田均外相が，日本の安全保障について，アイケルバーガー第八軍司令官に渡すための文書をまとめている。そこでは，平時に「日本に近い外側の地域の軍事的要地には米国の兵力が十分ある」ことを前提に，有事には米軍が「日本国内に軍隊を進駐すると共にその軍事基地を使用出来る」という方式が提案された。(10)なお，日本の「外側の地域」とは沖縄・小笠原・硫黄島を意味していた。(11)つまり，日本の「外側」である沖縄などに米軍が常駐する一方，有事には米軍が日本本土に駐留することで，日本の安全保障を守るという方式が提示されたのである。

　同じ時期，昭和天皇もアメリカ側に自分の安全保障構想を伝えている。昭和天皇によれば，「アメリカが沖縄，その他の琉球諸島に対する軍事占領を継続することを希望している」が，その方式は，「主権を日本に置いたままでの長期─25年ないし50年またはそれ以上の─租借方式という擬制において行われるべき」だというのだった。昭和天皇は，日本の安全保障のため米軍の沖縄占領を受け入れる一方で，日本の沖縄への主権は維持されるべきだと考えていた。(12)このように冷戦の開始とともに，日本政府内では，沖縄の米軍基地は日本の安全保障上重要だという認識が形成されていく。

（３）　サンフランシスコ平和条約と沖縄

　朝鮮半島の分断や中国の共産化など，冷戦が東アジアにも波及する中，アメリカ政府内では日本占領の長期化が日本国民に与える悪影響が懸念され，対日講和への動きが本格化した。1950年6月に朝鮮戦争が勃発すると，ただちに米軍を中心とする国連軍が朝鮮半島に介入し，日本や沖縄の基地は重要な役割を果たした。こうしてアメリカ政府は講和にあたり，米軍が日本で必要な期間，必要な場所，必要な規模の兵力を駐留することができることを目指した。一方日本では吉田茂首相が，早期講和を目指すとともに講和後の日本の安全保障を日本本土への米軍駐留によって確保するという考えを固めた。(13)

　1951年1月，対日講和問題全権代表のダレスが訪日すると，吉田首相は，講和や安全保障についての日本側の考えを提示した。ここで沖縄については，信託統治に置くことに反対する一方で，「日本は，アメリカの軍事上の要求についていかようにでも応じ，バミューダ方式による租借をも辞さない用意がある」という要請がなされる。吉田は，沖縄を「バミューダ方式」の下で99年間の「租借地」として提供していいから日本の主権を維持するようダレスに要請したが，アメリカが沖縄を戦略的に利用することについては全面的に受け入れていた。(14) ダレスは，吉田の要求を拒絶したが，日米関係への考慮から，アメリカの沖縄への戦略的要請と日本の沖縄への主権維持の要請を調整すべく動いていく。ダレスは，ソ連やその他国連加盟国の非難などのため，沖縄を日本の主権から切り離すよりも，日本に「潜在主権」を認めつつアメリカが統治することがアメリカの戦略利益に合致すると軍部を説得したのである。(15)

　1951年9月，サンフランシスコ平和条約が調印され，日本は国際社会に復帰することになったが，同条約第3条ではアメリカが沖縄や小笠原を国連信託統治に提案するまでこれら諸島の行政・立法・司法のすべての権力を行使できるとされた。講和会議では，ダレスが日本は沖縄・小笠原に「潜在主権」をもつと解説する。日本政府はこれを歓迎し，「潜在主権」を手がかりに沖縄統治に関与し，日本本土と沖縄の行政・経済・文化的な一体性を維持し，漸進的に沖縄の返還を実現することを目指した。(16) もっとも沖縄では，日本復帰要求が高まっていたため，講和の内容に不満が残った。

　なお，平和条約調印と同日，日米安全保障条約が調印され，講和後も日本には米軍が駐留することになった。こうして「物と人との協力」としての日米安保が

成立したが、沖縄はアメリカ統治下で日米安保の枠外に置かれることになった。

第3節　沖縄への米軍基地の集中

(1)　アメリカ政府による沖縄の長期保有方針

　アメリカ政府内では、平和条約調印後も、沖縄統治への日本の関与や沖縄返還を推進すべきだという国務省と、日本がアメリカの同盟国であり続けるか不確実であるため沖縄を戦略的に支配し続けることが必要だという軍部が対立を続けていた。しかし、アメリカ政府の再軍備要求に対し、日本政府が安全保障をめぐる国内対立が激しいことを理由に消極的だったため、国務省も失望し方針を変えていく。[17]

　1953年6月、アイゼンハワー大統領は、沖縄を信託統治へと移行せず現状を維持するとともに奄美大島返還を決定する。アイゼンハワー政権は、軍事的に大きな重要性がない奄美大島を支配し続けることは長期的な日米関係を大きく損なうと判断する一方で、日本政府が再軍備に消極的な中で戦略的に重要な沖縄を日本に返還することはできないと考えたのである。[18]

　奄美返還とともに、ダレス国務長官は、沖縄について「極東に脅威と緊張がある限り」アメリカは沖縄の現状を維持するという内容の声明を発表する。このような沖縄についてのアメリカ政府の政策方針は「ブルースカイ・ポジション」と呼ばれる。こうしてアメリカ政府は、極東情勢の緊張と、日本が再軍備に消極的であることを理由として、沖縄を長期的に支配していく方針を固める。日本政府も、極東情勢の緊張や再軍備をもち出され、沖縄返還を要求することは困難になっていく。[19]このような中で、沖縄の基地が強化されていくのである。

(2)　土地闘争と海兵隊の沖縄移転

　1953年7月に朝鮮休戦協定が調印されると、アイゼンハワー政権は冷戦戦略の見直しを進め、軍事費を削減するため陸上兵力を縮小するとともに核兵器を増強した。日本本土では米軍駐留に占領期以来不満が高まっていたため、アメリカ政府は、日本国内の反発を和らげるとともに日本の防衛力増強を促すため、在日米陸上兵力の撤退を進めた。また米軍は、日本本土に核兵器を配備しようとしたが、日本国内では反核感情が強く、実現できなかった。

こうした中，米軍基地が強化されたのが，沖縄であった。沖縄を統治する米国民政府は，1953年4月，所有者の同意なしに土地を新規接収できるという布令104号「土地収用令」を公布し，「銃剣とブルドーザー」と呼ばれる武装した米兵による土地の強制接収を進めた。これに対し，沖縄住民から非難の声が上がった。1954年7月には，アメリカ政府は，朝鮮戦争再発に備えて日本本土に配備されていた海兵隊の第三海兵師団を沖縄に移転することを決定する。第三海兵師団は，日本本土からの撤退が決まっていたが，5月に勃発した第一次台湾海峡危機に対応して，沖縄に配備されることになった。海兵隊は，沖縄に移転するにあたり沖縄にあった米軍基地面積を倍増させる規模の土地を新規接収しようとした。[20]

　1956年6月，アメリカ議会調査団による「プライス勧告」が発表され，米軍による沖縄の地代の一括払いや新規接収を容認する方針が示されると，沖縄住民の怒りは爆発し，一括払いや新規接収の中止を訴える「島ぐるみ闘争」が開始される。結局，アメリカ政府は地代の一括払いを取り下げるとともに地代を値上げし，「島ぐるみ闘争」は収束していく。しかし，「島ぐるみ闘争」はアメリカの沖縄統治を大きく揺るがせ，日本国内で沖縄の問題が注目されるきっかけになった。

　なお1954年12月ごろ，第一次台湾海峡危機のただなかで沖縄に核兵器が配備されている。沖縄は極東で最大の米軍の核兵器貯蔵庫となり，最大時には約1200発の核兵器が存在した。このように海兵隊の移転や核兵器配備によって沖縄の米軍基地は拡大した。もともと，講和時には，日本本土には沖縄の約9倍の米軍基地が存在したが，1950年代にかけて日本本土の米軍基地が大幅に削減される一方で沖縄の米軍基地が倍増した。こうして，日本本土と沖縄の米軍基地の面積は同程度になり，沖縄への米軍基地集中が進んだのである。

（3）　安保改定と沖縄

　1951年に調印された日米安保条約は，米軍の日本駐留を日本側が認めているにもかかわらずアメリカの日本防衛義務が明記されていないことなどから，日本にとって不平等だとして批判の対象となっていた。1957年2月に首相に就任した岸信介は，日本を「占領体制」から脱却させて「独立体制」を完成させるべく「対等」な日米関係を目指し，日米安保条約の改定を目指した。一方アメリカ政府も，日本がアメリカから離れて中立主義へ向かうことへの警戒から対日政策の見直しを進め，現行憲法のもとで日本が海外派遣する必要のない形での新たな相互援助

条約締結を提起する。こうして1958年9月から日米安保条約改定に向けた交渉が開始された。[21]

日米安保改定交渉において，最も重要な論点の1つが条約区域の問題であり，沖縄防衛を日本の条約義務とするかどうかが議論になった。当初アメリカ側は，日米の相互援助という建前や日本による防衛責任の増大のため，沖縄を条約区域に入れるべきだと考えていた。日本政府内でも，沖縄に対する「潜在主権」を確認するとともに，沖縄防衛に日本が協力することでアメリカの対日防衛義務を確実にするべく，沖縄を条約区域に入れるべきだとされた。

しかし，結局沖縄は新条約の適用地域に含まれないことになる。その理由の1つは，日本国内での激しい反対であった。保守陣営からは，条約区域に沖縄が含まれることで米軍が沖縄に核兵器をもち込むことが困難になり日本の安全保障に支障をきたすという声が上がった。また革新陣営からは，沖縄は，米韓，米比などの他の相互防衛条約の適用範囲にあるので，沖縄を条約区域にすることで日本が戦争に巻き込まれる危険性が増大するという反対論が出た。アメリカ側も，沖縄が条約区域に入ることが沖縄返還と結びつけて考えられることを警戒し，条約区域に入れるべきではないと結論付けた。[22]

新たな日米安保条約は，1960年に締結され，日本国内で激しい反対と混乱を伴いながら批准される。新安保条約では，アメリカの日本防衛義務が記されるとともに，米軍が日本の基地を日本以外の極東地域への戦闘作戦行動のために使用したり核兵器をもち込んだりする際に事前協議制度が適用された。しかし，アメリカ統治下の沖縄はその対象とならず，米軍にとって沖縄基地の軍事的価値が高まった。[23]沖縄では，日本国内で安保改定が争点となる一方で沖縄返還問題が後回しにされているという不満から，1960年4月に沖縄県祖国復帰協議会が結成され，復帰運動が広がっていく。

第4節　沖縄返還と基地の固定化

（1）　沖縄返還をめぐる日米交渉

1965年2月以降，米軍がベトナム戦争への介入を本格化すると，沖縄の基地は，米軍の出撃や補給，訓練の拠点となった。しかしこのことは，日本本土や沖縄で反発を引き起こし，沖縄返還要求がさらに高まることになった。こうした中，日

米両政府は，1970年に日米安保条約の期限がくる中で，日米関係を安定的に維持するべく，沖縄返還問題解決に取り組んでいく。佐藤栄作首相も1965年8月，戦後首相としてはじめて沖縄を訪問し，「沖縄が復帰しない限り日本の戦後は終わらない」と述べたのである。

1967年11月，訪米した佐藤栄作首相は，ジョンソン大統領との間で「両三年内」に沖縄返還の時期について決定することを合意する。佐藤は，東南アジアへの経済援助の増大など日本による対米負担分担を拡大しつつ沖縄返還問題の進展を迫り，これを受けてアメリカ側も沖縄についての立場である「ブルースカイ・ポジション」を取り下げた。[24]

さらにアメリカ政府は，ベトナム戦争による軍事的経済的負担の増大や国内外のベトナム反戦運動の盛り上がりから，1968年には冷戦戦略の見直しを開始する。11月には沖縄で，日本への即時無条件復帰を唱える屋良朝苗が初の琉球政府行政主席公選で勝利し，日米両政府に早期の沖縄返還合意が必要だと認識させた。

こうして1969年，日米両政府は，沖縄返還交渉に取り組む。佐藤首相は，日本の国内世論の要求を受けて，沖縄からの核兵器の撤去と日米安保条約，特に事前協議制度の沖縄への適用という「核抜き・本土並み」返還方針を掲げた。アメリカのニクソン政権は，韓国・台湾・ベトナムでの戦闘作戦行動のための沖縄基地の自由使用や核兵器の沖縄への緊急時のもち込みを日本側に認めさせようとした。

厳しい交渉を経て，11月，佐藤はニクソンとの間で1972年の沖縄返還を合意し，沖縄から核兵器が撤去され，沖縄には日米安保条約と事前協議制度が適用されることになった。その一方で佐藤は，日米共同声明やナショナル・プレス・クラブでの演説で韓国や台湾の有事の際には米軍の在日基地使用を支持することを表明した（「韓国条項」「台湾条項」）。また佐藤とニクソンは，緊急時の米軍による沖縄への核兵器もち込みを日本側が認めるという「密約」に調印する。これは，佐藤の「密使」若泉敬京都産業大学教授がキッシンジャー大統領補佐官と秘密裏に作成したものだった。この他にも沖縄返還に伴って日本政府が費用を負担する財政「密約」や，繊維「密約」を日米両政府は結んでいた。[25]

1972年5月15日，沖縄の施政権が日本に返還されたが，巨大な米軍基地が沖縄には維持され，沖縄住民には大きな不満が残ったのである。

（2） 沖縄返還後の米軍基地縮小をめぐる日米協議

　1960年代後半から1970年代初頭，アメリカ政府は，ベトナム戦争による疲弊を背景に冷戦戦略の見直しを進め，軍事プレゼンスの再編に取り組んでいた。日本本土では，東京近郊の空軍基地を集約する「関東計画」が合意されるなど，米軍基地の縮小が進んだ。沖縄でも，1968年に国防総省によって海兵隊の戦闘部隊の撤退や補給部隊の縮小，普天間基地の閉鎖などが提案されたが，軍部の反対のため実現しなかった。[26]

　沖縄返還直後，地元住民の不満を背景に，沖縄米軍基地の整理縮小に日米両政府は取り組む。アメリカ政府では，沖縄の米軍基地の大幅な削減が検討され，海兵隊を沖縄から撤退させることも提起された。しかし，日本の外務省や防衛庁は，日本本土の米軍基地が大幅に削減される中で，アメリカの対日防衛関与に不安を感じていた。日米協議で日本側は，沖縄の海兵隊の維持を要請する。アメリカ駐日大使館によれば，日本の外務・防衛官僚たちは，沖縄の海兵隊を「日本に対する直接的な脅威に即応する米国の意思と能力の最も目に見える証拠」だと認識していた。このような日本側の姿勢に対し，アメリカ側は，海兵隊を「交渉上の梃子」として利用し，米軍駐留への日本の協力を引き出すことができると考えた。こうしてアメリカ政府は，海兵隊をはじめ沖縄の米軍を維持していくのである。[27]

　1974年1月，沖縄米軍基地の整理縮小計画が合意された。しかし，その規模は限定的なものにとどまり，牧港住宅施設や那覇軍港など返還予定の基地のほとんどが沖縄県内の移設が条件であった。この時期，日本本土の米軍基地が大幅に縮小される一方で，沖縄の米軍基地がほんど維持されたことで，むしろ沖縄への在日米軍基地の集中化が進み，沖縄には在日米軍専用施設の約4分の3が存在することになった。また，この時期以降，海兵隊は沖縄で使用基地や兵力を拡大し，さらに存在感を高めた。これに対し，日本政府は，在沖海兵隊を，在日米軍の「唯一の地上戦闘部隊」として重視していくのである。

（3） 日米安全保障関係の進展と沖縄米軍基地の固定化

　世論調査によれば，1973年を境にして，日本国内では，日米安保に肯定的な意見の人々が多数を占めるようになった。その背景の1つとして，日本本土で米軍基地が大幅に縮小され，米軍基地をめぐる問題が目立たなくなったことが挙げられる。沖縄では巨大な米軍基地が残されたが，米軍基地問題はもはや日本全体の

問題ではなくなっていく。日米安保への支持が日本国内で高まる中で、1970年代後半以降、日米安全保障協力が進展した。[28]

まず、1978年に「日米防衛協力のための指針（ガイドライン）」が策定され、日本有事における自衛隊と米軍の協力が進んだ。これをきっかけに陸上自衛隊は、在沖海兵隊と共同演習を行うなど交流を促進し、日本有事における米軍来援を確実にしようとした。

また1978年から日本政府は、在日米軍駐留経費の負担分担を開始する。1978年に就任したカーター大統領が在韓米軍の撤退を公約に掲げたことに対し、日本政府は、在韓米軍撤退とともにさらに在沖海兵隊撤退について安全保障上の不安を抱いた。このような不安を利用する形で、アメリカ政府は、日本政府から在日米軍駐留経費の負担分担を引き出していく。当時、円高ドル安が進行する中で、アメリカは在日米軍駐留経費の負担に苦しみ、日本側に協力を求めていた。1978年、金丸信防衛庁長官の主導で、日本政府は労務費や施設費など在日米軍駐留経費の負担を分担していく。いわゆる「思いやり予算」である。[29]

こうして日米安全保障関係が進展する中、沖縄米軍基地の維持も図られていった。言い換えれば、沖縄への米軍基地の負担の上に、日米間の安全保障協力も発展したのである。

第5節　冷戦後の日米安保と普天間・辺野古問題をめぐる迷走

（1）　冷戦終結と普天間返還合意

1989年に米ソ両首脳によって冷戦終結が宣言され、世界中では「平和の配当」への期待が高まった。こうした中で沖縄では、1990年11月の県知事選挙で革新陣営が擁立した大田昌秀が当選し、米軍基地縮小を訴えた。

しかし、冷戦終結後も東アジア情勢は緊張をはらんでいた。北朝鮮の核兵器開発疑惑をきっかけとする第一次朝鮮半島危機では、米軍は半島有事に備え、沖縄を含む在日米軍基地を活用することを計画していた。危機収束後の1995年には、ナイ国防次官補が主導して作成された「東アジア戦略報告（ナイ・レポート）」で、アジア太平洋地域の安定のため、米軍十万人体制を維持することが発表される。この報告に対し、米軍基地は縮小されないのではないかと沖縄では衝撃が広がった。[31]

このような中，沖縄で起きたのが，1995年9月の3人の米兵による12歳の少女への暴行事件だった。沖縄での怒りはすさまじく，10月には8万5000人が集まる県民大会が開催され，日米地位協定の見直しや沖縄米軍基地縮小などが訴えられた。さらに大田知事は，段階的な米軍基地の撤去を目指す「基地返還プログラム」と基地撤去後の沖縄の将来像である「国際都市形成構想」を作成して日本政府につきつけた。こうして沖縄から日米安保への異議申し立てがなされたのである。[32]

沖縄の不満を鎮めるため，日米両政府は，「沖縄に関する特別行動委員会（SACO）」を設置し，沖縄米軍基地の整理縮小に取り組んだ。さらに1996年4月，橋本龍太郎首相とモンデール駐日大使は，沖縄からの要望が強かった普天間基地の全面返還という電撃的な発表を行った。この時期，日米両政府は，冷戦後も日米安保はアジア太平洋地域の安定にとって不可欠だと確認する「日米安保再定義」に向けての作業を進めており，沖縄の米軍基地を安定的に維持することは不可欠だった。「日米安保再定義」は，同年4月の「日米安保共同宣言」に結実し，翌97年には「日米防衛協力のための指針（ガイドライン）」が改定され，日本周辺の極東有事における自衛隊と米軍の協力が進展した。[33]

しかし，普天間基地の返還は，基地の県内移設が条件だった。代替施設として海上ヘリポートを名護市辺野古に建設する計画が浮上すると，名護市では1996年12月に住民投票が行われ，反対票が多数となった。しかし，その直後に比嘉鉄也名護市長は移設計画を受け入れて辞任，その後の名護市長選挙では移設容認派が推す岸本建男が勝利する。1998年11月の沖縄県知事選挙でも，保守勢力が推し，名護市辺野古への15年使用期限付き・軍民共用の代替施設建設を公約に掲げる稲嶺恵一が移設に反対する現職の大田昌秀を破った。日本政府は稲嶺知事と協力して辺野古移設を実現しようとしたが，この後も反対派による抗議などで工事は進まなかった。

（2） 米軍再編と辺野古移設問題

2001年9月11日に起こった同時多発テロ事件を受け，アメリカのG・W・ブッシュ政権は，アフガニスタンやイラクへの「テロとの戦争」に突き進んだ。同時にブッシュ政権は，テロなど冷戦後の「新しい脅威」に対応するべく，世界中の米軍をより機動的で効率的なものに見直す米軍再編を進めた。日本政府との間で

も在日米軍再編をめぐって協議が行われた。

　沖縄では、2004年8月に普天間基地からイラク戦争の訓練のため飛び立った米軍ヘリコプターが、隣接する沖縄国際大学に墜落するという事故が起こる。沖縄で反発が高まる中、在日米軍再編協議では、普天間基地移設問題が焦点の1つとなった。日米両政府は、米軍の抑止力維持と沖縄の基地負担軽減を二本柱にして米軍再編を進めようとしたが、普天間基地を沖縄県内に移設することは前提とされた。小泉純一郎首相も当初、沖縄米軍基地の本土移設を進める方針を示したが、やがてどの自治体も反対するので本土移設は難しいとトーンダウンする。

　2005年10月、日米両政府は、在日米軍再編計画に合意し、ここでは普天間基地の名護市辺野古のキャンプ・シュワブ沿岸への移設、嘉手納基地以南の沖縄の米軍基地の返還や沖縄に駐留する米海兵隊8000人のグアム移転をパッケージとして進めることとなった。さらに日米両政府は、2006年5月、普天間基地の代替施設として、名護市辺野古のキャンプ・シュワブ沖を埋め立てて1800メートルのＶ字型の滑走路を建設することで合意する。

　この間、日本政府は、沖縄県の頭越しに名護市と交渉を進め、従来の移設計画を破棄した。沖縄県の稲嶺知事は、普天間基地移設について沖縄が受け入れられるぎりぎりの案として15年使用期限・軍民共用の代替施設受け入れを唱えていたが、それが日本政府によって破棄されたことに強く反発した。その稲嶺も2006年末で引退し、次の沖縄県知事には、日本政府や自民党が支援する仲井眞弘多が就任した。

（3）「オール沖縄」の形成と安倍政権

　2009年8月の総選挙では民主党が勝利し、鳩山由紀夫政権が発足した。鳩山は、日米関係をより対等なものに見直すとともに「東アジア共同体」の構築を目指し、その一環として辺野古移設計画を見直し普天間基地を「最低でも県外」に移設することを掲げた。

　ところが鳩山の言動に対して、アメリカ政府からだけでなく日本政府内や日本国内から日米関係への悪影響を懸念する声があがった。結局鳩山は、辺野古に代わる移設先を見つけられないまま普天間基地の県外移設を撤回して辺野古案に回帰し、国内政治の混乱の責任をとって辞任する。この後、民主党政権は辺野古移設方針を掲げるとともに、2012年には、開発段階で事故を繰り返した新型輸送機

オスプレイを，地元の反対の中で強行配備した。

　この間の民主党政権の動きは，沖縄県内の期待と失望を引き起こし，普天間基地の辺野古移設は容認できないという気運を高めた。2010年1月には名護市で辺野古移設に反対する稲嶺進が市長に当選し，保守系の仲井眞県知事も，2010年11月の県知事選挙で普天間基地の県外移設を公約に掲げて再選する。

　ところが，この時期以降，日本政府や日本国内では，尖閣諸島をめぐる中国との対立に関心が向けられた。この頃，中国は日本を追い抜いて世界第2位の経済大国になるとともに海洋進出を活発化させはじめた。こうした中，2010年9月に尖閣諸島沖で中国漁船が海上保安庁の船に衝突するという事件が起き，2012年9月には日本政府が尖閣諸島を国有化すると日中対立は激化する。その結果，中国に対抗し尖閣を防衛するため沖縄の米軍基地は重要だという論調が日本国内で高まった。また自衛隊の沖縄への増強・配備といった南西諸島の防衛態勢の強化が日本政府内で本格的に目指されることになった。アメリカのオバマ政権もアジアに重点を置く「リバランス」政策を掲げ中国に対応していく。2012年には，日米両政府は2006年に合意された米軍再編計画を見直し，普天間基地の辺野古移設の長期化を見越して沖縄米軍基地の整理統合のパッケージ化を取り消すとともに，沖縄の海兵隊9000人をグアムやハワイ，オーストラリアへと分散配備することにした。また自衛隊と米海兵隊との離島防衛に向けた協力も進められた。

　2012年12月に民主党から政権を奪取した自民党の安倍晋三首相は，台頭する中国に対抗するために日米安保を強化することを目指し，集団的自衛権の行使の一部容認や安全保障法制の整備を進め，2015年にはアメリカ政府との間で「日米防衛協力のための指針（ガイドライン）」の再改定に合意した。こうした中，2013年の国家安全保障戦略では「沖縄県については，安全保障上極めて重要な位置にあり，米軍の駐留が日米同盟の抑止力に大きく寄与している」と明記された。このような観点から，安倍政権は，普天間基地の辺野古移設を「唯一の解決策」として強行しようとし，2013年12月，仲井眞知事は，普天間基地の県外移設を公約に掲げて再選したにもかかわらず，沖縄への振興予算の増額と引き換えに辺野古移設のための埋め立てを承認する。

　安倍政権の強硬姿勢と仲井眞の「裏切り」は，沖縄で強い反発を引き起こした。こうして沖縄では，日米安保や米軍基地を容認する保守と反対する革新という従来の対立構図を越えて普天間基地の辺野古移設に反対するという「オール沖縄」

と呼ばれる勢力が形成されていった。その中心が，もともと自民党の政治家で当時那覇市長だった翁長雄志だった。2014年11月の沖縄県知事選挙で，翁長は，辺野古移設阻止を公約に掲げ，仲井眞に10万票の差で圧勝した。翁長は，日米安保は支持するが，日本の安全保障のための基地負担は日本全体で公平に分担してほしいと訴えた。

しかし翁長勝利で辺野古移設反対への沖縄県民の民意が示されたにもかかわらず，安倍政権は移設工事を進めた。辺野古埋め立てをめぐる日本政府と沖縄県の裁判でも沖縄県の訴えは退けられた。こうした中で沖縄では，日本政府に反対しても辺野古移設工事は進められるという「あきらめムード」が漂っていく。2018年2月の名護市長選挙では，政府・自民党の移設を事実上容認する渡具知武豊が移設反対派の現職の稲嶺進に勝利し，「オール沖縄」は徐々に切り崩された。8月，翁長知事は前知事による辺野古移設のための埋め立て承認の撤回手続きを表明した直後に病死する。その後，9月に行われた沖縄県知事選挙では，翁長の遺志を継承することを掲げる玉城デニーが当選した。移設工事が進む中，改めて沖縄県民は，辺野古移設反対の民意を表明したのである。こうして普天間移設問題，そして「沖縄問題」は重大な局面を迎えている。

第6節　「沖縄問題」の展望

沖縄に米軍基地が集中するという日米安保の構造は，沖縄戦から現在に至るまでの日米間の相互作用の中で形成され，維持されてきた。そこでは，アメリカ政府だけでなく，日本政府や多くの日本国民も沖縄の米軍基地を求めるという構図が存在した。このような沖縄への基地負担の上に日米安保は成立し，発展してきたのである。「沖縄問題」とは日米安保や日本の安全保障政策の構造的な矛盾であると言えよう。

しかし，沖縄への基地負担に依存する日米安保のあり方は，地元での反発を引き起こし，政治的に脆弱といわざるをえない。また軍事的にも，沖縄への米軍基地の集中は，中国などのミサイル能力が強化される中で，かえって脆弱だという意見が専門家の間からも出ている。沖縄への米軍基地の集中は，政治的にも軍事的にも日米安保の不安定要素になっているのである。さらに近年では，中国をにらんで，沖縄への自衛隊配備も進んでいるが，地元ではさらなる基地負担増大へ

の反発も予想される。日本政府が沖縄をますます安全保障上重視する中で，沖縄では基地負担への不満が高まっていることは大きなジレンマだと言えよう。

　最大の論点となっている普天間基地の辺野古への移設は着々と進められているが，依然として沖縄では移設への反対意見は根強い。こうした中で移設を強行することは，日本本土と沖縄の関係，ひいては日本の安全保障政策に大きな禍根を残すことになりかねない。かりに辺野古移設が実現したとしても，沖縄への米軍基地の集中という構造的問題は残ったままである。

　普天間基地問題を含め，「沖縄問題」を考える上で重要なのは，沖縄の米軍の兵力の6割，基地の7割を占める海兵隊のあり方である。日本国内ではしばしば，沖縄の海兵隊は，「抑止力」として重要だという議論も聞かれる。しかし，アメリカの識者の間でも，沖縄の海兵隊は，空軍や海軍と比べて機動性があるわけでなく，死活的に重要なものではないという意見もある。最近の沖縄の海兵隊の主要任務は，同盟国との共同演習や人道支援・災害救助で，長崎県佐世保に配備される強襲揚陸艦に乗ってアジア太平洋を巡回している。それゆえ海兵隊は沖縄以外の場所に駐留することは可能だという意見もある。

　近年の沖縄では，米軍基地は経済の阻害要因だという論調も高まっている。沖縄の県民所得に占める米軍基地関係の収入は，復帰時には15％だったが，その後低下し最近では5％ほどにすぎない。むしろ，那覇新都心や北谷町，北中城村など基地が返還された跡地利用によって経済発展が進み雇用が拡大した事例が増えている。

　近年沖縄は，アジアの経済成長とともに，その地の利を生かして，中国や韓国からの観光客が増え，経済的に活況を呈している。アジアにおいては領土問題や軍拡競争など政治・安全保障面では対立がみられるが，経済面では相互依存が深化している。沖縄はたしかにアジアの中で重要な位置にあるが，基地といった「アジアの砦」としての役割ばかりが注目されるものの，経済や文化，さらには信頼醸成の拠点としての「アジアの窓口」「アジアと日本の架け橋」としての役割も期待できる。「沖縄問題」は，日本全体の問題として，さらには変容するアジアの問題として考えられ，またその解決が取り組まれる必要があると言えよう。

沖縄基地問題年表

1945・3	沖縄戦始まる。
6	第32軍司令官らが自決し，沖縄戦の組織的戦闘終結。
1946・1	SCAPIN677で北緯30度以南が日本から分離。
1951・9	サンフランシスコ平和条約・日米安保条約が調印。
1956・6	プライス勧告が発表，「島ぐるみ闘争」へ。
1960・1	新日米安保条約が調印。
4	沖縄県祖国復帰協議会が結成。
1969・11	佐藤栄作首相・ニクソン大統領の会談で沖縄返還合意。
1972・5	沖縄返還が実現。
1978・11	「日米防衛協力のための指針（ガイドライン）」が決定。
1995・9	沖縄で少女暴行事件が起こる。
1996・4	橋本龍太郎首相とモンデール駐日大使が普天間基地返還発表。「日米安保共同宣言」発表。
12	SACO最終報告で沖縄本島東海岸に普天間代替施設建設明記。名護市で海上ヘリポート建設をめぐる住民投票，反対派が勝利するも比嘉鉄夫市長は移設受け入れ表明。
1997・9	「日米防衛協力のための指針（ガイドライン）」の改定。
2004・8	沖縄国際大学に米軍ヘリコプターが墜落。
2005・10	米軍再編についての日米合意。
2006・5	普天間基地の代替施設として名護市辺野古沿岸にV字型滑走路を建設することで日米合意。
2009・8	衆議院総選挙で民主党が勝利，鳩山由紀夫政権発足。
2010・9	尖閣諸島中国漁船衝突事件。
2012・9	日本政府が尖閣諸島を国有化。
2013・12	仲井眞沖縄県知事が辺野古埋め立てを承認。
2014・11	翁長雄志が沖縄県知事に当選。
2015・11	「日米防衛協力のための指針（ガイドライン）」の再改定。
2016・12	最高裁判所，翁長雄志沖縄県知事の辺野古埋め立て承認取り消しをめぐる裁判で沖縄県の敗訴を確定。
2018・2	名護市長選挙で政府・自民党が推す渡具知武豊が勝利。
8	翁長知事が死去。

（出所）筆者作成。

注

(1) 西村熊雄『サンフランシスコ講和条約・日米安保条約』中央公論新社，1999年，47-48頁。
(2) 沖縄県知事公室基地対策課『沖縄の米軍及び自衛隊基地（統計資料集）』2018年，1-3頁。
(3) 河野啓「本土復帰40年間の沖縄県民意識」『NHK放送文化研究所年報2013年』2013年。
(4) 防衛省・自衛隊『防衛白書 平成29年版』2017年，308頁。
(5) 2017年の世論調査によれば，沖縄県内で約6割の人々が普天間基地の辺野古移設に反対している。河野啓「沖縄米軍基地をめぐる意識 沖縄と全国 2017年『復帰45年の沖縄』」『放送研究と調査』2017年8月。
(6) 河野啓「沖縄米軍基地をめぐる意識 沖縄と全国 2017年『復帰45年の沖縄』」『放送研究

と調査』2017年8月。
(7) 古関彰一『「平和国家」日本の再検討』岩波現代文庫，2013年，22頁。
(8) 宮里政玄『日米関係と沖縄』岩波書店，2000年；ロバート・D・エルドリッヂ『沖縄問題の起源──戦後日米関係における沖縄 1945-1952』名古屋大学出版会，2003年。
(9) 外務省編『日本外交文書　準備対策』外務省，2006年，47頁。
(10) 同上書，284-296頁。
(11) 西村，前掲書，206-207頁。
(12) 進藤栄一『分割された領土』岩波書店，2002年；エルドリッヂ，前掲書。
(13) サンフランシスコ平和条約や日米安保条約の締結については，楠綾子『吉田茂と安全保障政策の形成』ミネルヴァ書房，2009年など。
(14) 外務省編『日本外交文書　対米交渉』外務省，2009年，177-188頁。
(15) 宮里，前掲書，60頁。
(16) 野添文彬「サンフランシスコ講和における沖縄問題と日本外交」『沖縄法学』第46号，2018年。
(17) 河野康子『沖縄返還をめぐる政治と外交』東京大学出版会，1993年，87頁。
(18) ロバート・D・エルドリッヂ『奄美返還と日米関係──戦後アメリカの奄美・沖縄占領とアジア戦略』南方新社，2003年，248-249頁。
(19) 河野，前掲書，第3章；宮里『日米関係と沖縄』。
(20) 海兵隊の沖縄移駐については，山本章子『米国と日米安保条約改定』吉田書店，2017年；平良好利『戦後沖縄と米軍基地』法政大学出版局，2013年；鳥山淳『沖縄/基地社会の起源と相克』勁草書房，2013年を参照。
(21) 安保改定については，山本，前掲書；坂元一哉『日米同盟の絆』有斐閣，2000年；原彬久『日米関係の構図』NHKブックス，1991年など。
(22) 河野康子「日米安保条約改定交渉と沖縄」坂本一登・五百旗頭薫編『日本政治の新地平』吉田書店，2013年。
(23) 河野，前掲書，185頁。
(24) 中島琢磨『沖縄返還と日米安保体制』有斐閣，2012年。
(25) 沖縄返還交渉については，野添文彬『沖縄返還後の日米安保』吉川弘文館，2016年；中島，前掲書；我部政明『沖縄返還とは何だったのか』NHKブックス，2000年。
(26) 川名晋史「1960年代の海兵隊『撤退』計画にみる普天間の輪郭」屋良朝博・川名晋史・齊藤孝祐・野添文彬・山本章子『沖縄と海兵隊──駐留の歴史的展開』旬報社，2016年。
(27) 野添，前掲書，第3章。
(28) 吉田真吾『日米同盟の制度化──発展と深化の歴史過程』名古屋大学出版会。
(29) 野添，前掲書，第5章。
(30) ウィリアム・J・ペリー『核なき世界を求めて』（春原剛訳）日本経済新聞社，2011年，111頁。
(31) 大田昌秀『沖縄の決断』朝日新聞社，2000年，159-160頁。

(32) 佐道明広『沖縄現代政治史』吉田書店，2014年。
(33) 普天間基地返還合意の背景については，宮城大蔵・渡辺豪『普天間・辺野古　歪められた20年』集英社，2016年。
(34) 「国家安全保障戦略について」（国家安全保障会議閣議決定）2013年12月17日。
(35) ナイ・ハーバード大学教授・元国防次官補のインタビュー。『朝日新聞』2014年12月8日朝刊。
(36) マイケル・アマコスト元駐日大使のインタビュー。『朝日新聞』2015年6月23日朝刊。
(37) 新外交イニシアティブ編『辺野古問題をどう解決するか』岩波書店，2017年。
(38) 沖縄県知事公室基地対策課，前掲書，39-40頁。

参考基本文献

新崎盛暉『沖縄現代史　新版』岩波書店，2006年。戦後沖縄の歴史を，日米両政府に対する沖縄の民衆運動を中心に描いた通史。

河野康子『沖縄返還をめぐる政治と外交』東京大学出版会，1993年。沖縄返還がどのように実現したのかを，日米提携関係の構築という観点から検討した名著。

古関彰一・豊下楢彦『沖縄　憲法なき戦後──講和条約三条と日本の安全保障』みすず書房，2018年。サンフランシスコ平和条約第3条によってアメリカ統治下に置かれ，「軍事植民地」となった沖縄から戦後日本のあり方を問い，東アジアの地域構想についても提言した研究書。

我部政明『戦後日米関係と安全保障』吉川弘文館，2006年。日米安保の歴史とともに沖縄をめぐるさまざまな日米間の「密約」を明らかにした研究書。

櫻澤誠『沖縄現代史』中央公論新社，2016年。戦後沖縄の歴史を，革新勢力や民衆運動だけでなく保守勢力も組み込み，政治だけでなく経済や文化にも目配りして描いた通史。

平良好利『戦後沖縄と米軍基地』法政大学出版局，2012年。戦後沖縄の米軍基地の歴史を，日米両政府の政策とともに沖縄の政治指導者たちの動きに注目して論じた研究書。

中島琢磨『沖縄返還と日米安保体制』有斐閣，2012年。近年公開された日米両政府の史料を駆使して沖縄返還交渉の過程を生き生きと描いた研究書。

野添文彬『沖縄返還後の日米安保』吉川弘文館，2016年。これまで研究上の空白だった沖縄返還実現から1990年代までの沖縄米軍基地の歴史を描き，なぜ沖縄に米軍基地が維持されたのかを検討した研究書。

宮城大蔵・渡辺豪『普天間・辺野古歪められた20年』集英社，2017年。20年以上にわたる普天間基地の辺野古移設をめぐる迷走の過程をコンパクトに描いたドキュメント。

（野添文彬）

第15章

日本外交のアイデンティティーと心理
―東西と大小の交錯―

> **Introduction**
>
> 　日本の外交は東洋か西洋かという日本のアイデンティティーを縦軸とし，大国か小国かという国民の心理を横軸とする，東西と大小の座標軸でその特徴を4つの時代に分類できる。第一は明治維新から第一次世界大戦終戦までの西と大の時代，第二は第二次世界大戦終戦までの東と大の時代，第三は冷戦時代の西と小の時代，そして第四は冷戦後の東西と大小の混乱の時代である。

第1節　東西のアイデンティティーと大小の国民心理

（1）　開国の意味

　現在のような主権国家からなる現代西欧国際体系，いわゆるウェストファリア・システムが成立したのは，その名が示すように1648年のウェストファリア条約締結のときである。それ以来，欧米列強は強大な軍事力によって世界にその勢力圏を拡大していった。それは「西洋の衝撃」となって中東，アフリカ，アジアなど非西洋世界に伝播した。その過程で非西洋世界は次々に征服，分割そして植民地化され，西欧国際体系に併合された。

　西欧国際体系に併合されるということは，西欧国際体系の仕組みにそって国を西洋型の近代主権国民国家につくりかえ，西欧国際体系の国家間のルールを学び，そして力の原則に則って行動するということである。西欧国際体系は，「国家主権の概念と国際法の原則と勢力均衡の政治」の3つを土台としている[1]。

　そこで明治政府はまず「国家主権の概念」に則って千島，樺太等北方領土，尖閣諸島，沖縄，小笠原諸島等南方領土を画定した。また治外法権の撤廃と関税自主権の完全承認の条約改正によって主権国家としての形式を整え，「富国強兵」によって近代国家として国力を充実させていった。また「国際法の原則」は西周が「万国公法」として日本に紹介した。しかし，国際関係の規範として受け入

られたのは「万国公法」の原則より，むしろ「万国対峙」あるいは「万国並立」として認識された勢力均衡の原則であった。

（2） 東西のアイデンティティー

　西欧国際体系に参入するということは，単にこうした西欧国際体系の３つの土台を受容するということだけではない。より本質的な問題は，西欧国際体系の思想的基盤となっているキリスト教的世界観，機械論的自然観，政教分離の政治観などの西洋近代思想からなる西洋文明を受け入れなければならない，ということにある。ここに非西洋世界が今日に至ってもなお悩まされることになるアイデンティティー・クライシスの淵源がある。

　西欧国際体系に参入するには，西洋文明に一体化（同化）しなければならない。他方，それはアイデンティティーである自らの文明を喪失し，アイデンティティー・クライシスに陥ることになる。そこで，西洋文明を拒否し（異化），自らの文明を確立しようとする。しかし，自らの文明を確立するには，近代化した西欧文明を拒否し，それと対抗できる力が必要である。それには西洋化すなわち近代化する以外に方法はない。他方，それは西洋文明を受け入れることにほかならない。この同化・異化の矛盾の無限連鎖の中で，非西洋世界は常に自らのアイデンティティーを問い直してきた。

　例えばイスラム世界では「西洋の衝撃」を受けて以来，1979年２月のイラン革命や最近のイスラム世界に顕著なイスラム原理運動のように，イスラム復興の波が幾度となく押し寄せてきた。その背景には，西洋文明と常に対峙するイスラム文明のアイデンティティー・クライシスがある。

　こうしたアイデンティティー・クライシスは，程度の差こそあれ，非西洋文明圏に属する日本においても存在する。幕末に本格的に「西洋の衝撃」を受けてから今日に至るまで，同化・異化の歴史は，次の４つの時期に大別できる。

　第一は，ひたすら西洋文明への同化に努める一方，東洋文明への回帰の兆しもみえはじめた開国から第一次世界大戦終戦までである。第二は，欧米列強への反発から西洋文明を異化し東洋文明への回帰，厳密には日本文明の絶対化を図った第一次世界大戦後から第二次世界大戦終戦までである。第三は，一転して日本文明を異化し西洋文明とりわけアメリカ文明への同化に走った冷戦時代である。そして，最後にアイデンティティーを喪失した冷戦後の現在である。

この西洋文明と東洋文明との間のアイデンティティーの揺れは，明治以後の日本外交の特質となる2つの方向性として表れる。1つは，西洋文明にアイデンティティーを求め，欧米先進国と協調する国益の概念に則った現実主義的な協調外交である「脱亜」の外交，いま1つは，東洋文明にアイデンティティーを求め，欧米先進国と対立するイデオロギー的色彩の濃い理想主義的独自外交である「即亜」の外交である。

この日本外交の特質は，大国の外交にはつきものの，外交上のもう1つの特徴とあいまって，今日まで日本独特の外交を形成してきた。そのもう1つの特徴とは，国民の心理における大国か小国かという揺れである。それは外交政策としては大国主義か小国主義かの選択である。

(3) 大小の国民心理

大国か小国かという国民の心理は外交政策に反映される。主権国家の誕生以降に限定しても，それは，国家の外交の大きな論点の1つとして自国の勢力範囲や影響力に関する選択となって現れる。つまり国家の勢力範囲や影響力は大きいほうがよいとする大国主義をとるべきなのか，それとも限定的な小国主義をとるほうがよいのかということである。

イギリスでは19世紀後半，「大イギリス主義」か「小イギリス主義」かをめぐって，ベンジャミン・ディズレーリとウィリアム・グラッドストーンの大論争が展開された。またドイツでは，1870年の普仏戦争以前に，オーストリアを盟主とする「大ドイツ主義」かプロイセンを主体とする「小ドイツ主義」かの論争があった。またアメリカ外交の特徴といわれるウッドロー・ウィルソンの「国際主義」とジェームズ・モンローの「孤立主義」の対立も，その現実主義的側面は勢力圏の大小をめぐる論争にほかならない。

他方日本においては欧米ほど明確な形で大国主義と小国主義の政治論争はなかった[3]。たしかに日露戦争前後には，幸徳秋水のような社会主義者や内村鑑三のようなキリスト教者から小日本主義の思想が生まれてはいる。しかし，当時の国民一般の大国心理を満足させ，欧米の列強に肩を並べアジアの盟主をめざす大日本主義を論難するには至らなかった。

その一方で，大国主義と小国主義に類する論争は陸軍と海軍の間にあった。それは，大陸に進出し大陸国家として日本の国力の発展を期する陸軍の大陸策と，

島国の特殊性に依拠した沿岸警備と海軍力の拡充によって日本の安全を図る海軍の海洋策との論争である。とはいえ、海軍も大日本主義そのものを否定していたわけではない。その意味で、明治から「大東亜戦争」終戦まで日本では官民問わず常に、欧米列強を目標としアジアの盟主たらんとする大国の心理が醸成され、また実際にアジア諸国に対して大国主義的政策をとっていたのである。

しかし、大日本主義の行き着く先が太平洋戦争の惨禍であったことから、官民の心理は一転して小国に変わる。これは、心理どころか1970年代はじめまでは現実そのものであった。敗戦により壊滅的な被害を受けた日本は60年代以降の経済発展によって、70年代には少なくとも経済分野ではアメリカに次ぐ経済大国になった。にもかかわらず安全保障分野では、島国という地理的要因、そして何よりも「大東亜戦争」のトラウマという心理的要因から小国が依然として国民の大多数の心理であった。

このように日本では、欧米諸国のように大国主義か小国主義かといった明確な政治論争はなかったものの、「大東亜戦争」前の欧米列強に伍しアジアの盟主をめざす大国そして島国の地理的特殊性や鎖国の歴史、敗戦・占領の体験等に依拠した小国という国民の心理が外交に少なからぬ影響を与えてきた。

第2節　西と大の時代

(1)　前期：脱亜入欧と大国日本へ

この時代は1894年の日清戦争を境に前期と後期にわけることができる。前期は、西洋にアイデンティティーを求める「脱亜入欧」のスローガンのもとで、政治、軍事、教育、技術、芸術などありとあらゆることを欧米先進国に学び、欧米列強に劣らぬ近代化した大国になることを目指した時代であった。

この時代の日本人に西洋のアイデンティティーを植えつけた最大のイデオローグは福澤諭吉であろう。彼は85年の『脱亜論』で、「我は心においてアジア東方の悪友を謝絶するものなり」と、文明論的立場から清国、朝鮮との決別すなわち「脱亜」を宣言し、もっぱら西洋文明と進歩をともにするために、西洋にアイデンティティーを求める「入欧」を勧めた。

また欧米列強との条約改正にあたっていた井上馨も条約改正を有利に進めるために、「我が帝国及び人民を化して、あたかも欧州邦国の如く、あたかも欧州人

民の如くならしむる」と，徹底した欧化政策を唱えた。そして，陸奥宗光は，欧化することで日本が欧米列強の「一種特別ナル待遇」をもって「文明強国の伴侶」になることを外交政策に掲げ，実行した(4)。陸奥の「脱亜入欧」外交への自信は，彼が外交を指導した日清戦争によって世界が「日本を東洋の優等国と認識するに至りたる」と『蹇蹇録』に記したことでも明らかであろう。

こうした「富国強兵」や不平等条約改正のための欧化政策は，「洋魂洋才」の物質的欧化主義として次第に批判を浴びるようになる。実際，西欧からさまざまな「洋才」すなわちハードウェアを取り入れようとすれば，その「洋才」をつくりだした「洋魂」すなわちソフトウェアをも取り入れざるをえない。それゆえ幕末の頃の「採長補短主義」「和魂洋才」「東洋道徳，西洋芸術」という和洋折衷主義の近代化などは本来ありえない。実際，「和魂」や「東洋道徳」は語呂合わせ的な意味しかもっていなかった(5)。それだけに欧化政策が徹底され西洋への同化が求められるようになると，次第にそれへの異化作用として東洋にアイデンティティーを求める動きが強まる。それは条約改正にあたっていた井上馨や大隈重信の外交を国辱外交と批判する国粋保存運動となって表出した。

他方，国民の大国の心理や外交政策の大日本主義は，朝鮮や中国との関係において形成された。その源流は明治初期の，徴兵令や失業に対する旧士族の不満をそらすための征韓論や台湾出兵，そして朝鮮に不平等条約を押しつけた1876年の江華島条約などに求めることができるだろう。特に江華島条約の場合，欧米列強が日本に対して行ったと同様の開国要求を朝鮮に対して行ったことでもわかるように，朝鮮との関係では，その心理はまさに欧米列強なみの大国意識であった。

この大日本の心理は，「国家独立自衛の道」は国土である「主権線」と本土の安全に関連のある地域「利益線」を守ることにある，との山県有朋の考えに引き継がれていく。山県の膨張主義的思考は，「日清戦争前後から日露戦争にいたるまでの日本の外交の思想的背景を形成していた。日本の防衛は，近接地域に対する優位の確立，あるいは第三者による支配の阻止，というように定義され，さらに進んで自己の勢力範囲を確立し，列強の1つとして国際舞台における権力政治に加わることが，とりもなおさずナショナル・インタレストを守っていく道であるとされたのである」(傍点引用者)(6)。このように大日本主義は，その心理においても思想においても中国や朝鮮を小国とみなすことで形成されていったのである。

（2） 後期：東洋への回帰と欧米列強との軋轢

　後期には西洋文明にアイデンティティーを求める一方で，日清，日露戦争の勝利の自信やそれを否定するような欧米列強からの三国干渉や黄禍論などが日本に西欧文明に対する異化作用を引き起こし，東洋にアイデンティティーを求める兆しが次第に表面化するようになった。また日清戦争を契機に，日本は欧米帝国主義列強にならい後発帝国主義国としてアジアの盟主になるべく膨張主義政策をとるようになった。

　東洋への回帰現象の原因の第一は，非西洋文明が西洋文明を受け入れたときに必ず経験する，非西洋文明の西洋文明に対する異化作用にある。明治前期にみられた，鹿鳴館外交のような極端な欧化政策に対する反動としての国粋保存運動は「和魂」にアイデンティティーを求める土着的な思想であった。しかし，三国干渉にみられる欧米列強の冷徹な力の論理を経験した後期になると，東洋文明にアイデンティティーを求める動きが現れてくる。

　東洋への回帰現象の原因の第二は，逆に西洋文明の非西洋文明に対する異化作用にある。西洋文明と非西洋文明が出合うとき，ほとんどの場合欧米列強はその圧倒的な力で非西洋文明を同化してしまう。しかし，ときに非西洋文明の反発力が強く，同化しきれない場合がある。そのとき，西洋文明は異化作用を起こす。その異化作用が日本に対して起こり，それが日本の東洋回帰を促すことになった。その異化作用とは，「西洋的な精神文明を持たないアジア人が，近代的な技術を導入して表面的には西洋化し，アジアにおける西洋の優位を打破しようとしている，というイメージにもとづく宿命論」[7]としての黄禍論である。白色人種は黄色人種に優るという人種差別思想である黄禍論は日露戦争後に欧米で吹き荒れ，アメリカでは西海岸を中心に日本移民排斥運動が起こった。

　こうして西洋，東洋それぞれの文明の異化作用によって，日本はアイデンティティーを求めて次第に東洋へと回帰していった。しかし，回帰する先が「和魂」の日本ではなく東洋であったのは，そこに日清戦争以来揺るぎないものとなった東洋における大国としての心理が働いていたからであろう。

　とはいえ，この時代の日本の大国としての実体はあくまでも東洋における地域大国であり，欧米列強と肩を並べるには軍事力も経済力も，そして政治力も弱体であった。実際，日清戦争後の三国干渉によって日本は欧米列強の強大な力の前に「臥薪嘗胆」を余儀なくされた。また日露戦争でも，軍事力，経済力の限界か

ら，国民の憤激を買う講和の内容で妥協せざるをえなかった。西洋の強国ロシアを圧倒したことは国民の間に大国の心理を植えつけたが，現実の国際政治においては依然として小国にとどまり，欧米列強に仲間入りするまでには至らなかったのである。この大国の心理と小国の現実の乖離が，その後の日本外交に大きな影を落とすことになる。

第3節　東と大の時代

（1）近衛論文

　欧米列強から「謝絶」された日本は，東洋文明，厳密には日本文明に絶対的なアイデンティティーを求め，やがて大国の心理と小国の現実の乖離を埋めるべく，アジアの大国から世界の大国を夢想しはじめる。この東と大の時代の幕開けを告げたのが，ベルサイユ講和会議前の1918年12月に近衛文麿が著した「英米本位の平和主義を排す」である。この論文で近衛は，第一に英米の利己主義に基づく平和，第二に経済帝国主義，第三に人種差別政策を強く批判した。

　これらの批判には，当時の日本と欧米列強と3つの対立が明確に表されている。

　第一に，現状に不満を抱く現状打破勢力日本による，現状維持を利益とする現状維持勢力欧米列強への異議申し立てである。

　第二に，中国大陸の経済権益をめぐる後発帝国主義日本による，先発帝国主義の欧米列強への異議申し立てである。

　第三に，東洋文明に属する日本による，西洋文明に属する欧米列強への異議申し立てである。

　これらの異議申し立てをした近衛論文は，西洋文明にアイデンティティーを求め，欧米先進国と協調する国益の概念に則った現実主義的な協調外交である「脱亜」の外交から，東洋文明にアイデンティティーを求めて欧米先進国からは距離を置きイデオロギー的色彩の濃い理想主義的独自外交である「即亜」の外交へ転換する宣言文と言える。

　とはいえ，日本外交が近衛論文をもって，「脱亜」から，ただちに「即亜」へ転換したわけではない。それどころか第一次世界大戦後，西欧国際体系に参入してはじめてとも言えるほど欧米列強との本格的な協調外交に踏み出したのである。実際，それまでの「脱亜」の協調外交の実体は，欧米列強への追随外交でしかな

かった。しかし，近衛が英米本位と批判したベルサイユ講和会議に日本は名実ともにイギリス，アメリカ，フランス，イタリアの大国の仲間入りを果たし，西欧国際体系のルールをつくる側に回ったのである。また1920年代のいわゆるワシントン体制においても，日本は欧米列強とともに主力艦の保有比率を決めた軍縮条約，極東問題に関する９カ国条約，太平洋問題に関する４カ国条約を締結し，ワシントン体制の主要大国の１つとなり，西欧国際体系の勢力均衡を図ったのである。

（２）「脱亜」外交の終焉

このワシントン体制下の日本外交を指導したのが外相幣原喜重郎である。幣原外交の基本は，３つの柱からなる。[8]

第一は，英米と協調する国際協調主義，第二は軍事よりも経済を重視する経済外交中心主義，第三は中国とは一定の距離を置く対中内政不干渉政策である。

これらの方針は，いずれも前述の近衛の立場，すなわち英米との協調に対する不信，英米の帝国主義的経済政策への不満，そして東洋への回帰とは真っ向から対立するものである。

1924年に始まる幣原外交は，途中２年２カ月の間，田中義一に席を譲った後，1931年に終わりを告げる。1927年の昭和金融恐慌，29年の世界大恐慌による国内外の経済の停滞，中国の民族運動の激化，欧米列強の協調精神の喪失などが幣原外交終焉の原因として指摘できるが，なによりも重要なのは，幣原外交が結局日本の大国の心理を満足させられなかったことにある。

たしかに日本は第一次世界大戦以後，国際連盟においてもワシントン体制においても，欧米列強と肩を並べるほどの大国になることができた。しかし，ワシントン条約で対英米６割の主力艦の比率を認めたことは，英米への追随という心理を払拭できないばかりか，現実において海軍力の不足をきたすとの海軍の不満を鎮めることはできなかった。また対中内政不干渉政策も陸軍の満蒙生命線論を満足させることができなかった。

結局日本の大国の心理を満足させたのは満州事変である。陸軍は，日露戦争によって「一〇万の英霊，二〇億の国帑」の代償として得た「聖地」満州を死守し，結局31年９月の柳条湖事件を契機に翌年には満州国を建国した。柳条湖事件で国民は日露戦争以来満たされなかった大国としての心理をようやく満たすことがで

きたのである。しかし，満州事変の結果，日本は33年3月に満州事変を自衛戦争と認めない国際連盟から脱退した。

こうして「帝国の国際的関係は満州事変を契機として一大変転せり」との認識が生まれ，西洋文明に自らのアイデンティティーを求め，欧米先進国と協調する国益の概念に則った現実主義的な協調外交である「脱亜」の外交は，ここに終焉を迎えた。

（3）「即亜」外交の破綻

国際社会から孤立した日本に残された外交は，東洋文明に自らのアイデンティティーを求め，欧米先進国からは距離を置くイデオロギー的色彩の濃い理想主義的独自外交である「即亜」の外交でしかなかった。ここに1918年の近衛論文における「即亜」外交への宣言は，38年11月の「東亜新秩序建設」の政府声明，いわゆる第二次近衛声明によってより明確に「即亜」の政策へと具体化された。

この東亜新秩序声明にみられる日本の東洋回帰は，東洋文明の西洋文明に対する異化作用の極である。西洋文明に同化できない以上，逆に徹底して西洋文明を異化し，東洋文明とりわけ日本文明を絶対化しようとする。例えばそれは，近衛のブレーンであった蠟山政道，尾崎秀実らの東亜共同体論，東洋文明の独自な価値に着目した西田幾多郎の「世界的世界形成主義」，そしてとりわけ大川周明，北一輝，石原莞爾ら天皇制にアイデンティティーを求める超国家主義となって表出する。

18年の第一次近衛論文における「即亜」の外交への宣言は，超国家主義の影響を受けて第二次近衛論文の「東亜新秩序」の政策宣言に結実する一方，ドイツの地政学の影響を受けて「大東亜共栄圏」の帝国主義的政策論に結実した。[9]「大東亜共栄圏」は，アジアの盟主を目指す日本の大国の心理を満足させるものではあったが，それは中国，朝鮮をはじめ，東南アジア諸国に犠牲を強いる，日本の独善的な帝国主義の論理でしかなかった。そのために「大東亜共栄圏」は欧米列強はもちろんアジア諸国からも拒絶され，「大東亜戦争」の敗北により日本の帝国主義政策は破綻したのである。

結局，第二次世界大戦の敗北によって，第一次，第二次近衛論文で示された近衛の「即亜」外交は完全に破綻した。こうして近衛の3つの異議申し立ては，欧米諸国からもアジア諸国からもことごとく却下されたのである。

第4節　西と小の時代

(1) アメリカへの同化

　敗戦の結果日本は，1951年9月のサンフランシスコ平和条約で独立を回復するまで，連合軍の占領下に置かれた。わずか6年とはいえ，他の非西洋諸国同様に欧米列強の前に屈したことは，福澤諭吉が『文明論之概略』で「言語宗旨は存すといえども，その人民政治の権を失うて他国人の制御(せいぎょ)を受(う)くるときは，則(すなわ)ちこれを名(なづけ)て国体を断絶したるものという」と述べたように，「国体の断絶」にほかならない。日本の場合「国体の断絶」は，単に「その国人の政権を失」っただけではない。より重要なのは，日本が東洋文明のアイデンティティーを失ったことにある。というのも日本が西欧国際体系に再編入するために，占領期間中アメリカによって徹底した「脱亜入欧」，厳密には「脱亜入米」政策がとられたからである。このときの「欧化政策」ならぬ「米化政策」すなわち平和，自由，民主主義を理想とするアメリカへの同化によって，日本は日本文明やアジア文明といった東洋文明のアイデンティティーを喪失した。

　その後日本は喪失したアイデンティティーを求めてアメリカへの異化作用を起こし，他方アメリカでは，経済的に台頭する日本への警戒感から「修正主義」という異化反応が起きた。明治期と同じことが繰り返されたのである。その意味で，45年は第二の開国の年であったのかもしれない。

　アメリカによる「米化政策」は外交においては，占領終了後に吉田茂の親米外交に引き継がれる。吉田の親米外交は，西洋文明にアイデンティティーを求め欧米先進国と協調する明治以来の「脱亜入欧」外交を踏襲したもので，伝統的な外交への回帰であった。

(2) 新たなアイデンティティーとしての憲法第9条

　明治期の「欧化政策」が強い反発を受けたように，「米化政策」である吉田の親米外交にもアメリカに対する異化作用としてさまざまな反発があった。例えばそれは，1951年の日本の独立を決める講和問題の中で，吉田の単独講和に反対する「平和問題談話会」の全面講和の主張として表面化した。単独講和か全面講和かの対立は，親米外交か中立外交かの外交政策をめぐる対立であると同時に，新

たなアイデンティティーをめぐる対立でもあった。新たなアイデンティティーとは，中立外交の思想的核心をなす憲法第9条である。

「平和問題談話会」は憲法第9条の意義を次のように述べている。核兵器の出現によって「戦争は本来手段でありながら，もはや手段としての意味を失った」，それゆえに「新憲法における戦争放棄と非武装の原理」や「交戦権を単に国策遂行の手段としてだけでなく，およそあらゆる目的の手段として否定したこの憲法の精神」は，すなわち「戦争を最大の悪とし，平和を最大の価値とする理想主義的立場は，戦争が原子力戦争の段階に達したことによって，同時に高度の現実主義的な意味を帯びるに至ったといえよう」(傍点原著者)。このような憲法第9条にアイデンティティーを求める「平和問題談話会」の中立外交の提案は，東洋文明ならぬ憲法第9条にアイデンティティーを求め，アメリカからは距離を置くイデオロギー的色彩の濃い理想主義的独自外交である。その意味で，このいわば「即憲」外交ともいうべき中立外交の主張は，アメリカにアイデンティティーを求める「脱亜入米」外交ともいうべき吉田の親米外交とアイデンティティーの対立を引き起こし，両者はまったく相入れなかったのである。

その後「憲法第9条」は「即憲」外交の集大成ともいうべき社会党の非武装中立論において，いわゆる革新勢力により明確に日本のアイデンティティーとして位置付けられるようになった。非武装中立論は憲法第9条を「和魂」のアイデンティティーに代えて日本の新たなアイデンティティーとして位置付け，憲法第9条によってアメリカ文明あるいは西洋文明を異化しようとしたのである。

ところで憲法第9条を含む現行憲法そのものは，その思想的淵源を28年のパリ不戦条約，そしてその条約の思想的根幹をなすカントの諸国家連合による永遠平和，マルクスの共産主義的平和を理想に掲げる近代西洋思想や，西洋文明の根幹であるキリスト教の非暴力の教えに求めることができる。その意味で憲法第9条によるアメリカ文明の異化は，実際には，徹底した西洋文明への同化によるアメリカ文明の相対化にほかならない。そのため「即憲」外交の主張は，冷戦時代にはソ連の社会主義にアイデンティティーを求める「脱米入ソ」外交，そして冷戦後はカントの世界市民主義にアイデンティティーを求める「脱米入欧」外交の主張となったのである。

（3） 「和魂和才」の発見と日米摩擦

　こうした現行憲法を「米化政策」の象徴と捉え，西洋文明を異化するために「和魂」にアイデンティティーを求めて，西洋近代主義の極致である憲法第9条の廃止や改正を主張する人々もいる。しかし，「和魂」にアイデンティティーを求めようとしても，そこには明治時代と同様の問題が立ち塞がっている。それは「和魂」とは一体何かという問題である。陸羯南は明治期にそれを天皇に求めた。しかし，福澤の言う「国体の断絶」の問題を解決しないまま，さらに新憲法によって象徴となった天皇に無条件で再びアイデンティティーを求めることは容易ではない。そこで新たなアイデンティティーとして見出されたのが「洋才」に代わる「和才」，つまり世界をリードする日本の先端技術や経済発展を支えた日本の経済・社会システムである。

　実際，日本はアメリカに比肩するほどの技術力や経済力を備えるに至った。しかし，その「和才」の優秀さゆえに，1980年代末にはアメリカでいわゆる修正主義者による日本文明への異化作用が起こった。[13] 修正主義者は，日本人はものの見方や価値観がアメリカ人と本質的に異なるとの日本異質論の立場をとった。そして特異な日本は結局西洋文明に同化できず，したがってエドウィン・ライシャワーやエズラ・ボーゲルらいわゆる親日派の「菊クラブ」の同化を前提にしたこれまでの日米関係を見直すべきであると主張した。

（4） 小国の心理と大国の現実の乖離

　このように日本では左右両翼から反対され，またアメリカからも批判の声があがったにもかかわらず，吉田が敷いた親米路線は冷戦後の今日まで一貫して堅持されてきた。その遠因には，依然としてアメリカに対する相対的な小国心理すなわち「『アメリカ』なしにはやっていけない日本という『国家』の弱さ」[14] という「アメリカの影」を大多数の国民が引きずっているからであろう。

　アメリカなしにはやっていけないという小国心理は，安全保障分野において特に顕著である。それは，島国という地理的要因，鎖国という歴史的要因そしてなによりも「大東亜戦争」のトラウマという精神的要因から，自らが安全保障に関与することは敬遠したいとする小日本主義が多数の国民の心理だからである。

　実際，ヒロシマ，ナガサキの原爆投下に象徴されるように，太平洋戦争によって大日本主義は完膚なきまでに粉砕された。敗戦直後の日本は，明治以来拡大の

一途をたどった国土も開国当時の領域にまでほぼ縮小し，経済も発展途上国なみに落ち込んだ。そして安全保障問題を敬遠したい日本と軍国主義の復活を阻止したいアメリカとの思惑が一致して，日本は安全保障のほとんどをアメリカに依存した。

一方経済分野では，1970年代の金・ドル交換停止（ドル・ショック）の金融危機，２度の石油危機を乗り越えて，日本は少なくとも経済分野ではアメリカに次ぐ大国になった。こうして明治時代とは逆に，安全保障分野における小国心理が経済分野における大国という現実との乖離を生み，特に80年代以降「安保タダ乗り」論のような日米摩擦の激化にみられるように，日本外交に再び「変調」を引き起こしたのである。

アメリカなしにはやっていけないという小国心理は，たしかに経済分野においても見受けられる。事実，日本は1968年にGDPでアメリカに次ぐ経済大国になった。しかし，はたして日本がどれほど本当の意味での経済大国としての自覚をもっていたかは疑わしい。本当の意味での経済大国というのは，外貨準備高や海外債権の多さを誇る国ではなく，20年代の日本のように他国と協調して国際経済の責任をはたす国をいう。日本がそうした経済大国としての役割を期待されるようになったのは，71年にドル・ショックでアメリカの経済力が相対的に低下した頃からであろう。

経済大国化した日本の役割について，80年に天谷直弘が，日本は武士たるアメリカに配慮しながら町人国家として経済活動に専念すべし，との町人国家論を展開した。しかし，江戸時代に町人の経済力が幕府を揺るがすまでに強大になったように，町人たる日本の経済力が武士たるアメリカを脅かし，経済ばかりか安全保障や文化においても日米間に激しい摩擦が起きた。摩擦の原因には，修正主義者の指摘する日本異質論もあるだろう。しかし，前述したような小国の心理と大国としての現実の乖離のゆえに，日本が国際社会から期待されている大国としての責任を十分に果たせなかったことにある。[15]

こうして，明治期とはまったく逆に小国の心理と大国の現実の乖離が日米間に貿易，防衛そして文化にまで摩擦を引き起こしたのである。

第5節　東西と大小の混乱

　1989年12月，マルタ会談で米ソ両首脳は冷戦の終結を宣言した。世界はまったく新しい時代に入った。一時は，G・ブッシュ（父）米大統領が「新世界秩序」を唱道したこともあったが，その後「新世界無秩序」と呼ばれるほどに国際社会は不透明さを増した。それに歩調を合わせるかのように，日本ではいわゆるバブル経済が破綻し，今なお長期のデフレから脱却できない。また国内政治も政党の再編につぐ再編等で政治の混乱がなかなか収まらない。日本外交も，日米同盟か国際協調か等々，方針が定まらず混乱をきたしている。また中国や韓国と植民地問題，歴史認識問題そして領土問題等で対立が激化している。その原因は，東洋文明か西洋文明かのアイデンティティーの混乱と大国か小国かの心理の揺らぎにある。

（1）　アイデンティティーの混乱

　東西のアイデンティティーの混乱の主な原因は，冷戦の終焉にある。フランシス・フクヤマが『歴史の終わり』（三笠書房，2005年）で指摘したようにリベラリズムの勝利で西洋文明はひとつの頂点を迎え，また現在ではアメリカ・スタンダードのグローバリズムが世界を席捲するようになった。その結果，アメリカ主導のグローバリズムに対する反発が生まれ，また冷戦に勝利したものの疲弊したアメリカ文明もかつての輝きを失いD・トランプ政権のアメリカ・ファーストに回帰しつつある。こうした現状を考えれば，日本国民が「米化政策」によって失われた東洋文明にアイデンティティーを求めようとするのは当然のことかもしれない。
　たとえば冷戦直後に石原慎太郎は，『「NO」と言えるアジア』（石原慎太郎・マハティール，光文社，1994年）で東洋文明に基づく「即亜」外交を主張し，また外務省の元高官である小倉和夫も「アジアの復権」という視点から，「アジアの伝統的精神は，もう一遍見直され，アジアの中から，世界的普遍性のある価値を広く発信することが探究されるべきなのではあるまいか」と主張する。2001年夏の小泉純一郎首相の靖国神社参拝問題や「新しい歴史教科書」問題の底流には，日本国民のなかにあるアジアや日本への回帰をみてとることができる。

東西のアイデンティティーが混乱したもう1つの原因は，91年の湾岸戦争にある。湾岸戦争によって憲法第9条が，日本の新たなアイデンティティーとしての限界を露呈したのである。湾岸戦争で日本は，戦費や輸送など後方支援ではあったが，第二次世界大戦後はじめて国際社会から「参戦」を求められた。しかし，憲法第9条に拘束される日本がとりえた「参戦」は，「出し惜しみの出し遅れ（too little, too late）」と揶揄された総額95億ドルの多国籍軍への拠出金と，戦後の機雷処理だけであった。

　湾岸戦争への「参戦」で明らかになった，憲法第9条を理由とする小国主義と国際社会から責任ある行動を求められる大国主義の乖離は，憲法第9条ははたして日本のアイデンティティーなのか，という問題の再考を日本国民に促した。この問いに，柄谷行人，中上健次など戦後世代の評論家，文学者たちは「湾岸戦争に対する文学者の反対声明」（『朝日新聞』1991年2月21日）の中で，「われわれは現行憲法の理念こそが最も普遍的，かつラディカルであると信じる」と，積極的にアイデンティティーとしての憲法擁護を主張した。

　憲法をより普遍化し世界の理念とする彼らの視点は，1993年5月3日の社説で「憲法の地球化」を主張したことでも明らかなように，朝日新聞社によっても共有されている。しかし，具体的には「日本は非軍事に徹する。国際協力にあたっては，軍事以外の分野で，各国に率先して積極的に取り組む」とする主張だけで，朝日新聞社も含め護憲派が憲法第9条を実践することはほとんどなかった。

　朝日新聞社の主張する理想主義的な独自外交である「即憲」外交とは対照的に，「讀賣憲法改正試案」（『讀賣新聞』1994年11月3日）で，憲法第9条より前文の国際協調の精神を重視し，改憲を主張しているのが讀賣新聞社である。このように湾岸戦争によって，アイデンティティーとしての憲法第9条の位置付けは国民の間でも，朝日新聞社と讀賣新聞社を両極とする護憲，改憲の二方向に分裂した。

　東西のアイデンティティーが混乱した原因がさらにもうひとつある。それは日本のアイデンティティーとしての「和魂和才」の限界である。まず「和魂」としての象徴天皇制の揺らぎである。

　現在，明治期に陸羯南が天皇にアイデンティティーを求めた以上に天皇制を「和魂」として日本のアイデンティティーとすること自体が難しくなっている。それは天皇制が象徴天皇制へと変わってしまったからである。旧憲法下では国体そのものであり新憲法下では象徴となった昭和天皇が冷戦の終焉と時を同じくし

て1989年に崩御した。代わって当初から新憲法の象徴天皇として平成天皇が即位したが，昭和天皇以上に平成天皇あるいは徳仁新天皇に，無条件に日本のアイデンティティーとしての「和魂」を求める国民はあまり多くはないだろう。さらに敬宮愛子内親王の皇位継承問題が女系天皇論争を巻き起こし，これまで天皇制にアイデンティティーを抱いていた保守派の人々でさえも，「和魂」を象徴天皇制に求めることが難しくなっている。

　一方「和才」としての先端技術も，例えばパソコンでは頭脳であるCPU（中央演算装置）やOS（オペレーティング・システム）はアメリカに牛耳られ，テレビや半導体の製造では韓国，台湾に追い抜かれた。またインターネットもアメリカに完全に主導権を押さえられてしまった。世界の音楽文化を変えたソニーのウォークマンもアップルのiPodに取って代わられた。ロボット技術もAI（人工知能）もアメリカや中国の後塵を拝するありさまである。このように「和才」にアイデンティティーを求めようとしても，今や「和才」から70年代や80年代ほどの独自性，先進性が失われ，日本のアイデンティティーとしての役割が揺らいでいる。

（2）　大小の心理の揺らぎ

　東西のアイデンティティーの混乱の一方，大国か小国かの政策の選択をめぐる混乱もある。この大国か小国かの政策選択は，かつてのような勢力圏の大小の問題ではなく，安全保障における大国か小国かの選択である。つまり湾岸戦争や対テロ戦争のような国際安全保障に軍事力も含めて積極的に関与すべきか，それとも非軍事の範囲にとどめるべきかの選択である。この問題は結局，2015年9月の平和安全法制における集団的自衛権の政府解釈の変更，もしくは17年5月の安倍晋三首相の自衛隊明記にみられる憲法の改正という問題に行きつく。

　日本は，2001年の9.11同時多発テロ事件を契機に，アメリカの圧力を受け，なし崩し的に集団的自衛権を行使する振る舞いをみせるようになった。同事件で小泉政権は集団的自衛権を議論することなく翌10月にテロ対策特別措置法を成立させ，海上自衛隊によるインド洋上の給油支援という対米協力を決定した。さらに03年のイラク戦争で小泉純一郎政権はアメリカ政府の強い要請を受けて，イラク特別措置法に基づき，これまで自衛隊の派遣が禁じられてきた「非戦闘地域」とは言い難いイラクのサマワに陸上自衛隊を派遣した。

　特別措置法をつくってまで対米協力を重視した小泉外交は，戦後親米外交を重

視した吉田ドクトリンそのものとも言える。ただし吉田ドクトリンが経済優先という明確な思想をもっていたのに比べ，小泉外交は湾岸戦争の外交的失敗を繰り返さないためだけの対米追随外交との印象を与えた。とはいえ敗戦以来の国民の小国心理や憲法第9条の小国主義と，経済大国としての現実やアメリカからの大国主義外交の要請の狭間にあって，特別措置法による国際協力，対米協力は小泉政権にとってぎりぎりの選択であった。

一方で日本の大国心理を揺るがすような事件が冷戦後相次いだ。それは北朝鮮の核武装と中国の経済的，軍事的台頭である。北朝鮮は2006年以降3回にわたって核実験をし，2012年にはミサイル実験にも成功し，核兵器保有国となった。また中国は21世紀に入って好調な経済力を基盤に10年間で国防費をほぼ倍増させ，現在ではアメリカに次いで第2位の経済大国，軍事大国になった。明治期に日本は朝鮮，中国との軍事的，経済的優位を背景に大国としての心理を醸成してきた。今中国と日本との軍事的，経済的地位は逆転し，日本の大国としての心理が次第に揺らぎはじめている。

かつて陸奥宗光は『蹇蹇録』で世界が「日本を東洋の優等国と認識するに至りたる」と誇らしげに記した。しかし，今や日本に代わって世界は中国を経済的，軍事的「優等国」と認識しつつある。明治以来日本国民が抱き続けてきたアジア諸国とりわけ朝鮮，中国に対する大国の心理は大きく動揺している。

現在，日本は東西のアイデンティティーの迷いと大小の心理の揺れで国家の座標軸がぶれ，日本外交は混迷の度を深めている。「2位ではだめなんですか」という政治家の言葉が象徴するように，このまま日本は中国の後塵を拝しアジアの小国としての心理と現実を受け入れるのか。それとも明治の日本が「脱亜入欧」で「坂の上の雲」をめざしたように，再び経済においても安全保障においても大国となり，アジア諸国に対しても世界に対しても大国としての心理を満足させるのか。今日本は明治の原点に立たされている。

日本外交の年表

1853	ペリー来航。
1854	日米和親条約。
1858	日米修好通商条約。
1868	明治維新。
1876・2	日朝修好条規（江華島条約）。
1894・6	日清戦争（〜1895・3）。

1895・4	三国干渉。
1900・6	北清事変（義和団事件）。
1904・2	日露戦争（～1905・9）。
1910・8	韓国併合。
1914・7	第一次世界大戦（～1918・10）。
1919・8	ベルサイユ講和会議。
1921・11	ワシントン海軍軍縮会議（4カ国条約，9カ国条約）（～1922・2）。
1931・9	満州事変。
1938・11	第二次近衛声明。
1941・12	太平洋戦争（～1945・8）。
1946・11	新憲法公布。
1950・6	朝鮮戦争（～1953・7）。
1951・9	対日講和条約，日米安全保障条約調印。
1960・6	新安保条約自然成立。
1964・10	中国初の核実験。
1971・8	金・ドル交換停止（ドル・ショック）。
1973・10	第四次中東戦争，第一次石油危機。
1979・2	イラン革命。
12	ソ連のアフガニスタン侵攻。
1980・9	イラン・イラク戦争。
1985・9	プラザ合意（ドル高是正の協調介入）。
1989・12	マルタ会談（米ソ首脳，冷戦の終結を宣言）。
1990・8	イラク軍，クウェート侵攻（湾岸危機）。
1991・1	湾岸戦争（～2）。
4	ペルシャ湾へ掃海艇派遣。
1992・6	国際平和協力法制定。
2001・9	9.11アメリカ同時多発テロ事件。
10	アフガニスタン戦争。
	テロ対策特別措置法。
2002・9	小泉首相訪朝，北朝鮮拉致認める。
2003・3	イラク戦争。
12	自衛隊イラク派遣（～2009・2）。
2006・10	北朝鮮，初の地下核実験。
2008・9	金融危機（リーマンショック）。
2010・9	尖閣諸島問題。
2011・3	東日本大震災。
2015・9	平和安全法制成立。
2017・9	北朝鮮，初の水爆実験。
2018・6	米朝首脳会談。

（出所）　筆者作成。

注

(1) F・L・シューマン『国際政治(上巻)』（長井信一訳），東京大学出版会，1973年，71頁。
(2) 近代化と西欧化を同一の概念と捉えるかどうかは議論の分かれるところである。梅棹忠夫

の『文明の生態史観』(中央公論社, 1967年) や後述の石原慎太郎のように, 西欧化とは別の近代化があるとの近代化論もある。また近代化の解釈についても, 近代主義, マルクス主義などのさまざまな解釈がある。しかし, ここでは紙幅の都合上最も一般化した分析枠組を用いた。

(3) 増田弘『石橋湛山研究』東洋経済新報社, 1990年, 5頁。
(4) 関静雄『日本外交の基軸と展開』ミネルヴァ書房, 1990年, 21-22頁。
(5) 同上書, 21頁。
(6) 入江昭『日本の外交』中公新書, 1966年, 35頁。
(7) 同上書, 45頁。
(8) 池井優『三訂 日本外交史概説』慶應義塾大学出版会, 1992年, 152頁。
(9) 30年代のドイツ地政学が日本外交に与えた影響については, 以下に詳しい。三輪公忠編『日本の1930年代』彩流社, 1981年。
(10) 福沢諭吉著, 松沢弘陽校注『文明論之概略』岩波文庫, 1995年, 42頁。
(11) こうした視点は, 江藤淳が詳しい。例えば, 江藤淳『落葉の掃き寄せ・1946年憲法──その拘束』文藝春秋, 1981年。
(12) 平和問題談話会「三たび平和について」北岡伸一編『戦後日本外交論集』中央公論社, 1995年, 74頁。
(13) 代表的な修正主義者には「リビジョニスト4人組」として有名な, 『通産省と日本の奇跡』(TBSブリタニカ, 1982年) のチャルマーズ・ジョンソン, 『日本・権力構造の謎』(早川書房, 1990年) のカレル・ヴァン・ウォルフレン, 『日本封じ込め』(TBSブリタニカ, 1989年) のジェームズ・ファローズそして『日米逆転』(ダイヤモンド社, 1988年) のクライド・プレストウィッツがいる。
(14) 加藤典洋『アメリカの影』講談社文芸文庫, 2009年, 115頁。
(15) 小国心理の典型的な例として, 日本を「世界の医療センター」や「世界の保養地」にすべきとの, かつて平和問題談話会のメンバーであった都留重人の84年の講演を挙げることができる。都留の主張には, 84年に至ってもなお, 国際社会の経済や安全保障からは遠ざかり, 「世界の医療センター」や「世界の保養地」のような小国でいたいという心情が吐露されている (都留重人「世界平和における日本の役割」『世界』1985年10月)。
(16) 小倉和夫「『アジアの復権』のために」北岡伸一編, 前掲書, 495頁。

参考基本文献

池井優『三訂 日本外交史概説』慶應通信, 1992年。幕末から現代までの日本外交の通史を網羅的に記述した教科書。

入江昭『日本の外交』中公新書, 1966年。明治維新から日米安保までの日本外交を, 欧米列強の外交に日本がどのように対応してきたかを, 両者の外交思想の分析から明らかにしている。

入江昭『新・日本の外交』中公新書, 1991年。入江, 前掲書の続編で, 太平洋戦争開戦から冷

戦後までの日本外交を分析し，最後に将来の日本外交の課題について論じている。

内田樹『日本辺境論』新潮社，2009年。「日本は辺境であり，日本人固有の思考や行動はその辺境性によって説明できる」という視点から，小国化していく日本を肯定的に捉えようとする。

梅垣理郎編訳『戦後日米関係を読む』中公叢書，1993年。アメリカの外交誌『フォーリン・アフェアーズ』に掲載された日本に関する戦後の代表的な論文のアンソロジー。

加藤典洋『日本という身体』講談社選書メチエ，1994年。日本を身体にたとえて，明治から現代に至る精神の発達の歴史を，「大，高，新」をキーワードに分析している。

北岡伸一編集・解説『戦後日本外交論集』中央公論社，1995年。戦後の日本外交の歴史を日本の代表的な外交論文によって検証した外交論文集である。

添谷芳秀『日本の「ミドル・パワー」外交』筑摩書房，2005年。「平和国家」と「大国日本」のアイデンティティーの分裂を「ミドル・パワー外交」の視点から考察し，日本外交に新たな座標軸を提供する試みである。

平川祐弘『西欧の衝撃と日本』講談社学術文庫，1985年。日本が西欧文明の衝撃をどのように吸収してきたのかを，西洋史，日本史の双方から広角的に捉えた「新しい歴史書」である。

増田弘『石橋湛山研究』東洋経済新報社，1990年。石橋湛山の小日本主義を形成期，完成期，後退期に分けて丹念に考察している。

(加藤　朗)

第16章

日米関係の思想史
―― 「対立・自立」と「協調・従属」のアポリア ――

Introduction

ペリー来航によって日本の近代的国際関係は始まったが，これ以降現在に至る日本の対外関係の主たる対象は米国であったといっても過言ではなかろう。日本の近現代はこの太平洋国家として，さらには世界的覇権国家として，膨張し続ける米国との「従属」と「自立」のベクトル上で行きつ戻りつ，揺らいでいたということができるかもしれない。本章では近現代の日米関係を思想史的，精神史的に俯瞰してみたい。

第1節　日本外交思想史における「米国」

近現代日本の対外関係を考察するとき，米国の存在がきわめて大きなものであることは改めていうまでもないであろう。現代米国の代表的日本研究者ジョン・ダワー（1938～）は著書『敗北を抱きしめて』の中で次のように述べている。

> 「ふりかえれば，近代日本の登場はアメリカの軍艦とともに始まり，アメリカの軍艦とともに終わった九三年間の夢のようであった。一八五三年，石炭を燃やして航行する『黒船』を二隻含んだ，わずか四隻の小さな艦隊が日本を開国させるためにやってきた。そして一九四五年，今度は鋼鉄を輝かせた大艦隊が再びこの国にもどってきて，九三年間の夢を閉じたのである。[1]」

このダワーの言を俟つまでもなく，近代以降の日本の対外的屈託，トラウマ（精神的傷痕）ともいうべき4つの歴史的事件[2]を振り返った場合，そのうち3つまでも対米関係であったことは，いかに米国が日本外交において大きな存在であったのか，また日本人の対米心理に大きく影を落としていたのかを物語るものである。ちなみにその4つの対外的トラウマとは，①1853（嘉永6）年のマッシュー・C・ペリー（1794～1858）率いる米国東インド艦隊の来航と砲艦外交（Gunboat Diplomacy) を駆使した強制的開国に伴う不平等条約の締結, ②1895 (明治28) 年のロシア, フランス, ドイツによる三国干渉, ③1924 (大正13) 年の米国における新移民法 (いわゆる排日移民法) の制定, ④1945 (昭和20) 年の原爆投下などを含めて人的, 物的に大惨禍をもたらした「大東亜戦争」(アジア太平洋戦争) の敗北と米国を主軸とした連合国軍による日本の占領統治である。②が主として相手がロシアであったのに対して他の3つはすべて米国であったのである。

　さて現在に至る長い日米関係を考える際のキーワードの1つとして「開国」がある。まさにペリーの砲艦外交による開国が日本にとっての「第一の開国」であったとするなら, 真珠湾奇襲攻撃時にホワイトハウスに掲げられていた星条旗とともに, 日本開国を成功させたペリー艦隊の旗艦ポーハタン号 (当初の旗艦はサスケハナ号) に翻っていた星条旗をわざわざアナポリスの海軍兵学校記念館より取り寄せ, 再び降伏文書調印のため東京湾に係留された戦艦ミズーリ号艦上に飾らせたダグラス・マッカーサー (1880〜1964) による日本占領統治は「第二の開国」[(3)]であった。そして2011 (平成23) 年1月の年頭所感において民主党政権の菅直人 (1946〜) 首相が, 当時米国によって主導権がとられ, その後2017年 (平成29) 1月のトランプ大統領の就任により突然離脱するに至ったTPP (環太平洋パートナーシップ) 協定への参加について, 自ら「第三の開国」と述べたことは多くの日本人の周知のことである。いずれにも共通するのは, 米国による従来の日本という国家の政治・経済・社会の根本的「改造」「変革」という点にあった。本章では以上のような日米関係の過去に留意しながら, 現在に至るまで日本人の心に潜んでいる「対米従属」と「対米自立」の相反した志向のアポリア (難関) を, 改めて近現代史の中で再考してみたいと思う。そうした過程を経ることによってはじめて, われわれは現代における日本のアイデンティティを確認し, 今後の日本の進路を考える際の指針を得ることができるかもしれない。

第2節　ペリーによる開国と日本の反応

　1853 (嘉永6) 年7月に江戸湾頭浦賀に来航し, 武力行使も辞さないとする威嚇をもって幕府側に開国の要求を突き付けたペリーは, 翌54 (嘉永7) 年3月31日についに日米和親条約の締結にこぎつけた。ペリーの砲艦外交の勝利であった。ところで米国における膨張主義は, ジョン・L・オサリヴァンが「マニフェス

ト・デスティニー（明白な運命）」という理念を『デモクラティック・レビュー』誌上で唱えたことなどからうかがえるように，「西漸運動」が頂点に達した1840年代に昂揚したが，実際に膨張主義のベクトルが本格的に太平洋地域に向かったのは1898年の米西戦争以降であったことを考えると，この時期の米国の日本に対する開国要求の目的は領土的な野心というよりはむしろ，一般的に理解されているように太平洋航路の開拓，あるいは中国貿易の中継地，遭難などに直面した米船員の保護や米国捕鯨船の補給の寄港地などの問題が背景にあると言える。

ペリーの威嚇的外交による強制的開国に対して，当時の日本の知識階級は共通して「堪えがたい屈辱」と受け止めた。それは朱子学者でのちに激しい攘夷運動を展開することになる大橋訥庵（1816～62）から蘭学を学び，のちに欧米文明の摂取を説いた啓蒙思想家の福澤諭吉（1835～1901），さらには外交の当局者であった老中阿部正弘（1819～57）に至るまで，その受け止め方は一様であったことからも理解できよう。大橋は「他処より参り候者，玄関にて案内も致さず，ずかずか座敷迄も罷通り，夫より庭前へ下り立候て樹木を折り庭石を動し，又は戸障子へ落書など致候と同様の事」として憤り，また福澤は「他人の家に病人歟火事の騒ぎある其混雑に付け込で，無理を言ひ掛るものに異ならず」と強く反発した。さらに自ら和親条約締結に関わった阿部は，「元来今般の御措置は正論にて申し候へば，誰かは快心に取扱ひ申す可し，泣血漣々止む事を得ざる次第にて，実に憤悶に堪へず」との感慨を洩らしていたのである。このような屈辱感はまさに日本側に「雪辱への意欲」を喚起したのであり，同時にそれは究極的には日本近代化の大きな動力ともなっていったのであった。

ただしこうしたペリー外交に対する屈辱感の存在の一方で，ペリーや米国を「日本開国の恩人」あるいは日本近代化の「先導者」として，親近感を寄せる見方が存在したことも事実である。ペリーが上陸した久里浜に金子堅太郎（1853～1942）を発起人としてペリーの顕彰碑を建立した行為などはそのような親近感の表現であった。こうした「愛（→親米）」と「憎（→反米）」の矛盾・相反したとでもいうべき対米観こそ，近代以降の日本人の深層に共通する複雑で屈折した米国への想いを表していると言える。したがってこのような「アンビバレンス（愛憎併存）」の特徴を有する日本人の対米意識・感情により，現代に至る日米関係においては「対立期」と「協調期」での対米観はきわめて両極端なものになる傾向にあった。「対立期」においては日米関係の原点であるペリー来航までさかのぼ

ってその屈辱を徳富蘇峰（1863〜1957）や太平洋会の長谷川芳之助（1855〜1912）などの表現を借りるなら，「強姦」「国辱」と位置付けて反米感情を涵養するのに対して，「協調期」になると一転してペリーや米国を恩人視することになる。こうした対米態度の豹変，例えば戦前・戦中に「鬼畜米英」「一億玉砕」を叫び，実際に神風特攻などの玉砕戦法までとっていた日本が，対米戦に敗戦した途端に示したような「卑屈な」ほどの態度の突然の転換について，精神分析学者の岸田秀（1933〜）はこれこそ日本がペリー・ショック（岸田の表現によればペリーによる「強姦」）を病因として精神分裂症（統合失調症）に陥ったことを示す典型的な症状だと分析している。フロイト理論を応用した岸田の見解によれば，近代日本がペリーの「強姦（強制的開国）」を原因として「外的自己」（他者との関係，外的世界への適応を担う現実的な自己。外交的には欧米との協調路線を意味する）と「内的自己」（内的な感情，欲求，判断を担う。外交的には攘夷，国粋，反米の路線）に分裂する精神分裂症に陥り，次第に「外的自己」を切り離して「非自己化」して現実感覚の喪失を特徴とする妄想的な「内的自己」が主導した結果，ついに危機的な状態にあるアイデンティティの問題を解消するため太平洋戦争に突入したというものである。さらに敗戦後もその病的傾向は治癒せず依然として潜伏しているとした上で，このような歪んだ対米関係を正常化させるには，日本側だけではなく米国側も日米のそもそもの出合いが「不幸な出発点」であったことを認識する必要があると結論付けていた。オーソドックスな政治外交史の方法論を離れて思想史・精神史の観点に立つならば，きわめて興味深い分析だと言える。

第3節　米国の太平洋進出とオレンジ・プラン

　ペリー来航後日清戦争終結あたりまでの日米関係は概して良好であった。この時期における日本の近代国家の建設と大陸への発展に対して米国は好意的であったからである。米国が中国に比べて日本の進歩性を評価していたこともあるが，アジアに対する一貫した政策が欠落していたことに加えて，自身が国内問題に追われていたことなども大きかったと言える。また日本も欧米の法体系や諸制度，文化を積極的に摂取し，欧米列強に模範生たるを示そうと努めていた。欧米の示す「文明国標準」に達し，何よりも治外法権や関税自主権などの不利を抱えた不平等条約を改正することが至上課題であったからである。換言するならばそ

の至上課題を達成するために，日本はペリーによってもたらされた欧米の国際秩序の規範が指し示す枠組に従属し，模範生・優等生たらんと努めたのである。

　ところが日清戦争以降，日露戦争に至る間に日米間の軋轢の要素が次第に醸成されてくることになる。その背景には米国のハワイ併合（1898年），米西戦争によるフィリピンの獲得（1898年），日本の台湾獲得（1895年），さらには米国による門戸開放宣言（1899，1900年），そして米国における日本人移民問題の顕在化などがあった。ことに1897（明治30）年の日本による軍艦「浪速」のハワイ派遣は米国によるハワイ併合を阻止しようとする目的があったために，米国側を大いに刺激することになった。結果的にそれは太平洋における日米対抗の契機となったと言える[14]。それはある意味でこれまで欧米の模範生たろうとしていた日本の「自立化」への試みであった。

　こうした米国の太平洋進出についてだが，先に触れたオサリヴァンのいう「マニフェスト・デスティニー（明白な運命）」との関連で考えてみたい。西漸運動によるフロンティアの消滅の結果，20世紀を迎えた米国は大西洋国家であると同時に太平洋国家でもあるという，いわば「両洋国家」としての特質をもつことになったが，元来ヨーロッパに対しては孤立主義をとっていたのに対して，アジアに向けては膨張主義という矛盾した姿勢を保持することになる。それは米国がピューリタンの新天地であったために旧大陸であるヨーロッパには「隔絶」の姿勢を堅持したのに対して，自由主義とピューリタニズムを軸とする「マニフェスト・デスティニー」に基づく膨張主義は国内的には何の抵抗もなく，すなわちほとんど外交政策と軍事力を用いることなく容易に西の広大なフロンティアに向けての拡張を達成可能にし，さらにそのベクトルは太平洋を超えたアジア大陸にまで延長されていったためである。そこでは米国文明の伝播の使命[15]，つまりピューリタニズムにおける神の恩恵や自由主義，さらに「アメリカ的生活様式」といったものを扶植することの意義は強く意識されたのであった。

　米国が太平洋国家になったことにより海上での覇権，通商の拡大に伴う航路の確保などいわゆる「Sea Power（海上権力）」が重要視されることになる。米国における海洋地政学の権威アルフレッド・T・マハン（1840～1914）が「Sea Power」の歴史的分析の集大成である『海上権力史論』を出版したのは1890（明治23）年であったが，肝付兼行（1853～1922），瓜生外吉（1857～1937），小笠原長生（1867～1958），秋山真之（1868～1918），佐藤鉄太郎（1866～1942）など多くの日本海軍

軍人の信奉者がいる一方で，彼自身は日本の急速な台頭に対して警戒感を示すとともに人種主義的な「黄禍論」者であった。特に日露戦争後の米国西海岸における日本人移民問題が顕在化してくると，マハンは極端な排日論を展開したのである(16)。日米間で移民問題という軋轢が表面化してくるちょうどその頃，海上権力をめぐって日米それぞれの戦略も整えられてくることになる。1907（明治40）年に日本ははじめて「帝国国防方針」を策定するが，海軍は仮想敵国の第1位に米国を想定する。他方米国海軍もカラー・コード別の仮想敵国に対する作戦計画を作成していたが，特に「帝国国防方針」策定前年の1906年に着手された対日戦争計画「オレンジ・プラン（War Plan Orange）」は，最も緻密に仕上げられた現実味のある内容であった(17)。ときの大統領セオドア・ローズベルト（1858～1919）は，移民問題の悪化により日米双方でウォー・スケア（War Scare, 開戦論あるいは日米未来戦争論）が最高潮に達した1907年に，戦艦16隻で編成された米国大西洋艦隊（全艦艇が白で塗装されていたので，「グレート・ホワイト・フリート」と称された）の世界周航の一環として太平洋への回航の命令を下したが，これは米国にとって脅威になりつつあった日本に対する示威運動であるとともに，「オレンジ・プラン」を実地に試す予行演習でもあったのである(18)。

第4節　日本人移民問題をめぐる軋轢

1848年のカリフォルニア州における金鉱の発見はよく知られているようにゴールドラッシュをもたらし，必然的に多くの労働力の需要から東洋人，特に大量の中国人移民の流入を生んだ。しかしその後ゴールドラッシュが一段落し，大陸横断鉄道が完成して東部からの人口移動が激しくなると低賃金に甘んじる中国人移民は，新たに参入してきたヨーロッパからの移民と摩擦を激化させて排斥や迫害の対象へと転じていったのである。中国人移民に対する排斥は白人よりも低賃金で労働するという経済的要因に加えて，異文化に対する無理解と人種的偏見に基づくものであったが，その排斥運動は過激化してしばしば略奪だけでなく虐殺にまで及んだ。しかもそうした中国人排斥は当初単発的，衝動的であったが，次第に集団的，組織的になっていったのである。ちなみにカリフォルニア労働者党を組織し，中国人排斥運動を活発に行ったことで知られるデニス・カーネー（1847～1907）は，自らの行動を「十字軍」と位置付けて，「われわれの文明，カ

リフォルニアの文明が続くものであれば，中国人移民は阻止されねばならない」と述べたが，先住アメリカ人，メキシコ人に続いて，今度は中国人が米国文明の相対峙した「劣った人種」とされたのである。こうした偏見には抜きがたいアングロ・サクソンを頂点とする白人優越主義とピューリタニズムに内在する選民意識が伏在していたことはいうまでもない。

　ところで米中政府間では1880（明治13）年に中国人排斥条約が締結され，さらに1882（明治15）年から1902（明治35）年に至る米国における中国人排斥法の制定と改正により，中国人移民は完全に排斥される。そしてこの中国人移民排斥後に浮上したのが，これまで目立たなかった日本からの移民問題であった。先に述べたオレンジ・プランがちょうど着手された1906（明治39）年は，移民問題をめぐって日米間で沸騰していた時期であった。その契機となっていたのが，サンフランシスコ市教育委員会による日本人および韓国人学童の一般の公立学校からの排除と東洋人学校への転校を義務付けたことで紛糾した，いわゆる「日本人学童隔離問題」であった。この騒動以降カリフォルニア州を中心とする米国西海岸における日本人移民問題は，地方レベルの問題から日本政府と連邦政府間の外交問題へと進展していったのである。すなわち1908（明治41）年の日米紳士協定の締結，さらにカリフォルニア州における第一次，第二次の排日土地法（1913年と1920年）の成立を経て，連邦レベルでの「排日移民法」として知られる1924年移民法の成立に至るまで，日米関係の軋轢・摩擦の度合いを高めていった。日本人移民排斥の背景には中国人移民の場合と同様に経済的理由，人種的偏見，異文化への無理解などのほかに，日露戦争後急速に台頭してきた日本という国家に対する強い警戒感があったことは，先述のマハンの例からもうなずけるところであった。

　日米紳士協定では，労働を目的とした米国への渡航者の旅券を発行しないとする，日本政府による自主規制を内容とするものであった。いわば日本側が自主規制することによって，何とか国家的「威信，面目」を保とうとする弥縫策であったと言える。しかしそれでも米国における日本人移民問題は解決せず，最終的に1924（大正13）年，クーリッジ（1872〜1933）政権のとき，米国への帰化不能の移民を認めないとする実質的に日本人をターゲットとした新移民法案（ジョンソン・リード法案）が議会を通過したのである。クーリッジ大統領をはじめ政府は反対したが，議会を通過した以上大統領としてはなす術もなく日本に対して遺憾の意を表した上で，ついに同年5月26日法案に署名した。ともかく連邦レベルでの排

日移民法の成立により日本人移民は完全に米国から締め出されたのであった。

　この人種主義的色彩の強い排日移民法の成立が日本の世論に与えた衝撃は大きかった。それは第一次世界大戦後のいわゆる「五大列強」，すなわち「一等国」の仲間入りを果たしたと自負している日本人にとって，「劣等民族」の烙印を押されたかのような印象を抱かせる新移民法は，国家的自尊心を傷つけ大いなる屈辱感をもたらしたからである。新聞各紙もそれぞれ「日本国民に対する最大犯瀆にして損傷」（時事新報），「日本の名誉無惨にも毀損されたり」（東京日日），「三国干渉にも劣らぬ新困難」（東京朝日）という具合に同法に激しく反発したのであった。[22]また知識人たちはこれまで親米的姿勢を保持していた者も含めて同様であった。例えば甲南学園の創立者で関西財界の有力者であった平生釟三郎（1866～1945）は同法案に大統領が署名した5月26日を「国耻記念日」と定めることを提言し，徳富蘇峰は同法が実施される7月1日を「国辱の日」と命名していた。[23]また14歳のときペリー艦隊の浦賀来航を経験していた実業界の長老渋沢栄一（1840～1931）は，大日本平和協会，日米関係委員会などを通じて長年日米友好に尽力してきたが，「予が二〇年来日米親善のために微力を尽くし来った努力も全く水泡に帰したるを知り実に遺憾に堪えず痛嘆之を久しうし，自ら涕の下るを覚へなかった」と吐露したのであった。[24]同様に国際連盟事務次長を務め親米家を自任していた新渡戸稲造（1862～1933）は，この人種主義的な立法が撤回されるまでは二度と米国を訪問するつもりはないと言明したのである。[25]

　このような日本側の衝撃や反発はいうまでもなく，新移民法の成立によってもたらされた対米移民の「損傷」や「困難」ではなく（すでに実質的には日米紳士協定によって相当数制限されていた），日本と日本国民の「名誉」や「面子」の毀損が問題となったためであった。まさにアジアの一角にありながら明治維新以降，西欧世界の仲間入りを果たすべく近代化に努めた日本自身のアイデンティティに関わるものであった。それはまた朝鮮，台湾などの植民地統治の上から，さらには対中国政策遂行の上からも日本の「威信，面目」失墜につながる問題と理解された。当時慶應義塾大学教授だった堀江帰一（1876～1927）や参謀本部の一部が指摘したように，日本の対外的威が強国（米国）によって挫かれたという事態が起きれば，中国においては排日が盛んになり，朝鮮・台湾においては日本軽侮の風潮が起こることは不可避であり，対外統治に困難をきたすと懸念されたからであった。[26]

昭和天皇（1901〜89）は戦後公開された『昭和天皇独白録』の中で「大東亜戦争の遠因」として，ヴェルサイユ講和条約で日本側が新たに設立される国際連盟規約への挿入に関して提出した人種平等案が否決されたこととならんで，カリフォルニア州の日本人移民拒否を挙げている(27)。このことからも同法成立が日本の対米関係においてきわめて大きな意味をもっていたことがわかる。国内的にはこれ以降，「国際協調」「ワシントン体制」を規定してきた欧米的秩序に対する再検討や，そのような秩序からの離脱を促す風潮が顕著になってくる。具体的にはアジア連盟論，有色人種連盟論，日中提携論など，傷つけられた日本の国民的アイデンティティを「アジア」に回帰することによって回復しようとする主張（大アジア主義）が展開されたのであった(28)。ペリー・ショックに次いで日本人の対米関係における2番目のトラウマとしたゆえんである。そして排日移民法成立から7年後，日本は大陸に活路を求めて満州事変に突入した。欧米的世界に背を向け日本独自の新しい秩序の模索のはじまりであった。これ以降日本は，日中戦争，アジア太平洋戦争（大東亜戦争）という破滅への道を突き進んでいくことになる。

第5節　敗戦と国際社会への復帰

最初に触れたように1945（昭和20）年9月2日の降伏文書調印のとき，マッカーサーはペリー艦隊の星条旗を取り寄せてミズーリ号上に飾らせたが，これはいうまでもなくペリーがやり残した「日本開国」の事業を自らが引き受け，今度こそ日本を徹底的に「開国＝改造」させようとする強い意志を示したものであった(29)。現にマッカーサー率いるGHQ（連合国軍最高司令官総司令部）は，矢継ぎ早に「第二の強制的開国」を促すための占領政策を打ち出していった。これに対して日本側も先の岸田秀の表現ではないが，「卑屈な程の従順さ」をもってGHQの方針に応えたのである。それはすでに占領軍が東京に進駐する以前の段階から発揮されていた。例えばポツダム宣言受諾の天皇の詔書の放送がなされたわずか3日後の8月18日に内務省は警保局長名で，全国の警察管区に秘密無電を送り占領軍向けの慰安施設設営を命じていた。そして8月26日には「特殊慰安施設協会（RAA）」が発足したのである(30)。これは日本側の「自発的隷従」ともいうべき現象の1つであったが，もちろん米国側が巧みに日本人の対米意識を誘導して「米国への従属」の道筋を付けていったことは，例えばGHQの傘下にある民間情報教

育局（CIE）の広報宣伝活動などからもうかがえる。CIE の任務には「あらゆるメディアを通して民主主義の理想や原則を普及宣伝する」ことがあったが、主に自ら制作した映画上映等によって日本に親米主義を根付かせ、日本人を米国側に引き寄せ米国の国益に資することを目的としていた。[31]

　こうして「第二の開国」は日本側の協力のもと、成功裏に進められた。そして 1951（昭和 26）年 9 月 8 日サンフランシスコ平和条約が成立し、日本は漸く占領統治から解放されて再び国家の主権を形式的には回復し、国際社会への復帰が叶った。しかしながら同日、戦後日本の方向性を大きく制約することになる日米安全保障条約（日本国とアメリカ合衆国との間の安全保障条約：Security Treaty Between the United States and Japan）が、平和条約の調印されたオペラハウスから場所を第 6 兵団の駐屯地プレシディオの米軍基地に移して調印されたのであった。同条約は日本の米国に対する基地提供義務が明文化されている（同条約第 1 条）のに米国の日本防衛義務は明言されていないなど、きわめて片務的で不平等なものであった。さらに翌年 2 月安保条約を実施するための日米行政協定（1960 年より日米地位協定）が締結され、ここに戦後の日米関係の骨格となる日米安保体制は完成した。こうした日米安保条約体制により日本の国土は実質的な「全土基地化」の対象となり、[32] 国務長官顧問のジョン・フォスター・ダレス（1888〜1959）の目標であった米国による「望むだけの軍隊を望む場所に望む期間だけ駐留させる権利」[33] の獲得は達成されたのである。

　その結果日本が在日米軍に付与することになってしまった「基地権」や「裁判権」（さらには今後問題が浮上する可能性のある「（有事における自衛隊に対する）指揮権」[34] も）などに起因する不利で不平等な状態の存在が、あたかもサンフランシスコ平和条約後も一面において占領状態が継続している「半主権国家」のような感を呈することになったのである。例えば首都東京上空を含む 1 都 8 県にまたがって米軍が航空管理権を掌握していて日本側の権利が及ばない横田空域の問題や、日本の航空法の適用除外により米軍機の低空飛行訓練が容認されている事例、在日米軍基地の軍人や軍属が基地外で起こした刑事事件に対する日本側の裁判権が制限されていることなどはほんの一例である。[35] 特に米軍基地が過度に集中している沖縄においてはこれらの不平等さによるさまざまな不祥事が集中的に起きている。米国は米軍を戦略上世界展開している関係で多くの国、例えばドイツやイタリアなどのかつての枢軸国や紛争を契機にアフガニスタンやイラクなどとも地位

協定を結んでいるが，それらと較べても日本は最も不平等な地位協定の内容となっているといわれる。日本と同じ敗戦国であるドイツは冷戦終結後ボン補足協定を交渉により改定し基地権については大幅な主権を回復していたし，米軍にとっては新規の締結国であるアフガニスタンやイラクは最初から主権を保持していたのである。

しかし日本国内においては，こうした不平等さにもかかわらず在日米軍基地反対運動は沖縄など一部を除き世論の主流になることはなかった。なぜなら日本の「戦後」は東西冷戦の進展する中，基本的に日米安保体制を軸にした日米同盟関係によって規定され展開されていったからである。軽武装主義の日本は自国の安全保障を米国の軍事力に一方的に依存しながら経済重視の路線（吉田ドクトリン）を歩んでいったが，そうした日米関係はしばしば「ジュニア」と「シニア」の関係に擬せられた。そして米軍基地負担の大きい沖縄などを除き大方の国民は経済的大国に登りつめ，市民生活の豊かさを享受する中で，しばしば覇権大国米国の「従属国」であることを背景とする「平和な状態」にある種の「居心地」の良さを味わうことになる。それは対米依存に浸っているうちに生じた「甘え」でもあった。また一方で国家戦略的にも，そうした戦後長期にわたる日米同盟の成功体験から，歴史的に日本が米英といったアングロ・サクソン国家群あるいは海洋国家群との同盟関係の維持が安定的に日本の安全や繁栄を確保できるのであり，逆にそうした諸国との対立が日本の安全や繁栄の喪失につながるとの意識を醸成していくことになった。さらにそうした意識は冷戦が緩和し終焉が近づくにつれて米国に「見捨てられるという危惧」にまで高まっていくことになったのである。

第6節　経済摩擦と日米構造協議，年次改革要望書

冷戦期から日米間で軋轢が生じたのは安全保障面ではなく，主に経済・貿易面での摩擦であった。それは，1950年代後半あたりから日本の経済成長に伴う国際競争力の強化によって米国への輸出が急増したためである。特に1965（昭和40）年以降日米間の貿易収支が逆転し米国の対日貿易における赤字が恒常化したことにより，両国間の摩擦は一挙に顕在化した。最初に問題となった繊維製品については1971（昭和46）年日米繊維協定が成立したが，その後も鉄鋼，カラーテレビ，自動車，半導体，農産物（米・牛肉・オレンジ）などをめぐって次々と摩擦が生じ

たのであった。こうした貿易摩擦問題の解決策は主として日本の「輸出自主規制」政策であった。自主的に規制するのであるから米国にとっても大きな摩擦やコストをもたらすこともなく，表面的に日本の「威信，面目」を立てながら問題解決がはかられる便利な方策であり，さらにGATT（関税及び貿易に関する一般協定）の自由貿易の原則にも反しないと理解された。しかし実際は自主的ではなく，米国側が半ば強制的に押し付けた政策であるということはいうまでもなかった。[39]

この自主規制という問題解決法は，すでに述べた戦前の日米摩擦であった日本人移民問題の際の解決法でもあった。1908（明治41）年の日米紳士協定がそれである。戦前は「人（日本人移民）」，戦後は「モノ（繊維製品，カラーテレビ，自動車等日本製の各種製品）」というように自主規制される内容自体は異なるが，日本側の面目を保ちながら解決を図るというところに共通点があったと言える。[40] しかし最終的に自主規制では根本的な解決とはならなかったのは戦前も戦後も同様であった。結局のところ，米国はより強硬な姿勢で日本に対して臨むことになる。米国は通商法の301条，スーパー301条など経済制裁的な強制力をもったやり方を積極的に活用する方向性を打ち出すとともに，レーガン政権期の構造対話，MOSS協議（日米分野別協議，1985〜86）を経て1989（平成元）年からの日米構造協議（SII: Structural Impediments Initiative）に至ったのである。ちょうど冷戦が終結する時期であるとともに，米国がこれまでの債権国から債務国に転落して貿易不均衡が拡大していた時期でもあった。これまでの米ソ冷戦という戦後国際社会を規定してきた東西対決の大きな枠組は，その根底においては日本が「甘えられる」米国の保護を受ける部分があったが，それが消滅したことは従来から通商面で軋轢のあった同盟国日本に対する経済関係でのさらなる大きな転換が予期できるものであった。

日米経済摩擦の交渉はこれまで問題が発生するとその都度分野別で行われたが，米国側はこれまでのような分野別でのやり方では根本的な解決には至らないという判断のもと，競争条件や市場構造の標準化を強力に目指す方向に舵を切ったのがSIIであった。SIIで取り上げられた分野はマクロの問題では貯蓄・投資，土地，価格メカニズム，ミクロの問題では排他的取引慣行，系列関係，流通の問題などである。[41] しかし，これらは歴史や文化を大きく異にしている日米間で簡単に解決できるものではなかったことはいうまでもない。だが日本側が交渉に先立って報復を制度化したスーパー301条のプロセスとなる米国通商法上の「合意」と

みなされないために,「交渉」ではなく「協議」と公式に位置付けることに成功したにもかかわらず,米国側は間接的な「脅し」を背景として実質的に日本の複数分野での譲歩を求めたのであった。また日本側にも日本の行政が縦割りで,各省庁の縄張り意識が強く,自力では国内の社会構造の改革ができないので,米国の「外圧」を利用して構造的な改革を実行しようとした人々がいたことも事実であった。

　こうして米国による日本という国家の主として,経済および社会的な面での改造計画はこの SII を起点として本格的に進展していくことになる。1993（平成5）年宮澤・クリントン会談では日米包括協議として継承されるが,この協議合意を根拠として翌94年村山富市（1924～）政権のとき「年次改革要望書」が開始された。これは日米包括協議のときに米国側が示した「結果重視型管理貿易政策」の観点から出されてきたもので,具体的に日本の規制改革を目にみえる形で実行することを促すためのものであった。なお同要望書は日米両政府が互いに相手方に提出する形とはなっていたが,実質的には米国の日本側に対する要望が中心であった。「年次改革要望書」における米国側の要望に対して日本側がどのように対応したのかの若干の例を挙げるなら,例えば電信電話事業の民営化要求については NTT 分離・分割（1997年）,大蔵省の分割の要求に対しては金融監督庁の設置（1997年）,建物の規制緩和要求については建築基準法改正（1998年）,会計制度改革要求については時価会計制度導入（2000年）,談合の排除要求については公取法改正・公取委強化（2003年）,郵政民営化の要求に対しては郵政民営化法（2005年）という具合に,日本側は米国側の要望に沿った形で「改革」を進めたのである。「年次改革要望書」の交換は2008（平成20）年まで継続したが,翌年誕生した鳩山由紀夫（1947～）内閣により廃止された。しかし東アジア共同体構想へ向けての積極姿勢や沖縄米軍基地の県外移転など,明らかに対米自立を志向した鳩山政権が結局挫折した後,政権を継いだ菅直人首相は「日米経済調和対話」として実質的に復活させたのであった。さらに菅首相は最初に触れたように米国が主導権をとる TPP（環太平洋パートナーシップ）協定への交渉参加を表明したのである。

第7節　TPP による「第三の開国」

　国内の議論を二分した TPP,その参加の是非について簡単に触れておきたい。

TPPはもともと2006（平成18）年にシンガポール，ニュージーランド，チリ，ブルネイの4カ国（P4：Pacific 4）で開始されたEPA（経済連携協定）であったが，2010（平成22）年に米国をはじめオーストラリア，ペルー，ベトナム，マレーシアが参加を表明し9カ国に，さらに2012年にはメキシコ，カナダが加わり11カ国となった。日本は2013（平成25）年7月から協議に参加し，その結果2016年に合意の上2月に署名式に臨んだ。そして同年末までに国会で参加が承認されたのである。他方TPPをそれまで主導してきた米国は，「米国ファースト」を唱えるトランプ政権の誕生により政策を180度方向転換して2017年1月に離脱を表明するに至った。はたしてこの米国のTPP離脱が永続的なものなのか，あるいは暫定的な政策なのかは現時点では不明である。目下TPPに替わって2018年時点で日米二国間の新通商対話（FFR）が進行中である。多国間交渉を嫌うトランプ大統領と安倍首相との2018年9月の首脳会談で交渉に入ることが合意されたという，TAG（日米物品貿易協定）と称する実質日米間のFTA（自由貿易協定）が成立してしまうのか，あるいはトランプ政権もしくはポストトランプ政権によるTPP復帰があるのかは予測できない状況にある。

　ところで最初に米国がそもそも地域的に小規模の経済連携協定であるP4に強い関心を示し，ついに積極的な参加に至った背景について次のいくつかの点が挙げられるが，これは今後の米国の通商政策の方向を考察する上からもみておかなければならない点である。すなわち①国際社会の中で冷戦終結以前より東アジアが成長著しい地域であり，米国としても市場的に見逃すわけにはいかなかったこと，②東アジアにおける地域主義，地域統合がASEAN（東南アジア諸国連合）やAPEC（アジア太平洋経済協力〔会議〕）にみられるように比較的拘束力のない緩やかな統治方式であり，米国が望む「結果重視」型ではなく「過程重視」であったため，米国の期待は従来高くなかったが，2009（平成21）年前後からアジア地域のFTA（自由貿易協定）やASEAN＋3（日本・中国・韓国），ASEAN＋6（日中韓＋インド・オーストラリア・ニュージーランド）など東アジア地域統合への動きが活発化した結果，アジア地域外である米国が排除されるのではないかとの懸念が高まったこと，③2004（平成16）年にそもそもAPECビジネス諮問委員会（ABAC）で提案されたFTAAP（アジア太平洋自由貿易圏）は差別的な地域統合規範が導入されるとしていたが，もともとAPECのメンバーであり結果重視型の米国としては，FTAAPの実現こそ東アジアを取り込んで，なおかつ米国型のルールを適

用しうる地域統合と判断したことなどである(45)。TPPの原型になるP4は市場規模としては小さいが、全品目の関税を撤廃することを謳っている「質の高い」、また自由化のレベルの高い経済連携協定であったため、米国側はこれを「FTAAPの雛型」として利用するとともに、さらにそれを拡大することによってFTAAPの実現という目的に向けて推進するに至ったのである(46)。

　日本が参加を推進する理由については、①参加しないと輸出品に対する関税撤廃の恩恵を受けられないこと、②いち早く米国とのFTAを結んだ韓国との競争に追い付けること、③TPPがアジア太平洋における新たな通商秩序のルール作りの場であるため、交渉段階から参加しないと、同地域の重要なルール作りに関与できなくなること、④TPPへの参加の相乗効果として、日中韓のFTAやEU（欧州連合）などとのFTA交渉で日本がイニシアティヴをとれること、⑤尖閣諸島をめぐる中国との対立や核開発、ミサイル問題で緊張する朝鮮半島状況の中、TPP参加で日米同盟強化につなげたいとすることなどが挙げられていた(47)。

　一方TPP参加反対・慎重の論も国内では根強く存在していた。TPPでは例外なき関税の撤廃、また非関税障壁も原則的に撤廃という方向になるので国内的には大変革が予想されるからである。したがって反対・慎重論の理由としては、①農業の衰退、②海外からの安価な商品の流入によるデフレの可能性、③規制緩和により食の安全性が損なわれる、④医療保険の自由化・混合診療の解禁により現在の国民皆保険などの医療制度の崩壊、⑤外国人労働者の過度な移入、⑥政府調達の自由化によるダメージ、⑦国家主権を脅かすISD（またはISDS）条項（Investor-State Dispute Settlement：投資家対国家紛争解決条項）の存在、⑧協定の内容が秘密で国民に公開されないなど、さまざまな角度から問題点が挙げられている(48)。

　日本国内のマスメディアなどでは、TPPを扱う際に農産物などを含めて関税障壁の撤廃だけが大きく報じられる傾向にあるが、実は非関税障壁の撤廃の方がより影響が大きいという点で重要であることはいうまでもない。非関税障壁の撤廃、すなわち日本の諸規制の改廃や法制度の変更、そして「米国型」ルールへの統一こそ、「第三の開国」と目されるものであるからであった。特にISD条項は国家主権との関係からして多くの論者によって取り上げられていた。ここでは2つの観点から問題の所在について触れてみたい。

　第一にグローバリゼーションの異常なほどの進展に伴い国際関係の主体として

成長・肥大化し，今や国家を相手に ISD 制度を駆使してわたり合う存在となった多国籍企業 (MNC：Multinational Corporation) そのものの問題である。改めて述べるまでもなく，現代世界においてグローバリゼーションの中心的な担い手となっているのが投資家・企業であることは明らかであろう。ISD 条項問題で登場する国際仲裁廷での原告側である投資家＝多くは多国籍企業だが，その MNC が国際政治学の「脱国家的政治 (Transnational Politics)」研究において国際関係のゲームの新しい行動主体 (Actor, ここでは Transnational Actor) として，従来からの伝統的行動主体である国民国家 (Nation State) の管轄権や政策に対して脅威を与えかねない大きな存在として注目を集めはじめたのは，1970年代初頭であった。[49] 多国籍企業が国民国家内に遥かに広範な基盤をもって国内政治過程に深く関わり，ときには政権を転覆させるほどの能力を有していたことは，1953 (昭和28) 年のイランのモサデク (1882〜1967) 政権を倒壊させたブリティッシュ・ペトロリアム社，1973 (昭和48) 年のチリのアジェンデ (1908〜73) 政権に対するクーデターの際の ITT (アメリカ国際電話会社) の行動からも理解できるところである。[50] 経済・金融の面で始まったグローバリゼーションは現在さらに速度を上げ，MNC のような国境を越えた行動主体は，国民国家という伝統的な国際政治上の行動主体を実質的に超える存在になりつつある。MNC 自身の利益を最大限にするため，TPP のような投資協定に投資家保護の ISD を盛り込むことを米国通商代表部 (USTR) に強く要請してきたのも，こうした脈絡にあることを理解しておかなければならないだろう。[51]

　第二に ISD 制度自体だが，国家主権との関係で実に多くの問題点をはらんでいることを踏まえておかなければならない。そもそも ISD 条項とは，法制度が未整備な途上国のような国家への投資のリスクを避けるために設けられた投資家保護の制度である。日本がこれまで結んだ投資協定や経済連携協定において，実際に日本企業が ISD を行使したことはほとんどなかった。また国力の差があることや途上国の資本が日本に進出することが稀であることなどから途上国側が行使したこともなかった。だが TPP における先進国同士の場合のグローバル企業，多国籍企業による ISD 制度は，これまでの状況とは非常に異なることが予想される。この制度では，投資家 (企業) は投資先の国家の規制や法制度により損害を被った場合，ISD 条項を盾に国家を相手に訴訟を提起するが，提訴先は通常当該国の裁判所ではなく国連国際取引法委員会 (UNICITRAL)，あるいは世界銀行

傘下の投資紛争解決国際センター（ICSID）が選ばれることになる[52]。

　ISDにおける最大の問題は，伝統的国際法では最高の権利主体が国家であるのに外国の投資家（企業）が国家を超える主体になりかねないという点にある。すなわち外資問題を含め国際紛争は本来国家対国家の問題で，従来的には外交保護権の行使として外交交渉，あるいは領土問題の場合のように国際司法裁判所への提訴（ただし相手側がこれに応じるかどうかは自由），さらには武力行使（国連憲章第2条第4項では外交保護権としての武力行使を許さないので，実際的には外交交渉か制裁かということになる）というプロセスであったが，ISD問題ではこうした国際法の枠組を一挙に超えて，投資家は国家に国際裁判を強制できることになるからである[53]。例えば国家による自国民保護のため環境，健康などに関する規制も投資家がそれによって自らの利益が侵害されたと判断すれば，それを「間接収用」と捉えて，ICSIDに提訴することができる。国内的な諸規制や制度すべてが投資家の利益を妨害する「間接収用」とされる可能性があり，こうした点をもし投資家（企業）側から突かれるとするならば，これは国家からすれば，まさに内政干渉になりかねない。「間接収用」概念の曖昧さを含めてTPPの抱える問題点は大きいと言える[54]。

　TPPのような広域地域経済圏に参加の際の原則については，①地域や参加国にとって利益と繁栄があること，②1国がヘゲモニーをとる体制ではなく，参加国が平等であること，③例外なき関税撤廃およびドラスティックな非関税障壁の撤廃を行って一挙に市場開放を目指すのではなく，参加国各国の国益や社会構造に関する問題については例外事項を設け，交渉だけでなく制度や法の整備を通して保証すべきであること等が地域統合の研究者によって提言されていることも踏まえておかなければならないだろう[55]。

　さて前述したように2018年秋現在，日米間ではトランプ大統領の強い意向により日米二国間の実質的なFTA交渉が進められている。そもそも日本は米国の直接的な圧力を回避するために多国間での協議でルールが決まるTPPに期待をかけていたわけだが，直接的な対米協議の開始によりTPPにおける交渉よりもさらに不利な立場に陥りかねない事態となっている。

第 8 節　3・11 後の視点から

　2011（平成23）年 3 月11日に発生した東日本大震災は，死者 1 万5895名，行方不明者2539名（2018年 3 月 1 日現在，警察庁プレスリリース）の大惨禍をもたらした。さらに地震と津波による全電源喪失に端を発して東京電力福島第一原子力発電所はメルトダウンを起こし，旧ソ連のチェルノブイリ事故にもならぶレベル 7 という史上最大規模の原子力災害となったのである。福島第一原子力発電所の事故（以下，福島原発事故とする）は現在に至るも，福島を中心とする日本国内の放射能汚染や海洋への汚染水放出を含め収束していない。この事故は太平洋戦争以来，戦後日本が直面した最大の危機であるといっても過言ではない。

　ところで広島，長崎への原爆投下，1954（昭和29）年 3 月のビキニ環礁でのマグロ漁船第五福竜丸の被爆等による戦後史の流れの中で醸成された日本人の核アレルギーがいつしか平和利用という旗印のもと，原子力を受容するに至った過程において，米国による日本人の核アレルギーの除去と親米化を目的とした広報文化外交・工作があったことは最近の研究によっても知られるところである。[56] 1953（昭和28）年12月，国連総会におけるアイゼンハワー（1890～1969）大統領の原子力の平和利用の推進と国際原子力機関（IAEA）設立の提言を含む演説を契機として，米国は国家安全保障会議（NSC）の付属機関の作戦調整委員会（OCB）と広報・文化交流庁（USIS）が中心となって「原子力平和利用」キャンペーンを世界的に展開した。ただし当時米国が太平洋において強固な同盟関係を期待した日本は，広島の被爆以来第五福竜丸事件に至る経緯の中で核アレルギーと米軍基地問題も重なって反米感情が高まっており，日本人の核アレルギー除去と親米化は急務の課題とされた。だが1955（昭和30）年末からの USIS と読売新聞社など日本側新聞社との共催による原子力平和利用博覧会をはじまりとする巧みなキャンペーンが功を奏し，次第に日本人の意識において核の「平和利用」概念は受容されていったのである。[57]

　やがて原発が導入され，1963（昭和38）年10月26日（原子力の日）に茨城県東海村で動力試験炉が初の発電を開始して以来，日本は米国，フランスに続く54基を保有する世界第 3 位の原発大国にまでなったのである。だが技術大国と称されるほど技術力を誇った日本において，事故は史上最大の規模で実際に起こったので

ある。この原発事故を民間の立場から調査，検証した福島原発事故独立検証委員会（民間事故調）の報告によれば，「事故は防げなかったのか」という問いに対する答えの１つとして「絶対安全神話」のそもそもの虚妄性を指摘している。すなわち広島，長崎の被爆体験によって根強く存在する反核感情を排除するためにつくり上げられた「絶対安全神話」を維持するため，あえてリスクに対して目を背けるという構造があったことである。さらに今回の事故を通じて，全体的に日本社会の現在のガバナンスにおいても当てはまることだが，同報告書では「危機の核心は，政府が，危機のさなかにおいて国民の政府に対する信頼を喪失させたこと」を指摘していた。

　こうした３・11以降の地平に立つとき，福島原発事故は「安全神話」や「収束宣言」（2011年12月）の欺瞞，虚妄性を露呈させただけではなく，かつて戦後を代表する政治学者丸山眞男（1914～96）がアジア太平洋戦争へ突入した日本の政治構造の分析において指摘した「無責任の体系」が，依然として戦後日本の政治構造において継続しているという，まさにその「本質や実態」をも改めて露呈させてしまったということができる。社会思想史学者の白井聡（1977～）はこうした状況を「永続敗戦」と呼んでいる。

　白井によれば戦後日本のレジーム（「永続敗戦」の構造）は，米国に武力によって屈服させられ占領期以降も実質的に「対米従属構造」が永続化されている一方で，「敗戦」を「終戦」と呼び変えて敗戦そのものを認識において巧みに否認し，結果として日本人の大部分の歴史認識・歴史意識の構造が変化していないという体制を指していた。白井によればそこにおいては敗戦を否認しているがゆえに，際限のない対米従属を続けなければならず，深い対米従属を続ける限り，敗戦を否認し続けることができるというものであった。さらにこのレジームにおいて日本はときとしてアジアに対してナショナリズムを主張するものの，そのナショナリズムの主張は米国の軍事力の圧倒的なプレゼンスのもとで可能になっていると断じる。したがって，たとえアジアでの孤立が続いても一向に構わないとする意識は，それだけ庇護者としての米国との関係は密接でなければならないとする論理的必然性をもたらすことになる。「親米保守」や「親米右翼」という言葉があるが，「外国の力によってナショナリズムの根幹的アイデンティティを支えるという極めてグロテスクな構造」を生んでいるのは，こうした背景によっていた。しかし白井のいうように，こうした「永続敗戦」の構造のあり様，特に対外関係

ではTPP，沖縄の米軍基地の県外移設問題，MV22オスプレイの沖縄配備などを通して日米関係の本質が福島原発事故を契機としてあからさまに露呈してしまった以上，この構造にこれ以降も眼を背けたままでやり過ごすことはもはや不可能になったといえる。ただその解決策を見出すことは日本のアイデンティティに関わる問題であるだけに容易ではない。

　2012年12月に２度目の内閣を成立させた安倍晋三（1954～）首相は，元来掲げていた「戦後レジームからの脱却」に向けて始動したが，その方向性には「対米従属」と「対米自立」の相反するベクトルが混在，あるいは併存したものをみることができる。TPPや集団的自衛権の問題などが前者であり，後者は歴史認識問題である。しかし日本の戦後はポツダム宣言の受諾，極東国際軍事裁判（東京裁判）の判決の受入れ，サンフランシスコ平和条約の受諾により成立していることを振り返れば，これらの内容を否認することは第二次世界大戦と大戦後の米国のもつ「正当性」と衝突することを意味するものである。冷戦終結間もない1993年の論文で米国の国際政治学者ブルース・カミングス（1943～）は，戦後秩序を構想した米国の３人の政策決定者すなわちディーン・アチソン（1893～1971），ジョージ・ケナン（1904～2005），ジョン・フォスター・ダレスが日本に望んだのは，「アメリカが構想する世界システムのなかに日本を位置付けること，そして日本を，とやかく指示しなくてもやるべきことをきちんとやるように仕向けることだった。このような動機から，かれらは，日本の行動を一定の範囲内に縛るための枠組を設定した。そして，その枠組は今もなお機能しつづけているのである[62]」と指摘したが，グローバル資本主義において衰退傾向にあり，もはや日本を「無条件的同盟者」とみなす理由をもたない[63]現在の米国にとっても，この基本的枠組は変わらないものといえる。

注
(1)　ジョン・ダワー『敗北を抱きしめて（上）』（三浦洋一・高杉忠明訳）岩波書店，2001年，１頁。
(2)　この４つの対外的トラウマに関しては，長谷川雄一「日米関係における『ペリー』の記憶」長谷川雄一編『日本外交のアイデンティティ』南窓社，2004年，9-37頁参照。なお米国も歴史的に対外的トラウマを抱えている。そのうちの１つが日本による1941年12月７日（現地時間）の「真珠湾奇襲攻撃」であるが，他に①1836年２月23日～３月６日の「アラモの戦い」（対メキシコ），②1898年２月15日の「メイン号事件」（対スペイン），③（歴史的に未だ

定着しているとはいえないが）2001年9月11日の「同時多発テロ事件」（対アルカイダ，対アラブ反米勢力）を挙げることができる。いずれも米国民にとって「リメンバー○○」と呼号できる事件であった。

(3) 曾村保信『ペリーは，なぜ日本に来たか』新潮社，1987年，237頁。
(4) 佐藤誠三郎「幕末における政治的対立の特質」『「死の跳梁」を越えて──西欧の衝撃と日本』都市出版社，1992年，79頁。
(5) 平泉澄・寺田剛編『大橋訥庵先生全集（上巻）』至文堂，1937年，269頁。
(6) 福澤諭吉「通俗国権論」『福澤諭吉全集』第4巻，岩波書店，1959年，612頁。
(7) 日本史籍協会編『昨夢紀事』第1巻，東京大学出版会，1968年，159頁。
(8) 佐藤，前掲稿，79-80頁。
(9) 徳富猪一郎『大正の青年と帝国の前途』民友社，1916年，36-52頁；満川亀太郎（長谷川雄一編・解説）『三国干渉以後［増補新版］』論創社，2013年，102頁；山口正一郎『博士長谷川芳之助』政教社，1913年，62-68頁。
(10) 岸田秀「日本近代を精神分析する──精神分裂病としての日本近代」『ものぐさ精神分析』中公文庫，1982年，11-36頁。
(11) 岸田秀／K・バトラー『黒船幻想』トレヴィル，1986年，30-32頁。
(12) 岡本俊平・有賀貞「第二次大戦までの日米関係」細谷千博・本間長世編『日米関係史［新版］』有斐閣，1991年，39-40頁。
(13) 文明国標準については，酒井一臣「文明国標準の帝国日本」『近代日本外交とアジア太平洋秩序』昭和堂，2009年，1-20頁参照。
(14) 入江昭「転換期の日米関係　1896-1914」細谷千博編『日米関係通史』東京大学出版会，1995年，56-57頁。
(15) 浅川公紀「アメリカ外交のアプローチ」花井等・浅川公紀編『戦後アメリカ外交の軌跡』勁草書房，1997年，14-15頁。
(16) 麻田貞雄「日米関係の中のマハン──海上権力論と太平洋膨張論をめぐって」『両大戦間の日米関係──海軍と政策決定過程』東京大学出版会，1993年，19-20頁。
(17) カラーコード別の仮想敵国に対する戦争計画で日本はオレンジであったが，他に例えばイギリスはレッド，ドイツはブラック，メキシコはグリーン，フランスはゴールドなどと表記されていた。また米国はオレンジ・プランを何度か修正してはいるが，太平洋戦争の際は実際にこのオレンジ・プランに基づいて日本に侵攻してきたのである。なおオレンジ・プランの詳細については，エドワード・ミラー『オレンジ計画』（澤田博訳）新潮社，1994年参照。
(18) 麻田，前掲書，20-21頁。
(19) 粂井輝子『外国人をめぐる社会史──近代アメリカと日本人』雄山閣，1995年，52頁；若槻泰雄『排日の歴史──アメリカにおける日本人移民』中公新書，1972年，18-19頁。
(20) 日本人学童の隔離問題の推移については，賀川真理『サンフランシスコにおける日本人学童隔離問題』論創社，1999年参照。
(21) 新移民法が成立した背景には，①当時太平洋岸を含めて全国的に人種主義の風潮があり排

外的気運が強かったこと，②欧州移民の大幅制限を内容とする新移民法制定の運動と排日論者の展開する運動が結びついたこと，③行政部の指導力の低下という事実，④1924年が選挙の年であったことなどが挙げられる（有賀貞「排日問題と日米関係――『埴原書簡』を中心に」入江昭・有賀貞編『戦間期の日本外交』東京大学出版会，1984年，89-90頁参照）．

(22) 秦郁彦『太平洋国際関係史――日米および日露危機の系譜一九〇〇～一九三五』福村出版，1972年，154頁．

(23) 『平生釟三郎日記』第6巻，甲南学園，2012年，194-195頁（「1924年5月28日の条」）．

(24) 渋沢栄一「日米問題の解決と対支新方策」『外交時報』第467号，1924年5月15日，63-64頁．

(25) 三輪公忠『隠されたペリーの「白旗」――日米関係のイメージ論的・精神史的研究』Sophia University Press 上智大学，1999年，43頁．

(26) 堀江帰一「対米移民問題管見」『改造』1924年5月号，28頁；支那在勤帝国公使館付武官林弥三吉「米国排日問題カ日支関係ニ及ホス影響ト帝国ノ将来（支特報第六号　大正拾参年四月二五日）」『陸軍省　密大日記』大正十三年五冊ノ内第五冊参照．

(27) 寺崎英成・マリコ・テラサキ・ミラー編『昭和天皇独白録・寺崎英成・御用掛日記』文芸春秋社，1991年，20頁．

(28) 長谷川雄一「一九二四年における脱欧入亜論の浮上」『国際政治』第102号，1993年2月，103-106頁参照．

(29) 曾村，前掲書，237頁．

(30) 川島高峰「被占領心理」河原宏・河原宏教授古希記念論文集刊行会編『日本思想の地平と水脈』ぺりかん社，1998年，278頁．

(31) 土屋由香・吉見俊哉・井川充雄「総論　文化冷戦と戦後日本――CIE/USIS 映画と VOA ラジオ」土屋由香・吉見俊哉編『占領する眼・占領する声――CIE/USIS 映画と VOA ラジオ』東京大学出版会，2012年，3-4頁．

(32) この点について日米行政協定並びに日米地位協定の研究者である明田川融は，「政治・外交史の観点から見れば，米国が日本以外の国々と締結している軍事行政協定の中で全土基地方式は他に例を見ないものであり，講和条約・安保条約・行政協定という日米安保体制の骨格は，日本が講和・独立によって主権を回復する以前の対日占領下という，まぎれもなく従属的な立場に置かれていた時に作られたものであることは指摘しなければならない」と述べている（明田川融『日米行政協定の研究――日米地位協定研究序説』法政大学出版局，1999年，12頁）．また外務省は1983年12月に作成した機密文書「日米地位協定の考え方・増補版」においても，依然として「米側は，我が国の施政下にある領域内であればどこにでも施設・区域を求める権利が認められていることである」との認識を維持していた（琉球新報社編『外務省機密文書　日米地位協定の考え方・増補版』高文研，2004年，30頁）．

(33) FRUS (Foreign Relations of the United States), 1950, Volume VI, p. 1294.

(34) 指揮権の密約については，末波靖司『「日米指揮権密約」の研究』創元社，2017年を参照．

(35) これらについては，明田川融『日米地位協定――その歴史と現在』みすず書房，2017年；

比屋定泰治「地位協定から日米関係を問う——刑事裁判権規定の形成過程」長谷川雄一・吉次公介・スヴェン・サーラ編『危機の時代と「知」の挑戦（下）』論創社，2018年，92-124頁参照。

(36) 伊勢崎賢治・布施祐仁『主権なき平和国家——地位協定の国際比較からみる日本の姿』集英社，2017年，141-144頁。

(37) 岡崎久彦『戦略的思考とは何か』中公新書，1983年，235-255頁。

(38) 「見捨てられる不安」については，土山實男『安全保障の国際政治学——焦りと傲り［第二版］』有斐閣，2014年，298-299頁；竹内俊隆「日米『同盟』関係をめぐって」同編『日米同盟論』ミネルヴァ書房，2011年，4頁を参照。

(39) 野村茂治「経済摩擦と日米関係」竹内俊隆編『日米同盟論——歴史・機能・周辺諸国の視点』ミネルヴァ書房，2011年，157頁。

(40) 石川好『カリフォルニア・ナウ——新しいアメリカ人の出現』中公新書，1984年参照。

(41) 鈴木一敏『日米構造協議の政治過程——相互依存下の通商交渉と国内対立の構図』ミネルヴァ書房，2013年，55頁。

(42) 同上書，75頁。

(43) 佐藤隆夫『覇権国アメリカの対日経済政策』千倉書房，2005年，190頁。

(44) 浅野一弘『現代政治の争点』同文舘出版，2013年，7-12頁。

(45) 寺田貴『東アジアとアジア太平洋——競合する地域統合』東京大学出版会，2013年，167-173頁。

(46) 同上書，174頁；『日本経済新聞』2008年10月20日付参照。

(47) 寺田，前掲書，184-187頁；馬田啓一「TPPと日米経済関係の展望」山澤逸平・馬田啓一・国際貿易投資研究会編『アジア太平洋の新通商秩序——TPPと東アジアの経済連携』勁草書房，2013年，270-273頁。

(48) TPPに対する反対論，慎重論は多くの論者によって主張されているが，代表的なものを以下に挙げておく。中野剛志『TPP亡国論』集英社新書，2011年；関岡英之『国家の存亡——「平成の開国」が日本を亡ぼす』PHP新書，2011年；東谷暁『郵政崩壊とTPP』文春新書，2012年；萩原伸次郎『TPP——アメリカ発，第3の構造改革』かもがわ出版，2013年参照。

(49) Robert O. Keohane & Joseph S. Nye, J. (eds.), *Transnational Relations and World Politics* (Harvard University Press, 1971)；レイモンド・バーノン『多国籍企業の新展開——追いつめられる国家主権』（霍見芳浩訳）ダイヤモンド社，1973年；リチャード・J・バーネット／ロナルド・E・ミュラー『地球企業の脅威』（石川博友・田口統吾・湯沢章伍訳）ダイヤモンド社，1975年参照。

(50) ブルース・ラセット／ハーヴェイ・スター／デイビッド・キンセラ『世界政治の分析手法』（小野直樹・石川卓・高杉忠明訳）論創社，2002年，95-96頁。

(51) 中本悟「グローバル企業の投資保護と公共利益との対立——ISD（投資家対国家の紛争解決）をめぐって」田中祐二・内田昭編『TPPと日米関係』晃洋書房，2012年，176頁。

⑸２　なおほとんどの投資協定では，ICSID を紛争処理のための仲裁機関として指定している（同上稿，180頁）。
⑸３　岩月浩二「ISD 条項の違憲性――TPP と憲法」『月刊憲法運動』2013年7月号，32-33頁。
⑸４　ほかにも国内的にあらゆる規制が「間接収用」として提訴される可能性があることから，TPP に導入される「間接収用概念」をどう捉えるのかといった問題（特に憲法第29条との関連）や，「すべての司法権は，最高裁判所及び法律に基づいて設置する下級裁判所に属する」とする憲法第76条第1項，国会が国権の最高機関であることが述べられている憲法第41条第1項，国民に健康で文化的な最低限度の生活を営む権利を保障した憲法第25条などの日本国憲法の条項と抵触する可能性の問題もある（岩月，前掲稿，26-31頁参照）。さらに ISD を恐れて，政府が自主的に規制や法制度を投資家に有利に変更する萎縮効果をもたらすのではとの懸念も出ている。
⑸５　羽場久美子『グローバル時代のアジア地域統合』岩波書店，2012年，44頁。
⑸６　有馬哲夫『原発・正力・CIA――機密文書で読む昭和裏面史』新潮新書，2008年；山崎正勝「日本における『平和のための原子』政策の展開」『科学史研究』第Ⅱ期第48号，2009年；土屋由香「広報文化外交としての原子力平和利用キャンペーンと1950年代の日米関係」前掲『日米同盟論――迷走する安全保障』等参照。
⑸７　土屋，同上稿，180-209頁。
⑸８　『福島原発事故独立検証委員会　調査・検証報告書』日本再建イニシアティヴ，2012年，383-384頁。
⑸９　同上書，395頁。
⑹０　白井聡『永続敗戦論――戦後日本の核心』太田出版，2013年，47-48頁。
⑹１　同上書，27-28頁。
⑹２　ブルース・カミングス「世界システムにおける日本の位置」アンドルー・ゴードン編『歴史としての戦後日本』（中村政則監訳）みすず書房，2001年，92頁。
⑹３　白井，前掲書，49頁。

参考基本文献

明田川融『日米行政協定の政治史――日米地位協定研究序説』法政大学出版局，1999年。日米行政協定がどのようにして成立し，また改定されたのか，さらには沖縄への適用をめぐり日本外交がいかに展開されたのかということを膨大な資料を用いて分析した本格的な研究である。

岡崎久彦『戦略的思考とは何か』中公新書，1983年。日本は米英などアングロ・サクソンの国家との提携によってこそ国家の安全や繁栄が保障されるという見方の代表作。

岸田秀「日本近代を精神分析する――精神分裂病としての日本近代」『ものぐさ精神分析』中公文庫，1982年。史的唯物論ならぬ史的唯幻論の立場から日本近現代の病理をペリー・ショックに求めた精神分析学者の日米関係論。

白井聡『永続敗戦論――戦後日本の核心』講談社＋α文庫，2016年。戦後の日本のレジームの

本質を「敗戦」を認めないところから出発しているとして，米国への従属の深化，アジアに対するナショナリズムの主張，とめどない無責任体系など日本が抱える構造的な問題を読み説いている。

鈴木一敏『日米構造協議の政治過程――相互依存下の通商交渉と国内対立の構図』ミネルヴァ書房，2013年。本書は公開された一次資料を用いて日米両国の構造協議の政治過程を詳細に分析したSIIに関する初の本格的な研究。

曾村保信『ペリーは，なぜ日本に来たか』新潮社，1987年。ペリー艦隊の来航の意味を米国の太平洋における海上権力（Sea Power）への展開の中で分析したペリー来航研究の基本文献。

竹内俊隆編著『日米同盟論――歴史・機能・周辺諸国の視点』ミネルヴァ書房，2011年。日米同盟の形成・構築を歴史的に振り返るとともに同盟の種々の側面・機能がもつ現在的な課題を取り上げ，さらに周辺諸国の同盟に対する見方をも分析した包括的な研究である。

吉次公介『日米安保体制史』岩波新書，2018年。日米安保体制がいかに形成され今日迄きたのか，そこに抱える「非対称性」「不平等性」「不透明性」「危険性」に焦点を当てながら分析している。

若槻泰雄『排日の歴史――アメリカにおける日本人移民』中公新書，1972年。19世紀の米国西海岸おける「排日」に直面した日本人移民の歴史を追った対米日本人移民史研究の代表作。

（長谷川雄一）

人名索引

あ行

アイケルバーガー　Robert L. Eichelberger　292
アイゼンハワー　Dweght D. Eisenhower　11, 12, 32, 33, 294, 345
秋山真之　332
アサド　Bashar Al-Assad　191, 235
アサド　Hāfiz Al-Asad　186
アジェンデ　Salvador Allende Gossens　245, 256, 343
芦田均　292
アチソン　Dean Gooderham Acheson　347
安倍晋三　136, 149, 155, 229, 302, 303, 323, 347
阿部正弘　330
天谷直弘　320
アラファト　Yasser Arafat　183
アリアス　Óscar Arias Sánchez　246
アリスティド　Jean-Bertrand Aristide　248, 257
アルベンス　Jacobo Árbenz Guzmán　243
アンドロポフ　Yuri Andropov　21, 221
石原莞爾　316
石原慎太郎　321
稲嶺恵一　300, 301
井上馨　311, 312
李明博　Lee Myung-bak　147, 148
ヴァルガス　Getúlio Dornelles Vargas　243
ウィルソン　Woodrow Wilson　73, 310
内村鑑三　310
瓜生外吉　332
エーリック　Paul R. Ehrlich　97
エチェベリア　Luis Echeverría Álvarez　245
エリツィン　Boris Yeltsin　25, 225
エルドアン　Recep Tayyip Erdoğan　82
大隈重信　312
大田昌秀　299, 300
大橋訥庵　330

小笠原長生　332
小倉和夫　321
オサリヴァン　John L. O'Sullivan　329, 332
オドンネル　Guillermo Alberto O'Donnell　245, 257
翁長雄志　303
オバマ　Barack H. Obama　55-58, 144, 241, 242, 302
オルテガ　Daniel Ortega Saavedra　253, 256

か行

カーソン　Rachel L. Carson　95
カーター　James "Jimmy" E. Carter　18, 245
カーネー　Denis Kearney　333
カガメ　Paul Kagame　276, 277
カストロ　Fidel Castro Ruz　241, 244, 253
カミングス　Bruce Cummings　347
カルデロン　Felipe Calderón Hinojosa　256
カルドーゾ　Fernando Henrique Cardoso　254
ガンディ　Indira Priyadarshini Gandhi　98
カント　Immanuel Kant　318
菅直人　329, 340
岸田秀　331
岸信介　295
キッシンジャー　Henry A. Kissinger　15, 297
キマチ　Dedan Kimathi　272
金日成　Kim Il-sung　123
金正日　Kim Jong-il　148
金正恩　Kim Jong-un　141, 146, 147
金大中　Kim Dae-jung　147, 148
金与正　Kim Yo-jong　149
肝付兼行　332
キルチネル　Néstor Carlos Kirchner　256
クーリッジ　John Calvin Coolidge, Jr.　334
陸羯南　319, 322
グティエレス　Lucio Gutiérrez Borbúa

257
クリントン　Hillary Rodham Clinton　58
クリントン　William Jefferson Clinton　35,
　143, 250
ケナン　George F. Kennan　6, 7, 9, 26, 292,
　347
ケニヤッタ　Jomo Kenyatta　272, 274, 281
ケニヤッタ　Uhuru Muigai Kenyatta　275
ケネディ　John F. Kenndey　14, 15, 244,
　249, 250, 258
小泉純一郎　301, 323
江沢民　Jiang Zemin　127, 133, 144
幸徳秋水　310
コーズィレフ　Andrei V. Kozyrev　226
コール　Helmut Kohl　206, 224
胡錦濤　Hu Jintao　129, 133, 137, 232
近衛文麿　314, 315
コモナー　Barry Commoner　95
ゴルバチョフ　Mikhail S. Gorbachev　21-
　24, 26, 36, 206, 222
コレア　Rafael Correa Delgado　253
コロル　Fernando Collor de Mello　250
コロン　Álvaro Colom Caballeros　256

さ　行

サッチャー　Margaret Thatcher　83, 205,
　245, 250
佐藤栄作　297
佐藤鉄太郎　332
サリナス　Carlos Salinas de Gortari　250,
　258
サンチェス・デ・ロサダ　Gonzalo Sánchez
　de Lozada　257
サンディーノ　Augusto César Sandino
　242
サンマルティン　José de San Martín　252
シェワルナゼ　Eduard Shevardnadze　222
幣原喜重郎　315
渋沢栄一　335
習近平　Xi jinping　121, 122, 132-134, 136,
　137, 172, 237
シューマン　Robert Schuman　203
昭和天皇　292, 336
ジョンソン　Lyndon B. Johnson　297
白井聡　346

スターリン　Joseph Stalin　5, 6, 75, 76, 123
ストロエスネル　Alfredo Stroessner
　Matiauda　247
セラヤ　Manuel Zelaya Rosales　253, 257
ソモサ　Anastasio Somoza Debayle　246

た　行

田中義一　315
玉城デニー　303
ダレス　John F. Dulles　293, 294, 337, 347
ダワー　John W. Dower　328
チェイニー　Richard B. Cheney　51
チェルネンコ　Konstantin Chernenko　221
チャーチル　Winston Churchill　6
チャベス　Hugo Chávez Frías　241, 252,
　253, 255-257
デ・クラーク　Frederik Willem de Klerk
　277
デ・ラ・ルア　Fernando de la Rúa　252
鄧小平　Deng Xiaoping　124-126, 129, 132,
　133, 136
徳富蘇峰　331
ド・ゴール　Charles de Gaulle　204
トランプ　Donald John Trump　60-62, 65,
　66, 87, 141, 145, 146, 159, 172, 194, 236, 237,
　241, 242, 341, 344
トリホス　Omar Torrijos Herrera　245
トルーマン　Harry S. Truman　5-7, 26, 123
トルバ　Mostafa Kamal Tolba　102
ドロール　Jacques Delors　205

な　行

ナイ　Joseph S. Nye　299
仲井眞弘多　301, 302
ナワリヌイ　Aleksei Navalny　236
ニエレレ　Julius Kambarage Nyerere　275
ニクソン　Richard M. Nixon　15, 124, 297
新渡戸稲造　335
ネタニヤフ　Benjamin Netanyahu　194
ノボア　Gustavo Noboa Bejarano　252
盧武鉉　Roh Moo-hyun　147, 148
ノリエガ　Manuel Antonio Noriega Moreno
　247

は行

ハーディン　Garrett Hardin　97
朴槿恵　Park Geun-hye　147, 148
バシール　Omar Hasan Ahmad al-Bashīr　274
橋本龍太郎　228, 300
バスケス　Tabaré Vázquez Rosas　256
長谷川芳之助　331
バチェレ　Michelle Bachelet Jeria　256
バティスタ　Fulgencio Batista y Zaldívar　244
鳩山由紀夫　301, 340
バノン　Steve Bannon　63
バレ　Mohamed Siad Barre　273
ピノチェト　Augusto Pinochet Ugarte　245, 247
平生釟三郎　335
ビン・ラディン　Osama bin Laden　77, 81, 128
プーチン　Vladimir V. Putin　86, 221
フェルナンデス　Cristina Fernández de Kirchner　256
フェルナンデス　Leonel Antonio Fernández Reyna　256
フォックス　Vicente Fox Quesada　256
福澤諭吉　311, 317, 319, 330
フクヤマ　Francis Yoshihiro Fukuyama　321
フジモリ　Alberto Fujimori　248, 250
フセイン　Saddam Hussein　52, 78, 82, 185, 189
プチデモン　Carles Puigdemont i Casamajó　82
ブッシュ　George Bush　35, 126, 249, 252, 321
ブッシュ　George W. Bush　35, 51-53, 77, 128, 143, 188, 189, 241, 252, 300
フランコ　Francisco Franco Bahamonde　82
ブラント　Willy Brandt　16
プリマコフ　Yevgeny M. Primakov　227, 228
フルシチョフ　Nikita S. Khrushchev　15, 16, 244
ブレジネフ　Leonid Brezhnev　16, 21, 25, 221
ブレジンスキー　Zbigniew Brzezinski　18
ベラスコ　Juan Velasco Alvarado　245
ペリー　Matthew Calbraith Perry　328-332, 335, 336
ペレス　Carlos Andrés Pérez　245, 250, 252, 257
ペロン　Juan Domingo Perón　243
ベン・アリ　Zine al-Abidine Ben Ali　191
ペンス　Mike Pence　63
ボーゲル　Ezra Feivel Vogel　319
細川護熙　228
堀江帰一　335
ポリトコフスカヤ　Anna Stepanovna Politkovskaya　231
ボリバル　Simón Bolívar　252

ま行

マーシャル　George C. Marshall　8
マッカーサー　Douglas MacArthur　291, 329, 336
マハン　Alfred Thayer Mahan　332-334
マルサス　Thomas Robert Malthus　96
丸山眞男　346
マワ　Jamil Mahuad Witt　252, 257, 258
マンデラ　Nelson Rolihlahla Mandela　277, 278
ムガベ　Robert Gabriel Mugabe　278
陸奥宗光　312, 324
村山富市　340
文在寅　Moon Jae-in　146-148
メサ　Carlos Mesa Gisbert　257
メドベージェフ　Domitry A. Medvedev　233, 234
メネム　Carlos Saúl Menem　250
メルケル　Angela Dorothea Merkel　80, 210
メンギスツ　Mengistu Haile Mariam　273
メンチュ　Rigoberta Menchú Tum　258
モイ　Daniel Toroitich Arap Moi　275
毛沢東　Mao Zedong　123, 124, 132
モサデク　Mohammad Mosaddegh　343
モラレス　Evo Morales Ayma　253, 256, 258

森喜朗　228
モンデール　Walter F. Mondale　300

や行

ヤコブレフ　Aleksandr N. Yakovlev　222
ヤヌコビッチ　Viktor F. Yanukovych　86
山県有朋　312
屋良朝苗　297
ヤルゼルスキ　Wojeiech Witold Jaruzelski　20, 23
ユーシェンコ　Viktor Yushchenko　86
吉田茂　293, 317-319

ら行

ライシャワー　Edwin Oldfather Reischauer　319

ラゴス　Ricardo Lagos Escobar　256
ラムズフェルド　Donald H. Rumsfeld　51
ルーラ　Luiz Inácio Lula da Silva　254-256
ルゴ　Fernando Lugo Méndez　256
ルセフ　Dilma Vana Rousseff　256
レーガン　Ronald Reagan　19, 20, 22, 26, 35, 36, 221, 245, 246, 250, 339
レーニン　Vladimir Iliich Lenin　75
ローズベルト　Franklin D. Roosevelt　5, 242
ローズベルト　Theodore Roosevelt　242, 333

わ行

若泉敬　297

事項索引

あ行

ISD（ISDS） *342-344*
アイデンティティー *89, 257, 329, 331, 335, 336, 346, 347*
Our Common Future *106*
悪の枢軸 *52, 144*
アジア・EU 首脳会議（ASEM） *165, 177*
アジアインフラ投資銀行（AIIB） *137, 172, 173, 259*
アジア太平洋経済協力（APEC） *163, 167, 177, 236, 259, 341*
アジア太平洋自由貿易圏（FTAAP） *341, 342*
アジア太平洋戦争 *329*
アジア通貨危機 *164, 165, 167*
アジェンダ21 *104*
ASEAN（東南アジア諸国連合） *159, 160, 162-164, 169, 172, 173, 175, 176, 341*
──共同体 *168, 171, 177*
──自由貿易地帯（AFTA） *162, 163*
──地域フォーラム（ARF） *164, 169*
──＋3 *167, 168, 177*
新しい米朝関係の樹立 *141*
新しい平和保障体系 *152*
アチェ州 *89*
アフガニスタン *56, 64*
──攻撃 *78*
アフリカ統一機構（OAU） *279*
アフリカ連合（AU） *279*
アムステルダム条約 *78, 89, 207*
アメリカ・ファースト（アメリカ第一主義） *60-63, 237, 341*
アラブの春 *191, 193, 194, 235*
アラブ民族主義 *182*
アラル海 *103*
アルカイーダ *78, 189, 192*
安全の保証 *141, 146*
アンデス共同体（CAN） *249, 254*
EU（欧州連合） *78, 79, 84, 86, 88, 89, 249,* *255, 342*
域内市場白書 *205*
イギリスの EU 離脱（BREXIT） *83, 216*
イスラム過激派 *78, 166*
イスラム国（IS） *78, 79, 82, 192, 193*
一帯一路 *134-137, 172, 173, 177, 237, 259*
五つ星運動 *80*
イデオロギー *3, 4, 8, 23, 26*
委任型民主主義 *257*
イベロアメリカ・サミット *250*
イラク *52, 78, 79, 81, 82*
──戦争 *53, 55, 189, 252*
イラン *81*
──・イラク戦争 *185, 186*
──革命 *185*
イルクーツク宣言 *228, 229*
ヴェルサイユ講和条約 *336*
ウクライナ *59, 64, 85, 86, 233*
失われた10年 *100*
宇宙船地球号 *97*
ウラン濃縮型 *144*
エクアドル先住民連合（CONAIE） *258*
エコロジカル・フットプリント *108*
エルサレム宣言 *195*
欧州安全保障協力機構（OSCE） *254*
欧州委員会 *212*
欧州懐疑主義者 *216*
欧州議会 *212*
欧州共通の家 *223*
欧州共同体（EC） *204*
欧州経済共同体（EEC） *204*
欧州原子力共同体（EAEC） *204*
欧州憲法条約 *210*
欧州石炭鉄鋼共同体（ECSC） *203*
欧州対外活動庁（EEAS） *213*
欧州中央銀行（ECB） *213*
欧州防衛共同体（EDC） *203*
欧州理事会 *204, 211*
オウム真理教 *41*
オール沖縄 *302, 303*

沖縄県祖国復帰協議会 296
オスプレイ 347
オスロ合意 187
オゾン層保護のためのウィーン条約 101
オゾン層を破壊する物質に関するモントリオール議定書 101, 104
思いやり予算 299
オレンジ革命 86
オレンジ・プラン 333, 334

か行

開発独裁 165, 166, 245
化学兵器禁止条約 41
核拡散 37
――防止条約（NPT） 38, 143, 244
拡大均衡 224
核抜き・本土並み返還方針 297
核武力の完成 145
核兵器不拡散条約（NPT） 143
閣僚理事会 211
カシミール地方 84
カタルーニャ州 80, 82
カラー革命 233, 235
カリブ共同体（CARICOM） 249
カリブ諸国連合（ACS） 249
カリブ石油供給協定（ペトロカリブ） 253
枯葉作戦 96
環境と開発に関する世界委員会（WCED：ブルントラント委員会） 99, 106, 107
環境と開発に関するリオ宣言 104
韓国条項 297
関税及び貿易に関する一般協定（GATT） 339
間接収用 344
環太平洋パートナーシップ（TPP） 58, 61, 171, 177, 259, 329, 340-342, 344
官僚的権威主義体制 245
気候変動問題に関する政府間パネル（IPCC） 101
北アイルランド 83, 84
北大西洋条約 10, 11
――機構（NATO） 11, 12, 14, 19, 24, 26, 88, 227, 254
北朝鮮 64
キャンプ・デービッド交渉 188

9.11アメリカ同時多発テロ事件（9.11事件） 77, 78, 80, 81, 128, 166, 230, 233, 241
キューバ革命 243, 244, 249, 253
キューバ危機 15, 35, 244
協調的脅威削減（CTR） 47
共有地の悲劇 97
極右政党 227
極東国際軍事裁判 347
金融制裁 144
グアンタナモ収容所 53
クーデター 244, 245, 248, 252, 253, 257, 260
グラスノスチ（情報公開） 222, 223
グリーン経済 105
クリミア 86, 225, 235
――併合 234-236
クルド 81, 82
クローニー・キャピタリズム（縁故主義経済） 165
グローバル化（グローバリゼーション） 88, 250, 253, 255, 256, 259
軍事政権 245-247
経済建設核武力建設の並進 146
経済制裁 248, 253
経済相互援助会議（コメコン） 11
経済統合 244
経済連携協定（EPA） 259
開城工業団地 148
ケベック 85
江華島条約 312
黄禍論 313, 333
航行の自由作戦 58, 64
向ソ一辺倒 122
構造調整プログラム 251
行動計画 99
抗美援朝 122, 123
国際（越境）犯罪組織（TCO） 45
国際NGO 99
国際海事機構（IMO） 94
国際原子力機関（IAEA） 143
国際公共財 93
国際自然保護連合（IUCN） 101, 106
国際地球観測年（IGY） 97
国際通貨基金（IMF） 165, 167, 251, 257
国際レジーム 94
国民国家 72-74, 88

事項索引　359

国連　88
国連安全保障理事会　88
　——常任理事国　226, 237
国連環境開発会議（UNCED：リオ・サミット）　94, 100, 102-105, 108, 258
国連環境計画（UNEP）　99-101
国連気候変動枠組条約（UNFCCC）　104, 111
国連教育科学文化機関（UNESCO）　95, 97
国連国際取引法委員会（UNCITRAL）　343
国連食糧農業機関（FAO）　94
国連持続可能な開発会議（リオ+20）　105
国連通常兵器登録制度　43
国連人間環境会議（UNCHE：ストックホルム会議）　94, 98, 100, 102
国連平和維持活動（PKO）　254, 257
コソヴォ　76, 234
国家安全保障ドクトリン　247
国家間の経済権利義務憲章　245
国家保安委員会（KGB）　225, 228
コペンハーゲン・クライテリア　209
コミンフォルム　223
コンタドーラ・グループ　246
棍棒政策　242

さ 行

最終的地位交渉　187, 188
最大限の圧力　145
債務危機　246
債務の罠　135
サパティスタ民族解放軍（EZLN）　251, 258
三国干渉　313, 329, 335
サンディニスタ民族解放戦線（FSLN）　246, 247
サンフランシスコ平和条約　293, 317, 337, 347
シーア派　185, 189
GDP　111
シェンゲン協定　89, 215
シェンゲン圏　78
資源ナショナリズム　245, 255
資源の呪い　232
色丹島　229
事前協議制度　296, 297
自然資産　107

持続可能な開発委員会（CSD）　102, 104, 105
持続可能な開発に関する世界首脳会議（WSSD：ヨハネスバーグ・サミット）　100, 104, 105, 109
持続可能な開発目標（SDGs）　105, 108, 109, 111
持続可能な発展　99, 106-108
司法裁判所　212
島ぐるみ闘争　295
市民社会　223
シャルリ・エブド襲撃事件　79
上海協力機構（SCO）　77, 128, 227, 237
習近平新時代　121, 122
　——の中国の特色ある社会主義思想　121, 133
習近平による新時代の中国の特色ある社会主義外交思想　121, 133
終戦宣言　147, 153
集団的自衛権　323
自由貿易協定（FTA）　252, 253, 341, 342, 344
シューマン・プラン　203
主体思想　154
小国主義　310, 311
小日本主義　310
ジョージア（グルジア）　74, 233, 234
植民地支配　73
ジョンソン・リード法案　334
シリア　64, 78, 79, 81
　——人　89
　——内戦　57
　——難民　87
シロビキ　233
新安全観　127
新開発銀行（BRICS銀行）　259
新疆ウイグル自治区　80, 81
人権外交　245
人工資産　107
『人口論』　96
新思考外交　223, 224
新自由主義　246, 250-253, 255-258, 260
新世界秩序　321
新戦略兵器削減条約（新START）　57
新パナマ運河条約　245
進歩のための同盟　244, 249

新マルサス主義者　*97*
人民貿易協定（TCP）　*253*
信頼醸成措置（CBM）　*254*
森林原則声明　*104*
人類運命共同体　*122, 134, 136*
人類共通の価値　*223*
新冷戦　*18, 21, 27*
スーパー301条　*339*
スエズ動乱　*14*
スコットランド　*80, 83*
スターリン批判　*123*
ストックホルム条約　*101*
ストックホルム宣言　*98*
スンニ派　*190, 191*
政経不可分　*224*
生態系サービス　*107*
『成長の限界』　*97*
成長の限界論　*96*
生物圏の合理的な利用と保護に関する専門家会議（生物圏会議）　*97*
生物毒素兵器禁止条約　*41*
生物の多様性に関する条約　*101, 104*
西方同盟（Western Union）　*9*
西洋の衝撃　*308, 309*
世界気象機関（WMO）　*101, 102*
世界大恐慌　*315*
世界貿易機関（WTO）　*129, 130*
石油危機　*245, 320*
　　第一次──　*184*
絶滅のおそれのある野生動植物の種の国際取引に関する条約（ワシントン条約）　*101*
瀬戸際政策　*143-145*
全欧安全保障協力会議（CSCE）　*17, 18, 24, 27*
1956年戦争　*183*
1973年戦争　*184*
1948年戦争　*182*
1967年戦争　*183*
先軍政治　*154*
潜在主権　*293, 296*
先住民　*251, 252, 256-258, 260*
戦略兵器削減交渉（START）　*36*
戦略兵器制限交渉（SALT）　*36*
戦略防衛構想（SDI）　*20, 22, 23, 35, 221*
善隣外交　*242*

相互確証破壊　*33*
即亜の外交　*310*
ソ朝友好協力相互援助条約　*224*

た 行

第一次核危機　*143*
ダイオキシン類　*96*
大国主義　*310, 311, 324*
第五福竜丸　*345*
対人地雷禁止条約　*42*
体制間競争　*140*
大西洋主義　*226*
　　──外交　*226*
対テロ戦争（テロ戦争，テロとの戦い）　*166, 252, 230*
大東亜戦争　*329, 336*
第二次戦略兵器削減条約（START Ⅱ）　*226*
大日本主義　*310-312*
太平洋同盟　*241, 255, 258*
大陸間弾道ミサイル　*35*
大量破壊兵器　*39*
大量報復戦略　*33*
台湾海峡危機　*124*
台湾条項　*297*
多国籍企業（MNC）　*343*
脱亜入欧　*311*
脱亜の外交　*310*
ダブリン規約（ダブリンⅠ）　*89*
タリバーン　*78*
タンデム　*234*
地域安全保障　*245, 254*
地域主義　*241*
地域統合　*246, 249, 251, 253, 254*
チェチェン　*76, 227, 230*
　　──独立派　*230*
　　──紛争　*229*
チェルノブイリ原発事故　*103, 222*
チェンマイ・イニシアティブ　*167*
『地球環境概況』（*Global Environment Outlook*）　*102*
チベット（チベット自治区）　*80, 81*
中央外事工作会議　*121, 132*
仲介外交　*150*
中華民族の偉大なる復興　*131-133*
中間地帯論　*124*

中距離核戦力（INF） 19, 22
　　——全廃条約 223
中国脅威論 129
中国製造2025 135, 137
中国の偉大なる復興 129
中国の特色ある大国外交 122
中国の夢 132, 237
中ソ対立 123
中ソ論争 123
中米共同市場（CACM） 244
中米統合機構（SICA） 249
朝鮮戦争 11, 123
朝鮮半島の分断体制 140
朝鮮労働党中央委員会全員会議 146
『沈黙の春』 95
通貨危機 251
通常兵器 41
ディカプリング 19, 111
帝国国防方針 333
停戦協定 151, 153
天安門事件 125, 224
ドイツのための選択肢党（AfD） 80
ドイモイ（刷新） 161
東亜新秩序 316
統一ロシア 231
同化 80
　　——政策 85
東京宣言 228
韜光養晦 126
投資紛争解決国際センター（ICSID） 344
東方拡大 227
特殊慰安施設協会（RAA） 336
独立国家共同体（CIS） 225
独立自主外交 125
独立自主の平和外交 125, 128
トルーマン・ドクトリン 7, 8
ドル化 252
ドル・ショック 320
トレイ・キャニオン 96

な 行

南南協力 253
南米共同体 254
南米諸国連合（UNASUR） 254, 255
南米防衛評議会 254

南北基本合意書 152
南北共存 155
南北首脳会談 146
　　第五次—— 153
ニカラグア革命 245
日米安全保障条約 337
日米安保共同宣言 300
日米安保再定義 300
日米行政協定 337
日米経済調和対話 340
日米構造協議（SII） 338-340
日米紳士協定 334, 339
日米繊維協定 338
日米地位協定 337
日米物品貿易協定（TAG） 341
日米防衛協力のための指針（ガイドライン）
　　299, 300, 302
日米包括協議 340
日華平和条約 123
日ソ共同宣言 229
日朝国交正常化 141, 155
日本人学童隔離問題 334
人間と生物圏（MAB）計画 95, 97
ネポティズム（縁故主義） 165
年次改革要望書 338, 340
ノーベル平和賞 200, 246, 258

は 行

バーゼル 103
　　——条約 101
排日移民法 329, 334-336
排日土地法 334
白豪主義 85
バスク州 80
バスク祖国と自由（ETA） 82
8月クーデター 225
歯舞群島 229
ハマス（イスラム抵抗運動） 188, 190, 194
パリ協定 60, 111
パリ不戦条約 318
パレスチナ解放機構（PLO） 183, 187
パレスチナ自治政府 187
パワー 3, 4
板門店宣言 150
非核化 141, 143

完全な―― 141, 146
非核地帯 244
東アジア・ラテンアメリカ協力フォーラム（FEALAC） 250
東アジア共同体構想 340
東アジア首脳会議（東アジアサミット：EAS） 168
東アジア地域包括的経済連携（RCEP） 171
東ティモール 89
ヒズボラ（神の党） 185, 190, 192, 194
ピッグス湾事件 244
平昌オリンピック 145
比例性の原則 214
ビロード革命 77
封じ込め 7, 12, 26
フォークランド紛争 245, 247, 248
武器貿易条約（ATT） 44
福島第一原子力発電所 345
不後退防衛線 123
2つの戦後 187
2つの百年 132
――の目標 131
普天間基地 290, 291, 298, 300-302, 304
フリーライダー 93
BRICS 105, 131, 137, 259
ブレジネフ・ドクトリン（制限主権論） 223, 234
米韓合同軍事演習 150
米韓同盟 146
米国通商代表部（URTR） 343
米州開発銀行（IDB） 244
米州機構（OAS） 242, 245, 247, 248, 255
米州サミット 248, 250, 252
米州支援構想（EAI） 249
米州自由貿易地域（FTAA） 250, 252, 254, 255
米州相互援助条約（リオ条約） 242, 245, 252
米州ボリバル同盟（ALBA） 252-255, 257, 259
米州民主憲章 248
米西戦争 332
米中接近 124
米朝国交正常化 141
米朝首脳会談 141, 145, 146
米朝枠組合意 143, 144

平和共存5原則 126
平和協定 151, 153
平和体制の構築 141, 143, 153
平和的台頭（和平崛起） 129
平和問題談話会 317, 318
ベトナム戦争 15, 161, 296-298
ベルリンの壁 206, 247
ベルリン封鎖 10
ペレストロイカ 222, 224
包括的核実験禁止条約（CTBT） 38
包括的共同作業計画（JCPOA） 60
砲艦外交 328
防空識別圏（ADIZ） 131
補完性の原則 214
北米自由貿易協定（NAFTA） 61, 165, 249, 251, 258
保護主義 251
ポツダム宣言 336, 347
北方領土問題 228
ポピュリスト政党 80
ポピュリズム 243, 244, 250
ボン補足協定 338

ま 行

MIRV 34
マーシャル・プラン 8
マーストリヒト条約 206, 207
巻き返し 12
マニフェスト・デスティニー（明白な運命） 329, 332
マルクス・レーニン主義 220
マルタ会談 321
満州事変 316, 336
ミサイル防衛（MD） 233
3つの世界論 124
南オセチア 234
南シナ海問題 169, 175
ミレニアム開発目標（MDGs） 105, 108, 109
民間情報教育局（CIE） 336, 337
民主化 75, 77, 246-248, 257
民族自決 73, 81, 86, 88, 89, 220
民族主義 243, 245
メルコスール（MERCOSUR：南米南部共同市場） 248, 249, 252, 254, 255, 259
MOSS協議 339

モルドバ　86
門戸開放宣言　332
モンロー・ドクトリン　242

や行

ユーゴスラヴィア　74, 76
ユーラシア主義　227
　──外交　227
ユーロ危機　214
ユダヤ民族主義（シオニズム）　182
ユニオン・カーバイト　103
輸入代替工業化　243, 244, 251, 258
抑止　34
横田空域　337
吉田ドクトリン　338
四島即時一括返還　224

ら行

ラテンアメリカ核兵器禁止条約（トラテロルコ条約）　244
ラテンアメリカ・カリブ諸国共同体（CELAC）　255
ラテンアメリカ自由貿易連合（LAFTA）　244
リーマンショック　87, 130, 232
リオ・グループ　246, 248, 255

リスク社会　103
リスボン条約　200, 210
リバランス（再調整）　58, 168
リビア　57
琉球王国　290
柳条湖事件　315
冷戦　75, 87, 242, 247, 248, 256-258, 260
　──後　242, 247-249, 257, 260
連合国軍最高司令官総司令部（GHQ）　291, 336
レンティア国家　184
6・15南北共同声明　148
6者会合　144
ロシア・ゲート　236
ロッテルダム条約　101

わ行

和諧社会　133
ワシントン・コンセンサス　251
ワシントン体制　315, 336
和平演変　126
ワルシャワ条約機構　12, 26
湾岸危機　186
湾岸協力会議（GCC）　185
湾岸戦争　252, 322

執筆者紹介（所属，執筆担当章，＊は編者）

広瀬佳一（防衛大学校国際関係学科教授，第1章）
宮坂直史（防衛大学校国際関係学科教授，第2章）
宮田智之（帝京大学法学部准教授，第3章）
臼井実稲子（駒沢女子大学人間総合学群教授，第4章）
太田宏（早稲田大学国際学術院・国際教養学部教授，第5章）
三船恵美（駒澤大学法学部教授，第6章）
崔慶原（常葉大学外国語学部准教授，第7章）
＊金子芳樹（獨協大学外国語学部教授，第8章）
江﨑智絵（防衛大学校国際関係学科准教授，第9章）
小久保康之（東洋英和女学院大学国際社会学部教授，第10章）
井手康仁（日本大学商学部准教授，第11章）
澤田眞治（防衛大学校外国語教育室教授，第12章）
坂本邦彦（尚美学園大学名誉教授，第13章）
野添文彬（沖縄国際大学法学部准教授，第14章）
加藤朗（桜美林大学リベラルアーツ学群教授，第15章）
＊長谷川雄一（東北福祉大学名誉教授，第16章）

《編著者紹介》

長谷川雄一（はせがわ・ゆういち）

　1948年　生まれ。
　1973年　上智大学法学部卒業。
　　　　　慶應義塾大学大学院法学研究科博士課程を経て，
　現　在　東北福祉大学名誉教授。
　主　著　『大正期日本のアメリカ認識』（編著）慶應義塾大学出版会，2001年。
　　　　　『北一輝自筆修正版　国体論及び純正社会主義』（共編）ミネルヴァ書房，2007年。
　　　　　『満川亀太郎書簡集――北一輝・大川周明・西田税らの書簡』（共編）論創社，2012年。
　　　　　『アジア主義思想と現代』（編著）慶應義塾大学出版会，2014年。
　　　　　『近代日本の国際認識』芦書房，2016年。

金子芳樹（かねこ・よしき）

　1957年　生まれ。
　1981年　慶應義塾大学法学部卒業。
　1987年　慶應義塾大学大学院法学研究科博士課程単位取得退学。1992年法学博士（政治学）。
　現　在　獨協大学外国語学部教授。
　主　著　『マレーシアの政治とエスニシティ』晃洋書房，2001年。
　　　　　『南部アジア』（共著）ミネルヴァ書房，2011年。
　　　　　『「米中対峙」時代のASEAN』（共著）明石書店，2014年。
　　　　　『東南アジア現代政治入門〔改訂版〕』（共著）ミネルヴァ書房，2018年。

MINERVA TEXT LIBRARY ④
現代の国際政治［第4版］
——変容するグローバル化と新たなパワーの台頭——

		〈検印省略〉
1998年5月20日	初　版第1刷発行	
2000年1月15日	初　版第3刷発行	
2002年5月10日	新　版第1刷発行	
2008年2月10日	新　版第4刷発行	
2014年11月10日	第3版第1刷発行	
2017年9月10日	第3版第3刷発行	
2019年3月30日	第4版第1刷発行	
2021年12月20日	第4版第3刷発行	

定価はカバーに
表示しています

編著者　長谷川　雄　一
　　　　金　子　芳　樹
発行者　杉　田　啓　三
印刷者　中　村　勝　弘

発行所　株式会社　ミネルヴァ書房
607-8494 京都市山科区日ノ岡堤谷町1
電話代表　(075)581-5191
振替口座　01020-0-8076

©長谷川・金子ほか，2019　　中村印刷・藤沢製本

ISBN978-4-623-08561-3
Printed in Japan

国際政治理論
　　　　　　　　　　　　　　　　　大芝亮著　A5判　234頁　本体2800円
●パズル・概念・解釈　リアリズムとリベラリズムの政治理論を学び，現実の国際関係を見通すスタンスを身につける。

グローバル時代の国際政治史
　　　　　　　　　　　　　　佐藤信一／太田正登編著　A5判　248頁　本体2500円
第二次大戦を画期とするパックス・アメリカーナの成立とグローバル時代の到来を重ね合わせて捉え，考察する。

21世紀の国際政治理論
　　　　　　　　　　　　　　　　石井貫太郎著　A5判　224頁　本体3000円
現代の国際政治学における研究課題を踏まえ，理論と実証の橋渡しをするモデル化を通じて新たな国際政治理論の構築を試行し，日本外交への政策提言も展開する。

アメリカの外交政策
　　　　　　　　　　　　　　　　信田智人編著　A5判　338頁　本体3500円
●歴史・アクター・メカニズム　外交政策の歴史・アクター・メカニズムの全容を明らかにする，待望の概説書。

東南アジア現代政治入門〔改訂版〕
　　　　　　　　　　　清水一史／田村慶子／横山豪志編著　A5判　330頁　本体3000円
各国の基礎知識から，政治体制の変容，多文化社会の実際，経済発展の光と影までを明快に解説する待望のテキスト。

国際関係・安全保障用語辞典〔第2版〕
　　　　　　　　　小笠原高雪／栗栖薫子／広瀬佳一／宮坂直史／森川幸一編集委員
　　　　　　　　　　　　　　　　　　　　　　4-6判　418頁　本体3000円
激動の現代の国際社会を，より深く理解するための用語辞典。幅広い関係分野を網羅し基礎的事項を網羅。最新の情報に更新した第2版。

──── ミネルヴァ書房 ────
https://www.minervashobo.co.jp/